LE MONDE HELLENISTIQUE

(323-133 AVANT J.-C.)

OUVRAGES PARUS DANS LA COLLECTION

REGARDS SUR L'HISTOIRE

★

Collection historique fondée par

Victor-L. TAPIÉ

MEMBRE DE L'INSTITUT
PROFESSEUR A LA SORBONNE

entouré

pour l'Histoire Ancienne, de

M. Gilbert CHARLES-PICARD

PROFESSEUR A LA SORBONNE

pour l'Histoire Médiévale, de

M. Jacques LE GOFF

DIRECTEUR D'ÉTUDES
A L'ÉCOLE PRATIQUE DES HAUTES ÉTUDES

pour l'Histoire Moderne et Contemporaine, de

M. Michel DEVÈZE

DOYEN DE LA FACULTÉ DES LETTRES
ET SCIENCES HUMAINES DE REIMS

★

REGARDS SUR L'HISTOIRE
Collection fondée par Victor-L. TAPIÉ

II. — HISTOIRE GÉNÉRALE

LE MONDE HELLENISTIQUE

(323-133 avant J.-C.)

Événements et institutions

par

Jean DELORME

Professeur honoraire
à l'Université de Toulouse

SOCIÉTÉ D'ÉDITION D'ENSEIGNEMENT SUPÉRIEUR
88, Boulevard Saint-Germain
PARIS Vᵉ

© 1975, CDU et SEDES réunis.

ISBN 2-7181-5236-2

La collection REGARDS SUR L'HISTOIRE que nous sommes heureux, mes collègues et moi, de présenter aux professeurs et aux étudiants d'histoire des Facultés de Lettres et Sciences Humaines répond, croyons-nous, aux besoins de l'enseignement supérieur, à l'heure d'une réforme qui lui ouvre de nouvelles perspectives de méthode et de recherche. Il est indispensable que les étudiants s'habituent à travailler au contact des textes et il faut qu'ils puissent en trouver dans des livres d'accès et de maniement faciles. Non moins nécessaire est de mettre à leur portée les résultats acquis par les recherches en cours et de les initier aux problématiques. Voilà pourquoi cette collection comprendra, d'une part, des recueils de textes commentés et de l'autre, de petits ouvrages dont chacun sera consacré à l'étude d'une question importante par un spécialiste. Nous espérons ainsi fournir aux étudiants des instruments de travail et des guides de méthode, auxquels ils pourront recourir avec plaisir et profit.

V.-L. T.

AVANT-PROPOS

Le présent recueil de textes est consacré à l'époque hellénistique, entre la mort d'Alexandre le Grand (323 av. J.-C.) et celle d'Attale III de Pergame (133). Encore l'abondance de la matière m'a-t-elle contraint de me borner à l'histoire politique et aux institutions. Dans un délai aussi bref que possible fera suite un second volume portant sur les divers aspects de la civilisation. Il n'est pas besoin de souligner l'arbitraire de ces limites temporelles que je n'ai pas, d'ailleurs, rigoureusement respectées dans la dernière partie. Mais elles ont pour elles une longue tradition qui n'est pas injustifiée. Le classement des textes ne prétend pas à plus d'originalité puisqu'il est chronologique, à l'exception des documents relatifs aux institutions dont la nature m'a paru relever d'une organisation thématique.

Pour fixer mes choix, j'ai dû tenir compte de diverses considérations. Les sources de notre connaissance de l'histoire hellénistique sont plus variées que pour les périodes antérieures. A côté des historiens qui constituent toujours la masse principale de la documentation écrite, inscriptions et papyri font désormais notable figure. Il n'était pas possible de les ignorer, d'autant que c'est un domaine tout à fait inconnu de la plupart des étudiants. J'en ai donc retenu un assez grand nombre. Mais je me suis efforcé d'éviter qu'en leur accordant une place excessive, les idées du lecteur sur leur importance relative dans l'ensemble de la documentation en fussent faussées. Le premier rôle revient donc, comme il se doit, aux extraits des historiens.

L'historiographie hellénistique a produit peu de grands esprits, et les bons écrivains n'y sont pas légion non plus. Je ne risquais donc pas de me laisser entraîner par leur valeur intrinsèque, à l'exception de Polybe toutefois. J'avoue avoir cédé plus d'une fois à son génie et préféré avec quelque esprit de système ses récits à ceux de ses émules quand il y avait concurrence. Mais les perspectives du recueil n'en sont guère faussées, je pense, puisque l'œuvre de cet historien est loin de couvrir toute la période envisagée. J'ai donc été amené à faire des emprunts à bon nombre d'autres auteurs. Outre les faits et les idées qu'ils exposent, le lecteur pourra en tirer une notion générale de la nature et de la qualité de cette historiographie, et il est souhaitable qu'il en soit ainsi, afin qu'il puisse juger des conditions du travail de l'érudit contemporain.

A ces préoccupations scientifiques s'est ajoutée une constante intention pédagogique. Je me suis efforcé de ne jamais oublier que c'est là un des fondements de la conception qui préside à la collection « Regards sur l'Histoire », dont les ouvrages sont avant tout destinés aux étudiants. Mais, par là même, j'étais amené à songer à leurs maîtres qui auraient à leur faire utiliser de manière profitable ce recueil. Dans cette perspective, j'ai jugé qu'il était préférable de limiter le nombre des extraits pour donner à chacun d'eux plus d'ampleur. Mon expérience m'a montré, en effet, que des textes trop brefs ne permettent pas d'exercer les facultés d'analyse et de critique, ni l'esprit de synthèse qui sont indispensables à la formation de l'historien. Si certains de mes collègues ne partagent pas mon sentiment, du moins le parti que j'ai pris leur permettra-t-il d'éliminer ce qu'ils pourraient considérer comme des longueurs inutiles. Une attitude inverse eût été, en revanche, irrémédiable.

Il fallait aussi, m'a-t-il semblé, ne pas laisser à leurs seules forces les étudiants isolés ou ceux qui désirent compléter l'enseignement qu'ils reçoivent par leur travail personnel. Je n'ai pas estimé utile de présenter ici un « Discours de la Méthode » du commentaire de texte en histoire ancienne. Les principes en sont naturellement les mêmes que pour les documents de toute autre époque. Et ils ont été exposés de la manière la plus pertinente par mes prédécesseurs dans la même collection [1]. On consul-

---

[1] M. Devèze et R. Marx, *Textes et documents d'histoire moderne*, pp. 41-46. C. Fohlen et J.-R. Suratteau, *Textes d'histoire contemporaine*, pp. 19-23.

tera, en outre, avec grand profit l'ouvrage de A. Latreille, *L'explication des textes historiques* (1944). Je me contenterai de suggérer qu'à mon sens, lorsqu'il s'agit de sources littéraires, cet exercice doit, en raison de leur nature propre, se rapprocher de la dissertation, comporter un plan structuré et éviter la juxtaposition de remarques détachées, alors que les documents épigraphiques ou papyrologiques sont moins tenus à cette nécessité, quand bien même ils peuvent s'y plier.

Me souvenant que « les exemples vivants sont d'un autre pouvoir », il m'a paru plus utile de donner, avec chaque texte, les éléments qui devraient entrer dans la composition d'une explication détaillée. Il ne s'agit souvent que de quelques paragraphes, voire de quelques lignes, en style télégraphique parfois. J'ai voulu seulement par là orienter la réflexion et le travail de qui choisirait l'un des documents munis de cet appareil pour s'exercer à une rédaction en forme. Dans d'autres cas, je me suis hasardé à poursuivre l'élaboration à son terme. Je ne me donnerai pas le ridicule de présenter de tels essais comme des modèles. Ils ne visent qu'à montrer comment on peut aborder et conduire un travail de ce genre et qu'à inciter chacun à retrouver les principes et les modalités d'application d'une méthode.

Etant donné la variété de nature des documents qui peuvent faire l'objet d'un commentaire, je me suis efforcé de prendre des exemples très divers, soit dans les sources littéraires, soit parmi les inscriptions ou les papyri. Le lecteur pourra ainsi se convaincre de la nécessité d'adapter à chaque cas les lois abstraites de ce genre d'exercice. A la limite, on pourrait soutenir qu'il n'y a pas de règle de portée générale et qu'il faut inventer pour chaque texte une méthode d'étude particulière et unique. Sans pousser à cet extrême, il n'en faut pas moins se persuader qu'il n'y a pas de schéma passe-partout s'appliquant vaille que vaille à tous les documents possibles. Il n'aurait pas été mauvais, sans doute, de montrer que chaque auteur mériterait aussi d'être étudié d'une manière qui lui soit propre. Je m'en suis abstenu, estimant que ce serait exiger des étudiants des connaissances que seuls des érudits expérimentés peuvent posséder, dans le domaine de la *Quellenforschung,* par exemple, pour ne citer que celui-là.

Pas plus qu'un exposé théorique de la méthode, je n'ai

jugé nécessaire de fournir une bibliographie générale de
la période hellénistique, si succincte qu'elle soit. Là encore,
le motif qui m'a déterminé est d'ordre pratique. Les étudiants ont, en effet, la chance de posséder en français un
traité de la plus grande valeur dont la date de publication
est encore récente : l'*Histoire politique du monde hellénistique* de Ed. Will (2 vol., Nancy, 1966 et 1967). Ils
y trouveront cités tous les travaux qui leur seront utiles
pour l'intelligence des textes ici réunis. L'ouvrage lui-
même mérite de leur servir de livre de chevet. Je me
suis contenté de mentionner, à l'occasion, à la suite de
mes notices, quelques-uns des ouvrages parus après le
traité de Ed. Will.

Enfin, on trouvera ci-dessous, pour la commodité de la
consultation, la liste des sigles utilisés dans la composition
typographique du recueil.

- - - - -   texte original perdu ou corrompu
[   ]   restitution
......   coupure intentionnelle
(   )   résumé des parties non traduites ou
          explication complémentaire nécessaire à l'in-
          telligence du texte
—   —   parenthèse dans le texte original
/   dans les textes épigraphiques ou papyrologiques,
          coupure par ligne ou groupe de lignes (le n°
          de la ligne initiale est indiqué en marge)
n°   suivi d'un nombre en chiffres romains : renvoi
          à l'un des textes du présent recueil

La division traditionnelle des textes littéraires par chapitre et paragraphe a été conservée pour permettre éventuellement au lecteur de se reporter à l'original en langue
ancienne.

PREMIÈRE PARTIE

LE TEMPS DES DIADOQUES
(323-281 avant Jésus-Christ)

I. La succession d'Alexandre (323)

(Diodore de Sicile, XVIII, 2-3)

2. (1) Le roi Alexandre étant mort sans enfant, il n'y avait plus d'autorité établie et de grands conflits se produisirent pour la possession du pouvoir. (2) La phalange des fantassins poussait au trône Arrhidaios, fils de Philippe, bien qu'il fût atteint de troubles mentaux incurables. Mais ceux qui avaient le plus de poids parmi les Amis et les Gardes du Corps tinrent conseil et rallièrent le corps de cavalerie dit des Hétaires. Ils décidèrent d'abord de combattre la phalange par les armes et envoyèrent aux fantassins des députés choisis parmi les dignitaires, dont le plus en vue était Méléagros, pour leur réclamer obéissance. (3) Mais Méléagros, lorsqu'il se présenta devant les phalangites, ne fit aucune allusion à sa mission. Tout au contraire, il les félicita de leurs décisions et fit monter leur colère contre leurs adversaires. Si bien que les Macédoniens prirent Méléagros comme chef avant de marcher contre leurs opposants les armes à la main. (4) Les gardes du corps s'étaient retirés de Babylone et s'apprêtaient à la guerre, quand les plus modérés dans l'affaire persuadèrent les parties de s'entendre. Aussitôt, on fit roi le fils de Philippe, Arrhidaios, et on le rebaptisa Philippe. On nomma régent de la monarchie Perdiccas à qui le roi en mourant avait fait don de son anneau. On décida que les plus importants des Amis et des Gardes du Corps recevraient les satrapies et obéiraient au roi et à Perdiccas.

3. Dès qu'il eût pris le commandement suprême et tenu conseil avec les chefs, il donna à Ptolémée, fils de Lagos, l'Egypte, à Laomédon de Mitylène la Syrie, à Philotas la Cilicie et à Pithon la Médie, à Eumène la Paphlagonie, la Cappadoce et toutes les provinces limitrophes où Alexandre n'avait pas pénétré parce qu'il en avait été empêché par les circonstances lorsqu'il poursuivait la guerre contre Darius, à Antigonos la Pamphylie, la Lycie et la Phrygie dite Grande, ensuite à Asandros la Carie, à Ménandros la Lydie, à Léonnatos la Phrygie de l'Hellespont. Telle fut donc la répartition de ces satrapies. (2) En Europe, Lysimachos

reçut la Thrace et les peuples voisins le long de la mer
Pontique. La Macédoine et les peuples limitrophes furent
attribués à Antipatros. Pour ce qui restait des satrapies
d'Asie, il décida de ne rien changer, mais de les laisser sous
les ordres des mêmes gouverneurs. De même Taxilès et
Poros demeurèrent maîtres de leurs propres royaumes, comme
Alexandre lui-même en avait décidé. (3) A Pithon, il concéda
la satrapie voisine des rois vassaux de Taxilès. Celle qui
s'étend au pied du Caucase, dite des Paropamisades, il
l'attribua au Bactrien Oxyartès, dont la fille Rhoxane avait
été la femme d'Alexandre. A Sibyrtios, il donna l'Arachosie
et la Kédrosie, à Stasanor de Soles l'Arie et la Drangiane.
A Philippos, il attribua la Bactriane et la Sogdiane, à Phra-
taphernès la Parthyée et l'Hyrcanie, à Peukestès la Perside,
à Tlépolémos la Carmanie, à Atropatès la Médie, à Archon
la Babylonie, à Arkésilaos la Mésopotamie. (4) Il nomma
Séleucos à la tête de la cavalerie des Hétaires, commandement très en vue : en effet, Hèphaistion l'avait exercé
le premier et Perdiccas après lui. Le troisième titulaire était
le susdit Séleucos. (5) Le transport du corps du roi défunt
et la construction du char qui devait le transporter au
sanctuaire d'Ammon furent confiés à Arrhidaios.

Trois problèmes sont évoqués dans le texte : 1) la désignation du successeur d'Alexandre ; 2) le conflit qui en
résulte et le compromis qui le résoud ; 3) la répartition
des gouvernements locaux. Sur le premier point, rappeler
l'incertitude de la tradition monarchique macédonienne :
pas de règle fixe de dévolution du pouvoir. Le roi doit
appartenir à la dynastie des Argéades, mais n'est pas
nécessairement le plus proche parent de son prédécesseur.
D'où, fréquemment, lors des changements de règne, multi-
plicité de prétendants et guerre civile. Finalement, c'est
l'assemblée du peuple qui tranche.

Dans le cas d'espèce, Alexandre, au début de son règne,
avait pris la précaution de faire le vide parmi la nombreuse
descendance, en majorité illégitime, de son père. Il n'avait
épargné qu'un bâtard aliéné, Arrhidaios, qu'il gardait
auprès de lui. De ses femmes, légitimes ou non, il n'avait
pas d'enfant vivant. Mais Rhoxane était sur le point
d'accoucher. On notera que ces précisions font défaut dans
Diodore, ce qui rend incompréhensible le conflit qu'il
expose.

Manque aussi la mention indispensable d'un premier
projet de règlement établi par les grands dignitaires pré-

sents à Babylone lors de la mort d'Alexandre : on devait attendre la naissance de l'enfant de Rhoxane. Si c'était un fils, il serait roi. C'est cette décision qui provoqua l'opposition de la phalange. Le nouveau roi, par sa mère, serait à demi iranien. Or, les Macédoniens du peuple étaient très hostiles à la politique de fusion des races chère à Alexandre et ils le lui avaient signifié (sédition d'Opis). Certains généraux partageaient leurs sentiments. Ils n'avaient pas tous approuvé le règlement initial. S'assurer l'appui de la phalange pouvait leur permettre de satisfaire leurs ambitions. D'où l'attitude de Méléagros et la proclamation d'Arrhidaios comme roi. Mais le conflit n'alla pas jusqu'à la bataille rangée et les deux partis s'entendirent sur un compromis qui réglait non seulement le problème de la succession, mais aussi l'organisation du gouvernement.

Arrhidaios fut unanimement reconnu roi et rebaptisé Philippe (III). Mais les droits de l'enfant à naître furent réservés. Effectivement, ce fut un fils qui reçut le nom d'Alexandre (IV). Aucun des deux rois n'était apte à exercer le pouvoir en personne. Il fallait une régence. Elle posait un double problème : la partie européenne de l'empire avait déjà un vice-roi, Antipatros, qui avait maintenu l'ordre pendant toute la durée de la conquête. Allait-on le révoquer ? Si oui, se soumettrait-il ? Personne ne paraît y avoir songé et il fut confirmé dans ses fonctions.

C'était, en fait, seulement pour l'Asie qu'il s'agissait de désigner un chef. Mais on risquait d'en faire un maître capable d'évincer les autres généraux. Le titulaire cependant s'imposait : c'était Perdiccas qui exerçait sans le titre la charge de grand-vizir (*chiliarque*) et à qui le roi à l'agonie avait confié le gouvernement en lui donnant sa chevalière. Il reçut officiellement le titre de chiliarque, ce qui lui donnait autorité sur les satrapes. Mais la régence proprement dite lui échappa. La tutelle des rois fut confiée à un autre grand personnage, Cratéros. Etant donné le caractère essentiellement militaire de la monarchie, Cratéros aurait pu tirer un grand pouvoir de la garde de la personne des rois. Mais, absent au moment de sa désignation, il devait mourir un an après. On notera que, sur ces points, Diodore est confus, sommaire et erroné. Ni Alexandre IV, ni Cratéros ne sont nommés. Perdiccas n'a jamais été régent. La Macédoine n'a pas été attribuée à Antipatros dans le partage des satrapies.

Le partage des satrapies peut être considéré d'un double point de vue : 1) pourquoi dépêcher tant de personnages de premier plan aux quatre coins de l'empire ? 2) le choix des bénéficiaires, en groupe et individuellement, présente-t-il une signification particulière ? On a tendance, à en juger par la destinée de Ptolémée et de quelques autres, à croire que ce sont les Diadoques qui ont exigé cette distribution de gouvernements locaux. Il n'est pas impossible que certains, perspicaces entre tous, aient prévu que la division était le sort inéluctable des conquêtes d'Alexandre, et pris leurs précautions en conséquence. Mais, s'il en est ainsi, ils se sont bien gardés de faire état de leur conviction. Officiellement, l'empire macédonien demeurait unitaire et l'on peut penser que la désignation de gouverneurs compétents et prestigieux dans les provinces avait justement pour objet de lui maintenir ce caractère. La conquête n'avait pas partout établi des frontières inviolables et pas fait disparaître les particularismes. La présence d'hommes forts aux points névralgiques s'imposait. D'autre part, Perdiccas ne pouvait souhaiter conserver auprès de lui des rivaux en puissance. Les écarter pouvait présenter des risques à terme. Dans l'immédiat, il y gagnait le répit nécessaire pour consolider son pouvoir.

L'examen de la liste des nouveaux satrapes fait apparaître une nette prépondérance des Macédoniens. Il y a bien à côté d'eux quelques Grecs, mais ils ne sont guère favorisés. Le cas d'Eumène de Cardia est particulièrement éloquent : le gouvernement qu'on lui attribuait était à conquérir. Les Orientaux sont plus nombreux. En réalité, il s'agit de dynastes locaux qu'Alexandre lui-même n'avait pas réussi à assujetir définitivement à son autorité. Ainsi en va-t-il des rois indiens Taxilès et Poros, d'Oxyartès aussi dans les Paropamisades, qu'en outre sa qualité de beau-père du Conquérant rendait intouchable (N. B. : la Médie paraît attribuée deux fois : en 3, 1 à Pithon, en 3, 3 à Atropatès. Dans ce dernier cas, il s'agit de la partie Nord-Ouest de la province, éloignée de la capitale Ecbatane et d'un caractère très différent). La répartition des satrapies marque une première rupture avec la politique de fusion des races.

Quelques cas individuels méritent d'être soulignés :

Ptolémée obtient dès ce moment la plus riche, la plus peuplée, la plus particulariste des satrapies, l'Egypte. Comme Pausanias le présente comme le protagoniste du partage, a-t-il aussitôt songé à s'y rendre indépendant ? Antigonos le Borgne gouvernait la Grande-Phrygie depuis la conquête (3, 1). Il y ajoute la Pamphylie de la Lycie, acquérant un domaine qui le mettait hors de pair [1]. La Thrace, attribuée à Lysimachos (3, 2), n'était pas une conquête d'Alexandre, mais de son père Philippe. Elle avait fait partie de la vice-royauté d'Antipatros. Cette amputation ne paraît avoir provoqué aucune réaction de sa part. Elle se justifiait par les menaces que les barbares des Balkans faisaient peser sur elle. Enfin, on notera que Séleucos, un des futurs premiers rôles des luttes entre les Diadoques, reste attaché au gouvernement central, sans doute en raison des bons rapports qu'il entretenait avec Perdiccas. Le commandement qu'il reçoit paraît même le désigner comme héritier présomptif.

Bibliogr. : P. Briant, *Antigone le Borgne* (Paris, 1973), pp. 240-258.
       J. Seibert, *Untersuchungen zur Geschichte Ptolemaios'I* (Munich, 1969), pp. 27-38.

---

[1] P. Briant (cité dans la bibliographie), pp. 125-143, est d'un avis diamétralement opposé.

II. La guerre lamiaque (323-2)

(Hypéride, *Oraison funèbre*, 10-19)

(10) Léosthénès donc, au spectacle de la Grèce entière réduite à l'humiliation, contractée dans la peur, perdue par les traîtres qui s'étaient vendus à Philippe et à Alexandre contre leurs propres patries, comprit que la cité avait besoin d'un homme et la Grèce entière d'une cité capable de se mettre à sa tête. Il fit alors don de sa personne à la patrie et de la cité aux Grecs pour la cause de la liberté. (11) Il s'était déjà constitué un corps de mercenaires. Il reçut le commandement de l'armée nationale. Les premiers ennemis de la liberté des Grecs qu'il trouva en face de lui, Béotiens, Macédoniens, Eubéens et leurs alliés, il les battit dans un combat en Béotie. (12) De là, il marcha sur les Thermopyles, occupa les défilés par où autrefois déjà les Grecs avaient vu les barbares se jeter sur eux. Il empêcha ainsi l'offensive d'Antipatros contre la Grèce. Il le surprit, en outre, dans ces parages, lui livra bataille, le vainquit, l'enferma dans Lamia et l'y tint bloqué. (13) Thessaliens, Phocidiens, Etoliens et tous les autres peuples de la région devinrent ses alliés. De ces nations auxquelles Philippe et Alexandre imposaient contre leur gré leur autorité et s'en vantaient, Léosthénès reçut le commandement de leur plein gré. Il a eu le bonheur de réussir dans toutes ses initiatives. Mais, la destinée, il n'était pas en son pouvoir d'en triompher. (14) Au reste, il est juste que notre reconnaissance aille à Léosthénès en premier, non seulement pour les exploits qu'il a accomplis pendant sa vie, mais aussi pour la bataille qui a eu lieu après sa mort et pour tous les avantages obtenus par les Grecs au cours de cette campagne. Car c'est sur les fondements posés par Léosthénès que l'on construit aujourd'hui les actions de demain. (15) Que personne ne me soupçonne de ne faire aucun cas des autres citoyens et de consacrer au seul Léosthénès mon panégyrique. Car, par bonheur, louer Léosthénès pour ses combats, c'est glorifier en même temps les autres citoyens. La justesse des décisions est l'œuvre du chef, mais la victoire au combat

est celle des hommes qui affrontent la mort personnellement. Ainsi, lorsque je célèbre notre victoire, j'inclus à la
fois le commandement de Léosthénès et la valeur de ses
soldats dans mon panégyrique. (16) Comment ne serait-ce
pas un devoir de justice de faire l'éloge, entre tous les
citoyens, de ceux qui sont morts dans cette guerre ? Ils ont
donné leur vie pour la liberté des Grecs et ils l'ont fait
dans la pensée que la preuve la plus manifeste de leur
volonté de rendre à la Grèce la liberté, c'était de mourir
en combattant pour elle. (17) Un appoint capital à leur
ardeur dans la lutte pour la défense de la Grèce vint de
ce que la Béotie fut le théâtre de leur premier combat. Ils
avaient, en effet, sous les yeux l'exemple pitoyable de la
cité de Thèbes effacée de la carte, son acropole occupée par
une garnison macédonienne, ses habitants réduits en esclavage, son territoire partagé entre des étrangers. Ce spectacle révoltant étalé sous leurs yeux a, d'un coup, suscité
en eux la détermination d'affronter la mort sans hésiter...
(19) Jamais hommes n'avaient, dans le passé, combattu ni
pour une plus belle cause, ni contre des ennemis plus puissants, ni avec des moyens plus réduits. La valeur fait la
force, le courage fait les gros bataillons, pas le nombre des
combattants. Voilà ce dont ils étaient sûrs. La liberté a
été le présent qu'ils ont donné à tous sans distinction. Et,
de la gloire née de leurs exploits, ils ont tressé une couronne dont leur patrie est seule à ceindre son front.

Souligner, pour débuter, que le texte est extrait d'une
oraison funèbre. D'où, évidemment, certaines déformations
ou exagérations dans le sens laudatif. Mais, contrairement
à la tradition du genre qui interdisait les allusions aux
événements contemporains et les éloges individuels, Hypéride présente le récit des combats où ses compatriotes se
sont illustrés et exalte le rôle de leur chef, Léosthénès. Il
éprouve, d'ailleurs, le besoin de s'en excuser (§§ 15-16).
Il ne peut donc s'écarter avec excès de la vérité. Son discours peut ainsi être considéré comme une source utilisable.
    Un développement rapide pour rappeler la situation
de la Grèce sous la domination macédonienne et les
causes du mécontentement qui explique le soulèvement
dès la nouvelle de la mort d'Alexandre. Exposer ensuite
les origines de ce soulèvement, le rôle qu'y joue Athènes
et, à Athènes, la place du stratège Léosthénès, magistrat
de la cité et chef de bandes mercenaires, comme il s'en est
trouvé un bon nombre au IVe siècle.
    Ces développements préliminaires pour permettre l'ana-

lyse et la critique du texte replacé dans son cadre historique. Double élément d'intérêt : récit des opérations militaires, témoignage sur l'état de l'opinion publique. Le premier groupé aux §§ 11-14, complété par des allusions dispersées dans la suite du panégyrique qui doivent être replacées dans l'ordre chronologique. Le second ressort de tout le texte.

Récit des événements imprécis, voire inexact, et lacunaire. Deux exemples d'inexactitude : un militaire, le premier combat en Béotie, un diplomatique, la constitution de la coalition antimacédonienne. Deux aussi de lacunes : il n'est rien dit des renforts amenés à Antipatros par Léonnatos (on ne peut donc rien comprendre à la bataille dont il est question § 14), et surtout des défaites sur mer qui sont la cause fondamentale de l'échec final. Noter qu'il n'y a plus aucune allusion à aucun événement postérieur à la bataille du § 14, au printemps 322, ce qui permet de dater le discours, lequel n'a pu, de ce fait, être prononcé, comme de coutume, à la fête des Epitaphia qui avait lieu à l'automne.

Comme témoignage sur l'état de l'opinion, souligner l'enthousiasme pour la défense de la liberté, la fierté d'un grand passé (rappel constant des guerres médiques), la certitude d'être la première cité de la Grèce, mais aussi les illusions et l'inconscience d'une évolution irréversible. D'où, en conclusion, la défaite inévitable sur terre et sur mer, la ruine définitive de la puissance athénienne, la disparition même de la démocratie traditionnelle.

III. Le partage de Triparadeisos (321)

(Arrien, *Diadoques* : F. Jacoby,
*Die Fragmente der griechischen
Historiker*, n° 156, F. 9 et 11)

F. 9 (30) Avec l'approbation de l'assemblée, Pithon et Arrhidaios furent proclamés à titre provisoire chefs de l'ensemble de l'armée à la place de Perdiccas. Dans l'entourage d'Eumène et d'Alkétas, il y eut quelque cinquante condamnations. La principale raison en était la mort de Cratéros au au cours des luttes entre Macédoniens. On rappela Antigonos de Chypre, et aussi Antipatros, pour hâter leur jonction avec les rois. (31) Avant qu'ils arrivent, Eurydice exigea de Pithon et d'Arrhidaios qu'ils n'entreprissent rien sans son aveu. Leur premier mouvement fut de ne pas refuser. Mais, ensuite, ils lui dénièrent le droit de prendre part aux affaires de l'Etat : à eux seuls, jusqu'à l'arrivée d'Antigonos et d'Antipatros, incombait le soin de tout diriger. (32) Lorsqu'ils furent là, le pouvoir passa à Antipatros. Mais alors, l'armée réclama les gratifications qu'Alexandre lui avait promises pour ses services en campagne. Antipatros répondit qu'il n'avait rien, pour le dire tout net, mais qu'il allait faire l'inventaire des trésors royaux et de toutes les réserves déposées en d'autres lieux et qu'il ferait alors tout son possible pour qu'ils n'aient rien à lui reprocher, réponse qui ne fit aucun plaisir à l'armée quand elle l'entendit. (3) Eurydice contribua si bien par ses calomnies contre Antipatros à la rancune que la foule lui portait qu'une mutinerie éclata. Elle l'accusa en public... Peu s'en fallut qu'Antipatros ne fût massacré. Antigonos et Séleucos, à sa prière, prirent sa défense devant la foule, ce qui leur valut, à eux aussi, de voir la mort de près. Ayant échappé au danger, Antigonos se réfugia dans son propre camp. Les hipparques, convoqués par ses soins, se présentèrent à lui et, la mutinerie apaisée à grand peine, conférèrent de nouveau le commandement à Antipatros dans les mêmes conditions qu'avant. (34) Il procéda alors, à son tour, à un partage de l'Asie, tantôt confirmant le précédent partage, tantôt y apportant des changements quand les circonstances l'exigeaient. L'Egypte, la Libye et tout le vaste territoire qui s'étend au-delà, tout ce qui, en outre, pourrait être conquis par les armes vers le Couchant, appartiendrait à Ptolémée. Laomédon de Mitylène se verrait confier la Syrie. Il mit Philoxénos à la tête de la Cilicie qu'il avait auparavant. (35) Dans les satrapies supérieures, il attribua la Mésopotamie et la province d'Arbèles à Amphimachos, frère du roi ; à Séleucos, il affecta la Babylonie ; Antigénès, initiateur du complot contre Perdiccas et commandant des Argyraspides macédoniens, reçut le gouvernement de la Susiane en son entier ; à Peukestas, il confirma la Perside ; la Carmanie fut attribuée à Tlépolémos ; la Médie à Pithon jusqu'aux Portes Caspiennes ; Philippos reçut la Parthyée. (36) En Arie et en Drangiane, il désigna Stasandros comme gouverneur ; en Bactriane et en Sogdiane, Stasanor de Soles ; en Arachosie, Sibyrtios ; dans les Paropamisades, Oxyartès, père de Rhoxane ; dans l'Inde, les provinces frontalières des Paropamisades allèrent à Pithon, fils d'Agénor ; des satrapies attenantes, il concéda celle que baigne l'Indus et Patala, la plus grande des cités indiennes de la région, au roi Poros, celle qui borde l'Hydaspe à Taxilès, un Indien lui aussi, car il n'était pas aisé de les déplacer puisqu'Alexandre leur avait confié le pouvoir et qu'ils possédaient une puissance appréciable. (37) Dans les régions qui s'étendent du Taurus vers le Nord, il confia la Cappadoce à Nicanor. A la tête de la Grande-Phrygie, de la Lycaonie, de la Pamphylie et de la Lycie se trouva comme auparavant Antigonos. Il attribua la Carie à Asandros, la Lydie fut donnée à Cleitos, à Arrhidaios la Phygie de l'Hellespont. (38) Il donna mission à Antigénès de lui apporter les fonds en dépôt à Suse et lui affecta environ trois mille des Macédoniens qui s'étaient mutinés. Il désigna comme gardes du corps du roi Autodicos, fils d'Agathoclès, Amyntas, fils d'Alexandros et frère de Peukestas, Ptolémée, fils de Ptolémée, et Alexandros, fils de Polysperchon ; Cassandros, son propre fils, comme chiliarque de la cavalerie ; comme chef de l'armée autrefois commandée par Perdiccas, Antigonos. Il lui confia aussi la garde et le service des rois, en même temps que, sur sa demande, la tâche de mener à bien la guerre contre Eumène. Quant à Antipatros lui-même, félicité à l'envi par tous pour tout ce qu'il avait fait, il prit la décision de rentrer chez lui.

F. 11 (43) Un différend s'éleva entre Cassandros et Antigonos. Cassandros dut renoncer à sa désobéissance devant l'opposition de son père Antipatros. Néanmoins, Cassandros ayant rencontré son père en Phrygie, le persuada de ne pas se séparer des rois et de se méfier d'Antigonos. Mais ce dernier, par sa modestie, ses prévenances et sa valeur déjoua comme il put la méfiance. Antipatros, rassuré, préleva sur l'armée qui l'avait accompagné en Asie, pour les lui confier, huit mille cinq cents fantassins macédoniens, autant sur la cavalerie des hétaires et la moitié de tous ses éléphants, soit soixante-dix, pour lui faciliter la conduite de la guerre contre Eumène. (44) Antigonos se consacra dès lors à la guerre et Antipatros, emmenant les rois et le reste de son armée, se disposa à .... rentrer en Macédoine.

Le texte se divise en trois parties bien distinctes : 1) les circonstances de l'arrangement entre les chefs macédoniens (§§ 30-34) ; 2) les dispositions arrêtées en leur nom par Antipatros (§§ 34-38) ; 3) une des conséquences du partage : la situation d'Antigonos par rapport au nouveau régent.

I. Arrien insiste surtout sur les antécédents immédiats. Ce ne sont pas, et de loin, les plus importants. Il faut donc rappeler les événements qui, deux ans après un premier partage de l'empire d'Alexandre, en rendent nécessaire un second. Le texte y fait d'ailleurs quelques allusions qu'il est, de toute manière, indispensable d'élucider. Enfin, certaines précisions font défaut, ce qui empêche de comprendre la suite des événements.

Le début du texte se place aussitôt après l'assassinat de Perdiccas qui, lors du partage de Babylone, avait été placé à la tête du gouvernement central. Pour diverses raisons (à ne pas développer, sauf qu'il entendait maintenir à son profit l'autorité du gouvernement sur des satrapes trop enclins à l'indépendance), une coalition s'était nouée contre lui entre les autres Diadoques. Déléguant son autorité sur l'Asie à Eumène, il avait marché contre Ptolémée. Mais une série d'échecs avait mécontenté son armée. Un complot d'officiers menés par Antigénès (§ 35), auquel son principal adjoint, Séleucos, avait participé, lui coûta la vie (été 321). Cependant une armée formée en Macédoine par Antipatros, stratège d'Europe pendant le règne d'Alexandre, Cratéros, tuteur des rois, et Antigonos, satrape de Phrygie qui avait dû fuir l'hostilité de Perdiccas, était passée en Asie. Persuadés qu'Eumène n'était pas capable de leur résister, Antipatros s'était dirigé sur la Cilicie pour prendre Perdiccas à revers, Antigonos, qui soutenait son avance avec la flotte, avait fait relâche à

Chypre (§ 30), laissant à Cratéros le soin de disposer d'Eumène. Mais c'est lui qui fut vaincu et tué.

Le lendemain de l'assassinat de Perdiccas, Ptolémée se présenta devant l'armée de son adversaire. Elle lui offrit la régence, qu'il déclina. Il proposa sans doute (mais aucune source ne précise que l'initiative vint de lui) une conférence des Diadoques. On rappela alors Antigonos et Antipatros et, en attendant leur arrivée, on nomma deux généraux pour remplacer Perdiccas (il est inutile de préciser l'identité et la carrière de la plupart des personnages nommés dans le texte, ici et surtout §§ 34-38. Il s'agit d'hommes de second plan qui n'ont joué qu'un rôle médiocre ou nul dans l'histoire générale. Noter qu'il y a plusieurs homonymes : par exemple le général Arrhidaios porte le même nom que le roi Philippe III).

Selon Diodore de Sicile, la nouvelle de la défaite de Cratéros parvint à l'armée le surlendemain de l'assassinat de Perdiccas. Sa mort souleva certainement une grande émotion en raison de sa popularité. Elle explique suffisamment la condamnation à mort que l'armée porta contre les responsables : Eumène, Alkétas, frère de Perdiccas, et cinquante de leurs partisans [1]. Mais Arrien ne dit rien de la procédure qui fut suivie pour ce procès. Il serait intéressant, en particulier, de savoir qui se porta accusateur. Le rôle joué par Ptolémée les jours précédents inclinerait à penser qu'il s'agit de lui. Mais on ne voit pas les raisons qui l'y auraient conduit. Eumène n'était pas son ennemi personnel. Il y aurait eu aussi quelque contradiction de sa part à faire prendre une décision qui intéressait tout l'empire alors qu'il venait de refuser la régence. En revanche, il pouvait avoir intérêt à maintenir la confusion en Asie pour soustraire l'Egypte à l'attention de la future conférence. La question reste ouverte.

A partir du § 31, Arrien expose les antécédents immédiats de la conférence. Il donne l'impression qu'ils se passèrent au même endroit que les événements précédents, donc en Egypte. Or, Antigonos et Antipatros n'y sont jamais allés, alors que le texte, interprété à la lettre, implique le contraire. C'est que, entre la condamnation de leurs

---

[1] En grec, le texte paraît dire que les condamnations n'ont frappé que les partisans d'Eumène et d'Alkétas. Mais on sait par d'autres sources que les deux personnages principaux ont eux aussi été condamnés.

adversaires et le moment où ils rejoignent l'armée, celle-ci a quitté l'Egypte pour Triparadeisos, en Syrie du Nord. C'est là qu'eut lieu la conférence. Arrien ne le signale pas.

Les troubles qui en marquent le début sont dus à deux causes, d'après Arrien, recoupé par Diodore : les intrigues de la reine Eurydice et une mutinerie militaire. Eurydice était une petite-fille illégitime de Philippe II. Après des péripéties tragiques, elle avait réussi à épouser Arrhidaios, autre bâtard de Philippe II, mais, au contraire de son mari, elle était tout à fait saine d'esprit et fort ambitieuse. Du fait que le roi avait Cratéros pour tuteur, Eurydice ne disposait d'aucune autorité. Mais, Cratéros mort, elle pouvait prétendre à participer au gouvernement, ce que les successeurs provisoires de Perdiccas, sans aucun mandat de tutelle, étaient mal placés pour contester. Aussi commencèrent-ils par s'incliner devant ses prétentions. Mais elles n'avaient guère de fondement. Et elles n'étaient pas tolérables pour des militaires macédoniens. Comme ils avaient la force, Eurydice n'avait aucune chance de réussir.

Mais elle avait certainement de l'esprit de suite. On la retrouve à l'origine de la mutinerie contre Antipatros (§ 33). Pour des raisons qu'on ne peut préciser, et qui n'importent pas ici, elle jouissait auprès des soldats d'une popularité certaine. Ce sont eux qui avaient imposé à Perdiccas son mariage avec Arrhidaios. Elle en usa pour les entraîner dans la rébellion. Arrien ne dit rien de ses intentions, mais elles sont aisées à comprendre : Antipatros, devenu chef du gouvernement, allait acquérir la tutelle des rois, donc ruiner ses ambitions. Ce n'était pas l'homme qu'elle visait, mais son pouvoir.

Quant à la mutinerie, c'est un épisode sans portée, mais les Diadoques ont pu éprouver quelque inquiétude. En effet, la coutume macédonienne faisait de l'armée, en temps de guerre, le dépositaire de la volonté nationale. De toute manière, elle était la force : Antipatros et ses amis faillirent l'éprouver à leurs dépens. Et on avait vu à Babylone des ambitieux s'en servir dans leur intérêt. C'est d'ailleurs ce que paraît avoir tenté Eurydice. Mais, à Triparadeisos, les soldats n'exigeaient rien que de l'argent. Après douze ans de guerre, ces Macédoniens n'étaient plus que des mercenaires.

II. Arrien nous présente les dispositions arrêtées à Triparadeisos comme des décisions prises par Antipatros de sa propre autorité. Qu'en réalité, elles ne soient que la formulation d'accords intervenus après négociations entre les Diadoques, il n'y a pas à douter. Arrien ne le dit pas, mais la chose est sous-entendue dans son exposé : pourquoi avoir fait revenir Antigonos de Chypre (§ 30) si c'était seulement pour lui notifier des décisions prises en dehors de lui ? Il n'en reste pas moins qu'il faut se demander en vertu de quel droit Antipatros a pu formuler comme venant de lui des dispositions arrêtées en commun.

A lire le texte, on a l'impression qu'il est seulement chef de l'armée. Quand il arrive à Triparadeisos (§ 32 début), Pithon et Arrhidaios lui transmettent leurs pouvoirs, qui sont d'ordre purement militaire (§ 30 début). Après la mutinerie, il est de nouveau investi du commandement par les hipparques (officiers qui commandaient les escadrons de la garde à cheval des hétaires). Il est vrai qu'ils s'étaient découvert une autorité politique pour s'opposer aux ambitions d'Eurydice (§ 31), mais au prix d'une interprétation de leur mission militaire qui n'allait pas de soi, puisqu'ils avaient commencé par céder à Eurydice. Au fond, c'était un abus de pouvoir. Le commandement de l'armée ne comportait pas d'incidences politiques. Or, les décisions de Triparadeisos sont principalement politiques. Donc Antipatros n'a pas pu les prendre en tant que général en chef. Comme Arrien ne le dit expressément nulle part qu'on lui a conféré d'autres prérogatives, il faut bien admettre que les Diadoques se sont accordés pour le reconnaître chef de l'Etat, à la fois chef du gouvernement, comme l'avait été Perdiccas, et tuteur des rois (il dispose de leur sort §§ 38 et 43). Il a donc été nommé régent avec tous les pouvoirs attachés à la fonction.

Les décisions de la conférence sont diverses. Il ne s'agit pas seulement d'un nouveau partage territorial corrigeant celui de Babylone. Assurément, c'est à cela qu'Arrien donne le plus de place (§§ 34-37) et son importance primordiale n'est pas niable. Mais d'autres mesures ont également été arrêtées. 1) Antipatros se fait apporter le trésor de Suse, dans l'intention probable de donner satisfaction aux revendications des soldats. Il en profite pour se débarrasser des trublions qu'il désigne comme escorte. 2) Il nomme quatre nouveaux gardes du corps (*somatophylaques*). Ces officiers avaient joué un rôle important auprès d'Alexandre. Mais, maintenant que les deux rois sont des incapables, la fonction ne peut plus être qu'honorifique. Ces nominations sont des satisfactions d'amour-propre qu'Antipatros accorde à ses amis, par exemple Polysperchon dont il fera son héritier politique. 3) Il nomme chiliarque son fils Cassandros. Le chiliarque était à l'origine le chef du premier escadron des hétaires. L'illustration des titulaires successifs : Héphaistios, Perdiccas, Séleucos, leur avait valu un rôle politique croissant. Depuis Perdiccas, c'était un grand-vizir. 4) Enfin, Antigonos reçoit trois charges de première importance : il devient général en chef ; on lui confie la garde des rois et il obtient à sa demande la direction de la guerre contre Eumène. Le premier et le troisième étant liés, la logique eût voulu qu'Arrien les énumérât dans l'ordre inverse.

La nouvelle répartition des satrapies n'a pas à être étudiée dans le détail. Il faudrait la comparer à celle de Babylone. Plusieurs remarques doivent être présentées néanmoins. Ptolémée est non seulement maintenu en fonction en Egypte, mais on lui laisse toute latitude d'agir à sa guise à l'Ouest. Le gouvernement central se dessaisit en sa faveur de son autorité diplomatique et militaire sur la frontière méridionale de l'empire. On mesure par là son affaiblissement depuis la mort d'Alexandre. Antipatros avoue également son impuissance en Extrême-Orient : il maintient en place dans l'Inde les rois Poros et Taxilès parce qu'Alexandre les avait nommés, mais aussi et surtout parce qu' « ils possédaient une puissance appréciable ». C'était reconnaître en fait leur indépendance. Un personnage important est placé pour la première fois à la tête d'une circonscription territoriale, c'est Séleucos, qui devient satrape de Babylone. Son changement d'affectation est révélateur : il avait été nommé chiliarque en 323. Il préfère en 321 un gouvernement provincial, préfet au lieu de ministre, en quelque sorte. Comme il n'aurait pas accepté une rétrogradation, s'il a changé d'emploi, c'est qu'il a senti l'unité de l'empire condamnée. Enfin, Antigonos voit son domaine s'agrandir encore une fois. Satrape de Grande Phrygie en 333, il avait reçu en plus la Lycie et la Pamphylie en 323. A Triparadeisos, on y ajoute la Lycaonie, ce qui le rend maître de tout le centre de l'Asie Mineure.

Parmi les autres décisions, les deux premières de l'analyse ci-dessus n'appellent pas de commentaire. Les deux autres, en revanche, sont d'une grande portée et liées entre elles. Qu'Antigonos ait demandé à être chargé de la guerre contre Eumène n'a rien de surprenant. C'était Eumène la cause de son conflit avec Perdiccas. En outre, titulaire de la plus vaste circonscription territoriale d'Asie Mineure, il était l'homme tout désigné pour assumer la tâche. Enfin, il ne pouvait manquer d'entrevoir les avantages divers qui en résulteraient pour lui. Le premier fut de recevoir sans attendre le commandement de l'armée « autrefois commandée par Perdiccas ». Son titre officiel était : stratège des forces royales. Outre l'autorité militaire, cette fonction lui valait-elle des pouvoirs dans d'autres domaines ? Les sources ne permettent pas de se prononcer, mais il est au moins probable que les autres satrapes étaient tenus de lui fournir les ressources dont il avait besoin et qu'en conséquence, il obtenait sur eux une certaine prépondérance, voire un droit d'intervention dans leur domaine. Et il se promettait certainement d'interpréter au mieux toutes les possibilités. D'autant qu'Antipatros lui faisait en même temps un cadeau vraiment royal en remettant les rois à sa garde. Sans doute ne s'agissait-il que d'assurer leur sécurité et leur entretien. Arrien le dit clairement. Antigonos, en droit, n'en tirait aucun pouvoir politique. C'était une charge plus qu'un avantage. Mais quel surcroît de prestige que cette marque de confiance du régent ! Et quelle facilité pour capter à son profit l'autorité royale incarnée en des incapables qu'il tenait en son pouvoir !

Antipatros, toutefois, avait pris une précaution contre les ambitions possibles de son subordonné, la nomination de Cassandros comme chiliarque. A ce titre, il commandait le corps le plus réputé de l'armée et il avait part à toutes les affaires de l'Etat. Il pouvait aussi pénétrer tous les projets d'Antigonos, voire s'y opposer. Cela implique que Cassandros devait demeurer auprès de lui en Asie et, pour que le grand vizir fût séparé du chef d'Etat (Antipatros s'apprêtait, en effet, à regagner la Macédoine, § 38), le personnage auquel il était adjoint devait être plus qu'un général, une des têtes du gouvernement. Mais, encore une fois, on ne peut définir en termes juridiques les pouvoirs d'Antigonos.

III. Antigonos n'était certainement pas d'humeur à supporter d'être surveillé, éventuellement contrecarré. Cassandros n'était pas fait pour jouer les seconds rôles. La mésentente entre les deux hommes était fatale. Arrien ne dit rien de l'occasion qui la fit éclater au grand jour et cela n'importe pas. Toujours est-il qu'elle ne dut pas tarder, puisqu'Antipatros n'était pas encore parti pour la Macédoine. On ne sait pas non plus pourquoi il prit le parti de son général contre son fils, lequel dut se refuser à demeurer auprès d'Antigonos. Il avait sans doute de bons arguments à faire valoir contre lui, car il parvint à persuader son père de prendre une autre mesure de précaution en lui enlevant la garde des rois pour les emmener en Macédoine. On comprendra aisément le sens de cette décision.

Mais Antipatros ne désirait absolument pas une rupture ouverte avec Antigonos qui eût remis en question les résultats de Triparadeisos et l'eût engagé dans un conflit armé dont il n'était rien moins que certain de sortir vainqueur. Il tenta donc d'atténuer la défiance dont témoignait sa décision par de bons procédés. Arrien nous apprend ainsi qu'il laissa à Antigonos une partie de son armée « pour lui faciliter la conduite de la guerre contre Eumène ». Mais il ne s'en tint pas là ; il donna sa fille Phila en mariage au fils d'Antigonos, Dèmètrios, le futur Poliorcète. En raison de la différence d'âge et du caractère du mari, cette union ne devait pas être heureuse. Mais, sur le moment, il pouvait espérer qu'elle renforcerait ses liens avec Antigonos.

Ce n'est pas là l'essentiel, toutefois. Nous savons par Diodore qu'Antigonos reçut le titre de stratège d'Asie. C'était certainement un élargissement sensible de ses pouvoirs. Pour le comprendre, il faut se souvenir qu'Antipatros avait gouverné la Grèce et la Macédoine au temps d'Alexandre en qualité de stratège d'Europe. En tant que tel, c'était un vice-roi ayant autorité en tout domaine et ne connaissant d'autre supérieur que le roi. En nommant Antigonos stratège d'Asie, il lui donnait vis-à-vis de lui, régent, la même situation que celle qui avait été la sienne vis-à-vis d'Alexandre. Jusque-là, on l'a vu, comme stratège des forces royales, Antigonos était essentiellement un généralissime, même si ce rôle lui valait quelques prérogatives par rapport aux autres satrapes. Désormais il devient officiellement le représentant du pouvoir central en Asie, il s'élève au-dessus de tous, hormis Antipatros. Ce n'est pas à dire que son pouvoir était absolu. La nomination des satrapes lui échappait. On le voit aussi en référer au régent pour un projet de traité avec Eumène. Mais il était désormais le supérieur de tous les détenteurs d'autorité en Asie. Il n'est pas douteux qu'Antipatros mort, il se soit considéré comme le premier de tous les Diadoques et que son titre ait fourni le fondement juridique de ses prétentions à la domination universelle.

Pour terminer, il est nécessaire d'apprécier la portée et les conséquences de la conférence de Triparadeisos. En apparence, c'est une copie presque conforme du partage de Babylone. L'unité de l'empire est préservée. Un nouveau régent est nommé à la place de l'ancien. Aucun changement n'est apporté aux règles de l'administration provinciale. En réalité, la personnalité des nouveaux gouvernants et la force des choses accélérèrent le démembrement amorcé deux ans plus tôt. Antipatros n'était pas l'homme capable de maintenir l'unité. Il n'avait pas participé à la conquête. Toute sa carrière s'était déroulée en Europe. Il ne connaissait que de loin les territoires récemment soumis à la domination macédonienne. Vu son grand âge, il y avait peu de chance qu'il s'y adaptât, même s'il avait survécu plus de deux ans au règlement de Triparadeisos. En outre, il s'apprêtait à transférer le gouvernement central en Macédoine et la délégation de pouvoir qu'il avait consentie à Antigonos ne pouvait qu'accroître la division, qui d'ailleurs n'avait jamais été effacée, mais seulement masquée par le génie d'Alexandre, entre le berceau de la monarchie et ses acquisitions. De plus, ce n'était pas une simple bipartition qui se préparait, mais un véritable éclatement. L'indépendance de l'Inde se lisait entre les lignes des décisions prises par Antipatros. On reconnaissait à Ptolémée une liberté qui annulait à son profit certaines prérogatives essentielles de toute autorité publique. Et la nomination à Babylone d'un homme de la valeur de Séleucos préparait une nouvelle sécession. Deux ans après la mort du Conquérant, Triparadeisos a été la dernière tentative pour sauver d'un commun effort de ses successeurs les apparences de son œuvre. Mais la substance en est déjà évanouie.

Bibliogr. : P. Briant, ouv. cité n° I, pp. 186-234 ; 272-279.

IV. Eumène de Cardia après la mort d'Antipatros (318)

(Diodore de Sicile, XVIII, 57-58)

57 (3) (Polyperchon) envoya aussi à Eumène une lettre écrite au nom des rois pour l'engager à ne pas mettre un terme à son hostilité contre Antigonos et à prendre, au contraire, le parti des rois. S'il voulait, il n'avait qu'à venir en Macédoine : de concert avec lui, il exercerait la tutelle des rois. S'il préférait, il pouvait demeurer en Asie : on lui fournirait une armée et de l'argent pour mener à bien la lutte contre Antigonos dont il était clair désormais qu'il était en révolte contre les rois. Il se voyait restituer par les rois la satrapie qu'Antigonos lui avait enlevée et toutes les prérogatives dont il avait joui auparavant en Asie. (4) En conclusion, il déclarait que le premier de tous les devoirs d'Eumène était de consacrer à la famille royale ses soucis et ses préoccupations. Ce faisant, il serait fidèle à la conduite qu'il avait toujours tenue à son égard. Si une armée plus importante lui était nécessaire, lui-même, avec les rois, viendrait de Macédoine avec toute l'armée royale...

58 (1) Sous l'archontat d'Archippos à Athènes... Eumène venait juste de s'échapper de la forteresse lorsqu'il reçut la lettre envoyée par Polyperchon. Il lui écrivait, outre ce qui a été dit ci-dessus, que les rois lui faisaient don de cinq cents talents pour réparer les pertes qu'il avait subies et qu'ils adressaient une lettre aux stratèges et trésoriers de Cilicie afin qu'ils lui versent ces cinq cents talents et toute autre somme qu'il demanderait pour recruter des mercenaires et faire face à tous les besoins urgents, et une aux officiers des trois mille Argyraspides macédoniens pour qu'ils se placent sous les ordres d'Eumène et collaborent avec lui dans le meilleur esprit en raison de sa nomination au grade de généralissime pour l'Asie entière. (2) Il reçut aussi d'Olympias une lettre où elle le priait instamment de donner son appui aux rois et à elle-même : il était son seul recours, le plus fidèle à survivre parmi ses amis, le seul capable de compenser l'isolement de la famille royale. (3) Olympias lui demandait un conseil : lui paraissait-il avantageux pour elle de demeurer en Epire et de ne pas se fier aux hommes

qui, au gré des circonstances, prenaient les dehors de tuteurs
des rois mais, en réalité, s'efforçaient de détourner la royauté
à leur profit, ou de regagner la Macédoine ? (4) Eumène
répondit sur le champ à Olympias, lui conseillant de demeurer pour le moment en Epire, jusqu'à ce que la guerre ait
donné quelque résultat. Quant à lui, pour qui la loyauté
la plus inébranlable envers les rois avait été l'objet de son
constant respect, il avait décidé de rompre avec Antigonos
qui cherchait à s'approprier la royauté et, puisque le fils
d'Alexandre avait besoin d'aide en orphelin qu'il était et en
raison de la volonté de puissance des généraux, il croyait
de son devoir d'affronter tous les périls pour le salut des
rois.

La correspondance échangée entre Eumène, Polyperchon et Olympias est datée de l'été 318 par Diodore
(début de l'archontat d'Archippos à Athènes, 58, 1). Elle
fait suite à la mort d'Antipatros (été 319) qui avait
annulé le règlement de Triparadeisos (321). Un premier
développement est nécessaire pour la replacer dans le
contexte historique.

I. A Triparadeisos (n° IV), les Diadoques avaient confié
la régence à Antipatros qui conservait le gouvernement
direct de la Macédoine et de la Grèce. Ils avaient, d'autre
part, chargé Antigonos de la lutte contre les partisans
de l'ancien régent Perdiccas, dont le principal était Eumène
de Cardia. Il avait réussi à le bloquer dans la petite
forteresse de Nora en Cappadoce où sa situation paraissait sans espoir.

La mort d'Antipatros remit tout en question. Il avait
transmis ses pouvoirs à un de ses proches collaborateurs,
Polyperchon, âgé et dépourvu de prestige. Cette décision,
sans valeur juridique puisqu'elle n'émanait pas du consen-
sus des Diadoques, fut aussitôt contestée. Cassandros,
fils d'Antipatros, entra en lutte avec le nouveau régent
et noua contre lui une coalition qui comprenait, entre
autres, Antigonos. Avec un empressement plus que suspect, ce dernier traita avec Eumène qui échappa ainsi
au piège où il était pris (58, 1, « la forteresse » = Nora).

Malgré ces difficultés, Polyperchon ne songea pas à
se retirer. Il rechercha, au contraire, des appuis. Le seul
qu'il pouvait obtenir en Asie pour y établir son autorité
était celui d'Eumène. D'où sa lettre résumée par Diodore 57-58, 1. Quatre points s'y entremêlent en désor-

dre : — les avantages offerts à Eumène pour l'attirer ;
— l'adversaire qu'il aura à affronter ; — les moyens mis
à sa disposition ; — le principe qui justifiera ses efforts.

II. L'examen critique de ces questions devrait préciser
certains points de détail (exemple : « la satrapie qu'Antigonos lui avait enlevée », 57, 3), qui seront passés sous
silence ici. Outre les avantages matériels et honorifiques
que Polyperchon offrait à Eumène, il lui laissait une telle
liberté de décision qu'il s'effaçait presque devant lui. Ce
ne pouvait être qu'un faux-semblant. Il n'avait assurément pas l'intention de partager avec lui la tutelle des
rois, pas le moyen de passer en Asie pour l'appuyer
militairement et Eumène ne pouvait lui être utile ailleurs
qu'en Asie. Réciproquement, Eumène n'avait aucun intérêt à se réfugier en Macédoine.

En effet, c'est en Asie seulement qu'il pouvait s'imposer.
Son adversaire principal y était Antigonos tant parce
que, à Triparadeisos, il avait été désigné comme tel, qu'en
raison de la puissance qu'il s'était acquise et de son
titre de stratège d'Asie qui lui valait, sur les autres satrapes, un droit de regard dont il avait largement usé. En
recevant de Polyperchon le même titre (58, 1), Eumène
acquérait la même situation juridique et les mêmes possibilités d'action, mais il lui fallait les mettre en valeur
par les armes. Ainsi se trouvaient créés, à l'intérieur de
l'empire d'Alexandre, deux gouvernements parallèles et
ennemis.

Les moyens financiers et militaires mis à la disposition
d'Eumène (58, 1) ne demandent que des précisions de
détail. On soulignera, en outre, qu'ils ne lui étaient pas
acquis sans risque de contestation. Il lui fallait se ménager la bonne volonté de ceux qui les avaient en main,
en raison de la position délicate dont il eut toujours à
souffrir, celle d'un Grec appelé à commander à des
Macédoniens.

Le principe dont Polyperchon suggérait à Eumène de
se couvrir était le respect de l'autorité royale contre l'ambition des Diadoques (57, 4), c'est-à-dire le maintien de
l'unité de l'empire contre les tendances au démembrement. Eumène le fit sien (58, 4) et y resta fidèle jusqu'à
sa défaite finale. Il serait sans doute injuste de douter
de son attachement à la mémoire et à l'œuvre d'Alexandre, mais on ne peut pas manquer de constater qu'il

était pour lui le seul moyen de justifier ses combats contre les Diadoques. Il n'était peut-être pas aussi désintéressé qu'on l'a parfois soutenu.

III. Pour établir son autorité en Asie, Polyperchon comptait sur Eumène, en Europe sur les cités grecques qu'il essaya de détacher de Cassandros en manifestant un certain libéralisme à leur égard, et sur la mère d'Alexandre, Olympias, réfugiée en Epire à cause de son hostilité à Antipatros. Le prestige de la dynastie en Macédoine était encore tel qu'il pouvait attendre du ralliement d'Olympias un renforcement notable de sa position. Il lui écrivit donc en même temps qu'à Eumène pour lui demander de rentrer en Macédoine, lui proposer la tutelle de son petit-fils et un partage du pouvoir. La vieille reine n'accepta pas sur le champ. A en croire Diodore, elle aurait demandé auparavant l'avis d'Eumène qui lui aurait conseillé de ne pas bouger avant qu'il ait lui-même remporté quelques succès (58, 3-4).

Mais, si la correspondance entre Polyperchon et Eumène a toutes les apparences de l'authenticité (Diodore ne parle nulle part d'une réponse d'Eumène, mais toutes ses actions ultérieures manifestent son assentiment), en revanche la lettre d'Olympias n'est guère vraisemblable. On ne voit pas de motif à son amitié prétendue pour Eumène (58, 2), ni ce qu'elle pouvait, en Epire, attendre de lui en Asie. La prudente réflexion dont elle aurait fait preuve en la circonstance ne cadre pas avec son caractère impulsif et violent. Si, malgré tout, la correspondance fut bien échangée, elle témoigne d'une grande méfiance envers Polyperchon et, de la part d'Eumène, d'une faible considération pour les desseins de son allié, qui aurait pu amener un conflit entre eux. Mais, très rapidement, leur entente fut privée de toute substance, Polyperchon ayant perdu la maîtrise de la mer qui, seule, leur aurait permis de joindre leurs efforts et de concerter leurs actions. Eumène dut jouer sa partie seul et il ne pouvait manquer de la perdre, malgré toutes ses qualités, en raison de la disproportion des forces et de la faiblesse de sa position juridique.

Bibliogr. : P. Briant, « D'Alexandre aux Diadoques : le cas d'Eumène de Cardia », *Rev. Et. Anc.*, 75, 1973, pp. 74-79.

V. Première coalition contre Antigonos le Borgne (316)

(Diodore de Sicile, XIX, 56-57)

56 (1) Séleucos trouva son salut en Egypte où une entière faveur lui fut accordée par Ptolémée. Il formula des accusations acerbes contre Antigonos : il avait, à l'en croire, décidé que tous les dignitaires en fonction, en particulier les compagnons d'armes d'Alexandre, seraient privés de leurs satrapies. Il en donnait comme exemples le meurtre de Pithon, la révocation de Peukestas en Perse et son propre sort. (2) Tous étaient irréprochables. Ils lui avaient même rendu maints services importants par amitié, et leur valeur attendait une récompense. Il détaillait l'importance des forces dont il disposait, l'abondance de ses ressources et aussi ses récents succès qui, montrait-il, lui avaient tourné la tête et fait espérer saisir l'ensemble de la monarchie macédonienne. (3) Quand Séleucos avec des arguments de ce genre eut amené Ptolémée à se préparer à la guerre, il envoya de ses amis en Europe en leur donnant pour mandat de s'efforcer, par les mêmes propos, de susciter contre Antigonos l'hostilité de Cassandros et de Lysimachos. (4) Ils s'acquittèrent promptement de leur mission. De là devait naître l'origine d'un conflit et de grandes guerres. Antigonos, de son côté, par un calcul de probabilités, devina la conduite de Séleucos et envoya des ambassadeurs à Ptolémée, Lysimachos et Cassandros pour leur demander de lui conserver leur amitié antérieure. En Babylonie, il nomma satrape le Pithon qui était de retour de l'Inde, puis il partit avec son armée en prenant la direction de la Cilicie. (5) Parvenu à Malos, il répartit ses forces dans leurs quartiers d'hiver après le coucher d'Orion. Il se fit aussi livrer le trésor de Kyinda, dix mille talents. Outre cette somme, ses revenus annuels lui rapportaient onze mille talents. En conséquence, il était formidable à la fois par l'importance de ses forces et l'abondance de ses ressources.
57 (1) Tandis qu'Antigonos s'avançait en Haute-Syrie, des ambassadeurs se présentèrent de la part de Ptolémée, Lysimachos et Cassandros. Introduits au conseil, ils réclamèrent

la Cappadoce et la Lycie pour Cassandros, la Phrygie de l'Hellespont pour Lysimachos, la Syrie en entier pour Ptolémée, la Babylonie pour Séleucos. Quant aux trésors qu'il avait pris après la bataille contre Eumène, il fallait les partager puisqu'eux aussi avaient pris part à la guerre. S'il ne consentait à rien, ils se ligueraient tous, affirmaient-ils, pour lui faire la guerre. (2) Antigonos leur répondit avec rudesse qu'il se préparait à la guerre. En conséquence, les ambassadeurs repartirent sur un échec. Ensuite, Ptolémée et Lysimachos et aussi Cassandros conclurent entre eux une alliance et rassemblèrent leurs forces.

En introduction, situation créée par la victoire définitive d'Antigonos le Borgne sur Eumène en 316. En ajoutant à son propre domaine les possessions du vaincu en Haute-Asie, il avait constitué une puissance susceptible d'inquiéter les autres Diadoques, d'autant que sa conduite à l'égard de certains d'entre eux paraissait révéler des ambitions plus vastes encore : reconstitution à son profit de l'empire d'Alexandre.

Indices de son ambition : 1) élimination des satrapes nommés à Triparadeisos pour la Haute-Asie : Peithon (Médie), attiré dans un guet-apens, condamné et exécuté ; Peukestas (Perse), dupé par des promesses fallacieuses plutôt que révoqué ; Séleucos (Babylone) contraint à la fuite par des menaces redoutables, et d'autres remplacés par des créatures d'Antigonos, en particulier des Perses. 2) Importance de ses forces militaires et de ses ressources financières provenant en partie des trésors qu'il se fait livrer (Kyinda en Cilicie. Ailleurs, Ecbatane, Suse, autant et plus qu'à Kyinda) et de ses revenus réguliers, le tout lui permettant, entre autres, le recrutement de nombreux mercenaires.

Arguments exploités par Séleucos auprès de Ptolémée qui lui avait donné refuge, tout disposé à lui prêter l'oreille : aurait été le premier menacé par la restauration d'une autorité centrale (cf. l'offensive menée par Perdiccas contre lui en 321). En outre, mouvements de troupes menaçants vers la Syrie sur laquelle il avait des visées.

D'ailleurs, il n'était pas le seul mis en danger par l'ambition d'Antigonos. Lysimachos ne pouvait voir sans inquiétude sa puissance border la rive asiatique des Détroits. Et Cassandros était brouillé avec lui depuis

321. Les intrigues de Séleucos eurent beau jeu auprès d'eux. La coalition ainsi nouée, les négociations avec Antigonos ne pouvaient avoir pour but que de lui faire porter la responsabilité de la rupture. On peut même penser que les termes en étaient intentionnellement inacceptables. Le prétexte de la demande de partage des trésors pris à Eumène était, en tout cas, de mauvaise foi : Antigonos était bien le mandataire des Diadoques pour cette guerre, mais il l'avait menée seul.

VI. La proclamation de Tyr (315)

(Diodore de Sicile, XIX, 61-62)

61 (1) Antigonos... réunit les soldats et les (Macédoniens) de passage en une assemblée commune et mit Cassandros en accusation, lui reprochant d'abord le meurtre d'Olympias et le sort de Rhoxane et du roi. (2) Il affirma, en outre, qu'il avait contraint par la force Thessalonikè à l'épouser, qu'il était de toute évidence en train d'usurper la royauté macédonienne, et encore qu'il venait de rétablir les Olynthiens, les pires ennemis des Macédoniens, dans leur cité à laquelle il avait donné son nom, qu'il avait restauré Thèbes rasée par les Macédoniens. (3) L'indignation populaire croissant à l'unisson, il mit aux voix un décret aux termes duquel Cassandros était déclaré ennemi à moins qu'il ne détruisît les cités en question, qu'il ne libérât de leur prison le roi et sa mère Rhoxane pour les rendre aux Macédoniens et, en général, qu'il ne se soumît à l'autorité du stratège en titre, du détenteur de la régence de la monarchie, Antigonos. En outre, les Grecs étaient déclarés tous libres, exempts de garnisons étrangères, et autonomes. Quand les soldats eurent voté ces propositions, il envoya partout des messagers pour publier ce décret : (4) les Grecs, à son avis, par espoir de la liberté, combattraient avec ardeur à ses côtés pendant cette guerre et, dans les satrapies supérieures, les stratèges et satrapes qui soupçonnaient Antigonos d'avoir pris la décision de renverser les rois issus d'Alexandre, en le voyant assumer sans équivoque la guerre en leur nom, changeraient tous d'opinion et obéiraient sans hésiter à ses ordres...

62 (1) Sur ces entrefaites, Ptolémée vint à connaître les décisions des Macédoniens du parti d'Antigonos relatives à la liberté des Grecs. Il rédigea de son côté un texte analogue. Il voulait que les Grecs sussent qu'il se souciait de leur autonomie tout autant qu'Antigonos. (2) Ce n'était pas rien, ils le voyaient bien l'un et l'autre, que d'acquérir la bonne volonté des Grecs et ils rivalisaient de générosité à leur égard.

Les hostilités entre Antigonos et les coalisés avaient commencé dès le rejet de l'ultimatum qu'ils lui avaient adressé. Il mena d'abord campagne en Syrie et en Phénicie. Les garnisons lagides ne lui opposèrent guère de résistance, à l'exception de celle de Tyr. C'est dans son camp, devant la ville, qu'il réunit l'assemblée dont le texte rapporte les décisions. Trois parties : — le décret contre Cassandros (61, 1-3 milieu) ; — la proclamation de la liberté des Grecs et les mobiles d'Antigonos (61, 3-4) ; — la réaction de Ptolémée (62, 1-2).

I. En apparence, Diodore fait une distinction nette entre les accusations portées par Antigonos contre Cassandros et les décisions prises par l'assemblée. En fait, ces dernières répondent en partie aux premières et ne peuvent alors en être séparées. En partie aussi, elles soulèvent un problème dont la discussion est nécessaire : celui des raisons pour lesquelles Antigonos s'attaque à Cassandros de préférence à ses autres adversaires.

1) L'examen des griefs d'Antigonos doit être rapide et se borner à préciser les faits auxquels ils font allusion, car la plupart sont de mauvaise foi, quand il ne s'agit pas de mensonges : — Olympias, mère d'Alexandre. Condamnée par Cassandros pour le meurtre du roi Philippe Arrhidaios, de sa femme et de beaucoup d'autres. Détestée de tout le monde, sa mort n'avait causé aucun chagrin à Antigonos ; — en même temps qu'Olympias, Cassandros avait arrêté Rhoxane et son fils, Alexandre IV, et les tenait prisonniers à Amphipolis ; — Thessalonikè, fille illégitime de Philippe II, que Cassandros avait épousée pour se créer un lien avec la dynastie argéade. On ne sait rien sur les circonstances du mariage ; — Cassandreia n'est pas sur l'emplacement d'Olynthe, mais sur celui de Potidée, et les anciens Olynthiens n'étaient qu'un des éléments de la population de la nouvelle cité ; — Thèbes venait, en effet, d'être reconstruite par Cassandros avec l'approbation unanime des Grecs. Certains Macédoniens, fidèles à la mémoire d'Alexandre, pouvaient s'en offusquer. Antigonos, qui s'apprêtait à supplanter la dynastie agréade, n'en avait pas le droit, outre son affectation de respect pour l'autonomie des Grecs. Les deux premières injonctions à Cassandros : raser de nouveau Thèbes et Cassandreia, libérer Alexandre IV et Rhoxane, correspondent à ces griefs.

2) Mais la dernière décision est d'une tout autre portée. Antigonos exige que Cassandros reconnaisse sa suprématie et se soumette à sa volonté, en se prévalant de deux titres : — celui de « stratège de l'Asie » qui lui avait été conféré à Triparadeisos pour mener la lutte contre Eumène et qui, à cette fin, mais à cette fin seulement, lui valait des pouvoirs vagues, mais très étendus, sur les autres satrapes. Il l'égalait à Antipatros, stratège d'Europe depuis le début de la conquête d'Alexandre. Antipatros étant mort depuis, Antigonos était juridiquement le personnage le plus important de l'empire. Mais, en fait, personne ne lui reconnaissait ce rang ; — celui de régent (*épimélète*). C'est la première fois qu'Antigonos se l'attribue. Le dernier à l'avoir porté légalement était Antipatros. A sa mort, il l'avait transmis de sa propre initiative à Polyperchon, mais aucun des Diadoques n'avait reconnu de validité à cette décision. Il y a lieu de penser qu'Antigonos s'est fait conférer le titre par l'assemblée qui a condamné Cassandros. Quant à la fonction, il était bien en peine de pouvoir l'exercer puisque Alexandre IV était entre les mains de son adversaire. Mais seul le titre lui importait pour justifier ses prétentions.

Celles-ci ne visent à rien de moins qu'à reconstituer l'empire d'Alexandre, depuis que sa victoire sur Eumène l'avait rendu maître de toute la partie asiatique. C'est elles, au même titre que sa puissance formidable, qui sont la cause de la coalition des autres Diadoques. Le plus redoutable pour Antigonos n'était pas Cassandros, mais Ptolémée. C'était contre ce dernier, d'ailleurs, qu'il était en train d'opérer militairement. Pourquoi dès lors faire condamner l'autre judiciairement ? Si l'on ne tient pas compte de l'animosité qui opposait les deux hommes, on peut avancer quatre raisons : — Cassandros était maître de la Macédoine, ce qui lui valait un prestige particulier, des prétentions, d'ailleurs discutables, à la légitimité, des possibilités de recrutement militaire ; — il tenait à sa merci le roi survivant et disposait ainsi de la source de toute autorité régulière ; — son mariage avec Thessalonikè lui créait un lien familial avec la dynastie ; — enfin, Cassandros condamné, ses alliés n'étaient plus que des rebelles contre lesquels toute action militaire était licite.

II. La promesse de libération et d'autonomie aux cités grecques (63, 3) est une mesure de guerre. Elle pose aussi un problème de droit constitutionnel et d'administration. On peut, enfin, se demander qui a, le premier, mis en avant ce slogan dont la fortune devait durer jusqu'à la conquête romaine.

1) Mesure de guerre : l'état sur lequel s'étend l'autorité de Cassandros comprend, outre la Macédoine, une partie de la Grèce et, par conséquent, de nombreuses cités. Celles-ci, fidèles à l'idéal d'autonomie qui avait été leur raison d'être, ne s'étaient jamais résignées de bon gré à la domination macédonienne. Plusieurs tentatives de résistance ou même de rébellion avaient eu lieu au temps d'Alexandre et, en dernier lieu, elles avaient essayé de se libérer d'un commun effort aussitôt après sa mort (no II). En outre, les méthodes employées par Antipatros et son fils pour les contraindre à l'obéissance rendaient encore plus odieuses leur domination. Ils détruisaient systématiquement les démocraties, alors que ce régime apparaissait de plus en plus comme la forme normale de gouvernement et qu'il avait eu les faveurs d'Alexandre lui-même. Ils leur substituaient des oligarchies ou des tyrannies. Ils s'appuyaient sur les classes possédantes et excluaient du pouvoir les couches populaires, faisaient prévaloir un climat « d'ordre moral » et appuyaient leur autorité sur des garnisons étrangères. On pourra prendre comme exemple de cet impérialisme le cas assez bien connu d'Athènes au temps de Démétrios de Phalère.

Ce pouvait donc être une habile manœuvre politique et militaire de promettre leur autonomie aux cités grecques soumises à Cassandros pour les inciter à se révolter contre lui et à s'allier à Antigonos. C'est bien ainsi que l'entend Diodore (§ 3) pour qui, d'ailleurs, toutes les décisions prises à Tyr ont une intention tactique avant tout : les termes de la condamnation de Cassandros qui se rapportent à la dynastie argéade n'auraient pas d'autre but que de raffermir la fidélité des gouverneurs des satrapies supérieures. Ce point de vue n'est certainement pas faux, mais il est sans doute trop étroit.

2) L'établissement de la domination macédonienne en Grèce, puis la conquête d'Alexandre avaient posé un nouveau problème de structure du pouvoir dans le monde grec. Jusque là, la cité avait été considérée comme la

cellule de base de la société internationale, parfaitement
indépendante et autonome. Les royaumes issus des luttes
entre les Diadoques font naître une unité nouvelle, plus
vaste et plus puissante, d'une nature différente aussi. Quels
sont les rapports qui doivent s'établir entre ces deux
formes d'organisation politique ?

La solution ébauchée avec la ligue de Corinthe avait
échoué en raison de l'hostilité des Grecs et des mesures
de répression employées par Antipatros. Alexandre avait
montré quelque libéralisme, mais n'avait pas abordé le
problème dans son ensemble. La force seule avait jusque
là déterminé les relations entre cités et empires. Antigonos
paraît avoir senti la nécessité d'établir un état de droit.
Ce n'est pas à dire qu'il concevait pour les cités un retour
à leur totale autonomie, laquelle n'avait d'ailleurs, pour la
plupart, jamais été qu'un idéal, encore moins qu'il était
disposé à tolérer leur hostilité. Et la liberté des Grecs
était avant tout, à ses yeux, un moyen de lutter contre
Cassandros. Mais la suite de sa politique, notamment la
création de la Confédération des Nèsiotes, montre qu'il
avait, sur la place que pouvaient tenir les cités dans son
empire, des vues qui devaient porter des fruits dans
l'avenir.

3) On a souvent attribué à Polyperchon la paternité
de la formule préconisant la « liberté des Grecs ». Aucun
des Diadoques ne l'ayant reconnu comme successeur
d'Antipatros, il rechercha l'appui des cités en leur promettant la suppression des régimes oligarchiques que son
prédécesseur leur avait imposés. Il s'agissait, en réalité,
d'amnistier les fautes commises par les participants à la
guerre lamiaque et de leur faire remise des châtiments
dont ils avaient été frappés, par un retour à la situation qui
prévalait en Grèce à la mort d'Alexandre. Dans le texte
par lequel Diodore nous fait connaître la proclamation
de Polyperchon (XVIII, 56), il n'est pas question d'autonomie ni de liberté. L'intention tactique était la même
que celle d'Antigonos : s'assurer l'appui des Grecs,
mais le moyen destiné à atteindre ce but est différent.
On peut donc considérer qu'Antigonos est le premier à
avoir conçu et employé cette formule de propagande dont
le succès devait être si durable.

III. Que Ptolémée ait cru devoir suivre l'exemple
d'Antigonos et lancer à son tour une proclamation en

faveur de l'autonomie des cités a de quoi surprendre. « Acquérir la bonne volonté des Grecs », comme le prétend Diodore, n'avait pas d'intérêt pour lui, à moins de supposer qu'il voulût retourner contre son adversaire la tactique que celui-ci avait l'intention d'employer contre Cassandros. Mais la puissance d'Antigonos ne reposait pas en grande partie sur la maîtrise des cités, comme celle de Cassandros. Surtout, en adoptant une attitude parallèle à celle de l'adversaire, Ptolémée introduisait une faille dans la coalition. Il faisait savoir qu'il n'était pas d'accord avec le plus menacé de ses alliés sur la politique que ce dernier suivait pour assurer son autorité dans ses états.

L'équivoque de cette conduite ne paraît pouvoir s'expliquer que si l'on admet, de la part de Ptolémée, une vision de l'avenir dépassant l'actualité immédiate. Dans la lutte qui allait opposer Antigonos et Cassandros, il ne pouvait manquer de s'apercevoir que le vainqueur deviendrait le maître définitif de la Macédoine, s'arrogerait pour le moins le titre de régent et prétendrait sans doute imposer sa suprématie à tous les Diadoques. Quel qu'il fût, Ptolémée serait son premier et principal adversaire. Il lui importait donc de s'assurer, dès le début du conflit, des armes de contre-batterie, sans même savoir encore contre qui il les emploierait.

Bibliogr. : P. Briant, ouv. cité n° I, pp. 300-302 (sur la nature et la composition de l'assemblée de Tyr).
C. Wehrli, *Antigone et Démètrios* (Genève 1968), pp. 103-129 (sur la politique d'Antigonos à l'égard des cités).

VII. La paix de 311

(C. B. Welles, *Royal Correspondence in the Hellenistic Period*, n° 1)

‒ ‒ ‒ ‒ ‒ Nous avons fait beaucoup d'efforts pour la liberté des Grecs, nous avons consenti dans cette intention des sacrifices non sans importance et, en particulier, donné de l'argent et, / dans ce dessein, nous avons envoyé Aischylos et Dèmarchos. Tant qu'il y a eu accord sur ce point, nous avons participé à la conférence de l'Hellespont, s'il n'y avait pas eu certains opposants, / l'affaire aurait alors été réglée. Mais, en réalité, alors que Cassandros et Ptolémée conféraient à propos d'une trêve et que Prépélaos et Aristodèmos étaient venus nous trouver /à ce sujet, bien que nous vissions que certaines des exigences de Cassandros étaient excessives, puisqu'il y avait accord au sujet des Grecs, nous estimions nécessaire de ne pas nous y arrêter afin de réaliser l'essentiel le plus rapidement possible. Car nous aurions considéré comme un grand succès de tout arranger pour les Grecs, comme nous l'avions souhaité. Mais, comme la négociation s'éternisait et que, lorsque l'on perd / son temps, il arrive parfois bien des événements inattendus et comme nous souhaitons que les affaires des Grecs soient résolues tant que nous sommes en vie, nous pensions qu'il ne fallait pas que les détails mettent l'essentiel en danger d'échouer. / L'importance des efforts que nous avons faits sur ce point deviendra, je crois, évidente pour vous et pour tous les autres d'après les résultats eux-mêmes. Après avoir conclu accord avec Cassandros et Lysimachos / qui nous avaient envoyé à cette fin Prépélaos avec pleins pouvoirs, Ptolémée nous adressa des ambassadeurs pour demander la conclusion d'une trêve avec lui aussi et son adhésion au même accord. / Nous vîmes que ce n'était pas rien de renoncer à une ambition pour laquelle nous ne nous étions pas donné peu de mal et avions dépensé de grosses sommes, et cela alors que nous avions réglé nos affaires avec Cassandros et Lysimachos / et que le reste de la tâche était plus aisée. Cependant, ayant compris que, si l'on se

40   mettait d'accord avec lui aussi, la question de Polyperchon /
serait plus vite réglée car il n'aurait plus d'allié, en raison
de notre parenté avec lui et aussi voyant que vous-mêmes
44   et nos autres alliés étiez accablés / par le service militaire
et les dépenses, nous pensions qu'il était préférable de céder
et de conclure la paix avec lui aussi. Pour réaliser l'accord
48   nous avons envoyé / Aristodèmos, Aischylos et Hègésias. Ils
sont de retour en rapportant les garanties, et le représentant
de Ptolémée, Aristoboulos, est venu pour les recevoir de
52   nous. Sachez donc que la / solution est intervenue et que
la paix est faite. Nous avons fait insérer dans le traité que
tous les Grecs prêteraient un serment d'entraide pour la
56   défense réciproque de leur liberté et de leur autonomie, /
dans la pensée que, tant que nous serons en vie, selon toute
prévision humaine, elles seraient assurées, mais que, dans
60   l'avenir, si des serments liaient / l'ensemble des Grecs et
les dirigeants, la liberté serait mieux et plus sûrement
conservée aux Grecs. Et, qu'ils soient appelés à prêter
serment de préserver les dispositions des accords dont nous
sommes convenus entre nous, nous n'avons pas vu que
64   cela soit indigne / des Grecs ni inopportun. C'est pourquoi
il me paraît bon que vous prêtiez le serment que nous vous
envoyons. Nous nous efforcerons dans l'avenir de vous procurer, à vous et aux autres Grecs, tous les avantages en
68   notre pouvoir. / Sur ces questions, il m'a paru bon de vous
écrire et de vous envoyer Akios qui vous en entretiendra.
72   Il vous apporte une copie du traité / que nous avons conclu
et du serment.

La paix conclue entre Antigonos et ses adversaires de
la coalition de 315 est connue par une brève notice de
Diodore (XIX, 105, 1) et par le texte épigraphique à
commenter. L'inscription a été découverte sur le site de
la ville de Skepsis, en Troade. Le début en est perdu,
mais on déduit aisément du texte qu'il s'agit d'une lettre
d'Antigonos aux habitants de cette cité. Il est probable
qu'elle n'était pas destinée à eux seuls et qu'il s'agit d'une
circulaire adressée aussi aux autres cités de ses états.
Skepsis était de trop mince importance pour qu'il lui
réservât l'exclusivité de sa correspondance diplomatique.
Et, d'autre part, la lettre ayant un but évident de propagande, elle aurait manqué son objet si elle n'avait eu
qu'un seul destinataire. Mais on n'en a pas retrouvé d'autres exemplaires.

Bien que le style du document soit confus, ampoulé et
allusif (ce n'est sans doute pas sans intention : Antigonos

ne pouvait pas tout dire clairement), la composition est assez claire : jusqu'à la l.52, on a un récit des longues négociations qui ont précédé la paix, et l'on peut y distinguer deux étapes successives : la « conférence de l'Hellespont » (jusqu'à l.24) ; la « paix de 311 « elle-même. Dans la seconde partie, Antigonos expose aux Skepsiens les clauses de la paix qui les concernent : un article a prévu que les Grecs se prêteraient mutuellement serment de défendre la liberté et l'autonomie (ll.53-61). Ils auraient aussi à jurer de respecter toutes les dispositions des accords conclus entre eux par les Diadoques (ll.62-64). En conséquence, Antigonos adresse à ses correspondants le texte du serment qu'il les invite à prêter, ainsi qu'une copie du traité, par un ambassadeur qui leur fournira toutes explications utiles (ll.64-72). Le plan du commentaire peut se modeler sur la composition du document.

I. Au cours de la lutte qui avait commencé en 315, Antigonos avait eu à combattre sur deux fronts : à l'Ouest et au Nord-Ouest contre Cassandros et Lysimachos ; au Sud contre Ptolémée, patronant les revendications de Séleucos sur Babylone. Il avait intérêt à dissocier une coalition, qui n'était pas bien soudée au reste, et à conclure une paix séparée avec l'un ou l'autre groupe de ses adversaires. Il s'était ainsi prêté dès 314 à des conversations avec Ptolémée à Ecregma. Elles échouèrent en raison de l'ampleur de ses exigences. Il n'est pas interdit de penser qu'il y était fait allusion au début du texte qui est perdu.

De nouvelles négociations s'ouvrirent l'année suivante (313), avec Cassandros cette fois. C'est là que commence le texte. Antigonos lui-même leur donne le nom de « conférence de l'Hellespont » (l.6). Elles échouèrent comme celles d'Ecregma et pour la même raison. Mais Antigonos se garde bien de le dire. Il commence par mettre en avant le motif qui, à l'en croire, aurait guidé toute sa politique au cours de ces tractations diplomatiques : la liberté des Grecs. Cette prétention affirmée dès le début donne le ton du document et dévoile sa véritable nature : c'est de la propagande. Antigonos veut rallier les cités à sa cause en se posant en défenseur de leur indépendance contre les pratiques oppressives de ses adversaires. Cette machine de guerre psychologique pouvait être efficace, contre Cassandros en particulier qui,

dans ses rapports avec le monde grec, avait hérité les
méthodes de son père Antipatros et s'était fait détester.
Antigonos en avait déjà usé dans sa proclamation de Tyr
(n° VI) et il demeurera constamment fidèle à ce principe.

Naturellement, Antigonos fait porter la responsabilité
de l'échec à ses adversaires. Mais il ne dit point quels
sont les « opposants » (l.7) qui ont détourné Cassandros
de conclure accord et on n'a pas d'élément pour le deviner.
Il l'accuse, en outre, d'exigences excessives (ll.12-13)
sans préciser lesquelles. Il n'est pas interdit de penser
qu'il s'agit du refus de ce dernier de renoncer à sa politique oppressive envers les cités de ses états. On notera,
en effet, que, malgré sa réprobation, Antigonos reconnaît
qu'il se serait plié à ses exigences, pour « réaliser l'essentiel le plus rapidement possible » (ll.15-16). Or, l'essentiel,
à l'en croire, c'est la liberté des Grecs. Elle sera expressément stipulée dans le traité de 311. Mais, tout en la faisant
reconnaître par ses adversaires comme un principe de
droit international, il acceptera le maintien en fonction
de Cassandros qui en était la négation vivante. Les Grecs
avaient trop de finesse pour laisser échapper la contradiction. Mais la paix était à ce prix. Il fallait les persuader
que cette entorse au principe ne portait pas atteinte à l'essentiel et leur montrer qu'Antigonos en avait pris son
parti dès le début, pour atténuer la surprise pénible que
leur vaudrait la lecture du traité dont l'ambassadeur Akios
leur apportait copie.

Il n'est pas aisé de rendre compte du déroulement des
négociations d'après le texte. Il semble qu'elles aient comporté plusieurs phases : d'abord la « conférence de l'Hellespont » proprement dite. Antigonos y était représenté par
Aischylos et Dèmarchos (l.5). Elle échoue par suite de
l'action de « certains opposants ». Cassandros et Ptolémée
confèrent ensuite entre eux (ll.9-10), mais sans succès
semble-t-il, car les deux ambassadeurs que reçoit ensuite
Antigonos, Prépélaos et Aristodèmos (l.11) sont connus,
le premier surtout, pour être des fidèles de Cassandros. Ce
dernier a donc tenté de reprendre la négociation en son
seul nom. Une correction au texte apporterait une simplification : elle consisterait à substituer l.10 à Ptolémée
(Ptolémaios) Polémaios, neveu d'Antigonos qui représentait son oncle en Grèce. Dans ce cas, Ptolémée dispa-
raîtrait de ces événements, ce qui correspondrait mieux à

la logique de la situation. De toute manière, « la discussion
s'éternisa » (l.19) et, sans le dire clairement, Antigonos
avoue que c'est lui qui la rompit (ll.20-23). Il ne paraît
pas douteux que ses exigences sont responsables de l'échec,
tout autant que celles de Cassandros, et la liberté des
Grecs n'y pesait pas d'un grand poids.

Après une phrase de transition sans signification
(ll.24-26), Antigonos passe à la conclusion de la paix
de 311, dont il nous apprend qu'elle s'est faite en deux
temps : en premier lieu, un accord avec Cassandros et
Lysimachos (ll.26-29), ensuite l'accession de Ptolémée
à ce traité (ll.29-46). Antigonos, on le verra, ne réalisait
à peu près aucun de ses buts de guerre. Comment en
était-il venu à y renoncer ? Il ne pouvait avouer qu'il
avait été battu et qu'un nouvel adversaire s'était déclaré
(à moins d'y voir une allusion très voilée dans les « événements inattendus » de la l.20). L'année 312 avait été très
néfaste pour lui. Tandis qu'il s'apprêtait à poursuivre son
offensive contre Cassandros en Europe, son fils Dèmètrios,
chargé de contenir Ptolémée, avait été complètement
défait à Gaza. La Syrie du Sud avait été perdue et, ce
qui était plus grave, Séleucos en avait profité pour se
jeter sur Babylone où il avait non seulement remis la main
sur sa satrapie, mais encore entamé la conquête de l'Iran.
Une première expédition conduite contre lui par Dèmètrios s'était soldée par un échec. Il fallait des moyens
considérables pour lui faire lâcher prise. Antigonos avait
donc besoin de la paix avec ses autres adversaires. C'est là
la raison qui l'a sans aucun doute décidé à renoncer à ses
exigences antérieures, bien qu'on ne le mette pas toujours
en valeur.

De l'accord avec Cassandros et Lysimachos, la lettre ne
dit presque rien. Du fait que Prépélaos a été envoyé auprès
d'Antigonos comme ambassadeur plénipotentiaire (l.28),
donc autorisé à traiter par ses mandants, il n'est pas téméraire de conclure que l'initiative de la reprise des pourparlers venait d'Antigonos, ce qui est conforme à la
logique de la situation. Elle est plus prolixe sur les
négociations avec Ptolémée. Antigonos avoue avoir hésité
à répondre à ses ouvertures. Débarrassé de ses autres
ennemis, il avait des chances de le vaincre. C'est bien
pourquoi, d'ailleurs, Ptolémée se présentait en demandeur.
Est-ce là « l'ambition » (l.33) qu'il dut abandonner ? Ou

plutôt, comme le ton général de la lettre porterait à penser, songeait-il à « libérer » les cités grecques que Ptolémée tenait sous sa coupe ? Il n'est pas possible de le préciser.

Antigonos pourtant fit taire ses hésitations. La première raison qui l'y décida (ll.39-41) est que, la paix conclue, la question de Polyperchon serait aisée à résoudre. Désigné par Antipatros comme régent (319), ce dernier s'était heurté à Cassandros qui l'avait refoulé dans le Péloponnèse, mais il y était indépendant en fait. Antigonos en guerre avec Cassandros, Polyperchon était naturellement devenu son allié. Si les hostilités prenaient fin, il se retrouverait isolé. Il lui faudrait se soumettre aux conditions qu'on lui imposerait. Antigonos ne dit rien de celles qu'il envisageait. Il ne paraît pas probable, en tout cas, qu'il ait réussi à le réconcilier avec Cassandros. En second lieu, Antigonos fait état de ses liens de parenté avec Ptolémée qui se bornent, autant qu'on sache, au fait que celui-ci et Dèmètrios avaient épousé des filles d'Antipatros. Enfin, n'oubliant pas le dessein de propagande de sa lettre, Antigonos se pare des scrupules qu'il éprouve devant les charges qui pèsent sur ses alliés grecs du fait de la guerre et qu'il désire leur épargner en sa sollicitude (ll.43-45). Tous ces motifs sont, bien entendu, des faux-semblants. La vérité est qu'il avait besoin de la paix pour se retourner contre Séleucos.

Cet exposé « historique » est complété (ll.47-52) par des détails sur la conclusion du traité. Les ambassades sont destinées à échanger les serments de ratification. Les trois délégués d'Antigonos se sont rendus auprès de Cassandros et de Lysimachos puisque, pour le même objet, c'est Ptolémée qui a envoyé un ambassadeur à Antigonos. Tout ce paragraphe tend à la dernière proposition : « La paix est fait faite », que sa place met en relief.

II. Comme on l'a vu, Antigonoș, dans la seconde partie de sa lettre, expose aux Skepsiens (et à tous les Grecs de son empire, s'il est vrai que le document est une circulaire) les stipulations qui les concernent. Ils auront d'abord à s'engager les uns envers les autres à défendre leur liberté et leur autonomie. Et les « dirigeants » (l.60. Le grec dit « ceux qui sont aux affaires ») jureront de les respecter. Le traité comportait, en effet, selon Diodore, un article prévoyant que les Grecs seraient autonomes. Mais la lettre montre que la rédaction réelle était plus précise que ce principe général et qu'elle comportait des dispositions pratiques pour assurer son application.

La manière dont Antigonos les présente n'est guère explicite toutefois. Il semblerait, en effet, que toutes les cités grecques de tous les Etats Successeurs étaient invitées à constituer une confédération autonome qui recevrait la garantie des Diadoques. S'il en est ainsi, cet article n'a dû recevoir aucun commencement de réalisation. Il n'en est question dans aucune source. Et, d'autre part, il est singulier qu'il n'en soit fait mention que dans la lettre d'Antigonos. C'est pourquoi on peut se demander s'il ne s'agit pas d'une adjonction de son crû au traité, applicable seulement aux cités de son empire. Même ainsi d'ailleurs, on n'a pas trace qu'elle ait été mise en pratique.

Quoi qu'il en soit, il est certain qu'en publiant cette clause qu'il avait probablement inspirée, Antigonos demeurait fidèle à son personnage et au ton général de sa lettre. L'intention ne variait pas non plus : son libéralisme devait lui rallier l'opinion publique des cités et affaiblir ses anciens adversaires. S'il a fait introduire dans un traité de paix une machine de guerre, on est en droit de penser que, dans son esprit, cette paix ne durerait pas plus qu'une trêve et que déjà il préparait ses armes. Peut-être même espérait-il que l'inscription de la liberté des Grecs dans le traité lui fournirait le *casus belli* dont il aurait éventuellement besoin. Car tous les contractants avaient des cités grecques sous leur autorité et aucun assurément n'entendait leur laisser une indépendance complète au risque de les voir se prononcer contre lui. Toute manifestation d'autorité pourrait donc être considérée par Antigonos comme une violation de la liberté et lui fournir un prétexte à reprendre les hostilités. Il faut dire, d'ailleurs, que l'arme était à double tranchant et pouvait se retourner contre lui.

Outre le serment mutuel qui devait les unir, les Grecs étaient invités à jurer la paix qui venait d'être conclue sans qu'ils aient participé à son élaboration. C'était, assurément, ce qui intéressait au premier chef les contractants, Antigonos compris. Les Grecs, en effet, se soumettaient ainsi à la volonté du maître de l'Etat auquel chaque cité était incorporée, gage de paix et de fidélité intérieures. On pourrait même dire qu'ils renonçaient par là à l'autonomie qu'on leur promettait par ailleurs, puisqu'ils étaient obligés d'adhérer à des décisions prises en dehors d'eux. En tout cas, Antigonos se montre fort embarrassé pour justifier la contrainte qui leur est imposée et il se garde bien de la placer dans la perspective de leur liberté.

La lettre se termine par une invitation à prêter le serment dont Antigonos envoie le texte aux Skepsiens, et quelques renseignements circonstanciels. Bien que les Grecs eussent à jurer deux clauses distinctes, elle ne parle que d'un seul serment. Il est clair que les deux clauses avaient été réunies en une seule formule par souci de simplification. Comme il était habituel, un ambassadeur était envoyé pour porter la lettre et recueillir le serment. Le nom d'Akios, chargé de mission à Skepsis, devait être remplacé par un autre dans les expéditions adressées à chacune des cités destinataires de la circulaire. Outre le texte du serment, ces ambassadeurs apportaient une copie du traité.

C'était indispensable. En effet, Antigonos invitait les Grecs à jurer des accords dont il ne communiquait que très partiellement la teneur à ses correspondants. Et cela s'explique bien dans la perspective où il s'était placé pour rédiger sa lettre. Encore une fois, c'est un instrument de propagande où il se pose en défenseur exclusif de la liberté des Grecs. Du traité il ne retient donc que l'article qui le fait apparaître comme tel. Mais d'autres décisions d'une grande portée pratique avaient été prises. Diodore nous en a conservé la substance : Cassandros demeurait stratège d'Europe jusqu'à la majorité d'Alexandre IV, le fils de Rhoxane, qui avait alors une douzaine d'années (Olympias ayant fait assassiner Philippe Arrhidaios en 317, il n'y avait plus qu'un seul roi). Il était sous-entendu qu'il en restait le tuteur. Lysimachos continuait à tenir en son pouvoir la Thrace, et Ptolémée « l'Egypte avec les cités avoisinantes de Libye et d'Arabie ». Quant à Antigonos, il « commanderait à l'Asie entière », formule qui le confirmait dans la fonction de stratège d'Asie que le régent Antipatros lui avait conférée (321).

Il est peu probable que la stratégie de Cassandros fût seule limitée dans le temps à la majorité du petit roi. L'intéressé n'eût certainement pas accepté d'être mis ainsi en état d'infériorité vis-à-vis des autres contractants. Le traité, d'autre part, n'apportait pas de modification à la

constitution de l'empire. Lorsqu'Alexandre IV commence-
rait son règne personnel, il jouirait de la même autorité
que ses prédécesseurs, donc du droit de désigner ses
représentants dans les différentes parties de son empire. Par
conséquent, les « dirigeants » actuels ne pouvaient considérer leur situation comme définitive. Tous, comme Cassandros, devraient abdiquer leurs pouvoirs le moment venu
— avec, sans doute, le secret espoir qu'il ne viendrait
jamais.

III. Les dispositions du traité ayant été précisées par
le recoupement de la lettre d'Antigonos avec le bref
exposé de Diodore, il n'est pas interdit de dépasser le
commentaire littéral du premier document pour en déterminer la signification historique. Il importe d'abord de
savoir si, outre les parties nommément désignées, d'autres
personnages n'étaient pas intéressés. Dans sa lettre
(ll.39-40), Antigonos évoquait le cas de Polyperchon. On
a vu que, sans doute, celui-ci n'avait pas été inclus dans
la paix et que l'état de guerre avait persisté entre Cassandros et lui.

D'autre part, ni dans Diodore, ni dans la lettre ne se
lit le nom de Séleucos, malgré l'importance de son rôle.
Bien qu'on en ait douté, il faut admettre qu'il est resté
en dehors de la paix. La chose est surprenante à première
vue, mais elle se justifie tant sur le plan juridique qu'en
fonction des intérêts politiques en jeu. Comme on va le
voir, le traité ne comportait en théorie aucune modification
de la constitution de l'empire. Vis-à-vis d'Antigonos, stratège d'Asie, Séleucos était un satrape rebelle. Au moment
où ses émules confirmaient le premier dans sa fonction, il
aurait été contradictoire de leur part de soustraire le
second à son autorité. Une considération de ce genre ne
les aurait sans doute pas arrêtés s'ils avaient estimé nécessaire de passer outre. Mais ils ont apparemment estimé
qu'il n'en était rien. Pour Cassandros et Lysimachos,
Séleucos n'était qu'un allié lointain, à la fois géographiquement et psychologiquement puisqu'il était lié surtout
à Ptolémée. Ils n'ont pas hésité à le sacrifier. Ptolémée
éprouvait sûrement à son égard un tout autre intérêt. S'il
l'a néanmoins abandonné en apparence, c'est sans doute
que sa situation lui a semblé assez bonne, après son rétablissement rapide à Babylone, pour qu'il n'ait plus besoin
de son appui actif. S'il avait prétendu le lui maintenir, la

paix n'aurait pu être conclue puisqu'Antigonos ne s'y était résigné qu'avec l'intention, précisément, d'avoir les mains libres contre lui.

En ce qui concerne les contractants, la paix apparaît comme un compromis, bien éloigné des prétentions que les uns et les autres avaient manifestées au début des hostilités, les coalisés dans l'ultimatum qu'ils avaient adressé à Antigonos, ce dernier dans la proclamation de Tyr. Hormis la satrapie de Babylone, l'empire d'Antigonos était intact. Quant aux trésors dont ses adversaires réclamaient le partage, il n'en était plus question. En revanche, lui non plus n'avait abouti à rien. Aucun de ses ennemis n'était abattu. En particulier, il était obligé de reconnaître Cassandros comme stratège d'Europe et tuteur du roi, alors qu'il voyait en lui son principal adversaire et l'avait fait condamner par l'assemblée de Tyr. La seule satisfaction qu'il avait obtenue était de faire admettre la liberté des Grecs comme principe de droit international. Mais il ne pouvait se faire d'illusion sur le respect que les autres Diadoques pouvaient porter à cette clause. Par le seul fait que son autorité était reconnue sur la Grèce, Cassandros était le vivant témoignage de sa caducité congénitale. Au total, la paix n'était qu'un arrangement de statu quo et il ne pouvait en être autrement, vu les circonstances qui avaient présidé à sa gestation.

C'est pourquoi elle ne pouvait comporter aucune modification de la constitution de l'empire. Les parties continuent à reconnaître Alexandre IV comme le successeur de son père, dont personne ne conteste les droits. La date de sa majorité doit mettre fin aux fonctions des « dirigeants », explicitement en ce qui concerne Cassandros, par implication pour les autres. A ce moment, l'unité de l'empire sous une autorité unique redeviendra une réalité. L'administration locale ne subit aucun changement. Les satrapes désignés à Triparadeisos demeurent en fonction, dans la mesure évidemment où ils ont réussi à se maintenir. Il n'y a pas de nouveau partage. Ce principe est, on l'a vu, le fondement juridique probable qui justifie l'absence de toute référence à Séleucos dans le traité.

Cependant, si le droit était maintenu immuable, la réalité ne pouvait manquer de transparaître dans la rédaction des articles, si l'on voulait qu'ils eussent une efficacité pratique. Entre le pouvoir central et les satrapes qui le représentent dans les provinces, s'insère un nouvel échelon d'autorité : celui des « dirigeants », des « hommes aux affaires ». La gaucherie de l'expression en grec montre bien l'embarras du rédacteur de la lettre pour désigner une réalité dépourvue de reconnaissance officielle. A vrai dire, deux de ces dirigeants avaient une position juridiquement définie : Cassandros et Antigonos, stratèges d'Europe et d'Asie respectivement. Leur puissance ne reposait toutefois par sur leur titre, mais sur leurs forces. En revanche, Ptolémée et Lysimachos ne sont que des satrapes, mais les moyens dont ils disposent les élèvent très au-dessus de leurs semblables et jusqu'au pouvoir suprême réel, ce petit cercle de personnalités qui, pour diverses raisons, disposent des destinées de l'empire. Naturellement, l'effectif de ce groupe n'est pas fixe. D'autres ambitieux pouvaient y accéder s'ils s'imposaient par leur puissance. Ce sera le cas de Séleucos. D'autres en seront exclus parce que leur force déclinera. Ainsi en ira-t-il de Dèmètrios. Mais, indépendamment de sa composition, c'est ce collège sans existence légale qui est le véritable moteur politique de l'époque et qui déterminera, après un demi-siècle de luttes, le sort final des conquêtes d'Alexandre. En 311, toutefois, il n'existe que *de facto,* si bien que le traité n'est en droit qu'une convention privée. Cependant, il est exécutoire dans tout l'empire. Cette contradiction reflète bien la situation confuse d'un monde qui n'a pas encore trouvé sa forme définitive.

La paix devait avoir encore une conséquence dramatique, imprévue mais logique : la disparition de la dynastie nationale macédonienne des Argéades. Les pouvoirs de Cassandros et des autres contractants devaient expirer à la majorité d'Alexandre IV. Elle pouvait paraître encore éloignée et, en adoptant cette disposition, on sauvait les apparences et on gagnait du temps. Mais l'existence du petit roi et de sa mère Rhoxane ne pouvait manquer de rappeler chaque jour à Cassandros la précarité de sa situation. Il y avait un moyen radical de mettre un terme à ses préoccupations : supprimer ces malheureux, impuissants mais encombrants. Froidement cynique, Cassandros s'y résolut sans tarder. En 310, il fait assassiner la mère et le fils. Le même sort fut plus tard réservé à un bâtard d'Alexandre et à sa sœur Cléopatre. La fiction de l'unité de l'empire disparaissait avec ceux qui l'incarnaient.

Désormais, il n'y a plus d'obstacle légal à l'ambition des Diadoques et le droit du plus fort prévaudra en toute occasion.

Etant donné les intérêts politiques en jeu, la paix de 311 ne pouvait pas durer plus qu'une trêve. Elle ne mettait pas fin, d'ailleurs, à tous les conflits puisque Polyperchon et surtout Séleucos n'y étaient pas partie. Ce n'est qu'un épisode dans le long conflit qui, pendant quinze ans, a opposé Antigonos et ses rivaux. Elle n'en présente pas moins un grand intérêt par ses caractères et ses conséquences, par ce qu'elle révèle aussi de la situation et des mœurs politiques du temps. Elle montre, en particulier, le rôle que joue l'opinion publique dans la vie internationale, l'importance de certains principes, comme la liberté des Grecs, dans les rapports diplomatiques et l'habileté avec laquelle certains Diadoques ont su en jouer, Antigonos le premier, en qui il ne serait sans doute pas téméraire de voir l'inventeur de la guerre psychologique.

Bibliogr. : C. Wehrli, ouv. cité n° VI, pp. 52-55 et 102-129.

VIII. Agathoclès et Ophellas (309-308)

(Diodore de Sicile, XX, 40-42)

40 (1) (Agathoclès), qui réfléchissait à tous les moyens de réduire les Carthaginois à merci, dépêcha en ambassadeur le Syracusain Orthon auprès d'Ophellas à Cyrène. Ce dernier faisait partie des amis qui avaient accompagné Alexandre dans ses campagnes. Avec la haute main sur les cités de Cyrénaïque et une puissante armée, il projetait d'acquérir une plus vaste principauté. (2) Tel était donc son état d'esprit lorsqu'arriva l'ambassadeur d'Agathoclès pour solliciter son alliance contre les Carthaginois. En échange de ce service, il promettait qu'Agathoclès lui laisserait la haute main sur les affaires de Libye. (3) Il avait bien assez de la Sicile pourvu que, libéré de la menace carthaginoise, il lui fût possible de tenir sans danger en son pouvoir la totalité de l'île. En outre, le voisinage de l'Italie lui permettait d'agrandir son empire s'il décidait d'étendre ses ambitions. (4) La Libye, qui en est séparée par une mer large et difficile, ne lui disait rien qui vaille. Et, même en ce moment, ce n'était pas par ambition, mais par nécessité, qu'il s'y trouvait. (5) Ophellas vit, à sa décision depuis longtemps arrêtée, s'adjoindre cet espoir naissant......

41 (1) Ophellas, une fois tous les préparatifs de l'expédition achevés sur un grand pied, se mit en route avec son armée. Il avait plus de dix mille fantassins, six cents cavaliers, cent chars, plus de trois cents conducteurs et parabates. Le train ne comprenait pas moins de dix mille hommes qu'on appelle « hors rang ». Beaucoup emmenaient avec eux leurs enfants, leurs femmes et tout le reste de leurs biens. On aurait dit qu'il s'agissait d'une entreprise coloniale. Pendant dix-huit jours on fit route, on parcourut trois mille stades avant d'aller camper à Automala.....

42 (1) Puis Ophellas et son armée s'avancèrent à travers un pays sans eau et infesté de fauves, au prix de grandes difficultés : non seulement l'eau faisait défaut, mais les vivres aussi vinrent à manquer. Le danger d'une destruction complète menaça l'armée. (2) ... Finalement, après plus de

deux mois de route où ils en virent de dures, ils eurent
bien du mal à rejoindre Agathoclès et, à petite distance
l'une de l'autre, les deux armées vinrent camper. (3) Les
Carthaginois, informés de leur présence, furent saisis de
panique à voir une armée d'une telle importance marcher
contre eux. Agathoclès, de son côté, partit à la rencontre
d'Ophellas, en bon camarade lui fournit tout ce qu'il fallait
et l'encouragea à tirer son armée de sa détresse. Il resta
présent en personne quelques jours pour noter toutes les
mesures prises pour l'installation des nouveaux arrivants.
Puis, lorsque la majeure partie des troupes fut partie au
fourrage et au ravitaillement, et qu'il se fut rendu compte
qu'Ophellas ne soupçonnait rien de ses projets, il convoqua
en assemblée ses propres hommes, il accusa celui qui arrivait en allié de monter un complot, déchaîna l'indignation
de la troupe et, sur ce, fit prendre les dispositions de combat
et marcher contre les Cyrénéens. (4) Ophellas, stupéfait
d'être attaqué à l'improviste, tenta bien de se défendre. Mais
il était pris de vitesse et les forces restées sur place n'étaient
pas suffisantes. Il mourut au combat. (5) Agathoclès contraignit le reste des troupes à déposer les armes. Des promesses
généreuses lui concilièrent tout le monde et il devint maître
de l'armée entière.

L'histoire de la Grèce d'Occident depuis la mort
d'Alexandre se développe selon des lois qui lui sont propres
et les rapports qu'elle entretient avec la Méditerranée
orientale sont épisodiques et contingents [1]. L'alliance éphémère du tyran syracusain Agathoclès et du dynaste de
Cyrène Ophellas illustre bien cette situation. Avant d'étudier le récit que nous en donne Diodore, il est nécessaire
de rappeler les circonstances de sa formation.

I. La volonté d'Agathoclès d'imposer sa domination aux
cités grecques de Sicile représentait un sérieux danger
pour les possessions de Carthage dans l'île. La guerre en
résulta. Assiégé dans sa capitale, le tyran, par une auda-
cieuse diversion, transporta les opérations en Afrique (310).
Il y remporta de nombreux succès de détail mais ne disposait pas de forces suffisantes pour prendre Carthage.
C'est alors qu'il fit appel à Ophellas. Ce dernier, gouverneur de la Cyrénaïque au nom de Ptolémée I depuis 322,
s'y était rendu à peu près indépendant. L'alliance des deux

---

[1] On lira, à ce sujet, avec profit les réflexions pertinentes de
Ed. Will, *H. P. M. H.*, I. pp. 94-97.

dynastes pouvait constituer un grave danger pour l'existence de Carthage.

Le texte à commenter comporte trois parties : 1) (40) : conclusion de l'entente entre Agathoclès et Ophellas ; 2) (41 ; 42, 1-2) : la difficile jonction de leurs armées ; 3) (42, 3-5) : l'assassinat d'Ophellas par son complice. On négligera ici le point 2 dont l'intérêt est géographique et militaire (sur la géographie de la Cyrénaïque, n° LXXXI).

II. Selon Diodore, l'initiative des négociations est venue d'Agathoclès, affirmation plus vraisemblable, en fonction de la situation politique, que celle de Justin qui attribue les premiers pas à Ophellas. Le discours de l'ambassadeur syracusain expose à la fois les clauses essentielles de l'accord et les mobiles des contractants : ils s'allient contre Carthage (§ 2) dont ils se partageront les dépouilles : à Ophellas l'Afrique, à Agathoclès la Sicile et, éventuellement, les mains libres en Italie (§ 3). Ce qui détermine le second, c'est le désir d'écarter la menace carthaginoise de son domaine sicilien ; ce qui pousse le premier, c'est simplement l'ambition (§§ 1 et 5). On notera au passage l'habileté avec laquelle l'ambassadeur sait endormir la méfiance qui pourrait habiter son interlocuteur.

La teneur du traité ne fait pas difficulté. La chronologie, en revanche, n'est pas sûre : la date adoptée ici est celle de Diodore, mais beaucoup d'érudits la remontent d'un an. De toute manière, les faits rapportés sont contemporains de la campagne africaine d'Agathoclès dont les termes sont bien établis (août 310 - automne 307). Ce sont surtout les mobiles des acteurs qui sont discutés : selon les uns, Agathoclès aurait été l'agent de Ptolémée contre Carthage. Pour d'autres, il aurait été l'héritier des projets d'Alexandre en Occident, à moins que ce ne soit Ophellas. Ces hypothèses ne trouvent pas de fondement dans les sources. Mais elles influent sur la conception des rapports entre l'Occident et l'Orient grecs. En l'état actuel de nos connaissances, rien ne prouve que les Diadoques, Ptolémée en particulier, aient envisagé une grande politique dans le bassin occidental de la Méditerranée.

III. Le récit de l'assassinat d'Ophellas est peu satisfaisant. Sans le dire ouvertement, Diodore suggère qu'Agathoclès l'a machiné dès l'origine afin de s'emparer de son armée et, sans doute, de triompher seul. C'est invraisemblable : l'affaire pouvait tourner mal et compromettre définitivement toute chance de victoire. En outre, cette interprétation introduit une contradiction dans le texte : si Agathoclès acceptait un partage territorial avec Ophellas, il n'avait aucune raison de le faire disparaître.

Il est plus probable, bien que Diodore ne suggère rien de tel, que les deux dynastes se sont opposés à propos du commandement. Le traité ne prévoyait sans doute rien à ce sujet et chacun pouvait y trouver des arguments pour y prétendre. Ce sont peut-être les manœuvres d'Ophellas dans ce sens qu'Agathoclès dénonça à ses hommes comme un « complot » (§ 3).

Bibliogr. : A. Laronde, « Observations sur la politique d'Ophellas à Cyrène », *Rev. His.*, 498, 1971, pp. 300-306.

IX. Les prémisses du siège de Rhodes (306)

(Diodore de Sicile, XX, 81-82)

81 (2) La cité de Rhodes, puissante par ses forces navales et dotée du meilleur gouvernement parmi les Grecs, était l'objet de rivalités entre princes et rois, chacun s'efforçant de la faire entrer dans son alliance. Mais elle savait prévoir de loin son intérêt, se liait à tous par des alliances particulières et ne se mêlait pas aux guerres qui opposaient les princes entre eux. (3) Le résultat était que chacun l'honorait de dons royaux et que, restée en paix depuis longtemps, elle avait fait de grands progrès dans son développement. Elle en était arrivée à un tel degré de puissance que, dans l'intérêt des Grecs et à son propre compte, elle s'était chargée de la guerre contre les pirates et avait purgé la mer de ces malfaiteurs... (4) Les Rhodiens donc accordaient leur alliance à tous les princes en se gardant de fournir le moindre grief justifié, mais leurs préférences les portaient sans conteste vers Ptolémée. Car il se trouvait que la plus grande partie de leurs revenus était due au commerce maritime avec l'Egypte et, en général, le ravitaillement de la cité provenait de ce royaume.

82 (1) Antigonos constatait et voulait briser leurs relations avec lui. Il leur envoya d'abord des ambassadeurs à l'époque où il combattait contre Ptolémée pour la possession de Chypre. Il leur demandait leur alliance et des navires pour renforcer la flotte de Dèmètrios. (2) Sur leur refus, il envoya un de ses stratèges à la tête d'une escadre avec ordre d'arraisonner tous les marchands faisant route de Rhodes vers l'Egypte et de saisir leurs cargaisons. Il fut repoussé par les Rhodiens. Alors, sous le prétexte qu'ils avaient pris l'initiative d'une guerre injuste, il les menaça d'assiéger la cité avec des forces considérables. Les Rhodiens commencèrent par lui voter de grands honneurs, puis lui adressèrent une ambassade pour lui demander de ne pas contraindre la cité à se jeter, au mépris des traités, dans la guerre contre Ptolémée. (3) Mais la réponse du roi fut rude. Il fit prendre la mer à son fils Dèmètrios avec des

troupes et des machines de siège. Alors, ils s'inquiétèrent
de la supériorité du roi, députèrent en premier lieu à
Dèmètrios pour lui faire savoir qu'ils allaient se joindre à
Antigonos pour faire la guerre à Ptolémée. Mais, Dèmètrios ayant réclamé comme otages les cent citoyens les plus
en vue et exigé l'ouverture de leurs ports à sa flotte, ils
lui attribuèrent des projets de complot contre la cité et
se préparèrent à la guerre.

Deux parties bien distinctes : 1) importance politique
de Rhodes (81) ; 2) préliminaires du célèbre siège (82).
I. Diodore souligne cette importance sur trois plans :
1) Rhodes avait su conserver son indépendance diplomatique en évitant de se mêler aux conflits qui opposaient
les Diadoques. 2) La prospérité que lui avait value cette
politique lui avait permis de devenir une puissance navale
de premier plan et de se charger de la police des mers.
3) Toutefois, son intérêt économique orientait ses préférences diplomatiques vers l'Egypte avec laquelle elle faisait
la majeure partie de son commerce.
Le commentaire aurait à faire ressortir la justesse de
cette analyse, tout en précisant la fonction des Rhodiens
dans le commerce maritime et la source de leur prospérité.
Celle-ci réside dans les droits qu'ils perçoivent sur les
marchandises qui transitent par leurs ports en provenance
et à destination du monde entier. D'où leur politique de
neutralité, mais aussi leur préférence pour l'Egypte. Il
faudrait toutefois se demander si ce tableau, valable pour
l'ensemble de l'époque hellénistique, correspond déjà
pleinement à la réalité de la fin du IVe siècle. Discuter en
particulier la question de la police des mers. A ce sujet,
il ne serait pas hors de propos de consacrer un excursus
rapide au problème de la piraterie en Méditerranée orientale à travers toute l'Antiquité pour faire comprendre
l'importance politique et le prestige que le rôle de gendarme
naval a pu valoir à Rhodes.
II. De toute manière, contrairement à ce que suggère
Diodore, ce n'est pas en raison de son rôle économique
qu'Antigonos a décidé de soumettre l'île à sa volonté,
mais pour s'assurer une position stratégique. Rappeler,
d'une part, la localisation géographique de Rhodes et son
importance, d'autre part, la situation diplomatique du
moment, après l'occupation de Chypre par Antigonos aux
dépens de Ptolémée (306). Si Rhodes tombe entre les mains

du premier, les communications entre ses domaines européens et asiatiques deviennent assurées. Ses chances de réduire à merci ses adversaires et de reconstituer à son profit l'empire d'Alexandre s'accroissent énormément.

L'analyse des préliminaires du conflit n'a pas à être faite en détail (et le récit des opérations du siège encore moins). Souligner simplement la brutalité et la mauvaise foi d'Antigonos pour qui la liberté des Grecs ne pèse pas lourd, bien qu'il s'en proclamât le champion, quand elle s'oppose à ses desseins. Dans l'autre camp, on est disposé à toutes les concessions, serait-ce aux dépens de la dignité, sauf à celles qui pourraient mettre en péril l'indépendance de la cité. Nouvel exemple du conflit qui oppose forme ancienne et forme nouvelle de la société politique.

X. Les Diadoques se proclament rois (306-304)

(Plutarque, *Vie de Dèmètrios*, 17-18)

17 Pour annoncer la victoire à son père, il (Dèmètrios) envoya le Milésien Aristodèmos. C'était déjà le champion de la flatterie parmi les courtisans, mais alors il se jura, comme la suite le montra, de tirer des circonstances un chef-d'œuvre en la matière. A son arrivée de Chypre, il ne laissa pas son navire accoster. Il fit mettre à l'ancre et garder à bord une immobilité totale. Lui-même prit place dans la chaloupe, débarqua seul et monta chez Antigonos qui, suspendu à l'attente du résultat de la bataille, était dans l'état d'esprit naturel à ceux que préoccupent des affaires aussi importantes. Quand il apprit l'arrivée d'Aristodèmos, son trouble s'accrut encore. Il eut de la peine à demeurer chez lui. Les uns après les autres, il envoyait serviteurs et amis pour s'informer des événements auprès d'Aristodèmos. Mais lui ne répondait rien à personne, avançait à pas comptés, la figure fermée, dans un profond silence. Alors, au comble de l'inquiétude et n'y tenant plus, Antigonos s'avança à sa rencontre jusqu'à la porte. Déjà y affluait la cohue qui escortait Aristodèmos et convergeait sur le palais royal. Lorsqu'il fut à portée, il allongea le bras droit et proclama d'une voix forte : « Salut, roi Antigonos ! Nous sommes vainqueurs de Ptolémée en bataille navale, nous tenons Chypre et dix-sept mille huit cents prisonniers. » Antigonos lui répondit : « Toi aussi, par Zeus, je te salue ! Mais, puisque tu nous a mis à la question, tu le paieras : tu attendras plus longtemps ta récompense. »

18 C'est de ce moment que le peuple donna le titre de roi à Antigonos et à Dèmètrios. Antigonos fut aussitôt couronné par ses amis. Dèmètrios reçut de son père un diadème et une lettre où il le qualifiait de roi. En Egypte, à cette nouvelle, on proclama aussi Ptolémée roi, afin de ne pas paraître avoir l'esprit abattu par la défaite. La jalousie aidant, ce fut une contagion chez les Diadoques : en effet, Lysimachos commença à porter le diadème, Séleucos aussi dans ses rapports avec les Grecs, car, envers les barbares, dès auparavant, il se comportait en roi. Cassandros seul, en dépit des autres princes qui lui décernaient le titre royal dans leurs lettres et leurs discours, persista à employer les anciennes formules de chancellerie. Il ne s'agit pas là seulement de l'adjonction d'un titre ou d'un changement de tenue. L'esprit de ces personnages en fut transformé : leur caractère s'exalta ; dans leur train de vie et leur commerce s'immiscèrent faste et dureté... Voilà le pouvoir d'un seul mot de flatterie ! Voilà la révolution dont il emplit l'univers !

Trois parties inégales en longueur et en intérêt : 1) tout le chapitre 17 et les deux premières phrases du 18 sont consacrés à la manière dont Antigonos reçut le titre royal ; 2) énumération des autres Diadoques qui suivirent son exemple ; 3) réflexions moralisantes sur les conséquences de l'événement. Ce dernier point est à négliger dans le commentaire. On peut le reprendre en conclusion pour montrer l'absence d'esprit historique de Plutarque.

Apparaît déjà dans la première partie. Longue anecdote, d'ailleurs vivante, sans autre but que l'amusement du lecteur. En outre, invraisemblance de la donnée : une initiative aussi importante ne peut sortir de l'imagination d'un simple courtisan avec, pour seul objet, de se faire valoir. A supposer que ce récit corresponde à la vérité, il ne peut s'agir que d'une comédie mise en scène par le principal intéressé et Aristodèmos s'est contenté d'en être l'acteur.

Enfin et surtout, Plutarque ne dit rien du parti qu'Antigonos pouvait tirer de ce geste de flagornerie — en réalité, de ses intentions en le provoquant. Rappeler que, depuis 309/8, les derniers représentants de la dynastie argéade ont disparu et que le titre royal est vacant. Le relever, c'est s'affirmer le successeur d'Alexandre et manifester sans ambiguïté ses prétentions au pouvoir suprême. Il y avait longtemps que les adversaires d'Antigonos lui en connaissaient l'intention. En prenant le titre royal, il justifie leurs craintes et leur hostilité.

Le diadème qui fut remis à Antigonos par ses « amis », c'est-à-dire par les personnes officiellement admises à sa cour, ne peut être considéré comme un couronnement qui marquerait le début de son règne. Il est, en réalité, devenu roi au moment où ses soldats victorieux à Chypre l'ont acclamé de ce nom, en même temps que Dèmètrios (Appien, *Syr.,* 54). En lui faisant cadeau d'un diadème, les courtisans se sont bornés à reconnaître le fait accompli, qu'on ne peut d'ailleurs assimiler aux coutumes macédoniennes relatives à l'acclamation des souverains.

Plutarque donne à croire que les autres Diadoques ont aussitôt suivi l'exemple d'Antigonos. Cela est certain pour Dèmètrios, mais le cas est particulier : il est le fils d'Antigonos qui a voulu sans délai assurer sa succession. Ptolémée, au contraire, a attendu un an avant de prendre le titre royal. Antigonos avait profité de la victoire de Dèmètrios à Salamine de Chypre. Son rival ne pouvait l'imiter dans la défaite. Dans l'idéologie monarchique qui s'élabore alors, le roi est, entre autres, un chef de guerre victorieux. Il a donc fallu à Ptolémée patienter jusqu'à un retour de la fortune : l'échec de l'entreprise de ses adversaires contre l'Egypte elle-même. Quant aux autres Diadoques, il paraît bien qu'ils ne se sont décidés, en effet, qu'après Ptolémée. Mais il est sans aucun doute faux que Cassandros se soit refusé à prendre le titre royal : cela est prouvé par des documents épigraphiques.

Il avait assurément le même intérêt que ses collègues à sauter le pas. Il s'agissait pour eux tous de contre-battre les visées d'Antigonos. Celui-ci manifestait des prétentions sur la totalité de la succession d'Alexandre. En se proclamant rois en réponse, ils affirmaient leur toute-puissance sur les territoires en leur possession et les soustrayaient à son ambition. Souligner l'opposition de conception entre Antigonos et ses rivaux (il a toujours refusé de leur reconnaître le titre). Il n'en reste pas moins qu'il s'agit là de l'acte de naissance juridique des monarchies hellénistiques.

Dernier point soulevé à propos de Séleucos, mais valable pour tous les autres. La prise du titre royal ne vise que les Macédoniens et les Grecs. C'est par eux que les Diadoques veulent se faire reconnaître rois. Vis-à-vis des indigènes, ils s'étaient comportés dès l'origine en successeurs des souverains nationaux. Il n'importe pas ici de savoir s'ils avaient accompli à cette fin tous les rites traditionnels.

Bibliogr. : P. Briant, ouv. cité n° I, pp. 303-310.

XI. Dernière coalition contre Antigonos (302/1)

(Diodore de Sicile, XX, 106-113)

106 (1) Cassandros, roi des Macédoniens, qui voyait la puissance des Grecs s'accroître et toute l'activité militaire se concentrer sur la Macédoine, était rempli d'appréhension pour l'avenir. (2) Aussi envoya-t-il des ambassadeurs à Antigonos en Asie pour lui demander de mettre un terme à leur conflit. Antigonos lui fit répondre qu'il ne connaissait qu'un terme : Cassandros devait lui abandonner tout ce qui lui appartenait. Atterré, il fit venir de Thrace Lysimachos pour convenir d'une politique commune d'ensemble. (3) Sa pratique constante, en effet, dans les situations les plus graves, était de l'appeler à son aide en raison à la fois de la valeur de l'homme et du fait que son royaume était à la frontière de la Macédoine. Ces souverains conférèrent donc de leur intérêt commun et envoyèrent des ambassadeurs au roi d'Egypte, Ptolémée, et à Séleucos, maître des satrapies supérieures, pour leur faire connaître l'arrogance de ses réponses et leur montrer que le péril causé par la guerre était le même pour tous. (4) Car si la Macédoine tombait au pouvoir d'Antigonos, il enlèverait sans délai aux autres aussi leurs royaumes. N'avait-il pas donné la preuve maintes fois qu'il était insatiable et qu'il entendait garder tout pouvoir pour lui seul ? L'intérêt de tous était donc de s'entendre et de se liguer pour faire la guerre à Antigonos. (5) Ptolémée et Séleucos, jugeant qu'ils avaient raison, se rallièrent à eux sans hésiter et ils convinrent de s'appuyer mutuellement avec des forces considérables.

107 (1) Cassandros décida de ne pas attendre l'offensive ennemie, mais de la devancer en partant en campagne pour saisir des avantages. Aussi confia-t-il à Lysimachos une partie de son armée et y adjoignit-il Prépélaos en qualité de stratège. Lui-même, avec le reste de ses forces, marcha sur la Thessalie pour reprendre la guerre contre Dèmètrios et les Grecs. (2) Lysimachos, avec son armée, fit la traversée d'Europe en Asie. Lampsaque et Parion passèrent volontairement de son côté : il leur laissa leur liberté. Mais, à Sigée qu'il avait dû prendre d'assaut il imposa une garnison. Ensuite, il donna au stratège Prépélaos six mille fantassins et mille cavaliers avec mission de rallier les cités d'Eolide et d'Ionie. Quant à lui, sa première action fut de tenter le siège d'Abydos. Il prépara à cette fin des projectiles, des machines et le reste. (3) Mais, par mer, les assiégés reçurent un contingent de troupes envoyé par Dèmètrios qui suffisait à assurer la sûreté de la cité. Lysimachos renonça à son entreprise. Ayant rallié la Phrygie de l'Hellespont, il vint aussi mettre le siège devant Synnada, ville où se trouvaient d'importants magasins royaux. (4) Il réussit alors à persuader Dokimos, stratège d'Antigonos, de faire cause commune avec lui et, grâce à lui, s'empara de Synnada et de quelques-unes des places fortes où étaient déposés les trésors du roi. Le stratège qui avait été envoyé en Eolide et en Ionie par Lysimachos, Prépélaos, se rendit maître d'Adramyttion au passage, fit le siège d'Ephèse et inspira assez d'effroi à ses habitants pour prendre la ville...... Il laissa leur liberté aux Ephésiens, mais il brûla tous les navires qu'il trouva dans le port parce que les ennemis étaient maîtres de la mer et que le sort final de la guerre était incertain. (5) Ensuite, il rallia Téos et Colophon. Erythrées et Clazomènes reçurent de l'aide par mer, si bien qu'il ne put prendre ces villes, mais il ravagea le plat pays ; après quoi, il se dirigea sur Sardes. Là, il persuada Phoinix, stratège d'Antigonos, d'abandonner le roi et s'empara de la cité, à l'exception de la citadelle. Celui qui la défendait était Philippos, un des amis d'Antigonos, et il maintint sa fidélité à celui qui lui avait fait confiance. Telle était la situation de Lysimachos.

108 (1) Dès qu'Antigonos eut appris le débarquement de Lysimachos et la trahison de ses généraux, ... (2) il prit lui-même la tête de son armée et quitta la Syrie à marches forcées à la rencontre de ses ennemis. Arrivé à Tarse en Cilicie, avec l'argent qu'il avait apporté de Kyinda, il paya trois mois de solde à l'armée. (3) En outre, il transportait un trésor de campagne de trois mille talents afin d'avoir cette ressource à sa disposition lorsqu'il aurait besoin d'argent. Puis, franchissant le Taurus, il se dirigea vers la Cappadoce, marcha contre les défaillants de Haute-Phrygie et de Lycaonie et les ramena à l'alliance antérieure. (4) A ce moment, Lysimachos, ayant appris la présence des ennemis, tint conseil pour délibérer de la tactique à adopter en face des dangers à venir. (5) On décida de ne pas accepter la bataille jusqu'à ce que Séleucos fût descendu des satrapies supérieures, mais d'occuper des points forts et, par des fossés et des palissades, d'y établir un camp suffisamment retranché pour y soutenir l'assaut des ennemis. La décision fut mise en pratique avec énergie. Antigonos, arrivé en vue de l'ennemi, déployait son armée et lui offrait la bataille. (6) Personne ne se hasardant à une sortie, il occupa certains points de passage obligé pour les approvisionnements de ses adversaires. Lysimachos eut peur, si son ravitaillement était coupé, de subir la loi de ses ennemis. Il battit en retraite de nuit, parcourut quatre cents stades et alla établir son camp près de Dorylaion. (7) La position était amplement pourvue en blé et autres ressources, et une rivière qui coulait à côté offrait une protection à qui campait auprès. Etablissant là son camp, il en fortifia l'emplacement par un profond fossé et une triple palissade.

109 (1) Lorsqu'Antigonos apprit le départ des ennemis, il se lança aussitôt à leur poursuite. Arrivée près de la position, comme personne ne sortait pour une bataille rangée, il commença à creuser une tranchée autour du camp et fit venir des catapultes et des projectiles dans l'intention d'en faire le siège. On escarmoucha autour de ce terrassement. Lysimachos tenta de disperser à coup de projectiles les sapeurs. Mais, en toute circonstance, Antigonos avait le dessus. (2) Puis le temps passa, les travaux étaient sur le point de s'achever, le ravitaillement se faisait rare pour les assiégés. Alors, Lysimachos attendit une nuit de tempête et abandonna sa position. A travers des régions montagneuses, il battit en retraite pour gagner ses quartiers d'hiver. Lorsqu'Antigonos, le jour venu, constata le départ de ses ennemis, il s'efforça de les suivre parallèlement par les plaines. (3) De grandes pluies survinrent. La terre du pays était épaisse. Elle devint boueuse. Il en résulta qu'un grand nombre de bêtes de somme et quelques hommes furent perdus. Dans l'ensemble, toute l'armée se trouva en mauvaise posture. (4) Aussi le roi, à la fois parce qu'il voulait mettre fin aux souffrances de ses hommes et qu'il voyait arriver la saison de l'hivernage, arrêta la poursuite, choisit pour quartiers d'hiver les endroits les mieux situés, entre lesquels il répartit ses corps d'armée. (5) Lorsqu'il apprit que Séleucos descendait des satrapies supérieures avec des forces importantes, il envoya quelques-uns de ses amis en Grèce auprès de Dèmètrios pour l'inviter à le rejoindre avec son armée en toute hâte. Il tentait par-dessus tout d'éviter que tous les rois, unis dans une offensive concentrique contre lui, ne le contraignissent à jouer en une bataille tout le sort de la guerre avant d'avoir pu faire sa jonction avec son armée d'Europe. (6) Comme lui, Lysimachos répartit ses troupes pour hiverner dans la plaine dite de Salonia. Il fit venir beaucoup de ravitaillement d'Héraclée......

110 En Grèce, Dèmètrios... (2) pour commencer concentra à Chalcis d'Eubée sa flotte et ses forces terrestres. Puis, à la nouvelle que Cassandros l'avait devancé en occupant les passes (les Thermopyles), il renonça à pénétrer en Thessalie par voie de terre. Il fit voile le long de la côte avec son armée jusqu'au port de Larisa, y débarqua, enleva l'agglomération d'un élan, mit le siège devant l'acropole et, l'ayant emportée, il fit la garnison prisonnière et rendit leur autonomie aux citoyens de Larisa. (3) Ensuite, Antrones et Ptéléon passèrent de son côté. Lorsque Cassandros se rendit compte du succès des entreprises de Dèmètrios, il renforça les garnisons de Phères et de Thèbes, puis concentra toute son armée et vint camper face à Dèmètrios. (4) Il avait en tout 29 000 fantassins et 2 000 cavaliers (Dèmètrios disposait de 1 500 cavaliers et 56 000 fantassins). (5) Les camps demeurèrent dressés l'un vis-à-vis de l'autre ; pendant des jours et des jours, on se rangeait en bataille face à face. Mais aucun des deux partis n'engageait le combat, persuadé que ce qui allait se passer en Asie déciderait de tout. (6) Dèmètrios, néanmoins, répondit à l'appel de Phères, pénétra dans la ville avec une partie de son armée, enleva d'assaut la citadelle, renvoya les troupes de Cassandros sous la garantie d'un accord et rendit leur liberté aux citoyens de Phères.

111 (1) Telle était la situation en Thessalie lorsque Dèmètrios reçut les envoyés d'Antigonos. Ils lui exposèrent en détail les instructions de son père et le pressèrent de faire passer sans délai son armée en Asie. (2) C'était pour lui un devoir impératif, pensait le roi, d'obéir à son père. Il conclut donc un arrangement avec Cassandros, mais en subordonnant la validité de ses clauses à l'agrément de son père. Or, il savait fort bien qu'il ne l'admettrait pas puisqu'il avait décidé une fois pour toutes que c'était par les armes qu'il mettrait fin à la guerre en cours. Mais il voulait donner à sa retraite de Grèce un aspect honorable pour lui épargner de ressembler à une fuite. Figurait parmi les clauses du traité, entre autres, la liberté des cités grecques, non seulement celles de Grèce, mais aussi celles d'Asie. (3) Ensuite, Dèmètrios ayant armé des transports pour la traversée des hommes et du train, mit à la voile avec toute sa flotte, fit route à travers les îles et vint mouiller à Ephèse. Il débarqua son armée, campa au pied des remparts et contraignit la cité à revenir à sa situation antérieure. La garnison installée par Prépélaos, le stratège de Lysimachos, fut renvoyée sous la garantie d'une capitulation. Il en établit une à ses ordres dans la citadelle avant de partir pour l'Hellespont. Il reprit possession de Lampsaque et de Parion ainsi que de certaines des autres cités qui avaient changé de parti. Puis, arrivé à l'embouchure du Pont, il construisit un camp au sanctuaire des Chalcédoniens et, pour garder cette position, il y laissa 3 000 fantassins et trente croiseurs. En-

suite, il répartit le reste de son armée entre les cités pour
lui faire prendre ses quartiers d'hiver......

112 (1) Dans le même temps, Cassandros, après le départ
de Dèmètrios, recouvra les cités de Thessalie et envoya
Pleistarchos avec une armée en Asie pour appuyer Lysimachos........

113 (1) Dans le même temps, le roi Ptolémée, ayant
quitté l'Egypte avec une armée considérable, soumit toutes
les cités de Coelè-Syrie. Pendant qu'il faisait le siège de
Sidon, on lui apporta la fausse nouvelle qu'une bataille
rangée avait opposé les rois, que Lysimachos et Séleucos,
vaincus, s'étaient repliés sur Héraclée et que le vainqueur,
Antigonos, s'avançait avec son armée vers la Syrie. (2) Ainsi
trompé et persuadé que la nouvelle était vraie, il conclut
avec les Sidoniens une trêve de quatre mois, plaça dans
les cités soumises des garnisons pour s'en assurer la maîtrise
et regagna l'Egypte avec son armée...... (4) A ce moment,
Séleucos lui aussi arriva, après avoir traversé les satrapies
supérieures, en Cappadoce avec une nombreuse armée. Il fit
édifier des baraques pour ses hommes et prit ses quartiers
d'hiver dans le voisinage. Il avait environ 20 000 fantassins,
quelque 12 000 cavaliers en comptant les archers à cheval,
480 éléphants et plus de 100 chars à faux. (5) Les armées
des rois étaient donc concentrées de cette manière et tous
étaient bien décidés à obtenir, au cours de l'été suivant, la
décision par la force des armes.

Le texte comporte deux parties inégales en longueur,
mais non en intérêt : 1) la formation de la coalition qui
devait abattre Antigonos (106) ; 2) les opérations militaires qui précèdent la bataille décisive d'Ipsos (le livre
XXI de Diodore où elle était relatée est perdu).

I. Cassandros étant l'initiateur de la coalition, il est
nécessaire de rappeler pour quelles raisons il s'est cru
perdu en 302. Mais ne pas remonter jusqu'aux origines du
conflit avec Antigonos. Exposer uniquement les événements qui sont la cause immédiate de la formation de la
coalition. Depuis 315, plusieurs offensives d'Antigonos en
Grèce pour s'emparer de la Macédoine. Celle que conduit
Dèmètrios depuis 303 est la plus dangereuse. Elle aboutit
à chasser Cassandros de la Grèce centrale et du Péloponnèse et à reconstituer contre lui la ligue de Corinthe.
Après quoi Dèmètrios amorça la conquête de la Thessalie.
Inquiétude de Cassandros amplement justifiée.

Deux issues possibles : la paix ou la recherche d'alliés.
La première lui fut brutalement fermée par Antigonos

(106, 2). Les démarches diplomatiques que demandait la seconde sont rapportées par Diodore (106, 3-5). Mais, de leur succès, il ne donne qu'une raison : la crainte inspirée à tous les Diadoques par la volonté de domination prêtée à Antigonos. Sûrement pas faux, mais aussi des motifs propres à chaque coalisé et qu'il faut dégager : — pour Lysimachos, aussi immédiatement menacé que Cassandros, désir de s'installer en Asie Mineure, à cheval sur les Détroits. Déjà manifeste en 315 lors de l'ultimatum à Antigonos (n° V). Confirmé par le partage après Ipsos. — Pour Ptolémée, volonté de ressaisir les positions perdues les années précédentes, surtout la Syrie et Chypre, et d'acquérir les bases nécessaires à son impérialisme maritime. — Plus difficile de comprendre les mobiles de Séleucos, engagé depuis 308 dans une grande expédition dans l'Inde. Son échec global l'a peut-être fait revenir à des projets méditerranéens. L'installation de sa capitale à Antioche de Syrie est sans doute une indication en ce sens.

II. Le commentaire ne doit pas avoir pour but seulement de synthétiser le long développement de Diodore (travail à faire en s'aidant d'une carte, indispensable), mais surtout d'expliquer les objectifs des mouvements stratégiques en raison des insuffisances de Diodore. Pour les comprendre, dresser d'abord un tableau de la situation initiale, des moyens et des buts de guerre des adversaires.

Du côté antigonide, le but est la conquête de la Macédoine. Elle doit être saisie en tenaille : en Europe, par Dèmètrios, à partir de l'Asie par Antigonos. Le lien entre les deux branches est assuré grâce à la maîtrise de la mer. L'immensité du royaume permet de mobiliser des forces considérables, égales à celles des coalisés, sauf pour les éléphants (qui feront la décision à Ipsos). Mais, au moment où commencent les hostilités, Antigonos n'est pas prêt à entrer en campagne.

Du côté de la coalition, trois groupes d'armées, tous inférieurs en nombre aux forces antigonides, séparés par des distances considérables et sans lien entre eux. De plus, Cassandros dangereusement pressé par Dèmètrios en Grèce. Objectif : réaliser la concentration des forces pour obtenir la supériorité numérique sur le champ de bataille. Nécessité : gagner du temps. D'où un plan de campagne hardi mais savant : paralyser Dèmètrios par une défensive opiniâtre en Europe ; surprendre Antigonos en Asie pour l'obliger à y rappeler Dèmètrios, mais temporiser en évitant toute bataille rangée pour permettre la concentration.

D'où les trois phases de la campagne :

1) Cassandros se charge de la lutte contre Dèmètrios en évitant toute action décisive. Lysimachos passe en Asie avec un double objectif : attirer Antigonos en s'avançant aussi loin que possible en Anatolie ; lui enlever partiellement l'avantage de la maîtrise de la mer en occupant les ports et couper ses communications avec Dèmètrios. Lysimachos lui-même s'avance jusqu'à Synnada en Phrygie (107, 2-4). Son lieutenant Prépélaos occupe une partie des côtes d'Eolide et d'Ionie et s'empare de Sardes, terminus de la grande artère anatolienne (107, 4-5).

2) La riposte antigonide. Antigonos marche contre Lysimachos. Utilisant toutes les ressources de la guerre de tranchées, celui-ci ralentit la poursuite, attire son adversaire vers le Nord pour l'éloigner des itinéraires de Ptolémée et Séleucos, finalement s'établit dans une position d'hiver où il ne peut être réduit puisqu'il garde une liaison par la mer avec son royaume (108-109). L'approche de Séleucos contraint Antigonos à rappeler Dèmètrios (109, 5) qui bâcle un traité avec Cassandros, débarque en Asie où il annule les résultats de la campagne de Prépélaos et coupe les communications de ses adversaires par le Bosphore.

3) La concentration. La coalition a gagné le temps nécessaire à la réunion de ses forces, mais elle n'en profite pas pleinement. Tandis que Séleucos parvient pendant l'hiver 302/1 en Cappadoce, Ptolémée, qui s'était avancé en Coelè-Syrie, bat précipitamment en retraite sur la fausse nouvelle qu'Antigonos était vainqueur et marchait contre lui (113, 1-2). Malgré cette défection, les coalisés réalisent l'égalité numérique avec leurs adversaires.

XII. Dèmètrios, roi de Macédoine (automne 294)

Plutarque, *Vie de Dèmètrios,* 36-37)

36 Après la mort de Cassandros, l'aîné de ses fils, Philippe, ne régna pas longtemps et mourut à son tour. Les deux autres se querellèrent. L'un d'eux, Antipatros, assassina sa mère Thessalonikè. L'autre, d'Epire, appela à son secours Pyrrhos et, du Péloponnèse, Dèmètrios. Pyrrhos arriva le premier et s'octroya une bonne partie de la Macédoine pour prix de son appui. Son voisinage était désormais dangereux pour Alexandre. Comme Dèmètrios, au reçu de la lettre, s'était mis en marche avec son armée, le jeune prince vit en lui un danger plus grand encore en raison de sa réputation et de sa gloire. Il se rendit à sa rencontre à Dion, lui fit grand accueil et le combla de prévenances, mais en lui déclarant que la situation n'exigeait plus sa présence. De là naquit de la méfiance réciproque. En outre, un soir où Dèmètrios se rendait à un dîner où le jeune prince l'avait invité, on lui dénonça un complot où l'on devait le tuer au cours même du repas. Il ne s'en émut pas. Ayant simplement un peu ralenti son allure, il donna l'ordre à ses officiers de tenir les troupes sous les armes, à sa suite et aux esclaves qui l'entouraient — et ils étaient bien plus nombreux que ceux d'Alexandre — d'entrer avec lui dans la salle à manger et d'y rester jusqu'à ce qu'il se levât de table. Cela fit peur à Alexandre qui n'osa pas passer à l'acte. Dèmètrios fit celui qui n'était pas d'humeur à boire et se retira sans tarder. Le lendemain, il fit ses préparatifs de départ, sous le prétexte que des ennuis imprévus venaient de lui arriver. Il priait Alexandre de lui pardonner son départ prématuré. Il resterait davantage avec lui une autre fois, quand il en aurait le temps. Alexandre se réjouissait que ce ne fût pas l'hostilité, mais sa libre volonté qui lui fît quitter le pays et il l'accompagna jusqu'en Thessalie. Mais, lorsqu'ils furent parvenus à Larisa, ils recommencèrent à s'envoyer des invitations à dîner qui n'étaient que des pièges. Ce jeu, plus que tout, mit Alexandre à la merci de Dèmètrios. Car, hésitant à prendre ostensiblement des précautions de peur de suggérer à l'autre d'en faire autant, il fut le premier victime de sa propre machination - - - -. Invité à dîner, il se rendit chez Dèmètrios. Mais, ce dernier s'étant levé de table au milieu du repas, Alexandre eut peur, se leva à son tour et, sur ses talons, le suivit jusqu'à la porte. Ainsi, quand Dèmètrios y parvint, près de ses gardes, il n'eut qu'à dire : « Frappe qui me suit. » Il sortit et Alexandre tomba sous leurs coups avec ceux de ses amis qui tentaient de le secourir. L'un d'entre eux, à ce que l'on rapporte, dit en mourant qu'à un jour près, Dèmètrios les avait devancés.

37 La nuit, bien entendu, connut de l'agitation. Au jour, les Macédoniens, qui étaient bouleversés et redoutaient la puissance de Dèmètrios, ne voyant survenir personne de redoutable alors qu'au contraire, Dèmètrios leur demandait une entrevue pour se justifier sur les événements, retrouvèrent leur courage et lui firent bon accueil. Quand il arriva, il ne lui fallut de longs discours. Par haine d'Antipatros, assassin de sa mère, et faute d'un meilleur candidat, ils le proclamèrent roi des Macédoniens et, l'emmenant avec eux, l'introduisirent aussitôt en Macédoine. Les Macédoniens de l'intérieur non plus ne firent pas d'opposition au changement. Ils se rappelaient toujours avec ressentiment les outrages de Cassandros à la mémoire d'Alexandre. Et, s'il subsistait encore quelque souvenir de la modération d'Antipatros l'Ancien, Dèmètrios en bénéficiait aussi, puisqu'il était le mari de Phila et qu'il avait d'elle un fils qui hériterait du trône.

Négliger l'aspect anecdotique du texte, sauf dans la mesure où il peut éclairer l'état d'esprit politique et les mœurs du temps (vie de cour, brutalité des moyens, absence de scrupules). Ne retenir que les événements évoqués. Ne pas omettre les rapports de parenté créés par les mariages dynastiques, trait caractéristique de la diplomatie monarchique. Le texte n'ayant pas d'articulations marquées en raison de son caractère narratif, fonder le plan sur l'analyse des intérêts des partis en présence et de leurs ramifications.

I. La Macédoine. Après la mort de Cassandros (entre 298 et 296, date incertaine), suivie à quelques mois par celle de son fils aîné, Philippe IV, dissensions entre les deux survivants, Antipatros, gendre de Lysimachos, et Alexandre, gendre de Ptolémée. Sur les conseils de leur mère, Thessalonikè, partage du royaume à l'occasion

duquel le premier se sentit désavantagé par la partialité de
sa mère, qu'il fit assassiner. Appel de son frère à Pyrrhos
et à Dèmètrios.

II. Dèmètrios. Après Ipsos, cherche à se reconstituer
un royaume avec les débris de l'empire de son père,
dispersés tout autour de la Méditerranée orientale. L'appât
constitué par la Macédoine déchirée l'oriente vers l'Occident. Comme gendre de l'ancien régent Antipatros par
sa femme Phila, il avait un titre à faire valoir à sa possession. S'empare d'Athènes, puis d'une partie du Péloponnèse comme bases d'opérations. L'appel d'Alexandre lui
fournit un motif d'intervention, mais ce n'est qu'une
occasion.

III. Pyrrhos. Roi d'Epire, dont il avait été déjà exilé
deux fois. D'abord allié des Antigonides, s'attache à
Ptolémée dont il devient le gendre et qui lui fournit les
moyens de sa seconde restauration (sans doute 298/7).
Hostilité naturelle contre la Macédoine qui avait fait de
l'Epire une annexe. Or, ce que recherchait Ptolémée, c'était
de limiter les ambitions éventuelles de tout maître de ce
royaume pour mieux garantir sa propre domination sur
l'Egypte. Inconsciemment peut-être, Pyrrhos va être
l'agent de la diplomatie lagide.

La main-mise de Dèmètrios sur la Macédoine est le
résultat de ce jeu complexe d'intérêts divergents. Pyrrhos,
plus à portée, intervient le premier, se fait céder deux
provinces et des protectorats occidentaux du royaume. A
ce prix, il contraint Antipatros à traiter : Lysimachos
n'avait pas soutenu son gendre, espérant peut-être éviter
l'intervention de Dèmètrios que ses propres difficultés
l'auraient empêché de repousser.

Quand Dèmètrios se présente malgré tout, Alexandre
fait état de son accord avec son frère pour l'inviter à se
retirer. Il fait mine de s'incliner, mais assassine son
interlocuteur, débauche son armée et se fait proclamer roi
par les soldats. Pas de résistance parce que tout le monde
surpris par sa rapidité et l'audace de son action. Mais
germes de conflits futurs : avec Pyrrhos frustré ; avec Lysimachos qui avait recueilli Antipatros fugitif et la veuve
d'Alexandre qu'il maria à son fils aîné.

XIII. Perte de la Macédoine par Dèmètrios (287)

(Plutarque, *Vie de Pyrrhos*, 10-12)

10 (1) Peu après, à la nouvelle que Dèmètrios était atteint d'une maladie dangereuse, il (Pyrrhos) se jeta sans crier gare sur la Macédoine, sans autre dessein que d'y faire une incursion et du butin. (2) Peu s'en fallut que le pays ne tombât en entier d'un coup en son pouvoir et qu'il ne s'emparât sans combat du royaume car, dans sa marche sur Edesse, loin de rencontrer la moindre résistance, il bénéficia d'un flot de ralliements qui vinrent grossir son armée. Quant à Dèmètrios, le danger le ressuscita ; il surmonta sa faiblesse. De plus, ses amis et ses généraux réussirent, en peu de temps, à mobiliser beaucoup de monde. Pleins d'énergie et d'allant, ils foncèrent sur Pyrrhos. Ce dernier, dont seul le pillage avait motivé l'agression, ne tint pas pied. Il battit en retraite. Une partie de son armée fut détruite dans les combats que, le long de sa route, lui livrèrent les Macédoniens. (3) Certes, il avait été facile et rapide de rejeter Pyrrhos hors du pays. Pourtant, Dèmètrios ne le traita pas par le mépris. Ayant pris la décision de s'attaquer à d'immenses projets et de reconquérir l'empire de son père avec une armée de cent mille hommes et cinq cents navires, il ne voulait ni affronter Pyrrhos, ni laisser aux Macédoniens un voisin dangereux et incommode. Puisqu'il n'avait pas le loisir de lui faire la guerre, son intention était de s'arranger avec lui pour conclure la paix. Il pourrait ainsi se tourner contre les autres rois. (4) Comme l'accord intervenu n'avait pas d'autre fin et qu'en même temps, les desseins de Dèmètrios se révélaient par l'ampleur de ses armements, la crainte saisit les rois. Ils envoyaient à Pyrrhos des messagers avec des lettres où ils exprimaient leur stupeur de le voir laisser passer l'occasion...

11 (1) Tout en écrivant ces lettres à Pyrrhos, les rois agissaient de leur côté. Tandis que Dèmètrios était encore l'arme au pied pour achever ses préparatifs, ils se mettaient en mouvement. Ptolémée prit la mer avec une grande flotte et débaucha les cités grecques ; Lysimachos envahit la haute Macédoine en partant de la Thrace et la ravagea ; Pyrrhos entra en campagne en même temps qu'eux et marcha sur Beroia avec l'espoir, qui se réalisa, que Dèmètrios, pour s'opposer à Lysimachos, laisserait le bas pays sans défense....... (3) Comptant sur la vitesse, il traversa au pas de course les régions intermédiaires et s'empara par surprise de Beroia. Le gros de son armée s'y établit et il laissa la conquête du reste du pays à ses généraux. Quand Dèmètrios apprit ces événements et se rendit compte d'une agitation dangereuse dans l'armée macédonienne, il n'osa pas poursuivre son avance : en présence d'un roi macédonien et couvert de gloire, ses hommes n'allaient-ils pas passer à l'enemi ? (4) C'est pourquoi il fit demi-tour et marcha contre Pyrrhos, un étranger qui devait être détesté des Macédoniens. Mais, quand il eut établi son camp près de Béroia, les habitants de la ville vinrent en foule chanter les louanges de Pyrrhos qui, à les entendre, était invincible sous les armes, illustre héros, humain et généreux avec les prisonniers. Dans le nombre, il y avait des agents que Pyrrhos lui-même avait infiltrés. Ils se présentaient comme Macédoniens et déclaraient que c'était le moment de se débarrasser de Dèmètrios qui était insupportable et de passer à un prince ami du peuple et des soldats, à Pyrrhos. (5) Cette propagande entretenait la fermentation dans la majeure partie de l'armée : Pyrrhos, on le cherchait des yeux partout à l'entour. Or, il se trouva qu'il avait retiré son casque et demeura tête nue jusqu'au moment où, s'étant rendu compte de la situation, il le remit. On le reconnut à son aigrette étincelante et à ses cormes de bouc. Alors, les Macédoniens coururent à lui pour lui demander le mot d'ordre. D'autres se couronnaient de feuilles de chêne parce qu'ils voyaient ses hommes en porter. (6) Déjà certains osaient dire à Dèmètrios lui-même que, s'il cédait la place et abandonnait le pouvoir, ce serait une bonne décision. Voyant cet avis confirmé par l'agitation du camp, il prit peur et s'éclipsa subrepticement, un grand chapeau sur la tête et une capote miteuse autour du corps. Pyrrhos survint alors, s'empara du camp sans combat et fut proclamé roi des Macédoniens.

12 (1) Sur ces entrefaites apparut Lysimachos. C'était leur effort commun à tous deux, affirma-t-il, qui avait provoqué la chute de Dèmètrios. Partager le royaume, voilà ce qu'il réclamait. Pyrrhos, qui n'était pas encore assez sûr des Macédoniens pour se fier à eux et doutait de leurs sentiments, accepta les exigences de Lysimachos. Ils se partagèrent les villes et le pays entre eux.

Le texte expose successivement quatre points : 1) raid de Pyrrhos en Macédoine (10, 1-3) ; 2) projets de Dèmètrios et constitution d'une coalition contre lui (10, 3-4) ; 3) chute de Dèmètrios (11) ; 4) partage de la Macédoine entre Pyrrhos et Lysimachos (12, 1). Entre eux, Plutarque n'établit pas de lien de cause à effet (sauf entre 2 et 3, mais uniquement du point de vue militaire). Le problème fondamental est donc de rechercher si un tel lien n'existe pas malgré tout et dans quel domaine. Auparavant, il est nécessaire de préciser la nature et la suite des événements.

I. Depuis qu'il était devenu maître de la Macédoine (294) aux dépens d'un protégé de Pyrrhos, Dèmètrios n'avait guère cessé de guerroyer contre lui. Le raid de 289 n'est qu'un épisode de leurs hostilités. Son intérêt vient de ce qu'il révèle le mécontentement des Macédoniens contre leur souverain. Les causes en sont à analyser : générales (épuisement du pays après trois quarts de siècle de guerres incessantes) et particulières (caractère de Dèmètrios et de sa politique). Plutarque présente de manière indépendante de son conflit continuel avec Pyrrhos le projet que Dèmètrios poursuivait de reconquérir l'empire de son père Antigonos, perdu à Ipsos (301), et d'imposer sa domination aux autres Diadoques. C'est après le raid de Pyrrhos qu'il aurait décidé de passer aux actes. D'où la paix avec l'Épirote dont l'intention évidente (10, 3), autant que l'importance de ses armements, aurait poussé les Diadoques à se liguer contre lui. En réalité, Dèmètrios n'avait jamais renoncé au rêve de son père. Il n'avait jamais manqué une occasion de le marquer aux dépens de ses rivaux. Il ne semble pas que ses armements aient jamais atteint les chiffres de Plutarque, ni qu'il les ait spécialement développés en 289. Il n'y a donc pas lieu de croire à une inquiétude particulière des Diadoques à ce moment. C'est peut-être, au contraire, la faiblesse de la situation de Dèmètrios qui les a incités à l'attaquer.

La coalition comprenait trois partenaires, Ptolémée, Pyrrhos et Lysimachos. Ce que fut l'action du premier ne peut êre précisé avec certitude : substitution de son protectorat à celui de Dèmètrios sur la confédération des Nèsiotes ? Appui naval à Athènes en révolte contre la Macédoine ? La campagne combinée des deux autres, au contraire, est un fait assuré à étudier du point de vue géographique et tactique. Parmi les causes des désertions dans l'armée de Dèmètrios, Plutarque met au premier plan le prestige de Pyrrhos. On ne saurait le sous-estimer. Mais le mécontentement des Macédoniens en est la raison principale. La chronologie n'est pas certaine. La défaite de Dèmètrios peut aussi se placer en 288.

On n'a pas de précisions sur le partage entre Pyrrhos et Lysimachos. Ce qui est sûr, c'est qu'il ne pouvait être durable : les deux partenaires ne manqueraient pas de chercher à reconstituer l'unité à leur profit à bref délai, la suite l'a montré. La cohésion de la Macédoine était trop forte pour que ses habitants supportent longtemps sa division.

II. Entre ces événements, Plutarque n'établit de contact que dans l'ordre militaire. A ses yeux, l'hostilité entre Dèmètrios et Pyrrhos et les ambitions universelles du premier constituent deux séries indépendantes. Leur conjonction est contingente. En réalité, il semble bien qu'elles ne sont pas distinctes. Mais le lien qui les unit n'apparaît qu'à peine dans le texte. Plutarque n'a pas soupçonné son existence. Il s'agit de la politique de Ptolémée. Son but, conçu très tôt sans doute, est d'assurer l'indépendance totale de l'Egypte. Tout ambitieux qui pourrait y porter atteinte est un ennemi. Quand cet ennemi manifeste ouvertement ses ambitions, tel Antigonos, Ptolémée le combat les armes à la main. Mais il faut se garder même de ses alliés qui sont des compétiteurs potentiels. Et le maître de la Macédoine était celui contre qui il fallait prendre les plus grandes précautions pour ce que ce pays représentait symboliquement et pour les positions stratégiques dont la maîtrise pouvait constituer un danger pour l'Egypte, les Cyclades, par exemple. Avant même que Dèmètrios ne se fût implanté en Macédoine, Ptolémée avait pris contre Cassandros, son allié pourtant, des dispositions qui témoignaient de son souci (n° VI). A cet article fondamental de la diplomatie lagide, Dèmètrios venait ajouter le danger qu'il représentait : nul ne pouvait douter que le fils ne renoncerait jamais aux ambitions du père. Maître de la Macédoine, il avait les moyens de les réaliser. Il fallait donc lui créer des embarras dans son royaume même.

Pyrrhos fut un des agents de cette politique. Uni d'abord à Dèmètrios par des liens de famille, il s'en détacha pour passer à Ptolémée qui lui fournit les moyens de se rétablir sur le trône dont il avait été chassé (298/7 ?). Puis il l'introduisit en tiers dans une alliance avec Agathoclès de Syracuse pour barrer l'accès de la mer Ionienne à l'expansion macédonienne. Par la suite, les actions de Pyrrhos contre Dèmètrios ne furent pas, certes, directement inspirées par Ptolémée, mais elles étaient le fruit de sa politique et servaient ses desseins autant que les intérêts épirotes.

L'unité des événements rapportés par Plutarque apparaît dès lors : les projets de Dèmètrios n'ont jamais été ignorés de Ptolémée, non plus que le danger représenté par la possession de la Macédoine pour l'indépendance de l'Egypte. C'est pour les contre-battre dès l'abord qu'il a suscité, entre autres moyens, l'hostilité de Pyrrhos. Quant à celle de Lysimachos, si elle n'était pas fatale, c'était une possibilité certaine, et Dèmètrios a fait ce qu'il fallait pour en faire une réalité, que la bonne entente constante entre Ptolémée et Lysimachos aurait suffi sans doute à faire naître.

Bibliogr. : C. Wehrli, ouv. cité n° VI, pp. 181-187.

XVI. Disparition de Lysimachos (281)

(Pausanias, 1, 10, 3-5)

(3) Bien souvent, les hommes ont dû à l'amour beaucoup de malheurs. Lysimachos était déjà avancé en âge. On considérait que ses enfants l'avaient rendu heureux. Pourtant, quoiqu'Agathoclès eût des enfants de Lysandra, lui, son père, épousa Arsinoè, sœur de Lysandra. Cette Arsinoè, par crainte que ses enfants, à la mort de Lysimachos, ne tombent entre les mains d'Agathoclès, organisa un complot contre ce dernier. Le récit a déjà été fait qu'Arsinoè tomba amoureuse d'Agathoclès. Passion malheureuse. Elle décida alors de s'en prendre à sa vie. On rapporte aussi que Lysimachos finit par apprendre les forfaits de sa femme. Mais il n'y pouvait plus rien, ayant perdu tous ses amis jusqu'au dernier. (4) Puique Lysimachos tolérait l'assassinat d'Agathoclès par Arsinoè, Lysandra s'enfuit auprès de Séleucos, entraînant avec elle à la fois ses enfants et ses frères qui se réfugièrent chez Ptolémée - - - -. Dans leur fuite auprès de Séleucos, ils avaient été accompagnés par Alexandros, un fils que Lysimachos avait eu d'une femme odryse. Parvenus à Babylone, ils supplièrent Séleucos de faire la guerre à Lysimachos. En même temps, Philétairos, qui avait en garde la fortune de Lysimachos, indigné de la fin d'Agathoclès et estimant suspects les desseins d'Arsinoè à son égard, s'empara de Pergame sur le Caïque. Il envoya un héraut à Séleucos et lui offrit l'argent et son allégeance. (5) Informé de tous ces événements, Lysimachos se hâta de passer en Asie. Il prit lui-même l'initiative de la guerre. Mais, dans sa rencontre avec Séleucos, il fut complètement battu et trouva la mort.

Dans l'analyse du texte, bien marquer la liaison que l'auteur établit entre les deux parties (§ 3, §§ 4-5) : la tragédie domestique qui s'est déroulée à la cour de Lysimachos est la cause essentielle du conflit qui a opposé ce Diadoque à Séleucos et provoqué sa perte.

Cette manière de voir est le principal problème à débattre dans le commentaire.

La première partie doit essentiellement préciser les rapports de famille entre les protagonistes. Nécessaire d'entrer le détail vu leur complexité. Ne pas omettre de souligner l'importance des mariages dynastiques dans la diplomatie hellénistique, le rôle des femmes dans la politique et, enfin, le caractère sanguinaire des intrigues de cour. Pour terminer, montrer l'influence probable de la tragédie sur la situation intérieure du royaume : a écarté du roi ses serviteurs par crainte d'un sort semblable à celui d'Agathoclès, peut-être provoqué des résistances qu'il a matées sans pitié. Ce n'était, d'ailleurs, que l'ultime développement de ses méthodes de gouvernement : était détesté de ses sujets pour sa dureté et ses exigences fiscales. Résultat : livré à sa femme parce qu'il avait « perdu ses amis jusqu'au dernier ».

Problème central de la seconde partie : les causes qui ont poussé Séleucos à entrer en conflit avec Lysimachos. Réalité certaine des intrigues des victimes de ce dernier. Sans doute importance plus grande de Ptolémée Kéraunos (le seul des frères de Lysandra dont la présence à la cour de Lysimachos soit attestée : § 4, « ses enfants et ses frères ») que de sa sœur, bien que ses desseins n'apparaissent pas clairement. Peu probable toutefois que Séleucos ait agi seulement en redresseur de torts. Dès lors, mobiles politiques, mais lesquels ?

Résultent en partie de la puissance politique et territoriale que Lysimachos s'était acquise peu à peu, couronnée par l'annexion de la Macédoine en son entier en 285. Préciser l'étendue de son royaume à cette date, les desseins qu'on pouvait lui prêter (un empire égéen à cheval sur les Détroits) et le danger qu'ils représentaient pour ses voisins et rivaux, plus pour Séleucos que pour les Lagides, d'où l'inaction de ces derniers.

Faire la part de l'opportunisme : situation intérieure de Lysimachos affaiblie ; ouvertures auprès de Séleucos de certains de ses subordonnés en vue de passer à son parti, notamment Philétairos de Pergame. Préciser l'importance de la place et du personnage (gouverneur de Pergame, il n'eut pas à s'en emparer, § 4). Il n'est pas le seul : au cours de la campagne de Couroupédion, plusieurs officiers trahirent aussi. Un certain nombre avait, sans aucun doute, suivi l'exemple de Philétairos avant les hostilités. Très tentant pour Séleucos.

Enfin, question de la reconstitution de l'empire d'Alexandre. Place de la Macédoine dans les conceptions politiques des Diadoques : son possesseur jouit d'un prestige plus grand que les autres et paraît bénéficier de titres à l'autorité suprême. Lysimachos et Séleucos ont-ils cédé au mirage ? Aucun indice en ce qui concerne le premier. Pour le second, paraît ne s'être laissé séduire qu'après avoir terrassé son rival.

En conclusion, importance de la mort de Lysimachos et du démembrement de son royaume : dernier des conflits entre les Diadoques, début de la stabilisation territoriale des monarchies hellénistiques.

Bibliogr. : G. Longega, *Arsinoe II* (Rome 1968), pp. 44-54.
H. Heinen, *Untersuchungen zur hellenistischen Geschichte des 3. Jahrh. v. C.* (*Historia*, Einzelschriften, 20, 1972), pp. 20-36.

XV. Philétairos de Pergame

(Strabon, XIII, 4, 1, C.623)

Une certaine prédominance sur ces villes appartient à Pergame, cité illustre qui connut une longue prospérité parallèle à celle des rois attalides. Il faut donc commencer ici le chapitre suivant et débuter par les souverains. Quelle fut leur origine, à quelle fin aboutirent-ils, c'est ce que je veux brièvement expliquer. Pergame avait donc reçu la garde du trésor de Lysimachos, fils d'Agathoclès, un des successeurs d'Alexandre. C'est sur le sommet même de la montagne que se trouve l'agglomération. Cette montagne a la forme d'une pomme de pin et s'achève par un sommet escarpé. Celui qui s'était vu confier la garde de cette place forte et de l'argent — il y en avait pour neuf mille talents — était Philétairos, natif de Tios, eunuque depuis son enfance...... Tout eunuque qu'il fût, il avait reçu une excellente éducation et apparaissait digne de la confiance qu'on lui avait faite. Pour un temps donc, il demeura dévoué à Lysimachos. Mais il entra en conflit avec la reine Arsinoè qui le décriait. Il fit entrer la place en dissidence et la gouverna au gré des circonstances, qu'il voyait propices à un bouleversement. En effet, Lysimachos, en proie à des drames familiaux s'était vu contraint de faire tuer son fils Agathoclès. Séleucos Nicator l'attaqua, le fit disparaître et disparut lui-même, assassiné par Ptolémée Kéraunos. Au milieu de ces troubles, le gouvernement de la citadelle resta aux mains de l'eunuque dont la politique de promesses et, plus généralement, de ménagements visait à se concilier en toute circonstance celui qui détenait la puissance dans le voisinage, ce qui lui permit de demeurer vingt ans maître de la place et du trésor.

La grandeur du futur royaume de Pergame a commencé de manière très modeste et, moralement, assez douteuse. Strabon en décrit l'origine dans un récit confus, en son début au moins. Les points suivants y sont abordés, succinctement d'ailleurs : 1) la situation géographique de la ville ; 2) le début de la carrière de Philétairos et sa rupture avec Lysimachos ; 3) le conflit entre ce dernier et Séleucos ; 4) la politique de Philétairos sous la domination séleucide.

I. Strabon se contente d'une description trop brève du site de Pergame. Il faut la préciser pour en montrer la valeur exceptionnelle de forteresse, ce qui explique que Lysimachos ait décidé d'y mettre en garde un de ses trésors. Il faut aussi souligner l'importance de la vallée du Caïque, qu'elle commande, dans la géographie de la Myssie, tant du point de vue stratégique que des ressources économiques.

II. Quelques mots pourront être consacrés aux origines de Philétairos (« barbare » par sa mère) et à son infirmité (peut-être une légende née du fait qu'il resta célibataire et qu'on ne lui connaît pas d'enfant). Il doit sa carrière politique à Lysimachos qui lui confia la garde d'un des trésors (pas le seul, contrairement à Strabon) qu'il avait conquis sur Antigonos après Ipsos. Plusieurs années fidèle à son maître, il fut amené à le trahir en raison de son opposition à la reine Arsinoè. Il est possible que l'origine en soit due à une cause familiale, un des frères de Philétairos ayant vu sa situation menacée par les intrigues de la reine. Mais l'épisode déterminant est l'assassinat du fils de Lysimachos, Agathoclès, qui souleva une réprobation unanime (n° XIV). Redoutant sans doute la rancune d'Arsinoè dont l'influence était désormais sans rivale, Philétairos passa à Séleucos.

III. Il faut préciser les brèves allusions de Strabon à la crise qui a fait disparaître successivement Lysimachos au Couroupédion (281), puis Séleucos, sans oublier les éléments connexes : difficultés de l'événement d'Antiochos I, invasion galate entre autres. Mais ces précisions doivent avant tout viser à expliquer pourquoi et comment la position de Philétairos s'en est trouvée renforcée.

IV. La politique subséquente de Philétairos a certes visé à maintenir des rapports amicaux avec « celui qui détenait la puissance dans le voisinage » qui, très tôt après la mort de Séleucos, a été son fils Antiochos et aucun autre, contrairement à ce que le texte donne à croire. Cela n'a pas empêché le Pergaménien de chercher à étendre son influence sur les cités grecques d'alentour et à s'assurer une renommée internationale. Cette politique conduit à préciser la nature exacte des relations entre le roi et le dynaste : subordination étroite, indépendance complète ou plutôt liberté surveillée dans la mesure du possible. On débouche sur le problème de l'administration locale dans l'empire séleucide (n° LXXIX. Mais l'autonomie de Philétairos était sans doute plus étendue que celle d'Aristodikidès).

DEUXIÈME PARTIE

LES GRANDES MONARCHIES HELLÉNISTIQUES
(281-200 avant Jésus-Christ)

XVI. Héraclée du Pont
et les origines de la « Ligue du Nord » (281)

(Memnon d'Héraclée : F. Jacoby, *Fr. gr. Hist.*, 434, F. 6-7)

F. 6 (1) Dans son treizième livre, (Memnon) dit que les Héracléotes, ayant appris la mort de Lysimachos et entendu dire que le meurtrier aurait été d'Héraclée, se fortifièrent dans leurs desseins et se prirent d'un mâle désir de retrouver la liberté dont, depuis quatre-vingt quatre ans, ils avaient été privés par les tyrans indigènes et, après eux, par Lysimachos. (2) Ils allèrent donc d'abord trouver Hèracleidès pour le persuader de quitter la cité : ses méfaits resteraient impunis et même on lui ferait de magnifiques cadeaux comme viatique. En échange, il leur rendrait la liberté. Loin d'y parvenir, ils le virent se mettre en colère et soumettre certains d'entre eux à des représailles. Les citoyens passèrent alors avec les chefs de la garnison un accord qui valait à ces derniers l'isopolitie et le paiement des soldes qu'ils perdaient. Ils arrêtèrent Héracleidès et le retinrent prisonnier un certain temps. Puis, pour s'assurer de sérieuses garanties, ils rasèrent jusqu'au sol les remparts de l'acropole et envoyèrent une ambassade à Séleucos, après avoir mis à leur tête Phocritos en qualité de commissaire de la cité. (3) Zipoitès, prince des Bithyniens, qui était l'ennemi des Héracléotes en raison de ses rapports avec Lysimachos d'abord, avec Séleucos ensuite — il était l'adversaire de l'un et de l'autre — faisait contre eux une guerre de coups de main......

F. 7 (1) Alors, Séleucos nomme Aphrodisios gouverneur des cités de Phrygie et d'au-delà du Pont. Ce dernier, sa mission achevée et à son retour, ne tarissait pas d'éloges sur ces cités, à l'exception d'Héraclée qu'il accusait de mauvais vouloir envers les intérêts de Séleucos, ce qui mit Séleucos en colère. Quand il reçut les ambassadeurs (d'Héraclée), il les abreva de menaces et leur fit peur. Un seul, Chamaïléon, ne se laissa nullement émouvoir par ces menaces et lui dit : « Héraclès est plus fort, Séleucos »..... Séleu-

cos ne comprit pas le mot [1] et, toujours en colère, leur
tourna le dos. Les autres ne savaient pas s'il valait mieux
rentrer chez eux ou prolonger leur séjour. (2) L'algarade
étant venue à la connaissance des Héracléotes, ils prirent
leurs précautions. Ils formèrent, en particulier, une coalition, envoyant des ambassades au roi du Pont, Mithridatès,
aux Byzantins et aux Chalcédoniens. (3) Il y avait des
survivants parmi les exilés d'Héraclée. Du nombre était
Nymphis. Il leur conseillait de rentrer et leur montrait que
ce serait facile à condition de manifester qu'ils ne susci-
teraient pas de troubles pour rentrer en possession de
rien de ce que leurs ancêtres avaient perdu. Il n'eut aucun
mal à les en persuader. Le retour eut lieu de la manière qu'il
avait conseillée.

Intérêt du texte à trois points de vue : — histoire intérieure d'une cité ; — rapports de la cité et du pouvoir
monarchique ; — conséquences de la disparition de Lysimachos. Ces trois problèmes mélangés dans le récit parce
qu'ils le sont dans la réalité et parce que l'ouvrage est
une chronique qui suit l'ordre chronologique. Expose successivement : — libération d'Héraclée ; — hostilité de
la Bithynie à son égard ; — tension avec Séleucos et constitution de la « Ligue du Nord » ; — retour des bannis.
Pour la composition du commentaire, ni le plan normatif, ni celui du texte ne sont appropriés. Regrouper les
données en deux parties à la fois logiques et chronologiques : — histoire de la cité jusqu'à sa libération ; — son
insertion dans la période brève et troublée entre la mort
de Lysimachos et celle de Séleucos I.
I. Rappeler la situation géographique d'Héraclée pour
souligner qu'elle commande le débouché de l'arrière-pays
(la Bithynie), d'où volonté de tout maître de la contrée
d'y établir son autorité. Pour l'histoire de la cité, remonter à l'institution de la tyrannie par Cléarchos (364 =
84 ans avant la mort de Lysimachos, 6, 1) : dynastie assez
populaire pour durer jusqu'au début du IIIᵉ siècle, bien
qu'elle ait exilé ses adversaires et confisqué leurs biens (7, 3).
La femme du dernier dynaste, une princesse perse, Amas-
tris, avait épousé Lysimachos. Après son assassinat par
ses fils au nom de qui elle exerçait la régence, le roi avait
imposé son autorité à la cité. Gouvernée en son nom

---

[1] Prononcé en dorien, dialecte employé à Héraclée.

par un représentant dont le titre n'est pas donné dans le texte (nommé Héracleidès, 6, 2). Ses méfaits personnels ont aggravé sans doute la rigueur générale du régime de Lysimachos. Appuyé par une garnison mercenaire établie sur l'acropole fortifiée.

Mort du roi, occasion favorable pour les Héracléotes de reconquérir leur indépendance. Mais, pour écarter les agents de la domination royale, pas d'autre moyen que la corruption. Le gouverneur repousse leurs propositions, les mercenaires les acceptent. Par prudence (ils auraient pu prendre l'argent sans tenir leurs promesses), les Héracléotes font abattre les fortifications de l'acropole. Dernier acte : les bannis sont autorisés à rentrer (il fallait renforcer le corps civique pour protéger l'indépendance reconquise contre tout danger : cf. la clause d'isopolitie dans l'accord avec les mercenaires, 6, 2), sous condition de ne rien réclamer des biens confisqués à leurs ancêtres (7, 3).

II. Ambassade envoyée à Séleucos. Le texte suggère que c'est pour obtenir son alliance contre Zipoitès. Causes de l'hostilité de ce dernier déjà valables avec Lysimachos. Mais sans doute pas la seule raison : Héraclée faisait partie du royaume de Lysimachos. Séleucos en était devenu le maître par droit de conquête. Or, nouvellement libérée, la cité n'entendait pas tomber sous le joug d'un autre maître. Il fallait trouver un *modus vivendi* avec lui. Naturellement, ne pouvait tolérer l'indépendance des Héracléotes. D'où l'algarade avec les ambassadeurs. Au-delà de l'anecdote, noter que le roi et la cité apparaissent égaux en droit. Entre eux, seulement différence de puissance matérielle. Encore le roi paraît-il hésiter à faire usage de sa force. Préfère menacer que sévir. Si la cité ne se laisse pas intimider, ne lui conteste pas le droit de préparer sa défense par les armes et de rechercher des alliés. La traitera en ennemie, non en rebelle.

Or, Héraclée décidée à résister. S'entend avec d'autres cités qui avaient réussi à maintenir leur indépendance vis-à-vis de Lysimachos et craignaient son successeur, noyau de ce qui est proprement la « Ligue du Nord ». En outre, s'adresse à un dynaste indigène qui n'avait été soumis ni par Alexandre, ni par les Diadoques, un Iranien qui régnait sur la Cappadoce Pontique (futur royaume du Pont). Bientôt conclura un accord avec Zipoitès lui-même.

XVII. Echec des Galates devant Delphes (278)

(Pausanias, X, 22-23)

22 (12) Brennos, sans attendre davantage, avant que les troupes de l'armée commandée par Akichorios l'aient rejoint, fit route vers Delphes. Les Delphiens, sous l'effet de la crainte, recoururent à l'oracle. Le Dieu ne les laissa pas dans l'effroi. Il leur promit qu'il défendrait lui même ce qui lui appartenait. (13) Ceux des Grecs qui vinrent défendre le dieu avaient fourni les effectifs suivants : ...... Les classes les plus robustes des Etoliens opérèrent contre l'armée d'Akichorios. Chacune de leurs attaques tombait sur les queues de colonne. Ils faisaient main-basse sur les bagages et tuaient les convoyeurs. L'avance de l'ennemi fut très ralentie pour cette raison. En outre, Akichorios avait laissé à Héraclée une partie de ses forces destinée à garder les biens qui se trouvaient dans le camp.

23 (1) Quand Brennos et son armée se trouvèrent face aux Grecs qui s'étaient concentrés à Delphes, les barbares reçurent des dieux aussitôt les présages les plus contraires et les plus significatifs que l'on connaisse. Tout le territoire occupé par l'armée galate trembla violemment pendant une grande partie de la journée. Le tonnerre et les éclairs se manifestèrent sans discontinuer. (2) Le premier affolait les Celtes et les empêchait d'entendre les ordres. La foudre qui tombait du ciel ne brûlait pas seulement celui qu'elle frappait, mais ses voisins en même temps que lui, et les armes. Des fantômes de héros apparurent aussi alors à leurs yeux, Hyperochos, Laodocos, Pyrrhos. Certains en ajoutent un quatrième, Phylachos, un héros indigène de Delphes...... (4) Telles furent les calamités et les terreurs dont les barbares, tout au long de la journée, furent affligés. Mais, pendant la nuit, d'autres, bien plus douloureuses encore, devaient les saisir. Le gel fut terrible et la neige accompagna le gel. D'énormes rochers dévalant du Parnasse, des parois s'effondrant prirent les barbares comme cibles. Ce n'était pas un ou deux, mais trente à la fois ou plus encore, lorsqu'ils étaient rassemblés au même endroit pour monter la garde ou se reposer, que la mort frappait sous le choc des rochers. (5) Lorsque le soleil se leva, les Grecs marchèrent contre eux en partant de Delphes, les attaquant de front, sauf les Phocidiens qui, connaissant mieux le terrain, descendirent dans la neige par les précipices du Parnasse et, par surprise, prirent les Celtes à revers, à coup de javelots et de flèches, sans rien avoir à craindre des barbares. (6) Au début de la bataille, ces derniers, en particulier la garde de Brennos, formée des plus grands et des plus braves parmi les Galates, opposèrent une résistance valeureuse bien qu'atteints de tout côté, et surtout souffrant du gel, les blessés plus que tous. Mais, quand Brennos fut blessé et qu'on l'emporta évanoui hors du champ de bataille, les barbares, pressés de tout côté par les Grecs, furent bien forcés de se retirer et massacrèrent ceux des leurs qui, blessés ou malades, ne pouvaient suivre. (7) Ils campèrent là où la nuit les surprit dans leur retraite et, au cours de la nuit, ils furent saisis d'une terreur panique : les frayeurs sans cause sont mises au compte du dieu Pan. Ce désordre se répandit dans l'armée à la fin de la soirée. Peu nombreux tout d'abord furent ceux dont l'esprit s'égara. Ils s'imaginaient entendre le martèlement de chevaux au galop et une attaque ennemie. Bientôt, tout le monde sombra dans la folie. (8) Ils coururent aux armes, se divisèrent en deux, se tuèrent mutuellement à tour de rôle et se firent tuer. Ils ne comprenaient pas leur langue nationale, ne reconnaissaient pas leur silhouette ni l'aspect de leur bouclier...... La folie inspirée par le dieu provoqua un grand massacre mutuel parmi les Galates. (9) Ceux des Phocidiens qui étaient restés dans les champs pour garder les troupeaux furent les premiers à s'en rendre compte et à rapporter aux Grecs la panique qui, pendant la nuit, avait saisi les barbares. Le courage des Phocidiens en fut exalté et ils mirent encore plus d'énergie à attaquer les Celtes. Ils surveillèrent avec plus d'attention leurs cabanes. Ils ne les laissèrent plus emporter sans combat leurs moyens d'existence hors du pays. Aussitôt, toute l'armée galate souffrit d'une sévère disette de blé et de tout le reste du rativaillement. (10) Leurs pertes en Phocide s'élevèrent à un peu moins de six mille morts au combat. Ceux qui périrent dans la tempête nocturne, puis dans la panique furent plus de dix mille, et autant ceux qui moururent de faim. (11) Des éclaireurs athéniens arrivèrent aux nouvelles à Delphes. Ils repartirent pour annoncer ce qui était arrivé aux barbares et le désastre que le dieu leur avait infligé : les Athéniens entrèrent en campagne et, pendant qu'ils traversaient la Béotie, les Béotiens se joignirent à eux. Les deux armées, pour-

suivant les barbares, se mettaient en embuscade et tuaient les
traînards. (12) Les troupes en retraite avec Brennos n'avaient
été rejointes que la nuit précédente par celles d'Akichorios,
car leur marche avait été ralentie par les Etoliens qui les
criblaient sans merci de javelots et de tout ce qui leur
tombait sous la main. Si bien qu'une faible partie seulement
d'entre elles put se réfugier au camp d'Héraclée. Pour
Brennos, ses blessures lui laissaient encore un espoir de
survie. Mais la crainte de ses concitoyens, dit-on, et plus
encore le remords d'avoir attiré ces calamités sur la Grèce
l'amenèrent à se suicider en buvant du vin pur. (13) Ensuite,
les barbares eurent bien de la peine à atteindre le Spercheios,
car les Etoliens les harcelaient violemment. Puis, après leur
arrivée sur le Spercheios, les Thessaliens et les Maliens établis dans le pays exercèrent sur eux de telles vengeances
qu'aucun ne put regagner sa patrie sain et sauf. (14) L'expédition des Celtes contre la Grèce et sa destruction eurent
lieu sous l'archontat d'Anaxicratès à Athènes....... L'année
suivante, sous l'archontat de Démoclès à Athènes, les Celtes
passèrent cette fois en Asie.

L'intérêt du texte ne réside évidemment pas dans les
événements qu'il relate, vu leur caractère fantastique et leur
intention apologétique. Il doit être recherché dans le
phénomène capital, en lui-même et par ses conséquences,
dont il rapporte un des épisodes : l'invasion galate. Le
plan du commentaire ne peut donc être fondé sur la
composition du texte qui n'est qu'un récit.

Comme début, exposé de la genèse de l'invasion :
vaste mouvement des Celtes d'Europe centrale vers la
Méditerranée depuis la fin du Ve siècle (plusieurs conflits
avec Rome au IVe siècle). Atteint les frontières de la
Macédoine à la fin du IVe siècle. Une des principales
tâches de Lysimachos avait été de les défendre en s'appuyant sur les peuplades balkaniques. Après sa mort,
son éphémère successeur, Ptolémée Kéraunos, n'avait pas
su continuer sa politique. Il est battu et tué par les barbares qui submergent le pays.

De là, leurs bandes se répandent dans toutes les directions. Deux d'entre elles, dont la principale commandée
par Brennos (sans doute pas un nom propre), marchent
sur Delphes. Pourquoi Delphes ? Organisation de la
défense par une coalition de peuples de la Grèce centrale,
en particulier les Etoliens, appuyée ensuite par d'autres
états. Tactique d'embuscades, évoquée par le texte, la

mieux adaptée contre des adversaires ayant la supériorité numérique. Echec des Galates devant Delphes dû néanmoins à un séisme doublé d'une tempête exceptionnelle. Pas invraisemblable que ces phénomènes, nouveaux pour les barbares, aient provoqué dans leurs rangs la panique dont parle Pausanuas.

L'ampleur de la défaite galate ne fut pas aussi considérable que l'auteur le donne à croire. Chiffres des pertes, modérés donc vraisemblables (23, 10), ne s'appliquent pas seulement aux effectifs combattants : les Galates se déplaçaient avec femmes et enfants. Par rapport à la masse totale de la migration, assez peu de chose sans doute. Pourquoi avoir tant exalté cette victoire des Grecs ? 1) Très grande frayeur causée par cette invasion, comme en témoigne l'éclat de la fête des Sôtèria de Delphes et le nombre des cités et états qui y participèrent. 2) Intérêt des Etoliens qui avaient été les principaux agents de la défense. Ont profité de la victoire pour mettre la main sur le sanctuaire et imposer leur hégémonie à toute la Grèce centrale.

XVIII. Les Galates en Asie (277)

(Memnon d'Héraclée : F. Jacoby, *Fr. gr. Hist.*, n° 434, F. 11[1]

(1) Lorsque les Galates furent parvenus devant Byzance et qu'ils ravagèrent la majeure partie de son territoire, les Byzantins, affaiblis par cette guerre, députèrent à leurs alliés pour leur demander de l'aide. Ils leur en fournirent tous selon les moyens dont ils disposaient. Ceux d'Héraclée leur donnèrent en outre (c'était la somme demandée par l'ambassade) quatre mille pièces d'or. (2) Peu après, Nicomède prend langue avec les Galates qui avaient envahi le territoire byzantin. Ils avaient tenté à plusieurs reprises de passer en Asie, mais chaque fois ils avaient échoué, car les Byzantins s'y opposaient. Il conclut un accord avec eux pour leur permettre le passage. Les clauses en étaient les suivantes : Nicomède et ses descendants bénéficieront à perpétuité de l'amitié des barbares. Sans la permission de Nicomède, ils ne concluront alliance avec aucun des états qui leur enverront des ambassades. Ils seront les amis de ses amis et les ennemis de ceux qui ne l'aiment pas. Ils seront, en outre, les alliés de Byzance, de Tios, d'Héraclée, de Chalcédoine, de Kiéros et de quelques autres chefs de peuple. (3) Conformément à cet accord, Nicomède fait passer la masse des Galates en Asie. Les hommes les plus en vue à leur tête étaient au nombre de dix-sept. Parmi eux, les plus distingués, les chefs de file, étaient Léonnorios et Loutourios. (4) Ce passage des Galates en Asie, dont on imaginait d'abord qu'il aboutirait au malheur des habitants, en fin de compte s'avéra répondre à leur intérêt. Car, tandis que les rois s'ingéniaient à détruire la démocratie dans les cités, ils la renforcèrent en s'opposant à ceux qui l'attaquaient. (5) Nicomède, en armant les barbares contre les Bithyniens, avec l'alliance d'Héraclée, se rendit maître du pays et massacra les habitants, les Galates s'étant partagé le reste du butin. (6) Ces derniers, après s'être répandus sur une vaste zone, finirent par se retirer et, du pays conquis, ils se réservèrent la province qu'on appelle aujourd'hui la Galatie. Ils la divisèrent en trois parties dont ils dénommèrent les habitants

Trogmes, Tolistobogioi et Tectosages. (7) Ils fondèrent les villes suivantes : les Trogmes Ancyre, les Tolistobogioi Tabia, les Tectosages Pisinous.

Sur les migrations des Celtes en Europe et l'invasion de la Grèce, n° XVII. D'autres bandes avaient pénétré en Thrace jusqu'à l'Hellespont et y fondèrent le royaume de Tylis qui devait durer un siècle. Mais ils n'auraient pas été capables de franchir la Propontide si le moyen ne leur en avait été donné par un des protagonistes des luttes qui se déroulaient à ce moment pour la maîtrise de l'Asie. Deux parties : — les circonstances du passage des Celtes (§§ 1-3) ; — les conséquences immédiates et lointaines de l'événement.

I. En dehors des Galates, il est question de deux facteurs politiques : Byzance et ses alliés ; Nicomède, roi de Bithynie. Leur attitude vis-à-vis des Galates paraît opposée et pourtant sont en bons termes (cf. clauses du traité entre Nicomède et les Galates). Cette situation et de même l'existence de l'alliance byzantine ne peuvent s'expliquer qu'en fonction d'un autre partenaire qui n'apparaît pas dans le texte, la monarchie séleucide. Remonter à la mort de Lysimachos. La plupart de ses sujets font bon accueil à Séleucos I, à l'exception de cités de la Propontide et du Pont qui récusent son autorité et, pour défendre leur indépendance, constituent la « Ligue du Nord » (n° XVI). C'est elle qui joue au profit de Byzance contre les Galates (les 4 000 pièces d'or étaient probablement destinées à acheter leur départ ou, au moins, à tempérer leurs déprédations). La Bithynie n'avait jamais été soumise à Alexandre ni à aucun des Diadoques. Au contraire, Zipoitès s'y était proclamé roi en 298/7. Mais son indépendance et son titre n'avaient pas été reconnus par Lysimachos. A sa mort, querelles entre ses fils : Nicomède, héritier légitime, et Zipoitès. A ce conflit s'ajoutait la menace que commençait à faire peser Antiochos I. Lors de l'assassinat de Séleucos, son fils gouvernait les satrapies orientales. Avant qu'il ait eu le temps d'en revenir pour faire valoir les droits acquis par son père en Occident, avalanche de difficultés et de compétiteurs. En étant venu à bout en 278, pouvait s'en prendre à la Bithynie. Pour parer à la menace, Nicomède s'allie à la Ligue du Nord, pour éliminer son frère, prend les

Galates à son service. D'où les clauses du traité. Insister sur la fonction de mercenaires qui va devenir le métier principal des barbares en Asie.

II. Trois conséquences présentées en désordre du point de vue chronologique : — consolidation du pouvoir de Nicomède (§ 5) ; — rôle politique des barbares en Asie (§ 4) ; — création de la province de Galatie (§§ 6-7). Tissu d'erreurs et d'absurdités. Vrai que les Galates permirent à Nicomède d'éliminer son frère. Mais évident qu'il ne permit pas le massacre de toute la population de la Bithynie. Une fois son autorité assurée, eut toutes les peines du monde à se débarrasser de ses auxiliaires encombrants en les orientant vers d'autres proies et d'autres ennemis : cités grecques d'Asie et Antiochos, pour consolider son indépendance vis-à-vis de ce dernier. Les Galates, ignorant tout de la démocratie à la grecque, n'avaient nul souci de la défendre contre des monarques qui, d'ailleurs, ne cherchaient pas toujours à la ruiner (attitude des Séleucides à cet égard). En réalité, n'ont rien fait d'autre que de dévaster le plat pays et ruiner les cités qui cherchaient à acheter leur départ. Nombreux témoignages épigraphiques. La constitution de la Galatie ne s'est pas faite de la manière pacifique que suggère le texte. N'a longtemps été considérée par les Galates que comme une base de départ pour leurs expéditions de pillage. Luttes prolongées pour les y maintenir. Noms des cantons antérieurs à la conquête : ce sont ceux des tribus que l'on retrouve partout où les Celtes se sont établis (les Tectosages de Toulouse).

XIX. Victoire d'Antiochos I sur les Galates (275/4)

(Lucien, *Zeuxis*, 8-11)

(8) (Antiochos) savait que (les Galates) étaient braves. Leurs effectifs étaient énormes, il le voyait. Leur phalange était solidement articulée : de front, en bouclier, leurs cuirassiers ; en profondeur, vingt-quatre rangs d'hoplites ; en flanc-garde, à chaque aile, une cavalerie de vingt mille hommes ; au centre, les chars prêts à charger : quatre-vingts à faux et, en outre, des attelages à deux chevaux deux fois plus nombreux. Devant ce spectacle, ses espoirs étaient bien minces : il n'avait aucune chance de les vaincre. Il avait constitué son armée à la hâte, sans grands moyens et sans rapport avec l'importance de la guerre. Il n'avait avec lui qu'une troupe tout à fait réduite, composée en grande partie de peltastes et de voltigeurs. L'infanterie légère formait plus de la moitié de son armée. Il décida donc de conclure tout de suite une trêve et de trouver quelque moyen honorable de mettre fin à la guerre.

(9) Mais Théodotas de Rhodes, âme bien née et tacticien consommé, était là, et sa présence suffit à lui rendre courage. Il y avait seize éléphants dans l'armée d'Antiochos. Théodotas lui conseilla de les tenir, autant que possible, dissimulés, d'éviter de les montrer à tous les yeux bien en relief au-dessus du reste de l'armée. Au moment où la trompette sonnerait, où l'on s'aborderait et où l'on en viendrait aux mains, où la cavalerie ennemie chargerait, où les Galates ouvriraient les rangs de la phalange et prendraient leurs distances pour lancer les chars, à ce moment deux sections de quatre éléphants contre-attaqueraient à chaque aile la cavalerie et les huit autres chargeraient contre les chars et les attelages. Cette manœuvre, disait-il, sèmera la panique parmi les chevaux. Ils tomberont sur les Galates dans leur fuite. C'est ce qui arriva.

(10) Jamais auparavant on n'avait vu d'éléphant, ni les Galates eux-mêmes, ni leurs chevaux. Leur aspect inattendu les jeta dans un affolement incroyable. Les animaux étaient encore loin du contact. A peine, pourtant, les eurent-ils

entendu barrir, vu leurs défenses brillant avec d'autant
plus d'éclat qu'elles se détachaient sur leur corps tout noir,
et leurs trompes dressées comme pour les saisir, qu'avant
même d'être à portée de flèche, ils tournèrent casaque et
s'enfuirent dans le plus grand désordre. Les fantassins s'em-
palaient mutuellement sur leurs lances, piétinés par les
cavaliers qui se jetaient sur eux. Les chars faisaient eux
aussi volte-face, se ruaient sur leurs camarades et le sang
coulait dans leur débandade. Comme le dit Homère, « et
les chars culbutaient ». Une fois que les chevaux avaient
perdu leur direction par peur des éléphants, ils faisaient
basculer les équipages, « allaient heurtant leurs chars
vides », déchiquetaient et massacraient avec leurs faux
tous ceux des leurs qui se trouvaient sur leur passage.
Nombreuses furent les victimes de cette confusion. Les
éléphants suivaient : ils les piétinaient, les jetaient en l'air
avec leur trompe, les transperçaient de leurs défenses. Enfin, c'est eux qui, de vive force, donnèrent à Antiochos
la victoire.

(11) Les Galates perdirent beaucoup de monde dans ce
grand carnage. Ceux qui restaient en vie furent pris, à
l'exception d'un tout petit nombre qui devança la capture
en s'enfuyant dans les montagnes. Les Macédoniens de
l'armée d'Antiochos entonnèrent le péan, se rassemblèrent
de tout côté autour de lui et le couronnèrent en le proclamant Roi à la Glorieuse Victoire. Et lui, en pleurant,
paraît-il, leur dit : « Soldats, il nous faudrait avoir honte
de devoir notre salut à ces seize animaux. Si leur vue,
nouvelle pour lui, n'avait terrorisé l'ennemi, qu'aurions-nous
été en face de lui » ? Sur le trophée, il ordonna de ne rien
mettre d'autre qu'un éléphant sculpté.

Lucien offre le seul récit détaillé de la victoire remportée par Antiochos I sur les Galates qui lui permit, au
moins pour un temps, de mettre un terme à leurs ravages
en Asie Mineure. Dans la mesure où l'on peut lui accorder créance, ce texte présente une image assez précise
de la tactique des armées hellénistiques. Mais il ne donne
ni la date, ni le lieu de la bataille. Le commentaire doit
donc s'attacher d'abord à préciser ces deux points et, plus
largement, les circonstances de l'événement. Il faudra
ensuite étudier ses aspects militaires.

I. On rappellera, sans entrer dans le détail, les origines
de l'invasion galate en Asie (n° XVIII) et les ravages qui
en ont été la conséquence. On soulignera la carence d'Antiochos, en raison des difficultés innombrables auxquelles

il a eu à faire face au début de son règne. D'où la faiblesse d'une défense incohérente, chaque autorité locale
s'efforçant d'écarter la menace pour son compte. D'où
aussi, sans doute, la médiocrité des moyens que le Séleucide put réunir quand il dut combattre les barbares. On
n'a conservé aucune histoire de l'invasion. On ne sait donc
pas pour quelle raison Antiochos a été contraint de l'affronter directement, ni où la bataille a eu lieu. On peut
toutefois présenter une hypothèse à partir d'un passage
de *II Maccabées* où la fonction tactique des éléphants
dans Lucien est dévolue à un contingent juif. Le lieu de
la rencontre est situé en Babylonie, corruption évidente
que l'on propose de corriger en Bagadaonie, canton limitrophe de la Lycaonie et de la Cappadoce, dans la partie
méridionale de l'Asie Mineure. Cette suggestion montre-
rait que les Galates, après avoir épuisé les provinces où
ils avaient jusque-là exercé leurs ravages, marchaient sur
la Syrie, cœur de l'empire séleucide, obligeant le roi à
leur barrer la route. La gravité du danger et l'ampleur
de sa victoire justifient l'épiclèse de *Kallinikos* (à la Glorieuse Victoire) que ses soldats lui donnèrent, ou celle
de *Sôter* sous laquelle il est habituellement connu. D'après
les documents épigraphiques du sanctuaire de Didymes,
près de Milet, il semble qu'on puisse en fixer la date à
275/4.

II. Lucien commence par la description de l'ordre de
bataille des Galates. Il ne peut correspondre à la réalité.
Un détail le prouve entre autres : les fantassins barbares
ne portaient pas de cuirasse et ne combattaient pas avec
la lance comme des hoplites, mais avec une longue épée.
Tous les témoignages des historiens anciens concordent
et on a, en outre, les représentations sculptées du « Gaulois mourant », fréquentes dans l'art hellénistique. Mais
l'exposé n'est pas purement imaginaire. Il repose sur la
tactique habituelle de l'époque qui plaçait au centre la
phalange en formation profonde et, aux ailes, la cavalerie pour repousser les attaques de flanc ou, au contraire,
tourner l'adversaire. L'emploi des chars de guerre n'est
pas fréquent. C'est une arme exotique et c'est sans doute
pourquoi Lucien en a pourvu ses Galates.

Il est beaucoup moins précis sur les forces et la tactique d'Antiochos, à l'exception de l'emploi des éléphants.
Les Grecs n'ont commencé à les utiliser qu'après les cam-

pagnes d'Alexandre dans l'Inde. Les Séleucides étaient bien placés pour s'en procurer et ils disposaient parfois de grosses masses (Séleucos avait 480 éléphants à Ipsos en 301). Si Antiochos n'en avait que seize contre les Galates, c'est qu'il n'avait pas eu le temps d'en faire venir des satrapies orientales. L'usage qu'il en a fait sur le champ de bataille est conforme à la pratique habituelle qui les destinait à contrecarrer l'action de la cavalerie. Contre les Galates, l'effet fut doublé par l'inaccoutumance des chevaux. Il n'est pas douteux que la panique des cavaliers ait mis le désordre dans l'armée barbare. Mais ce n'est pas elle seule qui a provoqué le désastre. La cavalerie en déroute, ses flancs et ses arrières étaient exposés à une attaque d'Antiochos. Le pathétique de la description de Lucien n'est que littérature.

A la suite de cette victoire, le roi put repousser les Galates vers le Nord et les assigner à résidence en Phrygie, à l'Ouest de l'Halys. Mais il n'avait gagné qu'un répit provisoire. Il faudra attendre la domination romaine pour qu'ils se stabilisent définitivement.

XX. La bataille de Bénévent (275)

(Plutarque, *Vie de Pyrrhos*, 24-25)

24 (4) (Pyrrhos) acheva sa route sans encombre et arriva à Tarente à la tête de vingt mille fantassins et trois mille cavaliers. Il enrôla les meilleures des troupes tarentines et les mena aussitôt contre les Romains campés dans le Samnium.

25 (1) La cause des Samnites était perdue, leur moral brisé après les nombreuses défaites que les Romains leur avaient infligées. Il y avait aussi chez eux de la rancune contre Pyrrhos à cause de son expédition de Sicile. Il n'y en eut donc pas beaucoup pour se rallier à lui. De l'ensemble de son armée, il fit deux corps. Le premier, il l'envoya en Lucanie pour accrocher un des consuls et l'empêcher de se porter à l'aide de son collègue. (2) Il emmena l'autre à la rencontre de Manius Curius qui s'était établi près de Bénévent, dans une position sûre, et attendait les renforts de Lucanie. Il se peut aussi que les devins aient allégué le vol des oiseaux et les sacrifices pour le détourner de sortir de sa réserve. Pyrrhos, pressé d'attaquer cet adversaire avant l'arrivée des autres, prit ses meilleures troupes et ses éléphants les plus belliqueux pour attaquer de nuit son camp. (3) Le détour qu'il s'était imposé était long et traversait des forêts touffues. Les lumières n'y tinrent pas. Ce qui devait arriver arriva : les soldats s'égarèrent. Cet accident fit perdre du temps. La nuit s'achevait quand on le vit paraître, au point du jour, marchant à l'ennemi en descendant des hauteurs, ce qui provoqua beaucoup de désordre et d'agitation chez les Romains. Cependant, comme les sacrifices de Manius étaient favorables, et que la situation le forçait à réagir, il fit une sortie, tomba sur les premières lignes, les enfonça et mit toute l'armée en fuite. Il y eut de nombreux morts et quelques éléphants furent capturés : on les avait abandonnés. (4) Cette victoire entraîna Manius à descendre combattre en plaine. S'engageant en terrain découvert, il enfonça une partie de la ligne ennemie. Mais, en un secteur, force resta aux éléphants qui le refoulèrent sur son camp. Il appela à la rescousse les gardes qui se tenaient en rangs serrés sur le parapet, les armes à la main, leurs forces intactes. (5) Surgissant de positions fortifiées et tirant sur les éléphants, ils leur firent tourner bride. Leur fuite à travers les troupes qui les soutenaient y jeta le désordre et la confusion. C'est ainsi que la victoire échut aux Romains qui, de ce fait, l'emportèrent dans la lutte pour la suprématie. Orgueil, puissance, gloire d'être invincibles, c'est ce que leur rapporta leur valeur dans ces combats. L'Italie tomba aussitôt entre leurs mains et, peu après, la Sicile.

La plus grande partie du texte est consacrée au récit de la campagne qui a abouti à la défaite de Pyrrhos (25, 1-5). Mais il comporte aussi un exposé succinct de la situation politique et militaire lors du retour du roi après son expédition de Sicile (24, 4-25, 1) et une brève allusion aux conséquences de la victoire romaine (25, 5). Le plan du commentaire se modèlera sur celui du texte dont les parties, quoique d'inégale ampleur, ont chacune un sujet distinct.

I. La situation en Italie du Sud après l'expédition de Pyrrhos en Sicile (fin 276) est très insuffisamment décrite. Plutarque se borne à quelques détails sur les forces du roi et les causes de la défection des Samnites. Il ne dit rien des Romains ni des motifs qui ont poussé Pyrrhos contre eux, rien non plus des autres partenaires du conflit : les Grecs d'Italie et les Carthaginois. Ces derniers, il est vrai, n'ont joué aucun rôle en la circonstance. Il faut préciser la position de chacun pour expliquer les événements.

La cause primordiale est l'impérialisme romain en Italie du Sud. Menacées dans leur indépendance, les cités grecques, avec Tarente à leur tête, firent appel à Pyrrhos. Mais, alors qu'elles ne cherchaient qu'un chef de guerre, il semble bien qu'il ait rêvé d'un empire en Italie, voire en Afrique. Ce malentendu initial explique la mésentente entre les alliés : Pyrrhos cherche à négocier avec Rome, sans y parvenir d'ailleurs, passe en Sicile pour défendre les Grecs insulaires contre une offensive carthaginoise et, s'étant brouillé avec eux aussi, revient à Tarente dont une garnison lui avait seule garanti la fidélité.

Les Romains, de leur côté, maîtres du Samnium depuis le début du III° siècle, ne pouvaient se désintéresser des régions méridionales, bases éventuelles d'attaques contre leurs récentes conquêtes, ce qui se produisit d'ailleurs après leurs premières défaites en face de Pyrrhos où un certain nombre de Samnites passèrent à l'ennemi. C'est pourquoi ils repoussèrent tout arrangement avec le roi. La logique aurait voulu qu'ils entreprissent une vigoureuse offensive après son départ pour la Sicile. Il n'en fut rien apparemment, sans qu'on devine pourquoi.

A son retour, Pyrrhos a perdu tout espoir de se constituer un empire dans l'île. S'il ne veut pas gaspiller en vain cinq ans d'efforts, il lui faut se maintenir au moins en Italie du Sud. Seuls les Romains peuvent l'en empêcher. C'est donc eux qu'il doit combattre. Ce faisant, il pouvait aussi se réconcilier avec les alliés avec qui il était brouillé, Grecs et Samnites. Mais il ne devait pas rencontrer grand écho dans cette voie.

II. L'étude de la campagne de 275 devrait comporter une analyse géographique et stratégique, un développement sur l'armement et la tactique du côté grec (nᵒˢ XIX et LXXV) et du côté romain, et une comparaison entre eux.

III. Décrire les conséquences de la victoire romaine, sur lesquelles Plutarque, d'ailleurs, n'insiste pas, ferait sortir du sujet. La dernière partie du commentaire devrait donc être consacrée à l'analyse de ses causes, qu'on pourrait classer sous trois rubriques : 1) les erreurs de Pyrrhos ; 2) l'instabilité et la faiblesse de ses alliés (indigènes, mais surtout Grecs) ; 3) la supériorité des Romains dans tous les domaines : démographique, militaire, politique (solidité de l'organisation qu'elle avait donnée à l'Italie), diplomatique (alliance avec Carthage). Bien que Pyrrhos ne l'eût pas cru, sa défaite à Bénévent était définitive. Après son retour en Epire, les destinées du monde hellénistique et de l'hellénisme occidental se retrouvent de nouveau étrangères pour un demi-siècle.

XXI. Fin de la carrière de Pyrrhos (274-272)

(Justin, XXV, 3-5)

3 (5) De retour en Epire, il envahit aussitôt la Macédoine. Antigonos vint à sa rencontre avec une armée. Il est vaincu en bataille rangée et mis en fuite. (6) Alors Pyrrhos reçoit la soumission de la Macédoine...... (7) Cependant, Antigonos, avec quelques cavaliers qui l'accompagnaient dans sa fuite, soudain privé des ornements de la fortune, pour observer ce qu'il adviendrait de son royaume perdu, se retira à Thessalonique afin de reprendre la guerre avec une troupe de mercenaires galates. (8) Il fut de nouveau battu à plates coutures par Ptolomée, fils de Pyrrhos. Contraint à la fuite avec sept compagnons, il renonce à l'espoir de recouvrer son royaume et cherche une cachette pour sauver sa vie et le désert pour s'y réfugier.

4 (1) Parvenu à un si haut sommet de puissance, Pyrrhos ne se contente pas de ce qu'il aurait à peine dû souhaiter. Il médite la conquête de la Grèce et de l'Asie..... (4) Ayant donc fait passer ses troupes dans le Péloponnèse, il y reçoit des ambassades d'Athènes, d'Achaïe et de Messène. (5) Eblouie par l'éclat de son nom et aussi de ses exploits contre les Romains et les Carthaginois, toute la Grèce attendait son arrivée. (6) Sa première guerre fut contre les Spartiates. Les femmes y déployèrent contre lui plus de courage que les hommes. Il y perdit son fils Ptolomée et la partie la plus solide de son armée. (7) Comme il donnait l'assaut à la ville, une telle foule de femmes accourut pour la défense de la patrie qu'il se retira, vaincu moins par le courage que par la honte.

5 (1) Repoussé par les Spartiates, Pyrrhos gagne Argos. Pendant qu'il essaye d'y forcer Antigonos qui s'était enfermé dans la ville, et qu'il combat avec acharnement dans une mêlée compacte, il tombe frappé d'une pierre lancée du haut des murs. (2) Sa tête est apportée à Antigonos qui, usant avec douceur de la victoire, renvoya son fils Hélénos, qui s'était rendu à lui avec les Epirotes, dans son royaume et lui rendit les ossements non ensevelis de son père pour les rapporter dans sa patrie.

Résumé sec mais à peu près exact de la fin du règne de Pyrrhos : — conquête de la Macédoine aux dépens d'Antigonos Gonatas (chapitre 3) ; — campagne contre Sparte (chapitre 4) ; — échec et mort devant Argos (chapitre 5). Il ne s'agit que de compléter (dans la mesure du possible : période très mal documentée) les éléments fournis par Justin et surtout d'analyser les causes des événements et les mobiles de leurs acteurs, complètement passés sous silence.

I. Pyrrhos après ses échecs d'Italie (fin 275) : ressources financières épuisées, forces militaires réduites. Paraissait paralysé pour un certain temps. Cependant, à peine rentré en Epire, se lance à la conquête de la Macédoine. Peu probable que ce soit à l'instigation de la diplomatie lagide : empêcher Gonatas de mettre la main sur les Cyclades, pendant que l'Egypte était accaparée par la première guerre de Syrie. Sans doute expédition de pillage pour regarnir son trésor et garder ses troupes en main.

Réussit en quelques semaines : Gonatas, abandonné par une partie de son armée et du peuple, s'enfuit. Tentative pour reconquérir son royaume en 273, nouvel échec. Pourquoi cette défaite rapide et complète ? Gonatas, roi en Macédoine depuis 277 seulement, n'avait pas eu le temps d'y asseoir son autorité. Royaume privé d'une partie de ses provinces et donc de ses ressources depuis l'invasion galate et les troubles subséquents. Epuisement du pays et de ses habitants, en guerre depuis le début du règne de Philippe II. N'aspirant plus qu'à la paix, se rallient au premier envahisseur qui se présente. Mais Gonatas trop tenace pour « se réfugier au désert ». Dès 272, de nouveau maître de la Macédoine sans qu'on puisse dire comment. Sans aucun doute aidé par les projets constamment renouvelés de Pyrrhos.

II. Même privé de ses états continentaux, Gonatas restait une puissance et un danger pour Pyrrhos grâce à la possession des « entraves de la Grèce », qui lui permettaient de lancer à partir de la mer des offensives dans des directions variées, au gré des occasions favorables. Avait ainsi subsisté entre la mort de son père, Dèmètrios Poliorcète, et la reconquête de la Macédoine. Pour l'éliminer tout à fait, Pyrrhos devait lui enlever ces bases. Espoir d'y parvenir pour la principale d'abord, Corinthe, en se mêlant à des querelles dynastiques lacédémoniennes.

Maître de Sparte, pouvait unifier le Péloponnèse et prendre Corinthe à revers. Ne s'agit donc pas des projets chimériques que lui prête Justin, mais d'une nouvelle phase de sa lutte contre Gonatas pour la possession de la Macédoine. Mais, pendant qu'il prépare son entreprise péloponnésienne, cette dernière lui échappe (voir plus haut), et il échoue à imposer son homme de paille à Sparte. Doit faire le siège de la ville, soutenue par Gonatas et d'autres états péloponnésiens. Rôle des femmes dans la défense en grande partie légendaire. Nouvel échec.

III. Incapable de continuer le siège pendant l'hiver 272/1, se replie sur Argos où l'appelait le parti anti-macédonien. Gonatas pare le coup en réinstallant ses partisans au gouvernement. Portes closes quand Pyrrhos se présente. Sa possession lui étant nécessaire, donne l'assaut de nuit, pénètre dans la ville, mais n'est pas suivi par ses troupes. Tué au cours d'une mêlée confuse.

Attitude très modérée de Gonatas après sa victoire : non seulement relâche le fils de Pyrrhos et ses hommes, mais se dispense de reprendre les provinces enlevées par Pyrrhos lors de sa première conquête de la Macédoine. S'explique sans doute par son caractère et ses convictions philosophiques, mais aussi par sa situation politique encore très précaire. Devait avant tout rétablir son autorité en Macédoine avant de songer à étendre sa domination.

XXII. Le décret de Chrèmonidès (267 ?)

(H. H. Schmitt, *Die Staatsverträge des Altertums,* III
Die Verträge der griechisch-römischen Welt
(Munich, 1969), p. 129, n° 476.)

Dieux ! Sous l'archontat de Peithidèmos, sous la tribu
Erechthéis qui exerçait la deuxième prytanie, le 9 Métageit-
5 nion, le 9 de la prytanie, / assemblée principale. Parmi les
proèdres a mis aux voix Sostratos, fils de Callistratos, du
dème d'Erchia, avec ses collègues. Il a plu au peuple. Chrèmonidès, fils d'Etéoclès, du dème des Aithalidai, a fait la
proposition : attendu que les Athéniens, les Lacédémoniens,
10 et les alliés des deux partis, ayant conclu réciproquement
amitié et alliance communes, / ont livré ensemble de nombreux combats honorables contre ceux qui tentaient d'asservir les cités, grâce à quoi ils ont acquis pour eux-mêmes
de la gloire et assuré aux autres Grecs la liberté ; et que,
actuellement, des circonstances identiques s'étant imposées
15 à la Grèce tout entière du fait de ceux qui tentent / de
détruire les lois et les constitutions ancestrales de chacun,
le roi Ptolémée, conformément à la politique de ses ancêtres et à celle de sa sœur, montre son zèle évident pour
la liberté commune des Grecs, et que le peuple athénien
20 ayant fait alliance avec lui / et le reste des Grecs a
voté un décret pour appeler à la même politique ; et que, de
même aussi, les Lacédémoniens, qui sont les amis et les
alliés du roi Ptolémée, ont voté une alliance avec le peuple
athénien, en même temps que les Eléens, les Achéens, les
25 Tégéates, les Mantinéens, les Orchoméniens, / les Phigaléens, les Caphyéens, les Crétois qui sont dans l'alliance
des Lacédémoniens et d'Areus et les autres alliés, et qu'ils
ont envoyé au peuple des ambassadeurs choisis parmi les
synèdres et que ceux qui viennent de se présenter de leur
part exposent l'empressement que les Lacédémoniens, Areus
30 et les autres alliés éprouvent envers le peuple, / et qu'ils
ont apporté avec eux la ratification de l'alliance, afin donc
que, une entente commune étant intervenue entre les Grecs
contre ceux qui maintenant violent le droit et les traités
à l'encontre des cités, ils demeurent disposés à combattre

avec le roi Ptolémée et les uns avec les autres et, pour
l'avenir, grâce à leur entente, / ils assurent le salut des
cités, à la Bonne Fortune, plaise au peuple : que l'amitié
et l'alliance entre les Athéniens, les Lacédémoniens et les
rois de Lacédémone, les Eléens, les Achéens, les Tégéates,
les Mantinéens, les Orchoméniens, les Phigaléens, les
Caphyéens, les Crétois / qui sont dans l'alliance des Lacédémoniens et [d'Areus] et les autres alliés soient valables à
perpétuité, [celles que] les ambassadeurs ont apportées avec
eux ; que le secrétaire de la prytanie [les] fasse transcrire
sur une stèle de bronze [et ériger] sur l'Acropole près du
temple d'Athèna [Polias] ; que les magistrats [prêtent]
/ aux ambassadeurs qui viennent de se présenter [de leur
part le serment] relatif à l'alliance dans les [formes tra-
ditionnelles] ; [que l'on envoie les ambassadeurs élus à
mains levées] par le peuple [pour recevoir les serments du
reste des Grecs ; que le peuple élise sans délai parmi tous
les Athéniens / deux] synèdres qui, avec Areus [et les
synèdres] envoyés [par les alliés], délibèreront [sur les intérêts communs] ; et que [les préposés à l'administration] versent à ceux qui seront désignés, comme frais de déplacement pour le temps de leur absence, la somme que le
peuple décidera de leur allouer [par vote à mains levées] ;
et de décerner l'éloge [aux éphores] des Lacédémoniens,
/ à Areus et aux alliés [et de les] couronner d'une couronne
d'or conformément à la loi ; [de décerner aussi l'éloge
aux ambassadeurs] qui sont venus de leur part, Théom--,
Lacédémonien, Argeios, fils de Cleinias, Eléen, [et de couronner chacun] d'eux d'une couronne d'or conformément à
[la loi en raison de leur empressement] / et du dévouement qu'ils ont envers [les autres alliés et] le peuple athénien ; et que [chacun d'eux ait le droit] d'obtenir aussi
[tout autre bienfait du conseil et du peuple s'ils en sont
jugés] dignes ; et de les inviter [à un repas d'hospitalité au
Prytanée] pour demain ; [que le secrétaire] de la prytanie
fasse aussi transcrire / [le présent décret sur une stèle de
marbre avec le traité et] la fasse ériger sur l'Acropole ;
que, [pour la transcription et la consécration] de la stèle
les préposés à [l'administration fassent la dépense qui en
résultera]. Ont été élus synèdres : Calippos, du dème d'Eleusis, - - - - -.

Convention et alliance [des Lacédémoniens et des alliés]
/ des Lacédémoniens avec [les Athéniens et les alliés des
Athéniens] à perpétuité. [Les deux partis conserveront ce
qui leur appartient] en demeurant libres et autonomes, [régis
pour leur constitution par] les coutumes ancestrales. Si quelqu'un [entre en guerre contre le territoire des Athéniens
/ ou détruit] les lois [ou entre en guerre contre les] alliés

des Athéniens, [les Lacédémoniens et les alliés des Lacédémoniens viendront à leur secours avec toutes leurs forces dans la mesure du possible. Si quelqu'un] entre [en guerre
80 contre le territoire des Lacédémoniens / ou] détruit les lois [ou entre en guerre contre les alliés des] Lacédémoniens, [les Athéniens et les alliés des Athéniens viendront à leur secours avec toutes leurs forces dans la mesure du possible - - -]. Le serment suivant sera prêté pour les Athéniens
85 aux Lacédémoniens / [et aux représentants de chaque] cité par les stratèges, le [Conseil des Six Cents, les] magistrats, les phylarques, les taxiarques [et les hipparques] : « Je iure par Zeus, la Terre, le Soleil, Arès, Athèna Areia, [Poseidon, Dèmèter], de rester fidèle à l'alliance [conclue ; à ceux qui respectent leur serment], qu'il advienne beaucoup
90 de bien, aux parjures, le contraire. » / [Pour les Lacédémoniens], le serment sera prêté aux Athéniens dans les mêmes termes par les [rois, les éphores et] les gérontes. [Le serment sera prêté] dans les mêmes termes [pour les autres] cités par les magistrats. Si [les Lacédémoniens, leurs] alliés et les Athéniens [décident qu'il est préférable d'ajou-
95 ter] ou de retrancher une clause à l'alliance, / [ce qui sera décidé d'un commun accord] sera conforme au serment. Le traité sera transcrit [par les cités sur des stèles] et elles seront érigées dans un sanctuaire où elles voudront.

Stèle découverte sur l'Acropole d'Athènes, brisée en quatre fragments dont la réunion laisse subsister quelques lacunes. Elle contient deux documents différents : le décret de Chrèmonidès proprement dit, qui ratifie l'alliance entre Athéniens et Lacédémoniens (ll.1-69) ; le texte du traité (ll.70 à la fin). Un commentaire complet devrait analyser la composition du décret (typique des décrets attiques) et la rédaction du traité (également caractéristique). On se bornera à évoquer les problèmes historiques soulevés par le texte.

Chronologie : dépend de la date de l'archonte athénien Peithidèmos (l.2) qui se place entre 267/6 et 265/4, la plus grande probabilité étant 267/6. La seconde prytanie de l'année et le mois de Métageitnion correspondent à la fin de l'été (août-septembre 267).

Circonstances : le décret va ouvrir les hostilités entre les Athéniens et leurs alliés, soutenus par Ptolémée Philadelphe, et Antigonos Gonatas. L'initiative revient, en réalité, au Lagide qui avait multiplié les démarches en Grèce pour nouer une coalition contre la Macédoine. Il avait été appuyé par le roi de Sparte Areus I, bien que le trône de ce dernier eût été sauvé des entreprises de Pyrrhos par Gonatas (272). Une ligue comprenant plusieurs cités péloponnésiennes et crétoises (cf. la liste ll.23-26) avait ainsi été constituée. Souligner les abstentions qui montrent que Gonatas n'avait pas perdu tout appui dans la presqu'île. Quant à Athènes, malgré le texte (ll.75-76), elle est isolée et une partie de son territoire est aux mains de son adversaire.

Causes : Sparte et Athènes n'étant que des comparses, la question fondamentale est la suivante : pourquoi un conflit entre l'Egypte et la Macédoine ? Aucune explication proposée n'est convaincante : il est difficile d'admettre que le désir supposé d'Arsinoè II de remplacer Gonatas par un des fils qu'elle avait eus de Lysimaque ait continué à s'imposer à Philadelphe plusieurs années après la mort de sa sœur (270). L'allusion du texte à Arsinoè (l.17) n'est qu'une formule de courtoisie diplomatique, comme le prouve la mention des prétendus « ancêtres » de la dynastie (*ibid.* Un seul ancêtre réel : Sôter). Une cause économique, la crainte de voir une Macédoine maîtresse de la Grèce fermer le marché du blé aux exportations égyptiennes, n'est pas concevable non plus : la politique de Gonatas ne consistait pas à dominer directement les cités et le commerce du blé était aux mains d'intermédiaires, Rhodiens en particulier, qui ne vendaient pas seulement du blé égyptien (n° XXXII). L'explication la moins invraisemblable consiste à penser que Philadelphe a eu peur d'une renaissance de la flotte antigonide. Et, en effet, Gonatas lui a infligé à Cos une sérieuse défaite navale. Mais la date de cette bataille est très discutée. Elle n'est, de toute manière, pas antérieure à 262/1. La Macédoine possédait-elle dès avant 267 une puissance maritime redoutable ?

Quels que soient ses motifs, pourquoi Philadelphe a-t-il trouvé des alliés en Grèce ? Pour le Péloponnèse, la mainmise macédonienne sur Corinthe et, peut-être, quelques tyrannies imposées par Gonatas après la mort de Pyrrhos. Pour Sparte, la volonté d'Areus de rétablir l'hégémonie lacédémonienne sur la presqu'île conduisait à un conflit avec Gonatas en raison des alliances qu'il y conservait (noter qu'Areus est toujours nommé seul dans le texte, alors qu'il y a constitutionnellement deux rois, indice d'une rupture avec la tradition nationale). Athènes antimacédonienne depuis Philippe II. Mais on n'aperçoit aucun motif spécial d'hostilité au moment de la guerre. Sans doute mouvement d'opinion provoqué par Chrèmonidès lui-même, nourri de souvenirs historiques, d'ailleurs mal digérés (ll.8-13. Quelles sont les guerres menées par Spartiates et Athéniens alliés pour la liberté des Grecs ?), et de fidélité au principe de l'autonomie des cités (ll.13, 18, etc.). Noter la persistance du thème depuis le temps des Diadoques (nᵒˢ VI, VII).

Démarches diplomatiques : Sparte et Athènes concluent chacune une alliance avec Philadelphe (ll.19 et 21). L'alliance spartiate regroupe un certain nombre de cités péloponnésiennes. Dirigée par un conseil auquel les alliés délèguent des représentants nommés *synèdres* (ll.27 et 50-52). Elle propose à Athènes d'entrer dans cette coalition (ll.27 sqq.). Elle aura deux voix au conseil (ll.49-51). Le décret proposé par Chrèmonidès approuve la ratification du traité ainsi conclu. A noter que ni le traité, ni le décret, conçus en termes généraux, ne désignent nommément l'ennemi commun. Mais seul Gonatas pouvait être visé. C'est pourquoi le décret peut être considéré comme une déclaration de guerre.

Bibliogr. : H. H. Schmitt, cité ci-dessus.
H. Heinen, ouvr. cité nᵒ XIV, pp. 95-142.

XXIII. Libération de Sicyone par Aratos (251)

(Plutarque, *Vie d'Aratos*, 2-14)

2 (1) La cité de Sicyone n'eut pas plus tôt abandonné sa constitution purement aristocratique héritée des Doriens que, comme un accord dissonant, elle tomba dans les luttes de partis et les rivalités démagogiques. Elle ne cessa d'être malade et agitée, passant d'un tyran à un autre, qu'après l'assassinat de Cléon. Elle mit alors à sa tête Timocleidas et Cleinias, personnages des plus illustres dont l'influence était prépondérante auprès de leurs concitoyens. (2) Au moment où leur régime avait trouvé quelque assise, semblait-il, Timocleidas mourut et Abantidas, fils de Paséas, qui travaillait à s'emparer de la tyrannie, tua Cleinias. Ses amis et ses parents furent les uns expulsés, les autres assassinés. Il recherchait même, pour le faire disparaître, son fils Aratos, un orphelin de sept ans. (3) Mais, dans le désordre de la maison, l'enfant s'était enfui avec tout le monde......

3 (4) Pus tard, Abantidas fut victime de Deinias et d'Aristotélès le dialecticien. C'était un habitué des leçons qu'ils donnaient sur l'agora. Il n'en manquait pas une et discutait avec eux. Ils l'engagèrent dans un entretien de ce genre après avoir préparé leur coup et l'abattirent. Paséas, père d'Abantidas, lui succéda au pouvoir. Mais Nicoclès l'assassina et se proclama tyran......

4 (1) Nicoclès était tyran depuis quatre mois pendant lesquels, outre tout le mal qu'il faisait à la cité, il était exposé au danger de voir les manœuvres des Etoliens l'en chasser. Aratos était devenu un jeune homme. Il jouissait d'une réputation flatteuse pour sa noblesse et son courage. Il ne manifestait ni petitesse, ni indolence, mais un sérieux qui, malgré son âge, s'alliait à un jugement assez sûr. (2) Aussi les exilés tournaient-ils les yeux vers lui et Nicoclès ne se désintéressait-il pas de son activité. Mais il dissimulait son attention et la surveillance qu'il exerçait sur ses actes. Pourtant, un coup aussi audacieux, une tentative aussi risquée (que ce qu'Aratos allait entreprendre) ne lui paraissaient pas à craindre. Il le soupçonnait plutôt d'intelligence avec les rois et les hôtes qui avaient été les amis de son père. (3) Et, en effet, Aratos avait réellement tenté de suivre cette voie. Mais Antigonos lui faisait des promesses sans suite et laissait traîner les choses. Les espoirs fondés sur l'Egypte et entretenus par Ptolémée étaient bien éloignés. Il décida donc d'agir par lui-même pour renverser le tyran......

9 (4) Il fit rentrer les exilés chassés par Nicoclès — il y en avait quatre-vingts — et les victimes des tyrans précédents qui n'étaient pas moins de cinq cents. Ceux-là, leur bannissement s'était prolongé, atteignant jusqu'à cinquante ans. (5) La plupart des rapatriés étaient pauvres. Ils reprirent possession de leurs biens d'autrefois. Leur retour sur leurs terres et dans leurs maisons plongea Aratos dans un terrible embarras. La cité était, à l'extérieur, l'objet des manœuvres et de la convoitise d'Antigonos, il le voyait bien, à cause de sa liberté, et elle se précipitait d'elle-même dans les troubles et la sédition......

12 (1) Comme les exilés étaient intraitables et suscitaient des difficultés aux détenteurs de leurs propriétés au risque d'une guerre civile, Aratos ne vit d'espoir qu'en la générosité de Ptolémée. Il décida de partir pour aller demander au roi de lui avancer les fonds nécessaires à la réconciliation......

14 (1) C'était un grand succès d'obtenir une telle somme pour ses concitoyens. Il en fallait bien moins à d'autres stratèges ou démagogues, vendus aux rois, pour trahir leur patrie, l'asservir et la leur livrer. Ce fut un plus grand succès encore que de faire servir cette somme à la réconciliation et à l'entente des riches et des pauvres, au salut et à la sécurité du peuple entier. Et il y a lieu d'admirer la modération de notre héros au faîte de sa puissance. (2) Nommé arbitre souverain avec pouvoir discrétionnaire sur les indemnités à accorder aux exilés, il ne voulut pas s'en charger seul. Il s'adjoignit quinze de ses concitoyens. Leur collaboration lui permit, après bien des soucis et des discussions difficiles, d'arriver à rétablir l'amitié et la paix entre les citoyens. (3) En récompense, non seulement la république en corps lui accorda officiellement les honneurs qu'il méritait, mais encore les exilés, en leur nom personnel, lui élevèrent une statue de bronze où ils firent graver en vers la dédicace suivante.......

L'analyse du texte évoque trois questions : — la personnalité d'Aratos ; — la situation intérieure à Sicyone et le remède qu'y a apporté Aratos ; — le contexte inter-

national où se place la libération de cette cité. Il ne
convient pas d'insister sur la première : en 251, Aratos
n'est encore qu'au début de sa carrière. Il ne s'agit pas
d'exposer toutes les étapes de sa longue existence. Les
fragments de Plutarque groupés ici sont surtout relatifs à
l'histoire intérieure de Sicyone. C'est, en effet, un de leurs
aspects les plus intéressants que d'évoquer dans le détail
les troubles d'une cité secondaire de la Grèce propre à
l'époque hellénistique. Sous ce rapport, Sicyone peut être
considérée comme un exemple typique. Or, de ce destin
agité, ni elle, ni ses pareilles ne sont plus entièrement
maîtresses. Elles sont le jouet des grandes puissances, au
gré de leurs intérêts qui doivent être analysés. Cette interpénétration des affaires locales et de la politique internationale apparaît clairement à la lecture de Plutarque.
Le plan du commentaire ne peut donc se modeler sur la
démarche de son récit. Il doit se fonder sur une approche
logique de la situation qui conduit à examiner successivement les trois problèmes suivants : 1) la Grèce propre
au moment de la libération de Sicyone ; 2) la libération
de Sicyone et ses conséquences intérieures ; 3) la portée
internationale de l'événement.

I. Toute l'activité diplomatique est centrée sur la Macédoine. Le but essentiel de Gonatas paraît avoir été de
maintenir son autorité dans son royaume, non en dominant
directement les cités grecques, mais en les empêchant, pour
le moins, de servir les desseins de ses adversaires, au
mieux, en y soutenant des gouvernements amis. Dans
cette intention, il entretient des bases qui lui permettent
d'intervenir partout. Dans le Péloponnèse, il est maître de
Corinthe et s'appuie sur des tyrannies pro-macédoniennes
dans certaines cités importantes.

Il se heurte à une double opposition : locale, celle des
cités qui cherchent à recouvrer leur autonomie, internationale, de la part des Lagides qui craignent la puissance macédonienne pour leur impérialisme en mer Egée.
Entre les deux, la ligue étolienne qui cherche à s'étendre en
Grèce centrale, mais souhaite éviter un conflit avec
Gonatas.

Ce système, qui dure depuis la mort de Pyrrhos (272),
est ruiné par la révolte d'Alexandros, fils de Cratéros,
gouverneur de Corinthe, contre son oncle Gonatas
(253/2 ?). Il substitue, dans les cités péloponnésiennes,

des hommes à lui aux gouvernants favorables à la Macédoine. C'est sans doute le cas du tyran Nicoclès à Sicyone.

II. La cascade des gouvernements qui s'y succèdent reflète la situation dans la Grèce propre : les cités cherchent à se libérer de la tutelle macédonienne à la faveur des difficultés qu'elle rencontre et n'y peuvent parvenir que par des coups d'Etat éphémères. Sur le plan intérieur, c'est la plaie du bannissement des adversaires vaincus qui constitue une constante menace, intérieure et extérieure, pour les régimes en place. Il en résulte des violences incessantes.

Depuis la mort de Cleinias (264), Sicyone avait connu trois tyrans successifs. Le dernier, Nicoclès, se trouve en butte à une double hostilité : à l'extérieur Gonatas, à l'intérieur les démocrates. C'est sans doute le roi qui pousse les Etoliens contre lui, à défaut de pouvoir intervenir directement, mais sans succès. Au contraire, les démocrates réussissent.

Leur chef est Aratos. Ses origines. Au moment de son intervention, il est probablement favorable à la Macédoine en raison de la situation générale, des conditions intérieures à Sicyone et de sa propre éducation. Le coup d'Etat est longuement décrit par Plutarque, dont le récit n'a pas été traduit ici. Il ne faut le reprendre dans le commentaire qu'afin d'évoquer l'atmosphère de suspicion et de violence qui entoure la vie politique.

Une fois installé au pouvoir, le principal problème qui se pose à lui est celui du retour des exilés. Il naît du fait que l'exil s'accompagne de la confiscation. Si les victimes rentrent, elles veulent recouvrer leurs biens, d'où conflit avec les nouveaux propriétaires, menace de guerre civile. Le seul remède est d'indemniser les uns ou les autres. Mais les cités n'en ont le plus souvent pas les moyens. Il leur faut obtenir des concours extérieurs, ce que fait Aratos en s'adressant à l'Egypte. On retombe sur les problèmes internationaux.

III. Outre ses difficultés sociales, il y avait un autre danger pour le nouveau régime sicyonien : l'hostilité d'Alexandros. Pour y parer, Aratos fait adhérer sa patrie à la ligue achéenne. Décision d'importance qui marque le rer la sécurité de Sicyone. Il fallait choisir entre deux début de la fortune politique de cet organisme. Mais, dans l'immédiat, sa puissance était insuffisante pour assu-

solutions : obtenir l'appui de Gonatas ou se réconcilier avec Alexandros.

Aratos paraît avoir exploré la première voie. Il est même probable qu'il a reçu des subsides pour résoudre le problème des exilés. Mais Gonatas n'avait que des ressources financières limitées. Et, si l'on faisait alliance avec lui, on se retrouvait en état de subordination à la Macédoine et on courait le risque d'une guerre avec Alexandros pour des intérêts qui n'étaient pas vitaux pour Sicyone. Aratos a donc préféré la réconciliation avec le maître de Corinthe. Pour les fonds, il s'adresse à l'Egypte qui n'hésite pas à lui en donner puisque son orientation devenait antimacédonienne.

La libération de Sicyone, événement secondaire à l'origine, se transforme en facteur diplomatique de première importance. Elle assure l'essor d'une nouvelle puissance internationale, la ligue achéenne. Elle consacre le déclin de l'influence macédonienne au Sud de la Thessalie. Elle prépare les conflits futurs, en particulier entre Achaïe et Etolie. Accessoirement, c'est le point de départ de la carrière d'un des derniers hommes d'Etat de la Grèce indépendante, Aratos.

XXIV. Ptolémée III Evergète
envahit le royaume séleucide
et s'empare d'Antioche (246)

(F. Jacoby, *Frag. Gr. Hist.*, n° 160)

Col. II   Pendant ce temps, [Pythagoras et Aristoclès avec] quinze
navires, car la sœur leur avait envoyé un message, se
hâtèrent [de mettre à la voile]. Exécutant le reste de
leur mission et longeant la côte jusqu'à Soloi en [Cilicie],
5   ils s'emparèrent des fonds qui y étaient en dépôt et les
rapportèrent / à Séleucie. La somme était de 1 500 talents
[d'argent]. Aribazos, stratège de Cilicie, avait eu l'intention de les envoyer à Ephèse à Laodice. Mais les gens
de Soloi et [la garnison] s'étaient entendu entre eux,
10   / Pythagoras et Aristoclès étaient venus [en force] à leur
aide - - -, tous s'étaient comportés en hommes de cœur. Il
en résulta que ces fonds furent saisis et que la ville et son
15   acropole passèrent de notre côté. Aribazos s'échappa et tenta
de franchir le Taurus. / Mais quelques indigènes lui cou-
pèrent [la tête] et l'apportèrent à Antioche. [Quant à nous],
après avoir [préparé les navires], au début de la première
veille, nous embarquâmes dans autant de navires que pou-
20   vait en recevoir le port de Séleucie. Nous longeâmes la
côte / jusqu'à la forteresse nommée Posidéon et jetâmes
l'ancre vers huit heures du jour. De là, à l'aube, nous
reprîmes le large pour arriver à Séleucie. Les prêtres, les
magistrats, les autres citoyens, les officiers, les troupes, por-
25   tant des couronnes, / vinrent à notre rencontre sur le
Col. III [chemin] du port. [Rien ne manquait à leurs] bons sentiments et [au débordement de leur amitié à notre égard.
Lorsque nous arrivâmes] en ville, [les particuliers nous demandaient de sacrifier] les victimes préparées [sur les autels]
5   / qu'ils avaient construits [près de leurs maisons] et [les
hérauts sacrés allaient proclamer] les honneurs dans le marché.
Ce jour-là, [nous restâmes dans la ville]. Le lendemain- - -
10   [embarquant sur les navires] où nous fîmes monter / - - -
[tous ceux qui avaient fait la traversée] avec nous et les
satrapes qui étaient là, les st[ratèges et tous les autres] offi-

15   ciers qui n'étaient pas [de service aux postes de] la ville ou
      de [l'acropole avec la garnison] et laissant / --- car ils
      étaient surprenants --- après quoi, [nous arrivâmes] à Antio-
      che. [Et là, nous avons trouvé] de tels préparatifs et [un
      tel concours de peuple] que nous sommes restés abasourdis.
      [Car nous avons vu venir à notre rencontre] en dehors de
20   la porte / les - ◂--, les satrapes, les autres officiers, les
      [troupes], les prêtres, les collèges de magistrats, [tous les]
      jeunes gens du gymnase et tout le reste de la population,
      portant des couronnes, et ils apportaient tous les objets
      sacrés sur le chemin devant [la porte]. Les uns nous saluaient
25   de la main droite, / les autres [nous témoignaient leur ami-
Col. IV tié] dans le ruit et les acclamations. / [manquent 12 lignes]
      --- près de chaque maison--- ils ne cessèrent de faire
15   / --- il y avait beaucoup, pour nous --- Rien ne nous
      a été plus agréable que l'empressement de ces gens. Donc,
      lorsque nous eûmes [remarqué ?] toutes les victimes prépa-
20   rées et offert des libations [avec] les particuliers, / le soleil
      était sur son déclin, nous rendîmes aussitôt visite à la sœur
      et, ensuite, nous nous sommes consacrés à des affaires de
      service. Nous avons donné audience aux officiers, aux sol-
      dats et aux autres autorités du pays et avons tenu conseil
25   sur les questions importantes. / En outre, pendant quelques
      jours - - - -

Le document est un papyrus (dit de Gourob), incomplet
et mutilé, qui contenait le récit de l'expédition d'Evergète
dans l'empire séleucide. La partie conservée relate les
premières opérations, principalement l'occupation de la
capitale, Antioche sur l'Oronte, et de son port, Séleucie
de Piérie. Le commentaire doit comporter un exposé des
causes de cette troisième guerre de Syrie, une analyse du
texte destinée à dégager les phases et les caractères des
actions, la discussion du problème de l'identité du rédacteur.

I. Les causes de la troisième guerre de Syrie résultent
d'une des clauses du traité qui avait mis fin à la seconde
(253 ?). Antiochos II devait répudier sa première femme,
Laodice, dont il avait deux fils adultes, pour épouser une
fille de Philadelphe, Bérénice, sœur d'Evergète, qui lui
donna un fils dont le nom est inconnu. A sa mort (246),
ses sujets se divisèrent : le fils aîné de Laodice, Séleucos II,
fut reconnu roi en Asie Mineure, le fils de Bérénice le fut
dans les autres provinces. En vue de la guerre inévitable, la
jeune reine fit appel à son frère qui venait de monter sur

le trône. Celui-ci se porta aussitôt à son secours. Mais, d'après la tradition littéraire, il serait arrivé trop tard : Laodice aurait fait assassiner sa rivale et son fils. Le crime, cependant, aurait pu être dissimulé. Evergète poursuivit son expédition pour son compte, mais toujours sous le couvert de son neveu disparu.

II. Les opérations. Le texte en décrit deux distinctes. La première se déroule en Cilicie dont la maîtrise était capitale pour la sécurité de la Syrie. Le stratège séleucide, Aribazos, avait pris le parti de Laodice et s'apprêtait à lui faire parvenir les fonds en dépôt à Soloi. Il n'y parvint pas : la garnison et les habitants de la ville s'étaient prononcés pour Bérénice. Ils reçurent le renfort d'une escadre égyptienne. Le stratège dut s'enfuir et fut tué. L'escadre avait été envoyée à la demande de « la sœur ». Pour disposer ainsi des forces égyptiennes contre un haut fonctionnaire séleucide, il fallait qu'elle occupât une situation particulièrement importante dans le royaume et qu'elle fût très étroitement liée avec Evergète. Il ne peut donc s'agir que de Bérénice, régente au nom de son fils.

La seconde opération est menée par la flotte égyptienne dans les eaux syriennes. Partie d'une base non désignée (en territoire égyptien sans doute), elle atteint Séleucie en deux étapes. La ville n'a pas à être conquise. Les habitants font aux forces égyptiennes un accueil extraordinaire, auquel les manifestations religieuses donnent un caractère d'action de grâces. Emmenant avec elle les hauts fonctionnaires séleucides qui se trouvaient sur place (mais pourquoi y étaient-ils ?), la flotte remonte l'Oronte jusqu'à Antioche où se manifeste un enthousiasme plus débordant encore. A la fin d'une journée triomphale, le rédacteur rend visite à « la sœur » (sans rien dire de l'entretien) et, pour terminer, tient conseil avec les autorités locales. L'expédition se présente donc comme une promenade militaire. Les Egyptiens sont partout reçus à bras ouverts. On a imaginé que l'armée de terre avait déjà occupé le pays. Conjecture inutile sans doute : le fils de Bérénice ayant été reconnu roi à Antioche et dans toute la Syrie, aucune résistance n'était à redouter et les soldats lagides ont été accueillis en défenseurs du souverain légitime.

III. La fin du texte démontre que le rédacteur du document est le commandant en chef de la flotte : un subordonné n'aurait pas eu autorité pour tenir conseil avec les pouvoirs locaux. Mais est-ce un officier général ou le roi lui-même ? Divers arguments font pencher pour la seconde hypothèse. Le pluriel de majesté est, en général, réservé aux souverains dans le style administratif hellénistique. Les manifestations des habitants de Séleucie et d'Antioche doivent être rapprochées des « entrées royales » organisées par les cités en l'honneur des souverains victorieux. Un officier rendant compte de sa mission à son maître aurait-il, d'autre part, omis de lui rapporter les thèmes de son entretien avec la souveraine d'un pays allié qui était, en outre, sa sœur ? Enfin, l'expression « la sœur » ne peut guère être employée que par un frère, surtout si elle est reine. Il y a donc tout lieu de penser que le rédacteur du papyrus est Evergète en personne.

Mais dans quelle intention ? On avance l'hypothèse qu'il pourrait s'agir d'un document confidentiel : une lettre du roi à son épouse, par exemple. Mais comment serait-elle entrée dans le domaine public, puisque le papyrus n'est évidemment pas l'original ? D'autre part, il serait surprenant que, dans une correspondance privée, l'auteur n'eût rien dit de sa visite à Bérénice, bien que cette partie de son activité touchât du plus près à l'intimité familiale. Ce silence est, d'ailleurs, surprenant en lui-même, ainsi que l'absence de Bérénice à toutes les manifestations organisées en l'honneur de son frère. L'explication la plus plausible est qu'elle avait été assassinée avant l'arrivée d'Evergète, comme le veut la tradition littéraire. Mais on avait réussi à cacher l'événement et le roi pouvait poursuivre son entreprise, privée de sa justification initiale, en maintenant la fiction de la survie de sa sœur. C'est pourquoi il parle d'elle comme si elle n'était pas déjà morte, mais il en dit le moins possible, à la fois par prudence et par bienséance. Ce mensonge n'est compréhensible que si le document était destiné à être publié dans un dessein de propagande. C'est un « communiqué de guerre » ou plutôt, vu ses dimensions, un « Bulletin de la Grande Armée ».

XXV. Prise de l'Acrocorinthe par Aratos (243)

(Plutarque, *Vie d'Aratos*, 16-24)

16 (2) Un an plus tard, redevenu stratège, (Aratos) se lança dans l'affaire de l'Acrocorinthe. Ce faisant, ce n'était pas l'intérêt de Sicyone ni de l'Achaïe qu'il poursuivait. Il y avait là, en quelque sorte, une tyrannie commune qui opprimait la Grèce dans son ensemble, c'était la garnison macédonienne, et son intention était de l'en chasser...... (5) En effet, l'Isthme, en barrant les mers, unit et rattache en un même point le Péloponnèse à notre continent. Et l'Acrocorinthe, haute montagne qui s'élève au milieu de la Grèce, quand elle est pourvue d'une garnison, contrôle et coupe l'intérieur de l'Isthme de toute activité, communications, traversées, expéditions, sur terre comme sur mer. (6) Il n'y a plus, de ce fait, qu'un seul maître : le chef de la garnison qui occupe la position. Aussi, loin de plaisanter, à mon avis, Philippe le Jeune [1] était-il, au contraire, dans le vrai en répétant que la ville de Corinthe était l'entrave de la Grèce.

17 (1) Tous, rois et princes, n'ont donc pas cessé de combattre pour sa possession. Mais le désir qu'en éprouvait Antigonos n'avait rien à envier aux passions les plus insensées. Il était tout entier accroché à une pensée : comment l'enlever par ruse à ses maîtres, puisqu'une action de vive force ne présentait pas d'espoir ? (2) Alexandros, qui détenait la position, étant mort (on prétend qu'il l'avait empoisonné), Nicaia, sa femme, lui avait succédé et conservait l'Acrocorinthe. Antigonos lui envoya sur le champ son fils Dèmètrios, lui fit miroiter de doux espoirs : épouser un roi, passer le reste de sa vie avec un jeune homme, perspective qui ne devait pas déplaire à une femme assez âgée. Il réussit à la capter. Son fils, entre ses mains, n'avait été qu'un appât parmi d'autres pour la séduire......

18 (1) Antigonos, après s'être emparé de l'Acrocorinthe, en remit la garde aux hommes qui lui inspiraient le plus de confiance et il en donna le commandement au philosophe

---

[1] Le futur roi Philippe V de Macédoine.

Persaios. (2) Aratos, de son côté, encore du vivant d'Alexandros, avait envisagé un coup de main. Puis, comme une alliance avait été conclue entre les Achéens et Alexandros, il s'en tint là. Mais, alors, il reprit son projet à la base, sous une nouvelle forme que voici : ......

24 (1) Aratos, aussitôt, prit possession de l'Héraion et du Léchaion. Il s'empara de vingt-cinq des navires de la flotte royale et vendit cinq cents chevaux et quatre cents Syriens. Les Achéens se chargèrent de la garde de l'Acrocorinthe. Ils mirent quatre cents hoplites, cinquante chiens et autant de piqueurs en subsistance dans la citadelle. (2) Les Romains, dans leur admiration pour Philopoemen, l'appelaient le dernier des Grecs : à leurs yeux, il n'y avait plus eu de grand homme après lui parmi les Grecs. Pour moi, je dirais volontiers que la dernière en date des prouesses accomplies par les Grecs est celle d'Aratos et que, pour l'audace comme pour le succès, elle rivalise avec les plus belles. La suite devait le montrer sans tarder. (3) Les Mégariens abandonnèrent Antigonos et se rallièrent à Aratos. Trézène, avec Epidaure, adhéra à la ligue achéenne. Il fit ensuite une première sortie en Attique. Passant à Salamine, il la ravagea. Comme une prisonnière libérée, l'armée achéenne le servait dans tous ses desseins. (4) Aux Athéniens, il rendit les hommes libres sans rançon. C'était un premier pas dans la défection qu'il leur suggérait. Il acquit l'alliance de Ptolémée et lui fit conférer le commandement des forces achéennes de terre et de mer.

Importance de l'événement qui consacre définitivement la ligue achéenne comme puissance internationale et met le comble à la gloire de son chef, Aratos. Le texte traite de quatre points, parfois confondus : — Aratos et l'Acrocorinthe (16, 2 ; 18, 2) ; — importance géographique et historique de la position (16, 5-6) ; — Gonatas en prend possession (17-18, 1) ; — les conséquences immédiates de sa conquête par Aratos (24). L'ordre du récit ne peut être suivi pour le commentaire en raison de son caractère décousu. Il faut lui substituer une structure logique. Partir de l'enjeu des conflits, l'Acrocorinthe, pour en expliquer la valeur. En second lieu, les vicissitudes de son histoire jusqu'à l'intervention d'Aratos. Enfin, les raisons et les résultats de cette intervention (si l'on tient à évoquer les péripéties du coup de main, ce qui n'est pas nécessaire, les chapitres correspondants de Plutarque ayant intentionnellement été omis, n'y consacrer que quelques mots).

I. Importance stratégique de l'Acrocorinthe à toute

époque : pas seulement maîtrise de la route terrestre de Grèce centrale dans le Péloponnèse (Plutarque la mentionne seule pour les besoins de sa cause), mais aussi route maritime du golfe Saronique à celui de Corinthe (le *diolkos*). Mais quelque exagération à dire : seul moyen de passer du continent dans la presqu'île. Bien d'autres possibilités par mer et même par terre (le Rhion). Mais c'est la route la plus aisée, reliant les centres vitaux du monde grec.

Rôle particulier au IIIe siècle : terminus de la voie maritime qui joint la Macédoine au Péloponnèse le long de la Thessalie, de l'Eubée et de l'Attique. Importance capitale pour Gonatas : lui permet de faire sentir son influence et, s'il le faut, d'intervenir. D'où la nécessité d'avoir à Corinthe un gouverneur d'une fidélité inébranlable. Jusqu'à sa mort (vers 253/2), c'est Cratéros, le propre frère du roi.

II. Son fils, Alexandros, lui succède, mais il fait sécession. Ecroulement du système. La plupart des cités péloponnésiennes se libèrent de la tutelle antigonide. Croissance de la ligue achéenne avec l'adhésion de Sicyone, entre autres (n° XXIII). Contre Gonatas, elle s'allie à Alexandros. La mort de ce dernier permet à Gonatas de ressaisir la position à la faveur d'un mariage diplomatique. Souligner la fréquence de ces unions à l'époque hellénistique et leur influence sur la vie politique. Il n'est pas sûr, d'ailleurs, que celle de Dèmètrios et de Nicaia ait été célébrée. La ruse de Gonatas pour s'emparer de l'Acrocorinthe n'a pas à être rapportée.

III. Les mobiles d'Aratos : celui que lui attribue Plutarque n'est que rhétorique. Deux raisons réelles au moins : — crainte d'un encerclement entre Gonatas et les Etoliens qui, alors en bons termes avec le roi, étaient intervenus en 244 dans le Sud-Ouest du Péloponnèse, prenant les Achéens à revers ; — espoir qu'un succès vaudrait de nombreux ralliements à la ligue. Le coup de main sur l'Acrocorinthe serait intéressant à étudier du point de vue des techniques d'assaut des places fortes. Ce n'est pas le sujet (cf. chapitre 24, le rôle des chiens dans la défense).

Résultats conformes aux espérances d'Aratos. Préciser seulement la localisation des cités mentionnées. L'échec devant Athènes ne devait toutefois jamais être réparé. Mais le plus important était le débouché de la ligue

achéenne sur la mer Egée. D'où l'alliance de Ptolémée III
pour qui elle devenait un partenaire valable. D'ailleurs,
rapports déjà anciens d'Aratos personnellement avec le
Lagide. Le titre de stratège conféré au roi purement honorifique. Simple moyen d'obtenir des subsides.

XXVI. Chios et la confédération étolienne (243/2 ?)

(Suppl. epigr. gr., II, 258 et XVIII, 245)

Attendu que la confédération [des Etoliens], en raison de
la parenté et [de l'amitié] ancestrales du peuple (de Chios)
envers les Etoliens, nous a précédemment / accordé le droit
de cité par décret et a interdit à tous de piller les biens des
[Chiotes] sans acception d'origine et, en cas de contravention,
(a ordonné) que les responsables seraient jugés par les synèdres comme portant tort aux intérêts communs des Etoliens,
sur quoi le peuple, accueillant comme un acte de parenté
cette preuve de leur bonne volonté, a décrété que les Etoliens seraient citoyens et participeraient à tous les droits
auxquels les Chiotes aussi participent et a décidé qu'ils
seraient admis / les premiers auprès du conseil et de l'assemblée et qu'on les inviterait à la proédrie dans tous les
concours que la cité organise ; et que, présentement, nos
théores et ambassadeurs à leur retour ont rendu compte au
peuple de la bonne volonté qui anime la confédération des
Etoliens envers la cité, en montrant son désir de réaliser
ce que / nos ambassadeurs ont demandé, et annoncé, en
particulier, qu'ils (les Etoliens) ont accordé au peuple une
voix de hiéromnamon au sein des Amphictyons, agissant
conformément aux sentiments de parenté et d'humanité qu'ils
avaient déjà envers la cité ; afin donc qu'il soit évident
[pour tous] les Grecs que le peuple honore ceux qui ont
choisi d'être ses bienfaiteurs, à la Bonne Fortune, plaise
au conseil et au peuple : de décerner l'éloge à la confédération des Etoliens / en raison du dévouement et de l'empressement qu'elle a, en toute circonstance, pour le peuple,
et de la couronner de la couronne d'or la plus importante
d'après la loi, d'une valeur de cent alexandres d'or ; et,
afin que tous les Grecs connaissent les décisions votées par
le conseil et le peuple, de faire proclamer par le héraut
sacré aux Dionysies dans le théâtre, lorsque les chœurs
d'enfants se disposent à concourir, la proclamation suivante :
« Le peuple / de Chios couronne la confédération' des Etoliens de la couronne d'or la plus importante d'après la loi,
d'une valeur de cent alexandres d'or, en raison de sa valeur,

de son dévouement et de son empressement à son égard » ;
de confier le soin de la proclamation à l'agonothète ; de
choisir un hiéromnèmon lorsque le décret aura été voté ;
que l'hiéromnèmon choisi fasse avec les autres hiéromna-
mons les sacrifices prescrits aux Chiotes / et qu'il s'acquitte
de son ambassade conformément à la loi et aux décisions
des Amphictyons ; d'envoyer à l'avenir chaque année un
hiéromnamon aux Amphictyons à Delphes, à l'occasion des
pylées ; que l'on ne désigne pas deux fois le même ; de
donner au hiéromnamon pour les sacrifices prescrits au nom
de la cité une dotation : lorsque l'on célèbre les Pythia,
deux mille drachmes d'Alexandre, / les autres années, mille
cinq cents drachmes d'Alexandre ; que les prochains théores
désignés pour les Laphrieia, après avoir reçu des trésoriers l'or voté, fassent confectionner - - - la couronne et
qu'ils portent avec le hiéromnémon le décret et la couronne
aux Laphrieia et aux Thermica ; et qu'ils demandent aux
Etoliens de prendre soin que la couronne soit proclamée,
ainsi que la proclamation dont le texte figure dans le présent décret, aux Laphrieia / et aux Thermica ; que les
théores désignés pour Delphes prennent soin que soit proclamée aux Pythia la proclamation dont le texte figure dans
le présent décret ; et, afin que les dispositions votées au
sujet de la voix (amphictyonique) par la confédération des
Etoliens et le peuple de Chios soient préservées à tout
jamais, que le premier hiéromnèmon choisi, après les avoir
fait graver sur deux stèles de pierre, les consacre l'une
/ à Delphes, l'autre dans le sanctuaire d'Apollon à Thermos ;
de faire couvrir la dépense pour les stèles et la gravure par
les trésoriers ; de faire rendre le présent décret pour le
salut du peuple. Les frais de déplacement ont été fixés pour
le hiéromnèmon à - - - drachmes ; comme hiéromnèmon a
été choisi Gannon, fils de Clytomédès.

Décret du peuple de Chios en l'honneur de la confédération étolienne. Le début étant mutilé, la date ne peut
être restituée que par conjecture : le hiéromnèmon Gannon
(l.48) ayant siégé au conseil amphictyonique en 242
d'après des documents delphiques, le décret qui le désigne
ne peut être très antérieur. D'où la date proposée.

L'intérêt du texte porte sur deux points principaux :
rapports de la confédération avec l'Amphictyonie ;
— extension de son influence internationale. Sur le premier point, rappeler l'organisation de l'Amphictyonie et
ses fonctions, en insistant particulièrement sur les détails
évoqués dans l'inscription (hiéromnamon ou hiéromnèmon,

ll.15 sqq. ; pylées, l.32 ; Pythia, l.34). Maîtres de Delphes
depuis l'invasion gauloise de 278, les Etoliens avaient petit
à petit colonisé le conseil amphictyonique en s'attribuant
les voix des peuples qu'ils incorporaient dans leur confédération et en faisant désigner leurs alliés pour les autres
sièges. Mais, jusqu'au milieu de IIIᵉ siècle, ils respectaient
en apparence l'indépendance du conseil en lui laissant pour
la forme la nomination de ses nouveaux membres. Ici,
c'est la confédération qui, de sa propre initiative, offre un
siège à Chios (ll.15-16). C'est sans doute le signe d'une
nouvelle attitude : se sentant assez puissante et sûre d'elle,
elle renonce aux ménagements antérieurs et manifeste
ouvertement sa prépondérance. Deux questions se posent
à ce sujet : quels avantages les Etoliens attendaient-ils de
la maîtrise de l'Amphictyonie ? Pourquoi ont-ils estimé
après 250 qu'ils n'avaient plus à dissimuler leur suprématie ?

L'entente entre une confédération, dont le champ d'action se limite normalement à la Grèce centrale, et une
île de la côte asiatique de la mer Egée semble paradoxale.
Comment les Etoliens sont-ils parvenus à développer leur
influence aussi loin vers l'Est ? Deux motifs principaux :
leur extension territoriale en Grèce même, la pratique de
la piraterie sur une grande échelle. La première leur a
permis de disposer dès 272 de deux façades maritimes :
sur la mer Ionienne et sur la mer Egée au Sud de la
Thessalie, et ils n'ont cessé d'agrandir cette dernière. La
piraterie est un mal endémique dans toute la Méditerranée
antique. Plus ou moins jugulée lorsqu'il existe une puissance capable d'assurer la police des mers, elle renaît dès
qu'elle ne rencontre plus d'opposition. Après l'anarchie du
temps des Diadoques, la flotte lagide avait partiellement
rétabli l'ordre. Mais elle s'affaiblit après 260 environ.
Avant qu'elle ne soit relayée par Rhodes, il se produit un
hiatus dont profitent les Etoliens, pour qui la piraterie
est une industrie nationale, et qui sont renforcés par les
peuples qu'ils incorporent dans leur confédération. Pour
s'en protéger, les cités maritimes, sans défense, concluent
avec eux des traités d'*asylie* (protection contre le pillage)
ou d'*asphaleia* (sûreté) dont on a plusieurs exemples (Tènos
vers 260, Dèlos en 250, Smyrne en 246, etc.). Avec Chios,
les choses sont allées plus avant : un décret étolien, non
daté, l'a fait bénéficier non seulement de l'*asylie,* mais

même du droit de cité ou *isopolitie,* qu'elle leur accorde aussi en remerciement (ll.5-11). Enfin, les Etoliens l'ont admise dans l'Amphictyonie. Deux questions : pourquoi les Etoliens acceptaient-ils de limiter leurs activités ? L'extension de leur influence en mer Egée répondait-elle à des desseins diplomatiques ? Sur la première, il semble qu'ils se soient procuré, dans les cités qu'ils épargnaient, des bases pour multiplier leurs déprédations aux dépens des autres. Il n'est, d'autre part, pas probable qu'ils aient songé à fonder un empire maritime. Aucune source ne fait allusion à un tel projet et il n'est décelable pas dans les faits.

Pour être complet, le commentaire devrait, enfin, comporter une analyse technique du décret : forme, procédure, décisions, avec explication de tous les termes d'institution qui y apparaissent.

XXVII. La première guerre d'Illyrie (229-8)

(Polybe, II, 8-12)

8 (1) Les Illyriens, depuis fort longtemps, ne cessaient de causer des dommages aux navigateurs venant d'Italie. (2) Mais, depuis qu'ils occupaient Phoinikè, ils détachaient de leur flotte des forces plus importantes et nombre de négociants italiens se voyaient pillés, égorgés ou, assez souvent, emmenés prisonniers. (3) Les Romains avaient auparavant fait la sourde oreille aux plaintes contre les Illyriens. Mais alors, comme elles se multipliaient au Sénat, il désigna comme ambassadeurs en Illyrie, pour y faire une enquête sur les faits précédents, C. et L. Coruncanius. (4) Teuta, lorsque les brigantins étaient revenus d'Epire, avait été frappée de la quantité et de la valeur du butin qu'ils avaient rapporté : Phoinikè était alors, en effet, de beaucoup la plus prospère des cités d'Epire. La reine redoubla d'ardeur au pillage aux dépens des Grecs. (5) Sur le moment, elle fut arrêtée par des troubles intérieurs. Mais, dès qu'elle eut soumis les Illyriens rebelles, elle mit le siège devant Issa, seule ville qui ne lui obéît pas encore. (6) C'est à ce moment que débarquèrent les ambassadeurs romains. Au cours de l'audience qu'elle leur accorda, ils exposèrent les dommages subis par leurs compatriotes. (7) Teuta, pendant toute la durée de l'entretien, les écouta d'un air hautain et méprisant. (8) Quand ils eurent terminé leur exposé, elle leur répondit qu'en tant que chef d'Etat, elle s'efforcerait de veiller à ce que les Romains ne subissent aucun dommage du fait des Illyriens. Mais, pour les particuliers, aucun droit n'autorisait les rois à interdire aux Illyriens les profits de la mer. (9) Le plus jeune des ambassadeurs se fâcha en l'entendant et lui répliqua vertement. Elle le méritait, mais ce n'était pas le moment. (10) « Les Romains, Teuta, s'écria-t-il, ont une pratique admirable : c'est l'Etat qui punit les crimes des particuliers et protège leurs victimes. (11) Nous allons essayer, si c'est la volonté de Dieu, sans retard et sans faiblesse, de t'obliger à réformer le droit des rois envers les Illyriens. » (12) En femme qu'elle était, la reine réagit

sans réfléchir à cette franchise. Elle se mit en fureur au
point d'oublier le droit des gens. Les ambassadeurs allaient
se rembarquer. Elle lança après eux ses séides et le diplo-
mate trop franc en mourut. (13) Quand la nouvelle du
crime parvint à Rome, l'indignation éclata contre la violence
de cette femme. On prépara aussitôt la guerre, on leva une
armée, on mobilisa une flotte.

9 (1) Au début du printemps, Teuta arma des brigantins
plus nombreux qu'avant et les envoya une nouvelle fois
vers les côtes de Grèce. (2) Les uns mirent le cap directement sur Corcyre ; une autre partie vint mouiller à Epidamne. (Le coup de main contre Epidamne échoue. Corcyre assiégée fait appel aux Etoliens et aux Achéens dont
l'intervention se termine mal. Elle capitule et reçoit une
garnison commandée par Dèmètrios de Pharos. Après quoi,
les Illyriens reprennent le siège d'Epidamne.)

11 (1) C'est à ce moment que, des deux consuls, l'un
Cn. Fulvius, appareilla de Rome avec deux cents navires,
et l'autre, A. Postumius, en partit avec les forces terrestres.
(2) Le projet initial de Cn. était de se diriger sur Corcyre.
Il escomptait intervenir avant que le sort du siège fût décidé.
(3) En retard sur l'événement, il n'en faisait pas moins voile
vers l'île, à la fois pour savoir au juste ce qui s'y était
passé et vérifier les propositions de Dèmètrios. (4) Celui-ci
avait été victime de calomnies auprès de Teuta et il avait
peur d'elle. Il avait pris contact avec les Romains, promis
de leur remettre la ville et de leur livrer tout ce qui était
en son pouvoir. (5) Les Corcyréens virent arriver les Romains
avec satisfaction et leur livrèrent la garnison illyrienne de
connivence avec Dèmètrios. Puis, d'un commun accord, ils
se placèrent sous la protection des Romains. C'était là, ils
s'en rendaient compte, le seul moyen de se garantir dans
l'avenir contre la violence des Illyriens. (6) Les Romains leur
accordèrent leur amitié, puis cinglèrent vers Apollonia. Pour
la suite des opérations, Dèmètrios devait leur servir de guide.
(7) Au même moment, Postumius faisait transporter ses troupes par mer au départ de Brindes. Il avait vingt mille fantassins et deux mille cavaliers environ. (8) Les deux armées
abordèrent ensemble à Apollonia. Les habitants leur firent
également bon accueil et se placèrent sous leur tutelle. Puis
elles se remirent en route sur le champ quand elles apprirent
qu'Epidamne était assiégée. (9) Les Illyriens, ayant eu vent
de l'approche des Romains, levèrent le siège dans le plus
grand désordre et prirent la fuite. (10) Les Romains prirent
encore Epidamne sous leur protection et s'avancèrent dans
l'intérieur de l'Illyrie, soumettant au passage les Ardiéens.
(11) Les ambassadeurs se présentaient à eux en grand nombre, notamment ceux des Parthiniens qui offraient de se

placer sous leur tutelle. Les Romains leur accordèrent leur amitié, de même qu'aux Atintaniens. Ils s'avancèrent jusqu'à Issa, ville qui était aussi assiégée par les Illyriens. (12) Ils arrivent, font lever le siège et prennent Issa sous leur protection. (13) Ils enlevèrent encore d'assaut quelques villes illyriennes le long de la côte : à Noutria, ils perdirent beaucoup de monde et même quelques tribuns et le questeur. (14) Ils s'emparèrent aussi de vingt brigantins qui faisaient sortir le butin du pays. (15) Des assiégeants d'Issa, les uns furent épargnés sur intervention de Dèmètrios et demeurèrent à Pharos, tous les autres s'enfuirent à Arbon quand on les eut dispersés. (16) Teuta se sauva avec une poignée d'hommes à Rhizon, petite place bien protégée, loin de la mer, au bord de la rivière qui porte le même nom. (7) Après cette campagne qui plaça sous l'autorité de Dèmètrios la majeure partie des Illyriens et constitua à son profit une grande principauté, les consuls se replièrent sur Epidamne avec la flotte et les forces de terre.

12 (1) Cn. Fulvius s'embarqua pour Rome avec la majeure partie des armées navale et terrestre. (2) Postumius resta sur place avec quarante navires, fit des levées dans les cités d'alentour et prit ses quartiers d'hiver pour veiller sur les peuples, Ardiéens et autres, qui s'étaient placés sous la protection de Rome. (3) Au printemps, Teuta envoie une ambassade aux Romains et conclut un traité où elle acceptait de payer le tribut qu'on lui imposerait, d'évacuer toute l'Illyrie à l'exception de quelques places et surtout — c'est ce qui intéressait le plus les Grecs — de ne pas mettre en mer plus de deux brigantins au-delà de Lissos, et désarmés. (4) Ce traité conclu, Postumius envoya des ambassadeurs aux Etoliens et à la ligue achéenne. En se présentant, ils exposèrent d'abord les causes de la guerre et de l'expédition, ensuite ils firent le récit des événements et donnèrent lecture des clauses du traité qu'ils avaient conclu avec les Illyriens. (5) Ils reçurent des deux peuples l'accueil qu'ils méritaient et regagnèrent Corcyre...... (7) C'est donc ainsi que, pour la première fois, les Romains traversèrent l'Adriatique avec une armée pour débarquer en Illyrie et dans cette région de l'Europe, et entrèrent en rapports diplomatiques avec la Grèce. Les causes sont celles que j'ai indiquées. (8) Après ce début, les Romains sans délai envoyèrent d'autres ambassades à Corinthe et à Athènes. C'est à ce moment que les Corinthiens les admirent pour la première fois à participer aux Jeux isthmiques.

Cette guerre est la première expédition que les Romains ont conduite sur les rivages orientaux de l'Adriatique. Pour qui connaît la suite de l'histoire, c'est un événement considérable, qui paraît amorcer la conquête de la Grèce, achevée moins d'un siècle plus tard. Les contemporains en ont-ils eu le sentiment ? Pour répondre à la question, notre meilleure source est Polybe, même s'il dépend d'un annaliste romain. Son exposé est d'une parfaite clarté. Il indique les causes et les prodromes du conflit (8-9, 2). On a ensuite coupé un épisode qui n'est ni nécessaire à l'intelligence des origines du conflit, ni lié aux opérations militaires des Romains). Il fait ensuite le récit de la campagne (11-12, 2) et termine par l'analyse du traité conclu avec Teuta et les démarches diplomatiques accomplies par les Romains à cette occasion. Ce plan, simple et logique, peut être adopté pour la composition du commentaire.

I. Causes et prodromes de la première guerre d'Illyrie.

Il ressort des chapitres 8 et 9 que c'est la piraterie illyrienne qui a amené l'intervention romaine. Mais Polybe se contente de signaler que le fléau durait depuis longtemps, sans rien dire de ses causes et de sa nature. Il n'entre dans le détail qu'à partir de la prise de Phoinikè par les pirates, parce que leurs méfaits se sont alors multipliés, mais, de nouveau, il n'explique pas les raisons du phénomène, sauf à suggérer que c'est la rapacité de la reine Teuta qui en est la raison (8, 4), ce qui est insuffisant : sans moyens accrus, elle n'aurait pu satisfaire sa passion sur une grande échelle.

La piraterie était endémique de toute antiquité dans l'Adriatique, en raison de la configuration des côtes dalmates. Elle était pratiquée par des peuplades apparentées aux Illyriens et établies sur le versant occidental de la péninsule balkanique, depuis l'Istrie jusqu'à l'Albanie actuelles, les Illyriens proprement dits occupant la région la plus méridionale. Mais ces pirates ne sortaient pas des eaux situées au Nord du canal d'Otrante. Or, après 250, ils débordent vers le Sud, dans la mer Ionienne. C'est cette extension qu'il convient d'expliquer. Elle tient à plusieurs causes, les unes propres à l'Illyrie, les autres à l'histoire de la Grèce continentale.

Sans qu'on sache exactement pourquoi ni comment, les tribus illyriennes se sont unies sous la domination de l'une d'entre elles, celle des Ardiéens, et, peu avant 230, elles sont soumises à l'autorité d'un souverain unique, Agron. Quand il meurt à la fin de 231, sa veuve

Teuta lui succède sans autre difficulté qu'une révolte locale (celle dont il est question en 8,5), en qualité de régente au nom de Pinnès, le fils qu'Agron avait eu d'une concubine. La constitution de ce royaume illyrien avait eu pour conséquence de transformer la piraterie, d'activité individuelle aux mains des particuliers, en une industrie nationale dirigée par l'Etat et de la doter du soutien d'une armée de terre pour compléter ses entreprises maritimes.

Or, au moment où le danger s'accroissait pour les voisins des Illyriens, la Grèce continentale était la proie d'un conflit complexe qui lui ôtait tout moyen d'assurer la police des mers. Dès le début de son règne (239), le roi de Macédoine Dèmètrios II s'était heurté à une coalition des deux ligues étolienne et achéenne, sans doute à propos de la suprématie sur l'Epire. Dèmètrios avait soutenu la régente qui gouvernait le pays, mais ses préoccupations prédominantes l'attiraient ailleurs, si bien qu'il n'avait pu empêcher l'Epire de traverser une grave crise au cours de laquelle la monarchie avait sombré. Un des remparts qui contenaient les Illyriens venait de s'effondrer. D'autant que les Etoliens en avaient profité pour lui soustraire une partie de son territoire et essayer de lui en arracher d'autres. C'est une de leurs tentatives qui va être la cause directe de la première guerre d'Illyrie.

Ils vinrent, en 231, mettre le siège devant Médion en Acarnanie, à la frontière de l'Epire. Les habitants demandèrent du secours à Dèmètrios. Incapable de répondre à leur appel parce qu'il était alors aux prises avec les Dardaniens, peuplade barbare des Balkans, il acheta les services d'Agron, malgré les dangers d'une telle intervention. Sur le moment, il en obtint les résultats souhaités : les Etoliens subirent devant Médion une défaite accablante. Agron disparut peu après, mais l'élan des barbares n'en fut pas brisé. Tandis que leurs corsaires envahissaient la mer Ionienne et poussaient leurs raids jusqu'aux côtes occidentales du Péloponnèse, Teuta, dès 230, reprenait l'offensive contre l'Epire. Sa flotte s'empara de la capitale, Phoinikè, par ruse et trahison, y ramassa un abondant butin (8, 4) et fit de nombreuses victimes, dont quelques commerçants italiens. Son armée, d'autre part, attaquait par le Nord, infligeait un désastre à ses adversaires qui firent appel aux Achéens et aux Etoliens. Ceux-ci n'eurent pas à combattre : la révolte dont il a

été question plus haut obligea Teuta à rappeler ses troupes. Mais la menace demeurait. Les Epirotes préférèrent
composer avec elle au lieu de l'affronter : la reine
consentit à leur accorder son alliance au prix de la
cession de l'Atintanie, sur le cours moyen de l'Aoos, qui
lui ouvrait l'accès à la côte où se trouvaient les colonies
grecques d'Apollonia et d'Epidamne, têtes de pont du trafic
avec l'Italie méridionale. Les Acarnaniens s'étant joints à
cette alliance, les Illyriens devenaient maîtres de la mer
jusqu'à l'entrée du golfe de Corinthe.

Les Romains avaient jusque là « fait la sourde
oreille » (8, 3) aux plaintes dont ils étaient saisis et leur
passivité est d'autant plus surprenante qu'ils étaient établis à Brindes depuis 244 et que la Sicile leur était soumise depuis la fin de la première guerre punique. Sans
doute était-ce leurs alliés italiens qui souffraient le plus
de la piraterie mais, bien qu'on n'en sache rien, il serait
surprenant que leurs établissements des côtes occidentales de l'Adriatique n'aient jamais subi les ravages illyriens.
Le Sénat cependant ne réagit pas jusqu'en 230, sans
qu'on comprenne pourquoi. Il faut donc en croire Polybe,
pour qui les massacres de Phoinikè et l'intensification des
attaques qui suivit le décidèrent à envoyer auprès de
Teuta une ambassade « pour enquête ». Ce langage diplomatique dissimulait des intentions plus précises, qu'on
devine à travers le récit de l'entrevue que la reine accorda
aux ambassadeurs. L'exposé des dommages subis par les
Italiens (8, 6) n'avait de sens que s'il introduisait une
demande de dédommagements. Et si Teuta refusa d'interdire la piraterie à ses sujets (8,8), c'est parce que les
Romains l'avaient exigé d'elle.

Cette fin de non-recevoir et les injures dont elle l'assai-
sonna (8, 12) prouve qu'elle ignorait tout de la puissance
des Romains et de leur état d'esprit. Les conversations
ne pouvaient évidemment se poursuivre. Cependant la
guerre n'aurait peut-être pas éclaté sans l'assassinat de
l'un des ambassadeurs sur le chemin du retour. Il n'est
pas certain que la reine l'ait ordonné. Il y avait assez de
bandits dans la contrée pour que l'un d'entre eux l'ait
commis sans rien demander à personne. Mais, à Rome,
on ne douta pas de sa culpabilité. On tenait là le *casus belli*
que l'échec des pourparlers ne fournissait pas. Et l'on
n'était peut-être pas mécontent, dans un souci de propa-

gande, de préserver l'image de la République ne s'engageant que dans de « justes guerres » pour venger un affront et protéger ses alliés.

II. *Les opérations militaires.*

Avant que les Romains interviennent, les Illyriens poursuivirent sur leur lancée. Au moment de l'ambassade des Coruncanii, Teuta avait maté la révolte qui avait éclaté après la mort d'Agron, et elle avait entrepris le siège d'Issa, seule cité qui, dans les îles dalmates, refusât encore de reconnaître son autorité (8, 5). C'est là que les envoyés du Sénat la rencontrèrent. Vu que leur démarche était motivée par l'affaire de Phoinikè, les deux faits ne peuvent être très éloignés dans le temps. Le second remontant au début de la campagne de 230, le premier ne peut être postérieur à sa fin et doit donc se placer à l'automne de cette même année, conclusion confirmée par l'indication chronologique du début du chapitre suivant (9, 1). Le « début du printemps » est celui de 229.

Pour cette nouvelle campagne, les Illyriens s'étaient fixé comme objectif la conquête des îles et des côtes de la mer Ionienne qu'ils ne tenaient pas encore. De leur flotte renforcée, ils constituèrent deux escadres dont l'une tenta de s'emparer d'Epidamne par traîtrise, mais échoua, et l'autre s'en alla débarquer dans l'île de Corcyre et mit le siège devant la capitale. Dans le passage omis en traduction (9, 8-10), Polybe expose que les Corcyréens demandèrent secours aux Achéens et aux Etoliens dont la flotte fut vaincue aux îles Paxos. Privés de tout espoir, les Corcyréens capitulèrent et reçurent une garnison commandée par Dèmètrios de Pharos, un Grec ou un indigène hellénisé, vassal de Teuta. Après quoi, les Illyriens renouvelèrent leur tentative manquée contre Epidamne.

C'est à ce moment, dit Polybe, avant même que la nouvelle de la capitulation de Corcyre ne leur fût connue, que les consuls Cn. Fulvius et A. Postumius [1] partirent de Rome pour entrer en campagne (11, 1-2). Il paraît bien

---

[1] Cn. Fulvius Centumalus et L. Postumius Albinus. Polybe, par inadvertance, a donné à ce dernier le *praenomen* de son père, Aulus. Le sien propre était Lucius.

ressortir du texte que l'événement se place, comme ce qui précède, en 229. On l'a pourtant nié et reporté le début de l'intervention à 228. On se fonde à cet effet sur une rubrique des *Fastes Triomphaux* d'après laquelle Fulvius a célébré son triomphe naval sur les Illyriens en cette année seulement, en qualité de proconsul. Ce serait donc alors, après la fin de son consulat, qu'il aurait mené campagne contre les pirates. Mais ce déplacement de la date polybienne n'est pas admissible. En 228, en effet, les Achéens sont déjà engagés dans une guerre contre Cléomène de Sparte et ils n'avaient pas de forces disponibles pour soutenir Corcyre qui, au reste, n'était même pas leur alliée. D'autre part, à cette date, leur alliance avec les Etoliens contre Dèmètrios II est rompue et il n'est pas vraisemblable qu'ils aient fait cause commune avec eux contre les Illyriens. En 229, enfin, la situation de la Macédoine, à la suite de l'invasion dardanienne et de la mort du roi, était très grave. Il n'y avait pas à redouter une intervention de sa part en faveur des Illyriens. Il en va tout autrement l'année d'après où Antigonos Doson avait redressé la barre. Il n'aurait pas laissé agir les Etoliens et les Achéens sans bouger. Quant à la date tardive du triomphe de Fulvius, elle n'a rien d'exceptionnel et la prolongation de son *imperium* avec le titre de proconsul est de complaisance. Elle n'implique pas qu'il ait exercé de commandement réel. La première guerre d'Illyrie a donc bien eu lieu en 229.

Le projet initial de Fulvius était de lever le siège de Corcyre avec sa flotte. Mais la ville avait capitulé au moment où il mettait à la voile. Il poursuivit néanmoins sa route, car Dèmètrios lui avait promis de passer de son côté, craignant la vengeance de Teuta auprès de qui on l'avait calomnié (11, 4). On a supposé qu'il avait déjà pris contact avec les Coruncanii afin de se libérer de la suzeraineté illyrienne avec l'aide de Rome. Il est plus probable qu'il songeait déjà à évincer la reine en s'emparant de la tutelle de Pinnès par mariage avec la mère du jeune roi, comme il devait y parvenir par la suite. Dans l'immédiat, sa trahison lui fut très avantageuse, comme on verra ; elle amorça une carrière dont l'importance historique ne peut être sous-estimée, puisqu'elle est à l'origine des guerres de Macédoine. Quant à Corcyre, il n'est pas certain que les Romains lui soient apparus comme les seuls sauveurs possibles (11, 5). Elle est, en tout cas, la première cité de Grèce propre à s'être engagée dans des liens politiques avec eux et ces liens posent des problèmes juridiques qui seront évoqués plus loin.

La suite de la campagne consista en une série d'opérations amphibies dont la localisation n'est pas toujours possible. Elle ne sera pas discutée ici [1]. Grâce à leur supériorité, surtout en matière navale (deux cents voiles constituent une flotte considérable), les Romains n'eurent guère de mal à triompher partout des Illyriens. Ils ne subirent de pertes notables qu'en une seule occasion, à Noutria. Polybe donne même l'impression que leur approche seule suffisait à semer la panique chez leurs adversaires (11, 9 ; 15). Outre les inconnues géographiques, la seule question soulevée par le texte est la profondeur de la pénétration romaine dans l'intérieur du pays (11, 10). Il est *a priori* peu probable que leurs forces, navales avant tout, aient songé à s'aventurer très loin dans les terres. On a même interprété l'expression grecque traduite ici par « l'intérieur de l'Illyrie » comme le ferait un marin. Elle désignerait les replis de la côte dalmate les plus éloignés de la haute mer. Mais l'habitat des Ardiéens se trouvait à l'Est d'Epidamne et donc au Sud de l'archipel dalmate. L'armée de terre romaine a donc bien pénétré dans cette région à l'intérieur du continent. Mais c'est probablement la seule incursion qu'elle y ait faite. Les autres peuples dont parle Polybe sont venus faire leur soumission sans y être contraints par les armes (11, 11).

La facilité des succès romains et la débandade de ses troupes contraignirent Teuta à se réfugier dans une place forte au fond des bouches de Cattaro que les Grecs considéraient comme un fleuve (11, 16). C'est probablement sa fuite qui amena les consuls à considérer la campagne comme terminée, toute résistance organisée ayant sans doute cessé, plutôt que les pertes qu'ils avaient subies à Noutria et peut-être ailleurs. C'est du moins ce que suggère l'ordre du récit de Polybe. Les consuls, avant de se séparer, et avant que Postumius, qui restait sur place avec un corps d'occupation réduit, prît ses quartiers d'hiver (12,

---

[1] Pour identifier les villes et les peuples cités par Polybe, on se référera à l'esquisse cartographique du tome II de l'édition-traduction publiée dans la collection Guillaume Budé par P. Pédech.

1-2), sans attendre la conclusion d'un traité de paix, constituèrent, au profit de Dèmètrios de Pharos, une principauté importante dont les limites ne peuvent être précisées
(11, 17). Il paraît improbable que la majeure partie des
Illyriens lui ait été soumise, comme le voudrait Polybe,
à moins que ce ne soit à ce moment qu'il ait épousé la
mère de Pinnès et acquis la tutelle du jeune roi, auquel
cas la régence du royaume illyrien se serait ajoutée aux
concessions romaines.

La guerre avait eu pour autre résultat de créer des
liens politiques entre Rome et un certain nombre de communautés de Grèce propre : quatre cités, Corcyre (11, 5),
Apollonia (11, 8), Epidamne (11, 10), Issa (11, 12) et deux
peuples, les Parthiniens et les Atintaniens (11, 11). Pour
marquer la nature des rapports ainsi établis, Polybe
emploie presque toujours les mêmes termes : les intéressés
se placent « sous la protection » du peuple romain qui
leur accorde son « amitié ». Pour exprimer la première
idée, sa formule exacte est qu'ils « s'en remettent à la foi
(*pistis*) romaine », *pistis* traduisant le latin *fides*. Selon
les concepts juridiques romains, les Grecs se livraient
ainsi pieds et poings liés, ils faisaient leur *deditio*, c'est-à-
dire qu'ils devenaient des sujets soumis à la volonté arbitraire de leurs nouveaux maîtres. Mais il y a lieu de douter
que ces principes aient été appliqués ici en toute rigueur.

Que les Grecs aient ignoré toutes les implications de
leurs engagements, il n'y a aucun doute. Autrement, ils
se seraient refusés à l'abolition de leur autonomie, de leur
existence même en tant que corps de droit public, et
cela quelque danger qu'ils encourussent. A leurs yeux,
la *fides romana* n'était qu'une alliance avec une puissance
très supérieure à la leur, non un esclavage. Et il n'est pas
certain que les Romains l'aient compris autrement. Une
variante du vocabulaire de Polybe le suggère : les Apollo-
niates et les Parthiniens se placèrent, non sous la protection, mais sous la « tutelle » romaine (*epitropè* = *tutela*,
qui n'est pas un terme de droit public). En outre, ce que
l'on connaît de la situation politique de ces nouveaux
alliés de Rome montre qu'ils ont conservé leur autonomie :
Corcyre, Apollonia et Epidamne continuent à battre
monnaie. Aucune garnison, aucun gouverneur romains
ne leur sont imposés. Au total donc, il paraît qu'en traduisant en grec des termes de droit romain dont il

connaissait mal le sens précis, Polybe induit son lecteur en erreur sur la nature des liens qui s'étaient établis.

III. *Le traité de paix avec Teuta et les ambassades romaines en Grèce.*

Retranchée dans sa forteresse, Teuta ne pouvait espérer tenir longtemps contre une seconde offensive romaine. Elle préféra traiter avant de tout perdre. Au printemps 228, elle envoya une ambassade à Postumius qui lui imposa de dures conditions (12, 3). Le tribut qu'elle dut accepter sans le discuter était une indemnité de guerre à payer par annuités. Mais Polybe ne nous en indique pas le montant. Elle était contrainte d'évacuer l'Illyrie, par quoi il faut entendre qu'elle perdait la tutelle de Pinnès et tout droit de se mêler du gouvernement du royaume. En échange, les « quelques places » où elle était autorisée à se maintenir lui formaient une principauté. Enfin, et c'était l'essentiel aux yeux des Grecs selon Polybe, il était interdit aux Illyriens d'envoyer plus de deux *lemboi* désarmés au Sud de Lissos. La piraterie était ainsi jugulée dans la mer Ionienne et le commerce entre l'Italie et la Grèce retrouvait la sécurité. Ce dernier article ne concernait pas Teuta seule. Elle ne représentait plus un danger avec les seules ressources de la principauté qu'on lui laissait. En revanche, le royaume illyrien, désormais gouverné par Dèmètrios de Pharos, avait les moyens de reprendre la guerre de course. On le vit bien quelques années plus tard. L'interdiction de la piraterie ne pouvait être efficace que si Dèmètrios y souscrivait. Il y a donc lieu de penser qu'il fut partie au traité avec Teuta.

Polybe ne dit rien des territoires enlevés aux Illyriens. Il n'avait pas à le faire puisque les peuples intéressés sont redevenus libres sous la protection romaine. Il ne devait pas être question d'eux dans le traité. Il n'en est pas moins nécessaire de préciser que, bien que les Romains aient rembarqué toutes leurs forces après la conclusion de la paix, ils conservaient néanmoins un « pied à terre » en Grèce occidentale. Toute menace contre lui devait nécessairement entraîner une réaction de leur part. Or, par la maîtrise de l'Atintanie, il touchait à la frontière occidentale de la Macédoine et les défilés de l'Aoos étaient la clé de la route qui la joignait à l'Adriatique. Y avait-il là une pointe dirigée contre la monarchie antigonide ? En tout cas, ce protectorat avait pour objet de matérialiser l'interdiction de la piraterie et de fournir une base d'opérations au cas où elle reprendrait.

La paix conclue, une série d'ambassades partit en publier les termes dans différentes parties de la Grèce. Les deux premières furent envoyées par Postumius, avant son retour en Italie, auprès des Achéens et des Etoliens (12, 4-5). Deux autres prirent le chemin de Corinthe et d'Athènes (12, 7-8), à l'initiative du Sénat sans doute, cette fois. Polybe nous instruit seulement de la mission des deux premières. Elle était très limitée : justifier l'intervention romaine, exposer ses résultats, donner lecture du traité imposé à Teuta. Il dut en être de même à Corinthe et à Athènes. Partout, les ambassadeurs reçurent le meilleur accueil, même s'il y avait quelque amertume pour les vaincus de Paxos à féliciter un peuple barbare d'avoir réussi là où ils avaient échoué.

Bien que le but de ces ambassades ait été étroitement borné, Polybe est formel à ce sujet, certains historiens n'hésitent pas à croire que leur objet réel était tout différent et qu'elles devaient amorcer une politique visant à infiltrer en Grèce l'influence romaine, avant de la soumettre à la domination de la République. Et cette intention ne serait pas le fruit du succès. La guerre elle-même aurait été souhaitée, provoquée par le Sénat en vertu d'une politique d'impérialisme inspirée par les victoires de la première guerre punique. Maîtres de la Méditerranée occidentale, les Romains devaient l'être aussi de son bassin oriental, la main-mise sur l'Adriatique constituant un premier pas.

Il ne semble pas possible de retenir une telle hypothèse. Il est établi qu'au cours du IIIe siècle, Rome n'a pour ainsi dire entretenu aucun rapport avec le monde hellénistique dans son ensemble, ni avec la Grèce propre en particulier. La plupart des traditions antiques qui font état de relations avec les états orientaux sont sans fondement historique. Lorsqu'elles méritent d'être retenues, comme c'est le cas pour l'accord de 273 avec l'Egypte lagide, il ne s'agit jamais de conventions d'ordre politique. Pour la Grèce propre, il n'y a même aucune tradition de cette nature jusque vers 239, où le Sénat aurait envoyé aux Etoliens une ambassade pour défendre l'Acarnanie contre leurs ambitions. Mais on considère, en général, ce récit comme apocryphe. Même s'il était véridique, ce serait trop peu pour établir la réalité de visées impérialistes. D'ailleurs, Polybe est formel : les ambassades de 228 sont les premières que Rome ait adressées à des états de l'autre côté de l'Adriatique (12, 7).

Mais, si Rome n'a pas eu de politique hellénique avant ce moment, les succès militaires qu'elle venait de remporter ne lui ont-ils pas inspiré l'idée d'en amorcer une, dont les dites ambassades seraient la première manifestation ? L'exposé de Polybe interdit de retenir cette hypothèse. D'une part, en dehors du compte rendu des opérations et de la communication du traité, l'historien ne fait état d'aucune autre tractation d'aucune sorte. Et le choix des destinataires est le résultat des circonstances qui ont immédiatement précédé l'intervention romaine : les Achéens et les Etoliens étaient les ennemis des Illyriens. Sans avoir aucun lien avec eux, sans que rien les y contraignît, par simple courtoisie, il était naturel que les Romains leur fissent part de leur action et de ses résultats, puisqu'ils y étaient intéressés au premier chef. La raison pour laquelle ils ont cru bon de faire une démarche semblable à Corinthe et à Athènes n'est pas claire. Peut-être, à défaut d'intérêt politique dans les affaires illyriennes, les deux cités y avaient-elles d'importants intérêts économiques. Quoi qu'il en soit, ce n'est pas par leur intermédiaire que les Romains pouvaient espérer faire rayonner leur influence en Grèce. Leur poids militaire et diplomatique était bien trop faible, et Corinthe, membre de la ligue achéenne, ne pouvait avoir de politique personnelle.

A défaut que les démarches réellement accomplies par les Romains puissent apporter la preuve de leurs intentions concernant la Grèce, n'en trouverait-on point un indice dans les abstentions de leur diplomatie ? M. Holleaux, qui l'a soutenu, notait qu'aucune ambassade n'avait été envoyée ni en Epire, ni en Acarnanie, ni surtout en Macédoine. Il ajoutait que les états visités étaient tous des adversaires de cette dernière. Enfin, le maintien du protectorat romain sur l'Atintanie lui paraissait un geste inamical envers elle, au moins une mesure de précaution. Il estimait, en effet, que l'intervention romaine contre les Illyriens, ses alliés, dans un domaine géographique qu'elle considérait comme une « chasse gardée », avait créé un état d'hostilité définitif entre les deux états et que les Romains en étaient tout à fait conscients.

Rien n'est moins sûr. Acarnaniens et Epirotes avaient conclu une alliance avec l'Illyrie. Rome n'avait donc aucun geste de courtoisie à faire à leur égard. Si elle a maintenu l'Atintanie sous son protectorat, c'est par défiance envers l'Epire, dernier possesseur du pays, non envers la Macédoine qui n'en avait sans doute jamais été maîtresse. Il est vrai que c'est Dèmètrios II qui a lancé Agron contre les Etoliens. Mais on ne peut vraiment parler d'alliance. C'est, de la part de Dèmètrios aux abois, un expédient pour détourner de lui un des adversaires qui l'accablaient. Quant à dire que les Antigonides considéraient la face adriatique de la péninsule balkanique comme d'intérêt vital pour eux, toute leur politique prouve le contraire. Leur activité est entièrement orientée vers la Grèce et l'Egée. Dès qu'Antigonos Doson eût résolu la crise qui avait provoqué la perte de son prédécesseur, c'est dans cette direction qu'il se tourna. De réaction vers l'Ouest, il n'en eut aucune.

Au total, la première guerre d'Illyrie apparaît comme un épisode excentrique dans l'histoire aussi bien de Rome que du monde grec. Il n'y a pas d'autre cause à l'intervention romaine que la recrudescence de la piraterie illyrienne dans les années 230. Elle n'aura aucune suite immédiate. Du côté grec, l'apparition victorieuse d'un peuple barbare presque inconnu fit, sans aucun doute, sensation. Mais elle fut presque aussitôt oubliée et les forces politiques revinrent sans tarder à leurs conflits traditionnels.

Bibliogr. : H. H. Schmitt, ouvr. cité n° XXII, pp. 193-195, n° 500 (sur le traité avec Teuta).

XXVIII. Conquête de l'Asie Mineure par Attale I (228)

1. (Justin, XXVII, 3, 1-6) (1) Cependant, le roi de Bithynie, Eumène, voyant les ressources des deux frères dispersées et épuisées par cette guerre d'hostilité intestine [1], pour s'emparer de la maîtrise de l'Asie presque vacante, attaque Antiochos victorieux et les Gaulois. (2) Et il ne lui est pas difficile de dominer des adversaires encore affaiblis par le combat précédent avec ses propres forces intactes. (3) A l'époque, toutes les guerres aboutissaient à la perte de l'Asie : dès que chacun se sentait le plus fort, il mettait la main sur l'Asie comme sur une proie. (4) Les deux frères Séleucos et Antiochos se faisaient la guerre pour l'Asie. Ptolémée, roi d'Egypte, sous couleur de venger sa sœur, désirait l'Asie. (5) D'un côté, Eumène de Bithynie, de l'autre, les Gaulois, cette force mercenaire toujours au service des plus faibles, dévastaient l'Asie et, pendant ce temps, on ne trouvait personne pour défendre l'Asie parmi tant de pillards. (6) Antiochos vaincu, Eumène avait mis la main sur la majeure partie de l'Asie. Mais, même alors, les deux frères qui avaient perdu l'objet pour lequel ils se faisaient la guerre, ne parvinrent pas à s'entendre. Négligeant l'ennemi extérieur, ils reprennent la guerre pour se perdre mutuellement.

2. (Trogue-Pompée, Prologue XXVII [2]) Guerre de Séleucos en Syrie contre Ptolémée Tryphon, puis en Asie contre son frère Antiochos Hiérax, guerre où il fut vaincu à Ancyre par les Gaulois. Comment les Gaulois, vaincus à Pergame par Attale, tuèrent Ziélas de Bityhnie.

3. (Porphyre de Tyr, *Frag. Gr. Hist.*, n° 260, F 32, 8) Dans la quatrième année de la 137ᵉ olympiade (229/8), en Lydie, engageant deux fois le combat il (Antiochos Hiérax) eut le dessous. Egalement, près de Coloè, il livra bataille contre Attale. Dans la première année de la 138ᵉ olympiade (228/7), ayant fui en Thrace devant Attale après la bataille qui avait eu lieu en Carie, il mourut.

---

[1] La guerre dite fratricide entre Séleucos II et son frère Antiochos Hiérax.

[2] De l'œuvre de l'historien gaulois Trogue-Pompée, on n'a conservé que les résumés placés en tête de chaque livre.

4. (Eusèbe, Chronique, I, 253) Dans la quatrième année de la CXXXVII olympiade, ayant porté deux fois la guerre en Lydie, il (Antiochos Hiérax) fut vaincu. Et, dans la région de Coloè, il livra bataille à Attale. La première année de la CXXXVIII olympiade, contraint de fuir en Thrace par Attale après la bataille livrée en Carie, il meurt.

5. (*Orientis Graeci Inscriptiones Selectae*) [1]
n° *269* Le roi Attale, ayant vaincu en bataille rangée les Galates Tolistoages près des sources du fleuve Caïcos, en remerciement à Athèna.
n° *271* Le roi Attale à Zeus et à Athèna sur le butin de la bataille livrée sur l'Harpasos en Carie contre Antiochos.
n° *273* Le roi Attale (offre) ces remerciements à Athèna pour les combats livrés à la guerre.
n° *274* Sur le butin de la bataille livrée en Phrygie de l'Hellespont contre Antiochos.
n° *275* Sur le butin de la bataille livrée à l'Aphrodision contre les Galates Tolistoages et Tectosages et Antiochos.
n° *276* Sur le butin de la bataille livrée près des sources du fleuve Caïcos contre les Galates Tolistoages.
n° *278* Sur le butin de la bataille livrée près de Coloè contre Antiochos.
n° *279* Sur le butin de la bataille livrée sur l'Harpasos en Carie contre Antiochos.

Le présent groupe de textes concerne deux événements connexes et mal connus : la guerre dite « fratricide » entre les deux frères Séleucos II et Antiochos Hiérax, et la conquête, rapide mais éphémère, de l'Asie Mineure par Attale I de Pergame. Bien que ce souverain n'ait pas réussi à conserver ses acquisitions plus d'une demi-douzaine d'années, l'extension subite de son royaume n'en marque pas moins l'entrée de sa dynastie dans le concert international et constitue le prélude du rôle capital qu'elle va jouer dans l'établissement de la domination romaine en Orient.

Justin nous donne le seul récit suivi de ces événements. Il l'a puisé dans l'œuvre perdue de Trogue-Pompée. Les « prologues » de ce dernier et Justin doivent donc être

---

[1] Ces inscriptions ont toutes été découvertes dans le sanctuaire d'Athèna sur l'acropole de Pergame. Le n° 269 est gravé sur la base d'un grand autel rond en marbre bleu, le n° 271 sur une petite base rectangulaire ; les n°ˢ 273 à 279 l'étaient chacun sur une plaque de marbre. L'ensemble de ces plaques placées côte à côte formait le couronnement d'un grand monument votif dont la longueur pouvait atteindre 14 m.

analysés ensemble. Ce dernier est très insuffisant, aussi bien pour les éléments qu'il contient qu'en raison de l'esprit qui l'inspire. Il est, en outre, plein d'erreurs. Elles apparaissent dès les premières lignes : aucun roi de Bithynie n'a porté le nom d'Eumène. Aucun non plus n'a conquis l'Asie Mineure aux dépens d'Antiochos Hiérax. Il y a donc confusion entre le royaume de Bithynie et celui de Pergame. En outre, ce n'est pas Eumène I qui a été l'adversaire de Hiérax. C'est son successeur Attale I.

Ainsi rectifié, le récit de Justin nous présente le Pergaménien, tenté par l'affaiblissement de la puissance séleucide dû à la guerre fratricide, prenant l'initiative des hostilités contre Hiérax et les Galates qui l'avaient soutenu contre son frère Séleucos II (1). Attale n'aurait guère eu de mal à l'emporter (2) et il aurait ainsi conquis « la majeure partie de l'Asie », ce qui veut dire l'Asie Mineure (6). Les considérations développées au §§ 3 à 5 sont évidemment dépourvues d'intérêt et de valeur. Bien que dépouillés de l'enjeu de leur rivalité, les deux Séleucides n'en auraient pas moins continué à se combattre. Telle est la matière de l'exposé que Justin a tiré du livre XXVII de Trogue-Pompée. Le prologue de celui-ci, dans sa brièveté, ajoute deux éléments : Séleucos II subit à Ancyre une défaite des mains des Galates lesquels, à leur tour, furent vaincus par Attale devant sa capitale. Il faut, en conséquence, nécessairement admettre qu'ils avaient envahi son royaume. Mais était-ce dans le cadre du conflit entre Hiérax et Attale ? En tout cas, la conquête de l'Asie par ce dernier ne fut sans doute pas aussi aisée que le prétend Justin.

Les fragments d'Eusèbe et de Porphyre dérivent l'un de l'autre presque mot pour mot. Ils se rapportent aux derniers épisodes de la vie de Hiérax qui aurait d'abord, dans la dernière année de la 137e olympiade, perdu deux batailles en Lydie contre un adversaire qui n'est pas nommé mais qui, d'après la suite, ne peut être qu'Attale, lequel l'aurait vaincu près de Coloè, lac situé à quelques kilomètres de Sardes, et définitivement chassé d'Asie après un dernier combat en Carie l'année suivante. C'est, de toute évidence, après ces victoires seulement que le roi de Pergame devint maître de l'Asie Mineure séleucide. Or, si indéterminée que soit la chronologie de la guerre fratricide, il est hors de doute qu'elle est antérieure de plusieurs années à ces opérations. Dès lors, on peut légitimement se demander s'il y a un lien de cause à effet entre elle et l'extension territoriale pergaménienne. Du moins est-on en droit de penser qu'avant de réaliser ses conquêtes, Attale a dû faire face à des difficultés qui l'ont détourné de passer sans délai à l'exécution de son dessein de mettre à profit la guerre fratricide, pour autant qu'il l'ait conçu dès qu'elle a éclaté.

Les inscriptions découvertes sur l'acropole de Pergame, dans le sanctuaire d'Athèna, sont toutes des dédicaces, par le roi Attale à la déesse, d'une part du butin fait lors de différentes victoires. Leur interprétation dépend de leur présentation matérielle. Les n°s 269 et 271 étaient gravés sur des monuments indépendants. Les autres, au contraire, faisaient partie d'un monument unique destiné à commémorer tous les succès remportés par Attale à un moment donné de son règne. C'est ce que montre le libellé du n° 273 qui indique l'intention générale de sa consécration. Puisqu'il s'agit d'une récapitulation des titres de gloire du roi, on peut se demander *a priori* si certaines des dédicaces du monument collectif ne se rapportent pas aux mêmes événements que les n°s 269 et 271. Or, il n'est pas douteux que le n° 276 soit une répétition du n° 269 et le n° 279 du n° 271. Par conséquent, les huit textes épigraphiques ne font, en réalité, référence qu'à cinq batailles, le n° 273 ne contenant mention d'aucun fait particulier. On a, d'autre part, lieu de croire que les dédicaces de ce monument étaient disposées selon l'ordre chronologique. Mais les circonstances de la découverte n'ont pas permis de le reconstituer selon des indices matériels. Celui des *OGIS* n'y est pas conforme. On ne peut donc le retrouver qu'en se fondant sur des arguments historiques.

L'identification des n°s 278 et 279 ne laisse pas place au doute. Il s'agit des deux derniers combats mentionnés dans Porphyre-Eusèbe. Le n° 279 permet de préciser que l'ultime bataille fut livrée sur l'Harpasos, affluent du Méandre. Il est moins certain que le n° 274 puisse être assimilé aux rencontres dont il est question au début de ces textes. En effet, il est parlé là de deux batailles au lieu d'une seule dans l'inscription, et elles auraient eu lieu en Lydie et non en Phrygie de l'Hellespont. Mais ces provinces sont limitrophes. Une confusion est admissible de la part d'un auteur aussi tardif que Porphyre. D'autre part, l'offensive d'Attale s'est développée du Nord au Sud comme le montrent les n°s 278 et 279. Qu'une première rencontre ait eu lieu en Phrygie de l'Hellespont se justifie aisément quand on considère la position géographique de Pergame, base d'opérations du roi. Il est donc probable que le n° 274 se réfère aux premiers engagements mentionnés par Porphyre. Seule la dualité demeure inexpliquée.

Restent les n°s 275 et 276 (= 269). Le premier commémore une victoire sur les Galates des deux tribus Tolistoages et Tectosages, alliés à Antiochos, près d'un sanctuaire d'Aphrodite. On s'accorde pour penser qu'il s'agit de celui qui se trouvait au pied des remparts de Pergame. Attale aurait donc combattu, aux portes mêmes de sa capitale, ses ennemis qui avaient envahi ses états. Il n'est pas téméraire de penser qu'on retrouve cette bataille dans le prologue de Trogue-Pompée. Dans ce cas, elle se placerait après la défaite de Séleucos II à Ancyre. Enfin, Attale se glorifiait dans le n° 276 d'avoir remporté, sur les Tolistoages seuls, une victoire aux sources du Caïcos, le fleuve qui arrose Pergame, sur les plateaux qui s'étendent à l'Est de cette ville. Cet événement n'apparaît dans aucune de nos sources littéraires. A la seule analyse des documents épigraphiques, il n'est pas possible de préciser la chronologie relative des deux combats, ni le rapport qui existe entre eux, s'il y en a un. On notera l'importance qu'Attale paraît avoir attaché à ses victoires sur les barbares. Dans le n° 275, ils sont nommés avant Antiochos. D'où l'on peut conclure que, lorsque ce dernier est mentionné seul, c'est qu'il a perdu ces alliés redoutables.

L'analyse des documents permet de reconstituer la trame des événements : la guerre fratricide inspire à Attale le dessein d'agrandir son royaume aux dépens de la dynastie séleucide représentée par Antiochos Hiérax. La puissance militaire de ce dernier était principalement fondée sur son alliance avec les Galates. Ils lui avaient permis de remporter sur son frère une victoire écrasante à Ancyre. Contre ces adversaires, Attale eut à combattre deux fois au moins. Mais, d'après les documents cités, il n'est pas possible de dire s'il s'est d'abord mesuré aux Tolistoages seuls ou à Antiochos appuyé des deux tribus galates. Cette première passe d'armes est suivie d'une seconde qui voit la défaite définitive de Hiérax, privé du soutien galate, en trois combats dans les années 229/8 et 228/7. Enfin, il faudrait placer une dernière phase d'hostilités entre Séleucos II et son frère avant que ce dernier aille se faire tuer en Thrace.

Cette synthèse fait apparaître les problèmes que pose cette période mal élucidée de l'histoire hellénistique. Le premier concerne la chronologie : la fin de cette série d'événements est bien datée, dans la mesure où l'on accorde crédit à Eusèbe [1]. Mais le début ne l'est pas. Dans ce début, la guerre fratricide tient la première place, non seulement par son influence sur la décadence séleucide, mais surtout, de notre point de vue, sur la politique d'Attale et l'extension territoriale pergaménienne. Le roi, comme le veut Justin, en a-t-il profité pour prendre l'initiative des opérations ? A-t-il, au contraire, été attaqué par son adversaire ? Enfin, Antiochos a bénéficié pendant un temps de l'alliance galate. Pourquoi l'a-t-il perdue ensuite et quel a été le rôle de ces barbares pendant la période considérée ?

L'origine de la guerre fratricide remonte au traité de paix qui, en 253 (?), mit fin à la seconde guerre de Syrie. Antiochos II Théos s'engageait, entre autres, à épouser Bérénice, fille de Ptolémée II Philadelphe, après avoir répudié sa première femme, Laodice, dont il avait deux fils adolescents : le futur Séleucos II et Antiochos Hiérax. A sa mort, ses sujets se divisèrent : Séleucos fut reconnu en Asie Mineure, le jeune fils de Bérénice en Syrie, et il reçut le soutien armé de son oncle Ptolémée III Evergète. La troisième guerre de Syrie en résulta (n° XXIV). Pendant que Séleucos s'efforçait de recouvrer les territoires occupés pas son adversaire, son frère, sans doute poussé par sa mère, exigea qu'il lui concédât le gouvernement de l'Asie Mineure. En raison des nécessités de la guerre, Séleucos dut y consentir, mais avec l'intention probable de revenir, dès qu'il le pourrait, sur cet engagement.

Le germe d'un conflit interne était ainsi semé. Quand a-t-il éclaté ? On considère, en général, que son début est sensiblement postérieur à la fin de la troisième guerre de Syrie (241), en fonction d'une tablette babylonienne,

---

[1] Dans le cas présent, sa chronologie paraît digne de confiance. On l'adoptera ici sans discussion.

datée de 236, où l'on voit les deux frères prendre une décision de concert. On estime qu'un tel accord est inconcevable après la guerre qui les a opposés et qu'en conséquence, celle-ci doit commencer au plus tôt en 235. Mais c'est là un raisonnement discutable, car l'accord a pu aussi bien se manifester une fois la paix rétablie entre eux. En revanche, il est peu vraisemblable que Séleucos n'ait pas cherché à rétablir son autorité sur l'Asie Mineure et à repasser la bride à Antiochos aussitôt la paix conclue avec l'Egypte. Enfin, il est démontré qu'Attale s'est proclamé roi avant 236. Quelle qu'ait été l'occasion : une victoire sur Antiochos ou sur les Galates, cela suppose, de toute manière, que la guerre fratricide avait commencé. On se trouve par là aussi ramené au lendemain de la paix avec l'Egypte. Si on choisit 241 pour le début des hostilités, la bataille d'Ancyre se placerait en 240 et la réconciliation peut-être en 239. Un décalage d'un an en moins est possible.

Le raisonnement de Justin, selon lequel Attale aurait profité de la lutte des deux frères pour tenter de s'agrandir est politiquement vraisemblable, et le lendemain d'Ancyre tout à fait indiqué. Les deux Séleucides avaient subi des pertes considérables et se trouvaient affaiblis. En outre, Antiochos vainqueur était pour Attale un voisin plus dangereux que Séleucos. Le centre de gravité de sa puissance, l'Asie Mineure, était plus proche de Pergame que ne l'aurait été un roi de Syrie avec sa capitale à Antioche. Dans ces conditions, il est apparemment naturel qu'Attale ait pris l'initiative des hostilités.

Mais d'autres manières de voir sont possibles et autorisées par les sources. Justin rapporte qu'aussitôt après Ancyre, les Galates échappèrent à l'autorité d'Antiochos qui dut racheter leur alliance « à prix d'or » (XXVII, 2, 12). Cet or n'était-il pas à Pergame ? Et il les aurait conduits au pillage. Cette hypothèse pourrait s'appuyer sur *OGIS* n° 275 qui suppose une invasion du territoire pergaménien. D'ailleurs, depuis la défaite qu'Eumène I avait fait subir à Antiochos I (262), les rapports n'étaient pas bons entre Pergame et les Séleucides, et Hiérax pouvait souhaiter venger son grand-père et soumettre une principauté dont les ressources n'étaient pas négligeables.

Un schéma différent se rencontre fréquemment dans l'érudition contemporaine. Il dissocie la guerre fratricide et le début des hostilités entre Attale et les Galates. Elles auraient eu des causes particulières, indépendantes de la première : d'après un passage de Tite-Live (XXXVIII, 16, 4), Attale aurait refusé, le premier de tous les souverains d'Asie, de continuer à payer tribut aux Galates pour éviter leurs déprédations. La bataille des sources du Caïcos (n° 276) serait ainsi la première des victoires d'Attale et l'alliance des barbares avec Antiochos pourrait être une conséquence de leur défaite. Ce point de vue est naturellement adopté par les historiens qui assignent une date tardive à la guerre fratricide. Ils sont confirmés dans leur opinion par Polybe selon qui « c'est seulement après sa victoire (sur les Galates) qu'il (Attale) se fit proclamer roi ». Or cette proclamation remonte au début du règne, avant 236. Donc, la lutte contre les Galates aurait été la première des tâches du roi, en date et en importance. Et il est vrai que sa propagande à l'étranger insiste avec complaisance sur son rôle de défenseur de l'hellénisme.

Cette interprétation n'est pas indubitable. La chronologie basse qu'elle suppose pour la guerre fratricide est erronée. En combattant Antiochos, d'autre part, Attale a également triomphé des Galates. Enfin, une victoire sur un roi était un meilleur prétexte pour assumer le diadème qu'un succès sur des barbares, et c'est généralement un tel exploit qui est à l'origine de la création des monarchies hellénistiques. Il est donc probable que c'est après sa victoire sur Hiérax qu'Attale s'est proclamé roi. Polybe s'est laissé prendre à sa propagande dans un développement qui n'est d'ailleurs pas de nature historique, puisqu'il s'agit d'un éloge du roi. Et on fait sans doute dire à Tite-Live plus qu'il ne dit, car, s'il affirme qu'Attale fut le premier à refuser le tribut aux Galates, rien n'oblige à penser qu'il le fit dès le début de son règne. Il n'est même pas interdit de conjecturer que son refus est la conséquence de sa victoire à l'Aphrodision.

Reste à déterminer qui des deux adversaires a ouvert les hostilités et à quel moment il faut en croire Justin. On notera qu'il n'est affirmatif que dans le texte à commenter et pour attribuer l'initiative à Attale. Pour inverser les rôles, il faut solliciter l'autre citation de manière abusive. Quand il parle de l'or avec lequel Antiochos a racheté l'alliance galate, il ne fait pas état d'une promesse, mais d'un versement réel. On n'est donc pas autorisé à penser qu'Antiochos a entraîné ses alliés contre Pergame pour conserver leur fidélité. Une difficulté subsiste : si c'est Attale qui a pris l'offensive, pourquoi a-t-il dû combattre sous les murs de sa capitale après qu'apparemment son royaume eut été envahi ? Faute de connaître le détail des opérations, on ne saurait le dire. Mais ce ne serait pas le seul exemple d'une attaque qui tourne mal et se termine en retraite, voire en déroute.

L'ordre et la chronologie des événements paraissent donc les suivants : la guerre fratricide commence en 241 (ou 240). Antiochos Hiérax bat Séleucos II à Ancyre en 240 (ou 239). Attale entre en guerre contre lui aussitôt après. Le début de la campagne est malheureux. Sa principauté est envahie. Mais il repousse ses adversaires à l'Aphrodision et se proclame roi (239 ou 238). Cet échec amène peut-être Antiochos à faire la paix avec son frère, d'autant qu'il a dû avoir de graves conséquences pour son autorité en Asie Mineure. Après leur défaite commune, en effet, les Galates se retournèrent contre lui, s'emparèrent même de sa personne. Réfugié à Magnésie du Méandre, il implora le secours lagide pour les combattre. Il est probable que, ne sentant plus le Séleucide capable de les mater, les Galates ont de nouveau cédé à leurs instincts et recommencé à ravager l'Asie Mineure comme ils le faisaient quand l'autorité y faiblissait.

Nul doute qu'Attale ait organisé la lutte contre eux. C'était pour lui une nécessité, un devoir et un avantage : se faire valoir comme défenseur de l'hellénisme et substituer sa prépondérance à celle des Séleucides. Des efforts qu'il a déployés dans ce sens, nous ignorerions tout si nous n'avions pas la dédicace de sa victoire aux sources du Caïcos. Mais on n'en peut fixer ni la date, ni les circonstances. Il est intéressant toutefois de remarquer que les vaincus ont été les Tolistoages seuls, la plus occidentale des tribus galates, celle qui devait avoir naturellement les rapports les plus suivis avec les Grecs d'Asie. Qu'elle n'ait pas été soutenue par les autres, alors qu'elle était associée aux Tectosages lors de la bataille de l'Aphrodision, pourrait être interprété comme un indice du caractère désordonné des entreprises galates dans cette période.

On ne peut davantage préciser les résultats de la politique d'Attale. Cependant, ils n'ont pas dû être négligeables, puisqu'il put en 229/8 reprendre la lutte contre

Antiochos sans redouter une nouvelle agression galate, sans qu'en tout cas, son adversaire bénéficiât du soutien barbare. Ce nouvel affrontement s'étend sur deux années olympiques selon Porphyre-Eusèbe. Mais elles chevauchent avec l'année chrétienne, puisque leur début se situe au cours de l'été. On peut dès lors se demander si, contrairement aux apparences dues aux différences de comput, une seule campagne, celle de 228, n'a pas suffi à la débâcle d'Antiochos : les batailles de Phrygie hellespontique et du lac Coloè auraient eu lieu au début de la belle saison (fin de l'année 229/8), celle de l'Harpasos à la fin (début de 228/7). Et cela paraît probable : il est visible, en effet, qu'Attale a poursuivi son offensive sans désemparer dès son premier succès. Laisser passer un hiver avant l'estocade eût permis à son adversaire de refaire ses forces et de remettre la victoire en balance.

D'autre part, la fin de l'existence d'Antiochos est bien plus agitée que ne le laisse croire Porphyre-Eusèbe. Vaincu sur l'Harpasos, on le retrouve en Syrie, puis en Mésopotamie. Il se réfugie ensuite en Cappadoce, en Egypte et enfin en Thrace où il est assassiné, au plus tard à l'été 227. Pour ces aventures qui l'entraînèrent à travers tout le monde hellénique, un an est bien le minimum. On ne l'obtient qu'en plaçant la bataille de l'Harpasos à la fin de l'été 228, comme il a été suggéré.

Le rappel des dernières tribulations d'Antiochos est surtout destiné à proposer une explication de la fin du texte de Justin. De la reprise des hostilités entre les frères ennemis dont il est question, on n'a aucune trace que l'ultime tentative de Hiérax pour dépouiller son frère de ses possessions. Justin lui donne, sans aucun doute, une coloration et une importance dont elle est dépourvue. Mais il n'y a pas d'autre substance connue à placer sous son exposé.

XXIX. La crise sociale à Sparte au temps d'Agis IV

(Plutarque, *Vies d'Agis et de Cléomène*, 5-7)

5 (1) Le début de la corruption et du malaise de la situation à Sparte coïncide à peu près avec la destruction de l'empire athénien qui y fit déborder l'or et l'argent. Cependant, tant que le nombre des patrimoines fixé par Lycurgue se maintenait dans le jeu des successions et que la terre se transmettait du père au fils, vaille que vaille la persistance de cet ordre et de cette égalité permettait à la cité de surmonter les erreurs commises par ailleurs. (2) Mais un éphore qui était un personnage influent, d'un caractère dur et difficile, nommé Ephitadeus, en raison d'un différend qui l'opposait à son fils, proposa une loi autorisant chacun à disposer librement de sa maison et de sa terre, soit par donation entre vifs, soit par testament. (3) C'est pour satisfaire une rancune personnelle qu'il fit voter cette loi. Mais les autres, par cupidité, l'adoptèrent et lui donnèrent effet, détruisant leur meilleure institution. Car, désormais, les puissants achetaient sans compter les successions dont ils évinçaient les héritiers légitimes. Rapidement, la fortune se concentra en quelques mains et la pauvreté saisit la cité. La servilité et l'indifférence au bien s'y ajoutèrent avec l'envie et la malveillance envers les possédants. (4) Il ne resta pas plus de sept cents Spartiates et, dans le nombre, il y en avait cent peut-être qui possédaient un bien foncier. Le reste de la masse croupissait sans ressources et sans dignité dans la cité. Les guerres ne soulevaient chez elle ni énergie, ni enthousiasme et elle ne cessait de guetter une occasion de bouleverser et de renverser l'ordre établi......

7 (3) Elles [1] s'unirent pour pousser Agis à faire diligence. Elles firent venir leurs amis pour les enrôler. Elles sondèrent les autres femmes, car elles savaient bien que les Lacédémoniens écoutent toujours leurs femmes et qu'ils leur laissent plus d'influence dans l'État qu'eux-mêmes n'en ont

---

[1] Il s'agit de la mère et de la grand-mère d'Agis qui les avait ralliés à ses projets de réforme sociale, bien qu'elles fussent les femmes les plus riches de Sparte.

dans leur ménage. Or, à l'époque, la majeure partie de la fortune en Laconie était entre les mains des femmes, ce qui, pour Agis, rendit la partie difficile à jouer. (4) Elles s'opposèrent à ses projets, où non seulement le luxe devait leur échapper alors que, faute de connaître le bien, elles en faisaient la source du bonheur, mais où encore le prestige et la puissance, fruits de leur richesse, leur étaient enlevés sous leurs yeux. Se tournant vers Léonidas, elles le pressèrent, puisqu'il était l'aîné des rois, de s'en prendre à Agis et de mettre un terme à ses agissements. (5) Léonidas voulait bien se ranger du côté des riches, mais il avait peur du peuple qui aspirait à la révolution. Il ne fit donc pas d'opposition franche. Mais, en sous-main, il s'efforçait de dénaturer la conduite de son collègue et de le déconsidérer. Il tenait des conciliabules avec les magistrats et s'y répandait en calomnies contre Agis : pour prix d'achat de la tyrannie, il offrait aux pauvres les biens des riches ; les partages de terres, les remises de dettes, c'était la solde des bataillons de prétoriens qu'il allait mobiliser pour son usage, non pour donner à Sparte des citoyens.

La concentration de la propriété foncière et la paupérisation des masses paysannes au cours du IIIe siècle ne sont pas un phénomène particulier à Sparte. Mais elles y ont atteint un développement plus poussé qu'ailleurs, semble-t-il. Et les tentatives révolutionnaires des rois Agis IV et Cléomène III pour y porter remède ont eu dans le monde grec une résonance considérable. Les deux chapitres de Plutarque donnent, le premier (5), un tableau de la crise, le second (7), un aperçu des oppositions qu'Agis a rencontrées et qui ont provoqué son échec.

I. La composition du chapitre 5 est d'une parfaite logique : elle expose successivement les causes, le mécanisme et les conséquences de la transformation sociale. De causes, Plutarque en voit deux : la dégradation morale d'une manière générale et, en particulier, la loi d'Epitadeus. Il n'y a rien à en retenir. Bien que l'histoire sociale de Sparte soit particulièrement obscure, la concentration foncière a sûrement de tout autres causes que l'amour de l'argent. Quant à la loi, suspecte en raison de son caractère anecdotique, on n'en connaît ni la date, ni les dispositions exactes. Des raisons similaires conduisent à rejeter les suggestions rapides de l'auteur sur le mécanisme des transferts fonciers. De toute manière, l'évolution était déjà très avancée quand Aristote l'a décrite dans la *Poli-*

tique à la fin du IVe siècle. Ce n'est donc pas un phénomène nouveau à l'époque d'Agis. Rechercher ses causes conduirait trop loin dans le temps. Seules les conséquences sont actuelles sous son règne.

Plutarque en distingue trois : la réduction du corps civique ; l'avilissement des masses populaires ; l'affaiblissement de la puissance militaire lacédémonienne. La première et la troisième sont liées. « L'oliganthropie » spartiate est un fait attesté depuis la fin du Ve siècle. Elle ne signifie pas une diminution générale de la population, mais une réduction du nombre des citoyens. Or, les particularités de la constitution font que le droit de cité est lié à un certain nombre d'obligations matérielles : celui qui ne peut y faire face est dégradé et, n'étant plus citoyen, il est exclu de l'armée. La décadence militaire de Sparte est donc une conséquence directe de l'évolution de la propriété et Plutarque a raison sur ce point.

En revanche, la manière dont il représente l'abaissement des masses est tendancieuse. Ce n'est pas « la servilité et l'indifférence au bien » qui sont les ressorts de la crise. Les aspirations révolutionnaires, qu'il signale honnêtement, ne tiennent pas à des causes morales, mais à la situation sociale et politique. La concentration foncière privait les paysans de tout moyen d'existence dans une société exclusivement agricole, et la perte du droit de cité les excluait de toute participation au gouvernement, pour les soumettre à une ploutocratie qui leur appliquait les dures méthodes traditionnelles à Sparte.

Partiellement entachée de caducité en raison de son caractère moralisateur, l'analyse de Plutarque omet, en outre, des facteurs propres à la période où il se place. Le premier est une tendance « réactionnaire » à ressusciter des institutions qu'on attribuait au législateur Lycurgue dont on ne savait rien. Elle ne pouvait que paralyser toute tentative pour moderniser la vie politique spartiate. Ces tentatives étaient le fait de certains souverains, tel Areus I, qui s'efforçaient de transformer la royauté traditionnelle en monarchie hellénistique. Enfin, la crise était alimentée par l'impuissance de la cité, entourée d'ennemis, à recouvrer, malgré la ténacité de ses efforts, son hégémonie antérieure.

II. Pour porter remède à cette crise, les projets du jeune roi Agis IV (il avait au plus vingt ans vers 245/4 au début de son règne) reprenaient les thèmes habituels des réformateurs sociaux : abolition des dettes et nouveau partage des terres, en les couvrant du nom de Lycurgue et en les justifiant par une philosophie égalitariste d'inspiration stoïcienne. Il voulait, en outre, reconstituer le corps civique à des fins militaires en y faisant rentrer ceux qui avaient perdu le droit de cité, avec des périèques et même des étrangers. Enfin, il prétendait remettre en honneur les anciennes vertus spartiates, non sans affectation et même snobisme.

Pareille tentative devait se heurter à de violentes résistances dont Plutarque évoque les premières manifestations. Elles sont, selon lui, de deux ordres. C'est d'abord naturellement l'opposition des riches, avec ce trait bien curieux dans une cité militaire, mais confirmé par Aristote, que ce sont les femmes qui menaient la lutte parce que c'étaient elles qui détenaient la propriété. Une fois de plus, l'aspect moralisant du récit est à écarter. Les possédants défendaient leurs biens et leur pouvoir politique, c'est tout.

Le second obstacle, contre lequel Agis s'est brisé, c'est le jeu des rivalités personnelles favorisé par l'archaïsme des institutions. Les deux rois de Sparte étaient rarement d'accord et cherchaient, l'un contre l'autre, l'appui des magistrats, en particulier des éphores. Ceux-ci avaient longtemps représenté un élément d'équilibre et fait respecter à la fois la constitution et l'intérêt national. Mais, dans la situation contemporaine d'Agis, cette politique n'avait plus de sens. Les institutions n'étaient plus respectées. La royauté elle-même n'était plus toujours collégiale. Et, dans un climat révolutionnaire, le sens de l'intérêt public variait avec le clan auquel on appartenait. Dès lors, l'illégalité et la violence étaient les seules ressources pour résoudre les conflits.

Léonidas II, le collègue d'Agis IV, s'y est essayé le premier de manière cauteleuse. Il ne pouvait approuver, ni même laisser passer les projets du jeune roi, d'abord en raison de sa fortune, ensuite parce qu'ayant vécu longtemps à la cour séleucide, son état d'esprit était tout autre : une révolution lui paraissait inconcevable et les oripeaux lycurguéens dont Agis habillait ses espoirs lui semblaient ridicules. Mais, tenant compte de l'état d'esprit populaire, il tenta de le faire déposer par les éphores. C'est ainsi, en effet, qu'il faut interpréter la fin du texte de Plutarque. Et les arguments qu'il employait ne pouvaient manquer de portée sur des gens qui avaient sous les yeux les tyrannies installées dans nombre de cités péloponnésiennes.

Sa tentative ne réussit pas. Au contraire, Agis, fort de l'appui populaire et conseillé par des politiciens retors, le fit déposer et exiler. Son erreur fut de ne pas appliquer sans délai son programme. L'ajournement du partage des terres refroidit l'enthousiasme. Une campagne sans gloire contre les Etoliens où les Achéens, qui le voyaient sans doute d'un mauvais œil en raison de leur conservatisme, le paralysèrent, permit à Léonidas de rentrer à Sparte et de la faire exécuter. Mais la crise sans solution devait rebondir avec Cléomène III.

XXX. La révolution de Cléomène (227)

(Plutarque, *Vies d'Agis et de Cléomène*, 31-32)

31 (1) Cléomène donc, une fois le jour venu, dressa une liste de quatre-vingts personnes qui devaient s'exiler. Il fit enlever les sièges des éphores, à l'exception d'un seul sur lequel il s'asseoirait pour traiter les affaires. Il réunit ensuite une assemblée pour justifier ses actes. Il déclara que Lycurgue avait établi une constitution mixte où les rois devaient collaborer avec les Anciens et que, longtemps, tel avait été le gouvernement de la cité. Aucune autre magistrature n'était jugée nécessaire. (2) Par la suite, comme la guerre contre les Messéniens s'éternisait, les rois, retenus en campagne, en vinrent à manquer de temps pour rendre la justice. A cette fin, ils désignèrent quelques-uns de leurs amis et les déléguèrent à leur place auprès des citoyens sous le nom d'éphores. Ils agissaient à l'origine comme subordonnés des rois. Mais ensuite, petit à petit, ils s'emparèrent du pouvoir par ce biais. Ainsi, sans qu'on s'en rendît compte, une magistrature autonome se constitua à leur profit. (3) La preuve en est que, jusqu'aux derniers temps, quand les éphores convoquaient le roi, à la première invitation il refusait de répondre et aussi à la seconde. Ce n'est qu'à la troisième sommation qu'il se levait pour aller les trouver. Le premier qui renforça leur pouvoir et étendit sa compétence fut Astéropos. Mais bien des générations passèrent avant qu'il devînt éphore. Tant qu'ils se montrèrent raisonnables, poursuivit Cléomène, mieux valait les supporter. Mais qu'un pouvoir usurpé en vînt à ruiner la constitution des ancêtres, au point que certains rois fussent chassés, d'autres tués sans jugement, que la menace pesât sur les citoyens qui souhaitaient voir rétablie l'admirable et divine constitution de Sparte, ce n'était plus tolérable. (4) S'il avait été possible, sans verser le sang, de se délivrer des fléaux importés à Lacédémone, les jouissances, le luxe, les dettes, les emprunts et ces maux encore plus anciens, la pauvreté et la richesse, il se serait estimé le plus heureux de tous les rois d'avoir pu, tel un médecin, guérir sans douleur la patrie. Mais, en fait, l'emploi de la force avait pour garant

Lycurgue. Alors qu'il n'était ni roi, ni magistrat, mais simple citoyen, il s'était mis en tête d'imposer son règne. Les armes à la main, il se présenta sur l'agora, si bien que la frayeur saisit le roi Charillos qui se réfugia auprès d'un autel. (5) Mais, comme il était homme de bien et patriote, il se rallia vite à l'action de Lycurgue et admit le changement de constitution. En pratique donc, l'exemple de Lycurgue atteste qu'il est difficile de changer un régime sans violence et sans terreur. D'ailleurs, affirma Cléomène, il en avait usé avec la plus grande modération : seuls les adversaires du salut de Lacédémone avaient été éliminés. (6) Tous les autres, ajouta-t-il, allaient recevoir toute la terre qu'il mettait à leur disposition. Plus de dettes : les débiteurs étaient libérés. Pour les étrangers, il les soumettrait à une enquête et à un examen : les plus capables deviendraient spartiates pour contribuer au salut de la cité par les armes. « Nous ne verrons plus la Laconie en proie aux Etoliens et aux Illyriens faute d'hommes pour la défendre. »

32 (1) Sur quoi, il fut le premier à mettre sa fortune à la disposition de la communauté. Il fut suivi par son beau-père, Mégistonous, et chacun de ses autres amis, puis par tout le reste des citoyens. Le pays fut partagé. Il attribua même un lot à chacun de ceux qu'il avait contraints à l'exil et promit de les faire rentrer quand le calme serait revenu. (2) Il compléta le corps civique par l'adjonction de l'élite des périèques et constitua une force de quatre mille hoplites... Il s'intéressa aussi à l'éducation des jeunes, qu'on appelle *agogè*. Dans la plupart des mesures prises à ce propos, Sphairos, qui se trouvait à Sparte, lui apporta son aide. Bientôt, exercices physiques et repas en commun retrouvèrent leur rythme. Rares furent ceux qui ne plièrent qu'à la contrainte. La volonté fut générale de revenir à la simplicité des mœurs de l'antique Laconie. (3) Cependant, pour atténuer l'impopularité du nom de monarchie, il proclama roi avec lui son frère Eucleidas. C'est la seule occasion où les Spartiates eurent deux rois de la même race.

La crise de Sparte au IIIe siècle, cf. n° XXIX. L'échec et la mort d'Agis IV l'avaient laissée entière. Or, les progrès incessants de la ligue achéenne (adhésion de Mégalopolis en 235, d'Argos en 229) d'une part, la cession de cités arcadiennes à Sparte par les Etoliens (229) d'autre part, rendaient un conflit inévitable et faisaient ressortir de manière plus aiguë la nécessité de la reconstitution du corps civique et, par conséquent, le problème agraire. Or, depuis 235, à Léonidas, le vainqueur d'Agis, avait succédé son fils Cléomène III qui, loin de poursuivre la politique oligarchique de son père, aurait été converti à la révolution par la veuve d'Agis qu'il avait épousée. Mais point n'est besoin de cette tradition anecdotique pour expliquer qu'un jeune souverain ambitieux ait senti l'urgence d'un bouleversement de l'état social pour rendre à Sparte sa grandeur. Mais, à la différence d'Agis, Cléomène avait compris qu'il n'y parviendrait que par un coup de force. Les hostilités avec l'Achaïe ayant sans doute commencé à la fin de 229, les succès qu'il remporta dans l'été de 227 lui en fournirent l'occasion. A la tête d'une poignée de mercenaires, il rentra à Sparte, fit mettre à mort les éphores et supprima cette magistrature, bannit quatre-vingts opposants et convoqua une assemblée pour justifier ses actes et faire voter les réformes qu'il jugeait indispensables.

Le discours que Plutarque place dans sa bouche comporte trois points : — une théorie sur l'origine et l'évolution de l'éphorat ; — une justification de l'emploi de la violence ; — un exposé des réformes, complété de détails supplémentaires au chapitre 32. La première partie n'a pas à faire l'objet d'une discussion. Souligner seulement que la théorie échafaudée par Cléomène est très discutable du point de vue historique. Mais il ne l'invoque que pour les besoins de sa cause : faire apparaître l'éphorat comme étranger à l'œuvre de Lycurgue, donc comme devant être supprimé pour revenir à la constitution ancestrale. La cause réelle de son abolition est qu'il représentait les intérêts de l'oligarchie foncière et qu'il n'avait cessé de faire de l'opposition à Cléomène. Le seul point où ce dernier se fonde sur des faits réels est que les éphores ont effectivement commis des violences illégales contre leurs ennemis (« certains rois chassés, d'autres tués » : allusion à préciser).

Enchaînement des idées de Cléomène : le pouvoir de l'éphorat est « usurpé » ; il faut donc le supprimer ; on ne peut y parvenir que par la force, même si c'est regrettable ; heureusement l'exemple de Lycurgue est là pour justifier son emploi ; donc, mon acte est légitime. Raisonnement vain pour des modernes, puisqu'on ignore tout de Lycurgue, mais très fort pour des Spartiates : prestige du personnage, valeur de la tradition. Pour avoir des chances de réussir une révolution, il faut se présenter en « réactionnaire » = restaurateur du passé. Toutes les mesures prises par le roi sont données comme un retour à la constitution de Lycurgue, même si ce sont des caricatures ou des impostures.

Le troisième point et son complément sont plus intéressants. Assez grand désordre dans l'exposé. Nécessité de regrouper les détails se rapportant au même sujet selon un ordre logique. D'abord, abolition des dettes et nouveau partage des terres. Rien d'original, c'est le leit-motiv de tous les réformateurs sociaux de l'Antiquité. Mais, à Sparte, une nouvelle répartition foncière prend nécessairement des aspects particuliers : le système du *klèros,* son lien avec le recrutement de l'armée, les connexions avec les ambitions lacédémoniennes dans le Péloponnèse. Pour trouver le nombre nécessaire de nouveaux citoyens, Cléomène doit faire appel à des périèques et même à des étrangers, ce qui serait exorbitant pour un traditionaliste sincère. Noter le chiffre de 4 000 hoplites (donc au moins autant de *klèroi*) et le rapprocher des 4 500 d'Agis et des 9 000 de Lycurgue.

Les autres mesures : *syssitia, agogè*... sont de la résurrection archéologique, à quoi Plutarque ajoute son moralisme personnel. Il y a lieu de douter que ces contraintes anachroniques aient été du goût de tous les Spartiates. Deux détails à élucider pour terminer : le philosophe Sphairos et la collégialité royale. En ce qui concerne le premier, la mention d'un stoïcien comme conseiller de Cléomène a longtemps fait penser que le roi adhérait à cette doctrine. On a depuis relevé dans sa politique des influences cyniques. Probablement faux problème : l'action de Cléomène, essentiellement pragmatique, n'avait pas besoin de référence philosophique. Quant à la dualité de la royauté, il y avait longtemps qu'elle n'était plus régulièrement respectée. On ne sait pas à quelle date le successeur légal d'Agis IV (eurypontide) s'enfuit de Sparte. Assassiné en 227 sans descendance apparente. La désignation de son frère Eucleidas comme collègue par Cléomène est un faux semblant. En fait, il gouverna seul comme un tyran.

XXXI. Formation de l'alliance entre l'Achaïe et la Macédoine (227-5)

(Polybe, II, 47-52)

47 (1) Les Achéens n'opposèrent d'abord que leurs propres forces aux Lacédémoniens. Ils pensaient qu'il était plus honorable de ne pas demander à d'autres leur salut, mais d'agir eux-mêmes par leurs propres moyens pour sauver leurs cités et leur pays. (2) Ils voulaient, d'autre part, aussi conserver l'amitié de Ptolémée à cause des services qu'il leur avait rendus et ne pas avoir l'air de tendre la main à d'autres. (3) La guerre suivait son cours ; Cléomène, qui avait renversé la constitution traditionnelle et transformé la royauté légitime en tyrannie, menait la guerre avec énergie et hardiesse. (4) Aratos qui, dans sa prévoyance, craignait la folle témérité des Etoliens, résolut de prendre les devants et de réduire leur projet à néant. (5) Il connaissait Antigonos pour homme d'expérience, intelligent et digne de confiance. Il savait bien aussi que les rois ne considèrent personne comme leur adversaire ou leur ennemi naturel, mais que le calcul de leur intérêt est, en toute occasion, la mesure de leurs hostilités et de leurs amitiés. (6) Il résolut donc d'entrer en pourparlers avec ce souverain et de nouer avec lui un accord, en lui montrant l'avantage qui en résulterait. (7) Mais agir ouvertement lui parut inopportun pour diverses raisons. Car, ainsi, il ne manquerait pas de susciter l'opposition de Cléomène et des Etoliens à son entreprise. (8) Il risquait aussi de décourager la majorité des Achéens en cherchant de l'aide auprès de leurs ennemis et en ayant l'air de désespérer sans remède de leurs possibilités. Et il ne voulait à aucun prix en donner l'apparence. (9) Telles étant les prémisses, il décida de traiter l'affaire en secret. (10) En conséquence, il était obligé de démentir sa véritable pensée par ses actes et ses paroles à l'égard de ceux qui n'y étaient pas initiés. En affectant des dispositions tout opposées, il escomptait dissimuler son plan.

48 (1) Il savait que les Mégalopolitains souffraient de

la guerre parce que le voisinage de Lacédémone les plaçait
en première ligne et qu'ils n'obtenaient pas de secours de
la part des Achéens, eux-mêmes aux prises avec de graves
difficultés. (2) Il connaissait bien, d'autre part, leurs dispositions amicales envers la maison royale de Macédoine qui
remontaient aux services que leur avait rendus Philippe,
fils d'Amyntas (Philippe II). (3) Il se rendit compte que,
bientôt, sous la pression de Cléomène, ils appelleraient à
l'aide Antigonos et les Macédoniens. (4) Il communiqua
donc sous le sceau du secret l'ensemble de son projet à
deux Mégalopolitains, Nicophanès et Kerkidas, avec qui sa
famille avait d'anciens liens d'hospitalité et qui avaient
les qualités requises pour le seconder. (5) Il lui fut aisé,
grâce à eux, d'inciter les Mégalopolitains à envoyer une
ambassade aux Achéens pour les engager à demander du
secours à Antigonos. (6) Les Mégalopolitains chargèrent
Nicophanès et Kerkidas eux-mêmes de l'ambassade auprès
des Achéens et de là, sans désemparer, auprès d'Antigonos
si la confédération donnait son accord. (7) Les Achéens
autorisèrent les Mégalopolitains à faire cette démarche.
(8) En toute hâte, Nicophanès et ses collègues se rendirent
auprès du roi et eurent un entretien avec lui. Ils ne parlèrent de leur patrie que pour dire l'indispensable en un bref
résumé de quelques mots. L'essentiel de leur propos porta
sur la situation générale, conformément aux instructions
d'Aratos et à ses intentions.

49 (1) Il s'agissait de dévoiler les effets et le but de la
collusion entre les Etoliens et Cléomène et de montrer que,
si les premiers visés étaient les Achéens, ensuite et surtout,
c'était Antigonos. (2) Les Achéens, contraints à la guerre
sur deux fronts, ne seraient pas en état de résister. C'était
évident pour tout le monde. Ensuite, les Etoliens et Cléomène, une fois vainqueurs, ne se contenteraient pas de ce
succès et n'en resteraient pas là. C'était encore plus facile
à saisir pour tout homme de bon sens. (3) Car, loin que
la volonté de puissance des Etoliens se sente à l'aise dans
les limites du Péloponnèse, celles même de la Grèce ne
lui suffiraient pas. (4) Quant à l'ambition de Cléomène et
à son entreprise, pour le moment, elles se limitaient à la
domination sur le Péloponnèse. Mais, s'il s'en emparait, d'un
trait il aspirerait à la première place en Grèce. (5) Mais
il ne pourrait y parvenir sans avoir, au préalable, détruit
l'empire macédonien. (6) Les ambassadeurs demandaient donc
à Antigonos d'examiner, en anticipant sur les événements,
s'il était de son intérêt de se battre aux côtés des Achéens
et des Béotiens dans le Péloponnèse contre Cléomène pour
lui disputer l'hégémonie sur la Grèce ou de faire fi de
cette puissante confédération et se trouver ainsi contraint

de risquer en Thessalie contre les Etoliens et les Béotiens, et
aussi les Achéens et les Lacédémoniens, l'existence du
royaume de Macédoine. (7) Si les Etoliens, pour respecter
l'amitié que les Achéens éprouvent pour eux depuis l'époque
de Dèmètrios (II) feignent de rester en paix, les Achéens
continueront à faire seuls la guerre à Cléomène. Si la fortune se prononce en leur faveur, ils n'auront besoin du
secours de personne. (8) Si la chance tourne mal et que
les Etoliens prennent parti contre eux, ils le priaient de
bien envisager la situation afin de ne pas laisser échapper
l'occasion et de se porter à l'aide des Péloponnésiens quand
leur salut serait encore possible. (9) Il devait, pensaient-ils,
ne pas éprouver d'inquiétude sur la bonne foi et la reconnaissance des Achéens. Le pacte conclu, ils promettaient
qu'Aratos trouverait des garanties qui satisferaient les deux
parties. (10) Ils dirent aussi qu'il lui ferait connaître à quel
moment intervenir.

50 (1) Antigonos, les ayant écoutés, trouva les avis d'Aratos justes et réalistes et observa la suite des événements
avec attention. (2) Il écrivit aux Mégalopolitains pour leur
promettre son appui pourvu que les Achéens le voulussent
bien. (3) Nicophanès et Kerkidas rentrèrent chez eux,
remirent la lettre du roi et rendirent compte de sa bienveillance et de ses heureuses dispositions. (4) Le moral
des Mégalopolitains en fut relevé. Ils s'empressèrent de se
rendre à l'assemblée des Achéens pour les engager à faire
des avances à Antigonos et à lui confier sans tarder la
direction des opérations. (5) Aratos qui, pour son compte,
s'était fait exposer par Nicophanès et son collègue quelle
était la position du roi à l'égard des Achéens et de lui-
même, était enchanté de ne pas avoir manœuvré pour rien
et de ne pas trouver en Antigonos, contrairement à l'espoir
des Etoliens, un adversaire irréductible. (6) Il jugeait aussi
à propos que les Mégalopolitains se montrassent disposés
à passer par l'intermédiaire des Achéens pour avoir recours
à Antigonos. (7) Son plus grand désir, je l'ai dit plus
haut, était bien de se passer de toute aide. Mais, si la
nécessité l'obligeait à y recourir, il souhaitait que la
démarche fût faite, non en son nom, mais au nom de tous
les Achéens. (8) Car une crainte le hantait : au cas où
le roi, après intervention et victoire sur Cléomène, se retournerait contre la confédération, l'opinion ne lui ferait-elle
pas porter la responsabilité de l'événement ? (9) Car l'acte
du roi pourrait se justifier par l'injuste affront qu'il avait
fait subir à la maison royale de Macédoine en occupant
l'Acrocorinthe. (10) C'est pourquoi, dès que les Mégalopolitains se furent présentés à l'assemblée fédérale pour lui
communiquer la lettre du roi, l'assurer de son entière bien-

veillance et, en outre, l'engager à prendre langue sans délai avec Antigonos, et comme l'assistance se prononçait dans le même sens, (11) Aratos prit la parole. Il prenait acte de la bonne volonté du roi et approuvait l'opinion de la majorité. Mais il conseilla longuement à ses concitoyens de s'efforcer de protéger par leurs propres moyens leurs cités et leur pays. C'était ce qu'il y avait de mieux à faire pour servir leur honneur et leur intérêt. (12) Même si la fortune leur était contraire, leur premier devoir était d'épuiser toutes leurs ressources avant d'avoir recours à l'assistance de leurs alliés.

51 (1) L'assemblée se prononça dans ce sens et décida de s'en tenir à la politique actuelle : mener la guerre en cours avec les moyens dont on disposait. (2) Mais Ptolémée, perdant espoir dans la confédération, transféra ses subsides à Cléomène dont il voulait faire son champion contre Antigonos. Il comptait davantage sur les Lacédémoniens que sur les Achéens pour contrecarrer les entreprises des rois de Macédoine. (3) Les Achéens furent vaincus une première fois près du Lycée au cours d'un combat de rencontre avec Cléomène, une seconde fois en bataille rangée au lieu-dit Ladokeia sur le territoire de Mégalopolis (Lydiadas périt en cette occasion). Une troisième défaite totale leur fut infligée à Dymaia au lieu-dit l'Hécatombaion, malgré la mobilisation générale. (4) Dès lors, aucun atermoiement n'étant plus possible, il fallut bien se plier aux circonstances et se tourner d'un accord unanime vers Antigonos. (5) A cette occasion, Aratos envoya son fils comme ambassadeur à Antigonos pour lui confirmer les conditions de son appui. (6) Mais il restait un sujet d'embarras et de difficulté extrêmes : il n'était pas probable que le roi accorderait son aide sans recouvrer l'Acrocorinthe et occuper la ville de Corinthe comme base d'opérations militaires. Les Achéens, de leur côté, ne prendraient pas sur eux de les livrer aux Macédoniens contre le gré des Corinthiens. (7) Aussi la solution de cette question fut-elle différée pour qu'on eût le loisir d'examiner les garanties.

52 (1) Cependant, Cléomène, grâce à la frayeur qu'inspiraient ses précédents succès, n'avait rencontré aucun obstacle dans la suite de son avance. Il prenait les villes soit par persuasion, soit en les terrorisant. (2) Il s'empara ainsi de Caphyai, Pellène, Phénéos, Argos, Phlious, Cléonai, Epidaure, Hermionè, Trézène, et finalement Corinthe. Puis il vint camper devant Sicyone. Ce faisant, il délivra les Achéens de leur plus grand embarras. (3) Car les Corinthiens avaient enjoint à Aratos, en tant que stratège, et aux Achéens d'évacuer la ville et envoyé une délégation à Cléomène pour faire appel à lui. Les Achéens tenaient ainsi une occasion et un prétexte à point nommé. (4) Aratos s'en saisit et livra à Antigonos l'Acrocorinthe que les Achéens occupaient alors. Par là, il faisait disparaître le grief que le roi avait contre sa famille. Il lui donnait une garantie valable de sa fidélité pour l'avenir et surtout il lui fournissait une base d'opérations pour la guerre contre les Lacédémoniens.

Une première partie introductive est nécessaire pour préciser la situation diplomatique en Grèce propre au début de la guerre de Cléomène (fin 229 environ). L'essentiel est de souligner que ces hostilités et la rupture de l'alliance entre l'Achaïe et l'Etolie rendent Antigonos Doson maître du jeu : le camp pour lequel il se prononcera est à peu près assuré de la victoire. D'où la position très précaire de l'Achaïe en général et d'Aratos en particulier. Avant d'aborder l'étude détaillée du texte, en préciser les limites chronologiques : 47, 1-3 est un retour en arrière très bref, allusif et incomplet des deux premières années du conflit jusqu'à la révolution de Cléomène à Sparte (hiver 227/6). Rappeler les défaites subies par les Achéens (en 51, 3, celles du Lycée et de Ladokeia sont antérieures. C'est un rappel pour justifier la nécessité de l'alliance macédonienne, non un jalon chronologique). L'exposé détaillé commence en 47, 4. Il se termine au moment de la prise de Corinthe par Cléomène (fin de l'été 225). On a coupé à ce moment le récit de Polybe parce que la décision est alors définitivement prise par les Achéens de se lier à la Macédoine. Mais il y eut d'autres négociations avant la conclusion du traité d'alliance (hiver 225/4).

Il faut, d'autre part, préciser l'esprit dans lequel écrit Polybe : il concentre son intérêt sur l'évolution diplomatique de l'Achaïe à travers la politique d'Aratos. Il est donc lacunaire par destination. Les opérations militaires, en particulier, ne sont pas évoquées pour elles-mêmes. Enfin, la question de la véracité de l'auteur doit être soulevée. Il avoue s'être inspiré principalement des *Mémoires* d'Aratos, évidemment tendancieux, bien qu'il ait eu recours à d'autres sources. Mais il y avait une autre tradition représentée par Phylarque, qu'on retrouve dans les *Vies* de Plutarque et qui était pro-spartiate. Il ne peut être question de procéder à une comparaison critique, mais il importe de se souvenir que Polybe peut être suspecté et, éventuellement, de rejeter ses affirmations à la lumière des données de l'histoire générale.

Le récit étant strictement chronologique, l'analyse d'ensemble doit se borner à dégager les étapes de la négociation. La nature de chacune, ses causes et ses résultats varient en fonction de la situation générale et ne peuvent donc être exposées que successivement. On peut en distinguer trois : 1) le premier contact avec Doson (47, 4 - 49) ; 2) la conversion des Achéens à l'alliance macédonienne (50) ; 3) la collusion définitive entre eux et le roi (51-52). Chacune constituera une des parties du commentaire.

I. Cette première partie est elle-même articulée en plusieurs points : les mobiles d'Aratos, le biais qu'il emploie pour aborder le roi, les arguments qu'il lui fait exposer. L'étude devra faire ressortir la position spéciale d'Aratos dans la ligue, son caractère et ses procédés, et présenter une critique de l'argumentation développée devant Antigonos pour en montrer la fragilité. On soulignera, en particulier, l'inanité de l'épouvantail étolien. En réalité, c'est contre Cléomène qu'Aratos veut obtenir l'appui macédonien. On sera ainsi conduit à s'interroger sur les motifs qui ont pu décider Antigonos à donner suite à sa démarche. Il faudra naturellement préciser la situation de Mégalopolis dans la ligue et vis-à-vis de Sparte.

II. L'intérêt de la seconde partie réside dans l'habileté de la manœuvre d'Aratos. En bien préciser la nature : il s'agissait de faire admettre à ses compatriotes la possibilité de l'alliance macédonienne, non de la leur présenter comme une nécessité, sans se mettre en avant, en ayant l'air, au contraire, de se laisser entraîner pour éviter d'en endosser la responsabilité. Ce qui conduit à examiner les raisons pour lesquelles il était devenu un adversaire irréductible de Cléomène et refusait d'envisager aucun accommodement avec lui, la conséquence étant qu'il n'y avait pas d'autre solution, à ses yeux, que l'entente avec Antigonos. On relèvera que certaines de ses préoccupations sont tout à fait personnelles et sans rapport avec les intérêts de la ligue.

III. Dans la dernière partie, le lien entre événements militaires et tractations diplomatiques est constant. Uniquement préoccupé de ces dernières, Polybe donne des premières un aperçu insuffisant et erroné qu'il faut compléter et rectifier. Il néglige mêmes certaines négociations dans un souci trop exclusif d'expliquer la formation de l'alliance achéo-macédonienne. A la nécessité où les Achéens se sont trouvés de recourir pour de bon à l'alliance d'Antigonos, il attribue deux causes : le revirement de Ptolémée Evergète en faveur de Cléomène et les victoires de ce dernier. Sur le premier point, on rappellera les principes de la politique lagide en Grèce, les liens entre l'Egypte et Aratos personnellement, mais en soulignant la faiblesse réelle de l'action d'Evergète et, par conséquent, l'absence de portée de sa défection, sauf sur le plan psychologique. Sur le second, il faudra distinguer les opérations télescopées par Polybe, sans oublier leurs incidences sur la politique extérieure et la diplomatie achéennes, la dernière étant bien plus complexe qu'il ne le laisse deviner. Souligner la gravité des pertes territoriales, qui menaçaient l'existence même de la ligue. Analyser les causes de ces défaites qui ne tiennent pas seulement à la supériorité militaire de Cléomène, mais à la crise intérieure de la ligue et à des causes sociales. Pour terminer, souligner toutes les implications et les conséquences de la question corinthienne.

Bibliogr. : E.-S. Gruen, « Aratus and the Achaen alliance with Macedon », *Historia*, 21, 1972, pp. 609-625 (Nie l'existence des négociations secrètes entre Aratos et Antigonos Doson).

XXXII. La politique étrangère des Lagides au IIIe s. av. J.-C.

(Polybe, V, 34, 1-9)

(1) Dès que Ptolémée surnommé Philopator, après la mort de son père et le meurtre de son frère Magas avec ses partisans, eut pris le pouvoir en Egypte, (2) il considéra qu'à l'intérieur il n'avait plus rien à craindre grâce à son action personnelle et au crime susdit, et qu'à l'étranger tout péril se trouvait écarté grâce à sa bonne fortune : Antigonos et Séleucos étaient morts. Antiochos et Philippe, héritiers de leurs royaumes, étaient de tout jeunes hommes, presque des enfants. (3) Il fit donc confiance aux circonstances présentes. Adonné à des distractions incessantes, il laissa traîner les affaires du royaume. (4) Il se montrait négligent et d'abord difficile à ses courtisans et aux fonctionnaires qui administraient l'Egypte. Il ne manifestait qu'insouciance et indifférence à ses ministres des Affaires étrangères. (5) Pourtant, ses prédécesseurs n'y consacraient pas le moindre de leurs soins. Ils y attachaient, au contraire, plus d'attention qu'à leur pouvoir sur l'Egypte elle-même. (6) Aussi faisaient-ils peser leur menace sur les rois de Syrie par terre et par mer, grâce à la maîtrise de la Syrie Creuse et de Chypre. (7) Ils tenaient à leur portée les princes d'Asie, de même que les îles, grâce à la domination des villes, des positions et des ports les mieux situés tout le long de la côte, de la Pamphylie jusqu'à l'Hellespont, et des environs de Lysimacheia. (8) Ils surveillaient les affaires de Thrace et de Macédoine grâce à la maîtrise des villes voisines d'Ainos, de Maronée et encore au-delà. (9) Telle était leur politique : ils portaient au loin leur main, poussaient devant eux à grande distance leur pouvoir et ainsi n'avaient jamais à défendre leur autorité sur l'Egypte. C'est pourquoi ils attachaient avec raison une grande attention aux affaires étrangères.

Se plaçant à l'avènement de Ptolémée IV Philopator (221), le premier Lagide assurément médiocre, Polybe

oppose sa négligence à l'égard des questions diplomatiques
à la vigilance de ses prédécesseurs. Et il développe à cette
occasion ses vues sur les principes de la politique étrangère égyptienne au cours du IIIe siècle. Etant donné le
poids dont elle a pesé sur les relations internationales pendant cette période, l'opinion de Polybe mérite d'être précisée et examinée pour évaluer sa justesse.

I. *Polybe et la diplomatie lagide.*

Le texte se divise en deux parties distinctes : aux §§ 1 à
4 compris, l'auteur décrit la conduite de Philopator. De
5 à 9, il l'oppose à celle de ses prédécesseurs. Il ne faut
pas s'arrêter à la première qui est circonstancielle et sert
surtout à introduire la seconde, sauf à préciser les noms
des souverains mentionnés en vue de déterminer la date
à laquelle se place Polybe. Antigonos, c'est Doson, roi de
Macédoine mort en 221, et Philippe (V) est son héritier.
Séleucos est le troisième du nom, disparu en 223. Antiochos III le Grand lui succède. Tout le reste n'est destiné
qu'à dépeindre la psychologie de Philopator. Elle n'a
qu'un rapport lointain avec le centre d'intérêt du texte.

On le trouve dans la seconde partie. Polybe part d'une
affirmation : les premiers Lagides attachaient plus d'importance aux affaires étrangères qu'à l'administration de
leur royaume (5). Il en donne la preuve avec l'extension
géographique de leur empire et les avantages politiques
qui en résultaient : grâce à leurs positions stratégiques, ils
pouvaient intervenir avec efficacité en Syrie, en Asie
Mineure, en Thrace et en Macédoine (6-8). Pour
conclure, Polybe donne la clé de cette politique en for-
mulant le dessein qu'elle poursuivait : écarter toute menace
sur l'Egypte. Et il revient à son point de départ : si les
Ptolémées attachaient une telle importance à la politique
étrangère, c'est qu'elle était la condition de leur puissance.
A vrai dire, il n'indique pas pourquoi ils désiraient tant
mettre l'Egypte hors d'atteinte. Mais sa pensée ne fait
aucun doute : la vallée du Nil et ses ressources leur
donnaient les moyens de leur rôle international. La perdre était tout perdre. L'opinion de Polybe apparaît donc
clairement : c'est l'Egypte qui constitue le fondement de
la puissance lagide. Pour la rendre inexpugnable, on
formera en avant de ses frontières un glacis qui permettra
de repousser tous les adversaires éventuels. Mais ce n'est

qu'un moyen ; le but fondamental reste de rendre l'Egypte invulnérable.

Ce point de vue, comme toute recherche de causalité unitaire, est schématique et sa portée réelle a besoin d'être précisée. Chronologiquement d'abord : Polybe fixe certes nettement le terme de la période qu'il envisage. Mais le début est laissé dans le vague. Il est pourtant important de déterminer le moment à partir duquel on peut parler d'une diplomatie lagide indépendante. On ne manquerait pas de bons arguments pour remonter à l'installation même de Ptolémée I Sôter en Egypte. Mais Polybe n'envisage sans doute pas une date aussi haute. Un des effets de la diplomatie des Ptolémées était qu'ils n'avaient « jamais à défendre leur autorité sur l'Egypte ». Or, Sôter a eu à repousser au moins deux envahisseurs : Perdiccas en 321, Antigonos le Borgne en 305. Notre historien ne l'ignorait pas. Donc, il apparaît qu'à ses yeux, le système diplomatique ptolémaïque ne s'est constitué qu'à l'extrême fin du IVe siècle, la disparition d'Antigonos à Ipsos (301) pouvant constituer la date-repère.

Polybe ne dit rien non plus de l'évolution de cet empire lagide. Il le considère tel qu'il était constitué à l'avènement de Philopator. Or, il n'a pas fallu moins de trois règnes pour en arriver là, depuis la conquête de la Coelè-Syrie sur laquelle Sôter avait mis la main au moment d'Ipsos, jusqu'aux positions de l'Hellespont et de Thrace acquises par Ptolémée III au début de son règne. Et le développement de cet empire avait connu des hauts et des bas qu'il ne saurait être question de retracer. Ce serait sans intérêt pour le problème posé par Polybe, car le fait est qu'en 221, l'autorité lagide s'étendait bien sur tous les territoires qu'il indique. Quelques précisions seraient nécessaires pour élucider ce que l'historien entend par « les villes, les positions et les ports les mieux situés... », pour désigner ceux qu'il appelle « les princes d'Asie ». Il faudrait apporter aussi des tempéraments à certaines de ses affirmations : la Pamphylie n'a jamais vraiment été soumise aux Lagides et, en dehors d'Ainos et de Maronée, on ne connaît guère d'autres possessions à leur attribuer en Thrace. Dire donc qu'ils pouvaient ainsi surveiller les affaires de la région et surtout de Macédoine est exagéré. En revanche, Polybe ne mentionne pas les bases navales dont les Ptolémées disposaient dans la mer Egée (les îles

dont il est question § 7 sont les Sporades, en bordure de
l'Asie Mineure).

Mais, ces corrections apportées, la description de l'empire ptolémaïque est exacte. Les Lagides en ont poursuivi
avec constance la formation, chacun pour sa part. On
peut donc bien parler d'une diplomatie à laquelle ils sont
demeurés fidèles. Dès lors, Polybe était en droit de la
considérer comme un tout et d'en proposer l'interprétation
précisée plus haut. Dès lors aussi, on ne peut se dispenser
d'examiner si elle est conforme aux réalités historiques.

II. *La diplomatie lagide dans le cadre de la stratégie uni- verselle.*

Pour Polybe, par conséquent, toute la politique étrangère des trois premiers Ptolémées aurait eu pour but fondamental de mettre l'Egypte hors de portée de leurs
ennemis. Et l'extension de leur domination, du Delta à
l'Hellespont, aurait été inspirée par ce souci. Apparemment
conquérante, elle aurait été en réalité défensive. Cette
interprétation a été rejetée par bon nombre d'historiens. A
leurs yeux, l'impérialisme est une donnée première de la
diplomatie lagide. Ce qu'auraient souhaité les Ptolémées,
c'est de jouer un rôle prépondérant dans la vie internationale et, à cette fin, de saper constamment la puissance
de leurs rivaux. Si on ne les soupçonne pas d'avoir voulu
reconstituer à leur profit l'empire d'Alexandre, on leur
prête du moins la volonté de régenter le monde hellénistique par l'acquisition d'une puissance hors de pair
qui eût rendu leur influence irrésistible.

Contre Polybe, on fait valoir que la conquête de la
Chersonèse de Thrace, d'Ainos, de Maronée ne contribuait
à la protection de l'Egypte que d'une manière lointaine
et indirecte. On souligne aussi son silence à propos des
bases ptolémaïques dans les Cyclades. Or, ce silence dissi-
mule tout un aspect de la diplomatie lagide : son hostilité
constante aux Antigonides de Macédoine, lesquels n'avaient
pas de visées sur le Nil. On tient donc là, semble-t-il, un
fort indice, sinon une preuve, que l'impérialisme des
Ptolémées était d'une autre nature que celle que lui attribue Polybe. D'ailleurs, dans le domaine même où leur
attitude défensive paraît le mieux établie, les relations
avec les Séleucides, certaines de leurs actions peuvent être
interprétées comme témoignages d'un état d'esprit tout à

fait opposé. Comme il ne saurait être question ici d'analyser un siècle d'histoire diplomatique pour trancher le débat, on se contentera de choisir deux exemples parmi les plus caractéristiques : le protectorat lagide sur les Cyclades et la troisième guerre de Syrie.

Sôter a substitué son autorité sur les Cyclades à celle de Dèmètrios Poliorcète entre 291 et 286. Cette prise de possession n'est suivie d'aucune action militaire en Grèce pendant vingt ans au moins. C'est par la diplomatie que Philadelphe suscite des adversaires à Antigonos Gonatas. Le seul conflit armé dûment constaté entre les deux dynasties est la guerre de Chrèmonidès (vers 266-261). Il ne semble pas qu'à cette occasion, le Lagide ait fait un grand effort pour intervenir, en Grèce même, au profit de ses alliés, Athènes en particulier, durement pressée par Gonatas. Et la guerre se termine sans doute à la suite de la défaite navale infligée à Cos par les Macédoniens à la flotte égyptienne. On constate ensuite un déclin de l'influence lagide, sans qu'on puisse d'ailleurs en préciser exactement les étapes et sans qu'on perçoive non plus aucune réaction effective d'Alexandrie dont les interventions en Grèce ne consisteront plus désormais qu'en distributions de subsides aux états capables de causer des embarras aux Antigonides.

Ainsi donc, les Cyclades qui, dans une perspective d'expansionnisme égyptien, auraient dû servir de bases à des campagnes militaires en Grèce, n'ont joué ce rôle qu'une fois, et sans succès, parce que Philadelphe s'est apparemment refusé à y mettre le prix. Lui et son successeur ont ensuite laissé sans réaction péricliter leur influence. On est donc en droit de s'interroger sur les motifs de leur mollesse. On remarquera d'abord qu'à la date où Sôter est devenu le protecteur de la Confédération des Insulaires, tout danger de voir renaître l'empire antigonide et, avec lui, une menace directe sur l'Egypte, n'était pas écarté puisque Dèmètrios n'était pas éliminé. Se saisir des Cyclades à sa place, c'était l'empêcher de reprendre éventuellement la maîtrise de la mer, d'assurer ses liaisons entre l'Europe et l'Asie. Sa disparition n'était pas un motif pour abandonner les îles. D'autres pouvaient ressusciter à leur compte les ambitions antigonides : Lysimachos, Séleucos. Il importait de se prémunir contre eux. Les grands troubles qui ont suivi la mort de Séleucos ont sans doute

aboli tout danger de ce genre. Mais l'implantation de
Gonatas en Macédoine et les bases navales où il parvint à
se maintenir en Grèce avaient de quoi inquiéter. Il est
notable que la seule guerre attestée des Lagides contre
lui s'est produite au moment où il a réussi à reconstituer
une puissance maritime importante. Les Ptolémées auraient
pu trouver dans leur défaite de Cos une raison pour faire
un gros effort. Il n'en a rien été, au contraire. Il faut donc
bien admettre qu'ils ont estimé qu'il y avait d'autres
moyens pour atteindre leurs fins dans la mer Egée. Quelles
qu'elles aient été, il est certain qu'elles ne relevaient pas
d'une volonté de domination.

La même conclusion peut être tirée de l'expédition
conduite par Ptolémée III, au début de la troisième guerre
de Syrie, dans l'empire séleucide (246-241). Sans croire
qu'il se soit avancé jusqu'en Bactriane, on peut tenir pour
assuré qu'il a pénétré en Babylonie. Territoires aussitôt
perdus que conquis car, dès 245, son adversaire Séleucos II y est reconnu roi. En revanche, à la paix, de nouvelles possessions viendront s'ajouter à l'empire égyptien,
de la Cilicie à la Thrace. Cette extension peut se justifier
dans une perspective polybienne, encore que, comme on
l'a vu, Ainos et Maronée contribuaient peu à la défense
de l'Egypte. En revanche, pourquoi cette expédition en
Mésopotamie ? Elle a un sens si le jeune fils d'Antiochos II
et neveu d'Evergète n'est pas encore mort à ce moment.
Mais il semble bien qu'il, ait été déjà assassiné et sa mère
Bérénice aussi (n° XXIV). Le Lagide a-t-il dès lors
essayé de poursuivre pour son compte l'expédition qu'il
avait entreprise au nom de son neveu et d'annexer des
provinces séleucides ? Cela ne paraît pas probable. D'une
part, en effet, sa présence à Babylone a nécessairement été
très brève : dès juillet 245, Séleucos II y est reconnu roi.
Ou bien Evergète n'avait pas l'intention de s'y maintenir,
ou bien il n'en avait pas les moyens. On ignore, d'autre
part, s'il a tenté de recouvrer ces conquêtes éphémères.
Mais, du fait que Séleucos a pu prendre l'offensive en
Coelè-Syrie, il y a lieu de croire qu'il n'éprouvait pas
d'inquiétude pour ses arrières. Sans chercher les vrais
motifs de l'expédition d'Evergète, il suffit de constater
qu'elle n'a pas été inspirée par un propos annexionniste.

La conclusion qui se dégage des analyses précédentes est
donc que, dans ses grandes lignes, la diplomatie égyp-

tienne au IIIe siècle n'a été inspirée ni par une volonté de conquête, ni par une recherche d'hégémonie. On pourrait, sans doute, invoquer quelques cas particuliers, comme celui des possessions thraces, pour soutenir que la règle comporte des exceptions et on n'en disconviendra pas. Mais, dans l'ensemble, elle paraît bien conforme à la ligne de conduite que lui attribue Polybe : les Ptolémées se sont avant tout souciés de protéger leur autorité en Egypte. Leur empire extérieur en constituait le rempart.

III. *Economie et diplomatie.*

Cette conclusion n'est fondée, toutefois, que sur la considération des faits politiques. On peut objecter qu'elle néglige un domaine qu'il est nécessaire d'inventorier, celui de la vie économique, en bonne méthode et en raison des conditions particulières de l'implantation des Lagides en Egypte. Ils n'y font pas, en effet, figure de pharaons. Ils y sont avant tout des souverains grecs. Le pays sur lequel ils règnent n'est pour eux, dès le moment où Sôter s'y installe, que l'instrument dont ils disposent pour jouer un rôle dans la vie internationale hellénique.

Or, malgré sa richesse proverbiale, la vallée du Nil ne leur fournit pas tous les moyens nécessaires à cette fin. Les hommes d'abord ne sont pas adaptés à des fonctions nouvelles pour eux. Il faut faire venir de Grèce des spécialistes pour l'armée, pour l'administration, pour l'économie, et les payer. Or, face aux dépenses engagées à ce titre, l'Egypte ignore encore la monnaie et ne possède aucune mine d'argent. Pour équiper une armée nombreuse, pour construire une flotte de guerre, elle ne fournit pas de minerai de fer, elle ne dispose pas de forêts. Et ce ne sont pas les seules nécessités auxquelles les Ptolémées ont dû satisfaire. Ils pouvaient, il est vrai, solder leurs importations en exportant les produits de l'agriculture et de l'industrie indigènes. Mais il leur fallait insérer l'économie locale dans le circuit des échanges internationaux auquel elle ne participait que pour une part modeste avant la conquête d'Alexandre. Il est donc certain que les préoccupations mercantiles n'ont pas dû rester étrangères à la diplomatie lagide et on est en droit de se demander si elles ne l'ont pas dominée ou, du moins, en certains cas, déterminée.

Le problème peut être examiné d'un triple point de

vue : les Lagides se sont-ils efforcés de réserver aux exportations égyptiennes un certain nombre de marchés d'où ils auraient exclu les produits étrangers ? Ont-ils été, de ce fait, amenés à entretenir avec d'autres états des rapports dont la tonalité amicale ou hostile aurait été la résonance d'intérêts économiques ? Ont-ils, enfin, cherché à capter, en usant de leur puissance politique, certains courants commerciaux dont ils pouvaient attendre un profit ?

La première question se pose avant tout à propos du commerce du blé avec la Grèce égéenne qui en était la principale importatrice. Or, il n'apparaît nullement que les Ptolémées aient tenté de lui imposer l'achat de céréales égyptiennes. Même dans leur empire, il n'est pas certain qu'ils se soient réservé le monopole de ce commerce. Si l'on a un exemple (à Samothrace) où des sujets sont tenus de demander une autorisation pour des achats à l'étranger, on voit aussi la Coelè-Syrie disposer librement de ses surplus et faire ainsi concurrence à l'Egypte. Les états indépendants n'ont jamais été contraints, ni même sans doute sollicités, de recourir en exclusivité à sa production. Et les alliances, loin d'être une occasion de ventes avantageuses, appellent des aides et des dons. Elles sont coûteuses, alors qu'elles auraient dû rapporter si le motif qui provoque leur formation avait été d'ordre économique.

D'ailleurs, la structure technique du commerce rendait inutile toute intervention politique. Les échanges n'étaient pas, en effet, entre les mains de négociants égyptiens. C'était des étrangers qui s'en chargeaient, en particulier les Rhodiens, et ils ne se contentaient pas de se ravitailler en Egypte. Ils s'adressaient à tous les producteurs. Dès lors que les Ptolémées écoulaient leurs disponibilités et obtenaient en échange les espèces d'argent qui leur faisaient défaut, point n'était besoin pour eux de conquérir des marchés par des interventions militaires ou diplomatiques. Le seul souci qu'ils pouvaient ressentir était d'assurer la régularité et la sécurité du trafic, en cas de guerre et surtout contre la piraterie. C'est à quoi servait leur flotte. Encore ont-ils, dès avant le milieu du IIIe siècle, manifesté une tendance croissante à laisser les Rhodiens se charger seuls de la police des mers.

Du fait que les Lagides n'ont pas pratiqué l'impérialisme économique, la conclusion logique serait que leurs

rapports avec les autres états n'ont jamais d'aspect mercantile, et que, par conséquent, le second point en discussion se trouve résolu par la négative. Mais, la logique
n'étant pas toujours ce qui règle l'histoire, il doit malgré
tout être examiné en lui-même. Or la documentation dont
nous disposons ne permet de deviner qu'un seul accord
de ce genre : entre Philadelphe et Rome. La comparaison
de deux séries monétaires, l'une ptolémaïque, l'autre
romaine, fait apparaître des similitudes telles qu'elles ne
peuvent s'expliquer que par une entente explicite, de
toute évidence destinée à faciliter les transactions, et qui
doit remonter au premier contact officiel entre les deux
états, soit 273. Mais, comme ils n'ont eu ensuite et jusqu'à la fin du siècle aucun rapport d'ordre politique, il
faut bien conclure que, dans ce cas, commerce et diplomatie sont étrangers l'un à l'autre. A cette seule exception,
ni la tradition littéraire, ni la documentation épigraphique
ne rapportent le moindre fait susceptible d'être interprété
comme l'indice d'une politique économique internationale
des Ptolémées. La chose s'explique, là aussi, par la structure des échanges qui sont aux mains d'intermédiaires. Les
Lagides s'en remettaient à eux de la collecte et de la
distribution de la substance du trafic. Ils n'avaient pas de
raison d'établir des rapports économiques avec des collectivités qui n'étaient pas directement leurs clients et qu'ils
ignoraient en tant que tels.

Le dernier point porte non plus sur l'exportation de
produits de grande consommation comme le blé, mais sur
l'importation de matières rares et coûteuses qui n'étaient
d'ailleurs pas destinées au marché intérieur, mais à la
redistribution à l'étranger, éventuellement après transformation par l'industrie locale. Il s'agit principalement
des « épices », en y comprenant beaucoup d'autres produits qui n'étaient pas destinés à l'usage culinaire, les parfums, l'ivoire, que l'on se procurait en Afrique orientale,
en Arabie et jusque dans l'Inde. Sur ce point, il est certain que les Ptolémées sont intervenus directement :
reconnaissances d'itinéraires, réouverture du canal de
Néchao, fondation de comptoirs sur les deux rives de la
mer Rouge, relations belliqueuses ou pacifiques avec les
tribus arabes qui servaient d'intermédiaires à ce commerce.
Mais cette politique demeure strictement mercantile. On
ne constate jamais qu'elle devienne un enjeu des conflits

diplomatiques. C'est que son but a toujours été financier, et rien d'autre. Il s'agit pour les Ptolémées d'en retirer le plus de bénéfices possible. C'est pourquoi le trafic des « épices » et les activités connexes étaient érigés en monopoles, afin que le trésor royal en ait tout le profit. Mais c'est là un domaine indépendant des activités internationales habituelles de la dynastie. Il ne paraît avoir eu aucune influence sur elles.

En conclusion, il semble bien que les vues de Polybe sur la nature de l'impérialisme lagide correspondent à la réalité. En effet, sans nier l'intérêt que la prospérité de leur royaume présentait pour les Ptolémées, sans nier non plus qu'en un cas au moins, celui du commerce des « épices », leur politique n'ait eu en vue que le service de leurs intérêts matériels, il n'en reste pas moins que, dans le cadre de la Méditerranée orientale, théâtre des conflits fondamentaux entre les états hellénistiques, les facteurs économiques n'exercent pas d'influence perceptible. En jouant leur partie, les grands Lagides n'ont obéi qu'à des considérations stratégiques. Parmi elles, le souci de défendre la base même de leur puissance, la vallée du Nil, l'a emporté sur toutes les autres que l'on pourrait envisager. Fort de sa connaissance du monde contemporain, de son expérience des problèmes et des pratiques politiques de son époque, Polybe a su reconnaître et exprimer infailliblement cette vérité.

XXXIII. Début de la guerre des Alliés (220)

(Polybe, IV, 25-26)

25 (1) Philippe reçut les délégués des états alliés à Corinthe et tint conseil avec eux pour envisager les mesures à prendre et la conduite à tenir envers les Etoliens. (2) Les Béotiens les accusaient d'avoir pillé le sanctuaire d'Athèna Itonia en temps de paix ; les Phocidiens d'avoir attaqué Ambrissos et Daulion et tenté de s'emparer de ces places ; (3) les Epirotes d'avoir ravagé leur pays. Les Acarnaniens, d'un autre côté, dénonçaient l'audace qu'ils avaient eue d'organiser un coup de main contre Thyrreion en pleine nuit pour se faire livrer la ville. (4) En outre, les Achéens rappelaient qu'ils avaient pris Clarion sur le territoire de Mégalopolis, ravagé sur leur passage celui de Patras et de Pharai, pillé Kinaitha et mis à sac le sanctuaire d'Artémis à Lousoi, mis le siège devant Cleitor, attaqué par mer Pylos et sur terre Mégalopolis, qui commençait à peine à se repeupler, pour essayer, avec la complicité des Illyriens, de l'anéantir. (5) Après avoir entendu ces plaintes, le conseil des alliés à l'unanimité décida de déclarer la guerre aux Ètoliens. (6) Comportant en préambule les griefs ci-dessus, le décret qu'ils adoptèrent disposait que les alliés s'accorderaient assistance mutuelle pour reprendre aux Etoliens tout territoire ou cité qu'ils avaient occupés depuis la mort de Dèmètrios, père de Philippe ; (7) que, de même, ceux qui, au gré des circonstances, avaient été incorporés de force et contre leur volonté dans la confédération étolienne seraient tous rétablis dans leur constitution traditionnelle, remis en possession du territoire et des villes qui leur appartenaient, exempts de garnison et de tribut, restaurés dans leur indépendance et l'exercice de leurs institutions et de leurs lois traditionnelles. (8) Les alliés décidaient aussi de restituer aux Amphictyons leurs lois et leur autorité sur le sanctuaire, actuellement usurpé par les Etoliens qui voulaient avoir seuls la haute main sur toutes les affaires qui le concernaient.

26 (1) Ce décret, voté la première année de la 140ᵉ olympiade, marque le début de la guerre dite des Alliés. Il se justifie par les attentats étoliens et leur donna une réplique appropriée. (2) Le conseil aussitôt envoya des ambassadeurs aux états alliés : chacun d'eux fut prié de faire ratifier le décret par le peuple pour permettre à tous de passer à l'offensive contre les Etoliens. (3) De son côté, Philippe écrivit une lettre aux Etoliens. Il leur faisait savoir que, s'ils pouvaient se justifier des griefs articulés contre eux, il était encore temps d'envoyer une délégation pour s'en expliquer de vive voix. (4) Mais s'ils s'imaginaient, parce qu'ils n'avaient jamais notifié officiellement les ravages et les pillages qu'ils avaient commis contre tout le monde, qu'il n'y aurait pas de réaction de leurs victimes et que, si elles réagissaient, ce serait à elles que l'on ferait porter la responsabilité de la guerre, c'était le comble des illusions.

Une première partie introductive sera consacrée à exposer la situation internationale dans la Grèce propre à l'avènement de Philippe V (221). Il est *hègémon* de la ligue hellénique créée par son prédécesseur Doson (224/3) ; le membre le plus important en est la ligue achéenne d'Aratos, qui domine le Péloponnèse. Par ses adhérents continentaux, elle encercle l'Etolie, dont l'hostilité à la Macédoine, qui remontait à Dèmètrios II, était devenue irréductible depuis que Doson avait lié partie avec Aratos à l'occasion de la guerre de Cléomène (n° XXXI). Sans qu'il y ait encore lutte ouverte avec la ligue hellénique, elle ne pouvait manquer de réagir pour sortir de son isolement. L'occasion lui en fut fournie par la mort de Doson et elle choisit le Péloponnèse comme champ d'action : le nombre et la solidité de ses alliances y avaient beaucoup décru, mais la situation intérieure de bien des cités et la méfiance à l'égard d'Aratos et des Achéens lui donnaient espoir de regagner du terrain. Une armée étolienne fut donc envoyée en Messénie qui paraissait pencher vers l'alliance achéenne et, de là, entreprit diverses opérations contre l'Achaïe qui mobilisa, mais Aratos se fit battre en Arcadie. Il ne lui restait plus qu'à faire appel à la ligue hellénique, c'est-à-dire à Philippe qui réunit le conseil fédéral à Corinthe (été 220).

Le texte de Polybe qui rapporte les décisions prises se divise en deux parties : — les délibérations du conseil et la déclaration de guerre (25-26, 1) ; — les démarches qui en découlent de la part du conseil d'une part, du roi d'autre part (26, 2-4). Il est nécessaire d'être très méfiant à l'égard de notre historien qui s'inspirait des *Mémoires* d'Aratos et, en tant que patriote achéen, se montre très partial contre les adversaires de la ligue, spécialement les Etoliens qu'il détestait.

I. Au début, très brièvement, décrire les institutions fédérales pour faire comprendre la procédure suivie par le conseil. On notera que les décisions de la ligue n'étaient pas contraignantes pour ses membres : la guerre contre l'Etolie doit être votée par chaque assemblée nationale (26, 2) ; les Béotiens restèrent neutres. Le chapitre 25 se subdivise en deux parties : l'exposé des griefs contre l'Etolie (2-4), les buts de guerre de la ligue (5-8). 26, 1 ne contient qu'une indication chronologique. Chaque grief devra faire l'objet d'une brève notice, d'après Polybe lui-même si possible (§ 2 : IV, 3, 5 ; § 3 : IV, 6, 2 ; § 4 : IV, 6, 3 ; 6, 9 ; 16, 7 ; 18, 7-8 ; 18, 10-11 ; 19, 4 ; 19, 1-3. La complicité des Illyriens dans l'affaire de Mégalopolis n'est pas assurée, le texte étant corrompu. L'énumération pourrait donner à penser que les Etoliens sont entièrement responsables de la guerre, et c'est sans doute ce que Polybe a souhaité. Mais ils avaient des raisons d'intervenir (cf. l'introduction). Dans le texte de la déclaration de guerre, souligner les contradictions : au § 6, il n'est question que de reprendre aux Etoliens leurs annexions depuis 229, assez peu de chose du point de vue territorial ; le § 7, au contraire, vise leur ligue en tant que grande puissance : la plupart des cités qui s'étaient agrégées à l'*ethnos* primitif y avaient été plus ou moins contraintes par la force ; le § 8 cherche enfin à donner un caractère de guerre sacrée au futur conflit. Un paragraphe sur les Etoliens à Delphes.

II. Cette partie est surtout intéressante par la lettre de Philippe V aux Etoliens. La guerre leur a été déclarée et, cependant, le roi leur ouvre une voie de recours. Il n'est donc pas pressé d'engager les hostilités. Voulait-il simplement gagner du temps jusqu'au printemps 219 bien qu'il fût résolu à la guerre, l'espoir de mettre la main sur l'Amphictyonie lui promettant un renforcement de la prépondérance macédonienne en Grèce ? On ne voit pas ce que le délai lui aurait rapporté, tandis que les Etoliens pouvaient consolider leurs positions dans le Péloponnèse. Il est plus probable qu'il ne souhaitait pas la guerre. Les barbares des Balkans étaient peut-être encore menaçants (Doson était mort l'année d'avant en combattant les Dardaniens). La Macédoine n'était pas à l'abri de raids étoliens. Enfin, la seconde guerre d'Illyrie se préparait. Dans quelle mesure Philippe s'intéressait-il dès ce moment à l'Adriatique ? Si Aratos a réussi à l'entraîner contre les Etoliens, c'est qu'un refus aurait exposé la ligue hellénique à la dislocation.

XXXIV. Défaite et mort d'Achaios (213)

(Polybe, VIII, 15-21)

15 (9) Notre homme (Bolis), ses dispositions prises, ne perdit pas de temps pour s'embarquer. Il emportait des messages chiffrés et des lettres de recommandation destinés les uns à Nicomachos de Rhodes, dont on aurait pu croire qu'il était le père d'Achaios tant il lui montrait de dévouement et de fidélité, les autres à Mélancomas d'Ephèse. (10) C'était par leur entremise qu'auparavant Achaios correspondait avec Ptolémée et traitait toutes ses autres affaires à l'étranger.

16 (1) Parvenu à Rhodes, puis à Ephèse, il mit au courant les personnes susdites et les trouva disposées à lui accorder leur appui. Puis, il envoya à Cambylos un de ses subordonnés nommé Arianos, (2) pour lui dire qu'il venait d'Alexandrie recruter des mercenaires, mais qu'il désirait le rencontrer pour un motif impérieux. Il le priait donc de lui indiquer le moment et l'endroit où ils pourraient se rencontrer sans témoin. (3) Sans tarder, Arianos alla trouver Cambylos et lui fit la commission. Ce dernier ne fit pas difficulté à acquiescer à la demande, fixa un jour et un endroit connu de tous deux où il se rendrait de nuit, puis congédia Arianos. (4) Bolis, de son côté, en bon Crétois et d'esprit retors, tournait l'affaire sous toutes ses faces et soupesait son projet. (5) Finalement, il eut avec Cambylos l'entrevue ménagée par Arianos et lui donna sa lettre. Elle devint le centre de la discussion qu'ils engagèrent à la mode crétoise, (6) c'est-à-dire qu'ils ne se souciaient pas de sauver Achaios du danger, ni de respecter leurs engagements envers ceux qui leur avaient confié cette mission, mais de leur propre sécurité et de leur intérêt personnel. (7) Crétois, ils l'étaient l'un et l'autre : ils furent donc bientôt d'accord. Ils commenceraient par se partager les dix talents avancés par Sosibios. (8) Puis ils révèleraient le complot à Antiochos et, s'ils obtenaient son assentiment, ils s'engageraient à lui livrer Achaios moyennant un versement immédiat et la promesse de récompenses dignes de leur entreprise. (9) Accord conclu, Cambylos se chargea des négociations avec Antiochos, Bolis, de son côté, devant, quelques jours plus tard, envoyer Arianos à Achaios avec des messages chiffrés de Nicomachos et de Mélancomas. (10) Il pria son complice de veiller à ce qu'Arianos pût entrer dans la citadelle et en ressortir sans être inquiété. (11) Si Achaios se laissait prendre et répondait à Nico-machos et à Mélancomas, alors Bolis se consacrerait à l'affaire et rejoindrait Cambylos. (12) S'étant ainsi réparti la tâche, ils se séparèrent pour aller jouer chacun son rôle comme convenu.

17 (1) A la première occasion, Cambylos alla exposer la chose au roi. (2) Antiochos, à cette proposition aussi bien venue qu'inattendue, ne se sentit pas de joie et promit tout ce qu'on voulut...... (4) Pendant ce temps, Bolis agis-sait auprès de Nicomachos et de Mélancomas. Ceux-ci, convaincus que l'affaire offrait les meilleures garanties, n'hé-sitèrent pas à confier à Arianos des lettres pour Achaios qu'ils rédigèrent en code selon leur habitude, (5) ... en lui recommandant de s'en remettre à Bolis et Cambylos. (6) Grâce à Cambylos, Arianos pénétra dans la citadelle et remit les lettres à Achaios. Comme il était depuis le début mêlé à l'affaire, il put répondre avec précision et dans le détail à chaque question... (7) Il subit l'épreuve avec d'autant plus de naturel et de sincérité qu'il ignorait le fin mot du marché passé entre Cambylos et Bolis. (8) Achaios, rassuré par l'interrogatoire d'Arianos et sur-tout par les messages chiffrés de Nicomachos et de Mélan-comas, rédigea une réponse et fit aussitôt repartir Arianos. (9) A plusieurs reprises, on échangea ainsi de la corres-pondance. A la fin, Achaios confia son sort à Nicomachos, voyant bien qu'il ne lui restait plus aucun autre espoir de salut, et lui demanda de lui envoyer Bolis avec Arianos par une nuit sans lune : il s'en remettrait à lui. (10) Son intention était la suivante : d'abord, échapper aux périls qui le menaçaient, puis, sans désemparer, se précipiter en Syrie. (11) Il avait les meilleurs espoirs que, s'il se mon-trait brusquement et à l'improviste aux Syriens, alors qu'An-tiochos serait encore devant Sardes, il retournerait du tout au tout la situation et recevrait un accueil triomphal à Antioche, en Coelè-Syrie et en Phénicie.

18 (1) Tels étaient les espoirs et les calculs auxquels se livrait Achaios en épiant l'arrivée de Bolis. (2) Après avoir accueilli Arianos et lu la lettre qu'il apportait, Mélan-comas fit partir Bolis en lui renouvelant ses recommandations avec de grandes promesses en cas de succès. (3) Celui-ci envoya Arianos en avance pour annoncer son arrivée à Cambylos et se rendit de nuit à l'endroit convenu.

(4) Ils y demeurèrent une journée pour préparer l'entreprise dans le détail et, la nuit suivante, ils se rendirent au camp. (5) Leur plan était ainsi conçu : au cas où Achaios quitterait la citadelle seul, ou bien à deux, avec Bolis et Arianos, il n'y avait pas à se faire le moindre souci : l'embuscade l'empoignerait sans peine. (6) Mais, s'il avait une suite plus nombreuse, les difficultés de l'entreprise se multipliaient pour les conjurés, d'autant plus qu'ils voulaient s'emparer de lui vivant, car leur meilleure chance d'acquérir la reconnaissance d'Antiochos était là. (7) Il fallait donc qu'Arianos, lorsqu'il ferait sortir Achaios, prît la tête, puisqu'il connaissait le sentier pour l'avoir emprunté bien des fois à l'aller et au retour, (8) et Bolis fermerait la marche. Quand on arriverait à l'endroit où devait se trouver l'embuscade apostée par Cambylos, il se jetterait sur Achaios et le maîtriserait pour empêcher soit qu'il s'enfuît dans les bois à la faveur du tumulte et de la nuit, soit qu'il ne se précipitât du haut de quelque rocher sous l'effet du désespoir, car le but qu'ils poursuivaient était de le faire tomber vivant aux mains de ses ennemis. (9) Ces dispositions arrêtées, Bolis raccompagna Cambylos et, lorsque la nuit vint, celui-ci l'introduisit auprès d'Antiochos, seul à seul. (10) Le roi les reçut cordialement, leur donna des assurances pour l'exécution de ses promesses, les pressa vivement l'un et l'autre de ne plus tarder à passer aux actes. (11) Ils s'en retournèrent au camp. A la première heure, Bolis partit avec Arianos et parvint avant le jour à la citadelle.

19 (1) Achaios accueillit Bolis avec empressement et cordialité. Il l'interrogea longuement sur les moindres détails. (2) Il estima, tant à son allure qu'à ses paroles, qu'il était homme à supporter le poids de l'entreprise... (3) ... Pourtant, il ne jugea pas le moment venu d'accorder entièrement sa confiance à Bolis. (4) Il lui dit à peu près qu'il ne lui était pas possible pour le moment de quitter la citadelle, mais qu'il enverrait avec lui trois ou quatre de ses amis. Lorsqu'ils auraient rencontré Mélancomas, il se préparerait à son tour à s'évader. (5) Achaios faisait de son mieux. Mais il ne se rendait pas compte qu'il jouait, comme on dit, au Crétois avec un Crétois. Car Bolis n'avait rien laissé échapper de ce que l'on pouvait imaginer en la matière. (6) Une fois venue la nuit où il avait dit qu'il ferait emmener ses amis, il envoya en avance Arianos et Bolis à la porte de la citadelle et leur demanda d'attendre ceux qu'ils devaient escorter. (7) Ils le firent et, pendant ce temps, il alla mettre sa femme au courant de ses intentions... (8) Puis il réunit quatre compagnons, leur fit revêtir des vêtements quelconques, lui-même ayant mis le costume le plus simple qu'il avait trouvé pour se donner l'air d'un homme ordinaire, et il se mit en route. (9) Il avait chargé un de ses amis de répondre seul à tout ce qu'Arianos viendrait à lui dire, de s'informer des besoins et de faire passer les autres pour des barbares.

20 (1) Lorsqu'ils eurent rejoint Arianos, ce dernier prit la tête puisqu'il connaissait le chemin, et Bolis se plaça en arrière comme prévu depuis le début. Il était perplexe et embarrassé : (2) tout Crétois qu'il fût, toujours en garde contre le voisin, l'obscurité l'empêchait de distinguer qui était Achaios et même, tout simplement, s'il était parmi eux. (3) Mais la descente était presque partout rapide et difficile. Certains passages à pic étaient glissants et dangereux. Lorsqu'on y parvenait, les uns retenaient Achaios, les autres l'attendaient. (4) Telle est la force de l'habitude qu'ils ne pouvaient se plier à la situation et s'abstenir de ces marques de déférence. Aussi, très vite, Bolis reconnut-il qui d'entre eux était Achaios. (5) Arrivés à l'endroit convenu avec Cambylos, Bolis donna le signal d'un coup de sifflet. D'un bond, l'embuscade maîtrisa les compagnons d'Achaios. (6) Quant à lui, Bolis le prit à bras le corps par-dessus son manteau qui lui enveloppait les bras. Il craignait qu'Achaios, se rendant compte de ce qui lui arrivait, ne tentât de se suicider : il avait sur lui un poignard tout prêt. (7) Vite entouré de toutes parts, il tomba aux mains de ses ennemis et, avec ses amis, il fut immédiatement conduit devant Antiochos. (8) Le roi qui, depuis longtemps, demeurait l'esprit en suspens et attendait avec impatience les événements, avait congédié son entourage et restait éveillé seul dans sa tente avec deux ou trois gardes du corps. (9) Lorsque Cambylos entra avec sa troupe et qu'ils déposèrent à terre Achaios garrotté, il demeura sans voix de surprise et, pendant un long moment, garda le silence. Enfin, la pitié le saisit et il se mit à pleurer. (10) Son émotion venait, me semble-t-il, de ce qu'il voyait la difficulté de prévoir et de parer les coups du sort. (11) Achaios était fils d'Andromachos, frère de Laodice, femme de Séleucos. Il avait épousé Laodice, fille du roi Mithridate. Il avait tenu sous sa domination toute l'Asie cistaurique. (12) Il occupait une position que son armée et celle de ses adversaires considéraient comme la plus forte du monde et le voilà garrotté par terre, aux mains de ses ennemis, sans que personne connût encore l'événement, sauf les auteurs du coup.

21 (1) Quand, au petit jour, les amis du roi se réunirent dans sa tente selon leur habitude, et que ce spectacle s'offrit à leur vue, ils éprouvèrent le même sentiment que lui : stupéfaits de l'événement, ils n'en croyaient pas leurs yeux.

(2) Le conseil tint séance et délibéra longuement sur le châtiment qu'il fallait infliger à Achaios. (3) On décida de commencer par couper les extrémités de ce malheureux, puis de lui trancher la tête, de coudre son corps dans une peau d'âne et de le mettre en croix. (4) Après l'exécution, quand l'armée eut connaissance de l'événement, l'enthousiasme et les transports atteignirent un point tel dans tout le camp que Laodice, seule dans la citadelle à être au courant de l'évasion de son mari, devina ce qui s'était passé au tumulte et à l'agitation du camp. (5) Bientôt, d'ailleurs, un héraut vint la trouver, lui annonça le sort d'Achaios et la somma de prendre ses dispositions pour évacuer la citadelle. (6) D'abord, pour toute réponse, des pleurs et des lamentations insensés suffoquèrent les occupants de l'acropole, moins par attachement pour Achaios qu'en raison de la tournure incroyable et tout à fait inattendue pour chacun qu'avait prise l'événement. (7) Ensuite, un embarras et une perplexité extrêmes envahirent les assiégés. (8) Antiochos, maintenant qu'il avait disposé d'Achaios, continuait à faire pression sur eux, persuadé qu'ils ne tarderaient pas à lui fournir une occasion, tout particulièrement les mercenaires de la garnison : (9) ce qui finit par arriver. La discorde y créa deux partis, l'un autour d'Aribazos, l'autre de Laodice. Quand on en fut là, la méfiance qui les opposait les conduisit vite à capituler chacun pour soi et à livrer l'acropole. (10) Achaios avait bien pris toutes les dispositions que lui dictait la raison. Ce sont les gens à qui il s'était fié qui l'ont trahi avec perfidie. Telle fut la cause de sa mort. Il laisse à la postérité un exemple doublement instructif : (11) il nous enseigne, en premier lieu, à n'accorder à personne une confiance inconsidérée, en second lieu, à ne point nous en croire dans le succès, mais à nous attendre à tout puisque nous sommes des hommes.

Le long récit ci-dessus a été en partie choisi en raison de sa qualité littéraire. Mais ce n'est pas sous cet angle qu'il doit être commenté. C'est pourquoi, par exception, il n'est pas utile d'en donner une analyse qui ne pourrait déboucher que sur un résumé ou une paraphrase, également dépourvus d'intérêt historique. On peut, en revanche, se placer à différents points de vue généraux pour regrouper les éléments dispersés qu'il contient et faire apparaître sa valeur documentaire.

Auparavant, toutefois, il sera nécessaire de replacer le texte dans son cadre historique en rappelant les circonstances de la rébellion d'Achaios, sa signification pour la destinée de l'empire séleucide, ses implications internationales et l'action d'Antiochos III dans sa répression.

L'intérêt du passage porte beaucoup moins sur les événements que sur les aspects des mœurs et des mentalités qu'il révèle, ou sur les pratiques politiques et institutionnelles qu'il illustre. Comme il est logique, on regroupera d'abord les éléments relatifs à la vie politique avant d'étudier ceux qui concernent la société et les mœurs.

Sur le premier point, le texte présente des traits instructifs sur la nature et l'exercice du pouvoir royal, son caractère personnel (au point que la disparition du monarque entraîne celle de la monarchie), universel (les souverains suivent dans le détail la préparation et l'exécution de leurs ordres), et pourtant collégial (les décisions se prennent en conseil), voire familial. Les moyens ne s'embarrassent d'aucun scrupule, même et surtout peut-être dans l'ordre international, et les agents sont parfois du plus bas étage social et moral. Un détail « moderne » : le rôle des agents secrets et du chiffre. En revanche, pas de contre-espionnage : l'administration n'est pas encore « totalitaire », du moins dans l'empire séleucide.

Du point de vue des mœurs, on relèvera l'aspect cosmopolite de la société, du moins dans les milieux qui touchent au pouvoir, l'importance de l'argent comme moyen de gouvernement et comme motivation individuelle (les mercenaires), l'amoralité de certains « affairistes » (en revanche, la noblesse des sentiments d'un Antiochos). Dans les rapports sociaux, on fera ressortir la simplicité des grands, le rôle des serviteurs et leur dévouement, la considération pour les femmes (du moins les princesses). Une remarque sur la cruauté et le mépris de la vie humaine.

XXXV. Alliance de Rome
et de la confédération étolienne
(212 ou 211)

(Tite-Live, XXVI, 24)

(1) Dans le même temps, M. Valerius Laevinus, qui avait déjà sondé dans des entretiens secrets les dispositions des principaux chefs, se rendit à une assemblée des Etoliens convoquée auparavant dans ce dessein, avec une escadre légère. (2) Là, il fit valoir la prise de Syracuse et de Capoue comme preuve des succès obtenus en Sicile et en Italie (3) et ajouta que c'était un principe héréditaire pour les Romains de bien traiter leurs alliés. Ils avaient accordé aux uns le droit de cité, privilège qui en faisait leurs égaux, et avaient assuré aux autres une situation qui leur faisait préférer leur statut d'alliés à celui de citoyens. (4) Les Etoliens seraient d'autant plus honorés que, parmi les nations d'outre-mer, ils seraient les premiers à entrer dans leur amitié. (5) Philippe et les Macédoniens étaient pour eux des voisins difficiles. Il avait déjà brisé leur puissance et leur courage et il les réduirait non seulement à évacuer les villes qu'ils avaient enlevées par la force aux Etoliens, mais à ne plus se sentir tranquilles en Macédoine même. (6) Quant à l'Acarnanie dont les Etoliens ne toléraient pas qu'elle eût été séparée de la confédération, il la replacerait dans son ancien état juridique, sous leur autorité. (7) Telles furent les paroles et les promesses du général romain. Scopas, qui était alors stratège de la ligue, et Dorymachos, le premier citoyen d'Etolie, les confirmèrent de leur autorité. Avec moins de réserve et plus de force persuasive, ils exaltèrent la puissance et la majesté du peuple romain. (8) Mais le motif qui eut le plus de poids fut l'espoir de recouvrer l'Acarnanie. On rédigea donc les conditions auxquelles les Etoliens entreraient dans l'amitié et l'alliance du peuple romain. (9) Une clause additionnelle portait que, s'ils le souhaitaient et le voulaient, seraient inclus dans le même traité d'amitié les Eléens, les Lacédémoniens, Attale, Pleuratos et Skerdilaïdas (Attale, roi d'Asie, les deux autres

de Thrace et d'Illyrie). (10) Les Etoliens entreraient sans
délai en guerre contre Philippe sur terre, les Romains leur
fourniraient un appui naval de vingt-cinq quinquérèmes au
moins. (11) Des cités comprises entre Corcyre et l'Etolie,
le sol et les maisons, les murs et le territoire reviendraient
aux Etoliens, tout le reste du butin au peuple romain. Les
Romains s'emploieraient à assurer la possession de l'Acarnanie aux Etoliens. (12) Si les Etoliens faisaient la paix
avec Philippe, ils feraient stipuler dans le traité que la
paix ne serait ratifiée qu'autant que Philippe mettrait fin
aux hostilités contre les Romains, leurs alliés et les peuples
qui leur sont soumis. (13) De même, si le peuple romain
concluait un traité avec le roi, il devait veiller à lui refuser
le droit de faire la guerre aux Etoliens et à leurs alliés.
(14) Telles furent les conventions qui, une fois gravées,
furent déposées deux ans plus tard par les Etoliens à Olympie et par les Romains au Capitole pour être attestées par
des témoignages sacrés. (15) La cause du retard fut le
séjour prolongé des ambassadeurs étoliens à Rome. Mais cela
n'empêcha pas les opérations de commencer.

Le traité par lequel les Romains se sont unis aux
Etoliens contre Philippe V de Macédoine et ses alliés est
une étape importante dans le développement de leurs
rapports avec le monde hellénique. Pour la première fois,
en effet, ils concluaient une alliance formelle avec un état
grec et s'immisçaient dans l'imbroglio de la Méditerranée
orientale. On peut voir là le premier pas sur le chemin
qui les a conduits à y devenir les maîtres. L'exposé où
Tite-Live relate les circonstances et les clauses de la
convention ne comportant aucune indication sur les causes
de sa conclusion, le commentaire doit nécessairement
commencer par les préciser.

I. L'affrontement connu sous le nom de première guerre
de Macédoine est la conséquence des guerres d'Illyrie
d'une part, des défaites subies par Rome au début de la
guerre d'Hannibal d'autre part. Les premières avaient
amené les Romains, pour mettre un terme à la piraterie
illyrienne, à établir leur protectorat sur Corcyre et les
cités grecques de la côte méridionale de l'Epire. Ils avaient
aussi, à la suite du premier de ces conflits, créé en Illyrie
même une principauté vassale confiée à Dèmètrios de
Pharos (n° XXVIII). Celui-ci n'avait pas tardé à s'éman-
ciper de leur tutelle et à renouveler les méfaits de ses
compatriotes. Une rapide opération de police l'avait

contraint à se réfugier auprès de Philippe V dont il
s'efforça d'orienter l'attention et les convoitises vers ses
frontières occidentales pour se faire rétablir dans sa principauté.

Le roi, occupé par la guerre des Alliés qui l'opposait
aux Etoliens (219-7), ne lui prêta qu'une oreille distraite
jusqu'à la nouvelle du désastre romain de Trasimène (217).
Ce fut là, selon Polybe, l'occasion pour Dèmètrios de
persuader le roi qu'il pouvait s'agrandir en Illyrie. Ainsi
tenté, Philippe conclut sans tarder la paix de Naupacte
avec ses ennemis, fit construire dans l'hiver suivant une
flotte importante à la tête de laquelle, en 216, il cingla
sur Apollonia. L'approche d'une minime escadrille romaine
(10 vaisseaux contre 200) suffit à le mettre en fuite. Ce
piteux échec ne le détourna pas de ses projets et, pour
mieux assurer le succès d'une nouvelle tentative, il négo-
cia avec Hannibal, à qui son triomphe à Cannes paraissait
promettre une victoire décisive, une alliance où, moyennant
un appui militaire dont les conditions n'étaient d'ailleurs
pas précisées, il obtenait l'engagement que, lors du traité
de paix, Carthage exigerait de Rome qu'elle renonçât à
toute ingérence au-delà de l'Adriatique (215).

Philippe V n'avait pas l'intention de tenir dans l'immédiat, peut-être même jamais, sa promesse d'intervention
aux côtés d'Hannibal. Mais les Romains, qui ignoraient
bien entendu les termes du traité, pouvaient légitimement
craindre un débarquement macédonien en Italie. Leur
situation critique ne leur permettait pas d'en courir le
risque. Ils confièrent donc au préteur M. Valerius Laevinus
une flotte de cinquante vaisseaux qui devait s'opposer à
toute tentative du roi pour traverser le canal d'Otrante.
Retenu provisoirement par des troubles dans le Péloponnèse, Philippe ne put reprendre ses opérations en Illyrie
qu'en 214. Elles se soldèrent par un nouvel échec : au
cours d'une offensive navale contre Apollonia et Oricos,
il fut vaincu par Laevinus, contraint de brûler sa flotte et
de regagner la Macédoine à travers des pays hostiles. En
213, au contraire, on le voit maître de Lissos sans qu'on
puisse préciser les opérations qui l'ont conduit à ce succès,
le récit de Polybe étant perdu. Or, pour s'emparer de
cette place par terre, il lui a bien fallu conquérir les voies
de passage qui y aboutissent, Atintanie et Parthinie, sur
lesquelles les Romains s'étaient réservé la haute main

après la première guerre d'Illyrie. Leur protectorat s'en trouvait sérieusement entamé et le danger d'un débarquement en Italie apparaissait de nouveau menaçant.

Bien qu'Hannibal eût été confiné en Italie du Sud, Rome ne pouvait se permettre de distraire la moindre troupe pour l'envoyer dans les Balkans combattre directement la Macédoine. Il lui fallait trouver, à cette fin, des alliés parmi les états grecs. La seule puissance qui pût s'en charger avec efficacité était la ligue étolienne. A Philippe V et à la ligue hellénique qu'il dirigeait, elle opposait le bloc compact de ses territoires en Grèce centrale, unissait autour d'elle tous les adversaires des Achéens dans le Péloponnèse et exerçait dans la mer Egée une influence diplomatique certaine, qui se prolongeait jusqu'en Asie grâce à ses rapports amicaux avec le roi de Pergame Attale I. Ennemie déclarée des Antigonides depuis le règne de Dèmètrios II, elle venait de subir un échec dans la guerre des Alliés, et la paix de Naupacte lui avait infligé des pertes sensibles qu'elle brûlait de récupérer. Laevinus ne pouvait manquer de trouver auprès d'elle une audience favorable et il semble qu'il n'éprouva aucune peine à décider les Etoliens à entrer dans l'alliance de Rome et à rouvrir, avec son appui, les hostilités avec la Macédoine.

La date à laquelle ce pacte fut conclu fait l'objet d'incessantes controverses qui continuent à diviser les érudits. La discussion met en jeu un nombre important de données, dont plusieurs sont incertaines et d'autres inconciliables. A lui seul, notre texte en contient quatre : — 1) le moment où T. L. place le traité dans son exposé d'ensemble des événements se situe à la fin de la belle saison de 211 (§ 1) ; — 2) la prise de Capoue et de Syracuse (§ 2) est de 211 ; — 3) la stratégie étolienne de Scopas (§ 7) n'est pas fixée à un an près. Elle peut dater de 212/1 ou de 211/0 ; — 4) au § 14, T. L. indique que le traité fut ratifié deux ans après sa conclusion. Or, le négociateur romain, Laevinus, fut consul en 210. Il est inconcevable qu'il ait laissé passer sa magistrature sans le faire ratifier. Donc, l'alliance aurait été nécessairement conclue en 212. Et il ne s'agit là que d'un échantillon des difficultés que comporte ce problème chronologique. Sans entrer plus avant dans le détail de la discussion, il semble que, parmi les différentes dates proposées (automne 212, printemps,

fin de l'été ou automne 211), la première soit la plus vraisemblable. Il faut noter, d'ailleurs, que, quelle que soit
celle que l'on retienne, ni le sens, ni la portée des conventions passées entre Romains et Etoliens n'en sont affectés.

II. Le texte à commenter se divise clairement en deux
parties principales : du § 2 au § 8, T. L. présente un
résumé des discours prononcés devant l'assemblée étolienne où fut votée l'alliance. Du § 9 au § 13, il analyse
les clauses du traité. Les §§ 1, 14 et 15 constituent des
appendices circonstanciels destinés soit à servir d'introduction, soit à signaler des particularités protocolaires
dont l'historien souligne lui-même qu'elles furent sans
portée politique. Ils ne méritent donc pas qu'on s'y
arrête ici, leur seul intérêt, qui est d'ordre chronologique,
ayant été signalé plus haut.

L'essentiel de la première partie consiste en l'allocution
adressée par Laevinus aux Etoliens convoqués en assemblée extraordinaire (§ 1). Les propos de Scopas et de
Dorymachos qui prirent la parole après lui (§ 7) ne firent,
en effet, que reprendre ses paroles pour les confirmer du
poids de leur autorité, le premier en tant que président
de la confédération (stratège), le second en vertu de son
influence personnelle. Pour amener ses auditeurs à son
point de vue, le préteur eut recours à deux séries d'arguments : il lui fallait dissiper les préventions qui pouvaient
hanter leur esprit d'une part, d'autre part leur faire valoir
les avantages d'une alliance avec Rome.

Ce qui pouvait détourner les Etoliens de s'engager
aux côtés des Romains, c'était d'abord la situation militaire de ces derniers. Depuis Cannes, elle s'était améliorée
sans doute. Pourtant, ils avaient encore connu des revers
en Italie du Sud, le plus grave étant peut-être la perte de
Tarente (213). Ne risquaient-ils pas de perdre les bases
de leur flotte, principal instrument d'intervention dans
le monde grec ? Si Hannibal venait à s'en emparer, non
seulement ils deviendraient incapables d'apporter la moindre aide à leurs alliés éventuels, mais elles pourraient lui
servir à des représailles contre les ennemis de son allié
Philippe V. Laevinus devait donc persuader les Etoliens
que, loin qu'elles fussent sur le point d'échapper à Rome,
elle était en train de prendre le meilleur sur son adversaire : la prise de Capoue venait de lui redonner la maîtrise de la Campanie, celle de Syracuse préparait la

reconquête de la Sicile (§ 3). Les Etoliens n'avaient donc pas à craindre de s'embarquer sur un bateau en perdition.

Un second motif était de nature à les retenir. Aux yeux des Grecs qui les connaissaient mal, les Romains étaient des étrangers, des barbares, mais leur puissance était redoutable. Les Etoliens, en concluant imprudemment alliance avec eux, ne risquaient-ils pas de se trouver victimes d'usages diplomatiques qu'ils ignoraient, dont il était impossible de prévoir les conséquences, qu'ils seraient incapables d'éviter parce qu'ils ne seraient pas les plus forts ? Or, le protectorat romain sur les côtes de l'Adriatique n'était-il pas un début d'expansion impérialiste, qui pouvait s'étendre à l'Etolie sous le couvert d'une alliance inégale ? Pour aller au devant de ces craintes, Laevinus crut bon de farder la situation des alliés de Rome en Italie de couleurs si idylliques que sa peinture aurait paru inquiétante à qui y aurait regardé de près, d'autant qu'au-delà des faux-semblants, l'orateur n'avait pas réussi à dissimuler que la position de Rome était en fait prépondérante, et qu'elle ne laissait à ses alliés d'autre alternative que de se soumettre ou de disparaître par absorption dans la cité dominante.

Mais, plus que sur ces apaisements, Laevinus devait compter sur ses promesses. Il fit d'abord luire l'espoir que ses victoires allaient à tout jamais briser la puissance de la Macédoine et assurer, de ce côté, la tranquillité de la confédération (§ 5). C'était sans doute évaluer à un trop haut prix les succès qu'il avait déjà remportés. Autant que nous sachions, ils se bornaient à la destruction de la flotte macédonienne devant Apollonia en 214. Mais Philippe n'avait pas été paralysé pour autant, puisqu'un an après, il s'était rendu maître de Lissos. Affirmer donc que la terreur allait régner en Macédoine était une rodomontade, contredite par le seul fait que le préteur venait solliciter l'alliance étolienne et ce, précisément, parce que Rome était incapable de mener contre Philippe une guerre efficace.

En bon rhéteur, notre homme avait réservé l'appât réel pour la fin de son discours. Pour prix de leur alliance, il promettait de faire restituer par Philippe aux Etoliens les villes qu'il leur avait prises par la force (§ 5) et de replacer l'Acarnanie sous leur autorité (§ 6). Les premières sont, sans aucun doute, celles qu'il leur avait enlevées au cours de la guerre des Alliés et auxquelles ils avaient dû renoncer à la paix de Naupacte. Celle qu'ils regrettaient le plus était certainement Thèbes de Phthiotide, dont la perte coupait leurs communications avec le golfe Pagasétique et, par delà, avec la mer Egée et leurs alliés insulaires et asiatiques.

L'Acarnanie présentait encore plus d'importance à leurs yeux. T. L. l'affirme, et on peut le croire quand il dit que c'est l'espoir de la recouvrer qui les décida, en fin de compte, à entrer dans l'alliance romaine (§ 8). Cette province, en effet, de l'embouchure de l'Achéloos au Sud, au golfe d'Ambracie au Nord, s'ouvre sur la mer Ionienne par une façade maritime qui commande le débouché du golfe de Corinthe et la meilleure route vers l'Italie. Ses ressources économiques et humaines ne sont, d'autre part, pas négligeables. Les Etoliens s'étaient partagé ce pays avec Alexandre d'Epire après 250, puis l'avaient annexé en entier au début du règne de Dèmètrios II, mais pour le reperdre peu après dans des circonstances inconnues. Et leurs efforts pour y réimplanter leur domination avaient été vains : il demeura indépendant et adhéra à la ligue hellénique d'Antigonos Doson. La paix de Naupacte, conclue sur la base de l'*uti possidetis*, les avait implicitement contraints à reconnaître cette situation. L'offre de Laevinus leur permettait de rouvrir la question et de replacer cette proie convoitée sous leur coupe.

Mais ils ne seraient pas seuls à en tirer avantage. Les Romains aussi escomptaient en faire leur profit. L'alliance était certes destinée avant tout à retenir Philippe V en Grèce en lui opposant le plus puissant de ses adversaires. Mais, en cas de succès, se trouverait édifié un rempart qui lui interdirait tout accès à l'Adriatique et écarterait définitivement tout danger de débarquement macédonien en Italie, tout risque de jonction entre les deux ennemis de Rome, Hannibal et Philippe. De ce rempart, l'extrémité septentrionale était déjà en place : c'était le protectorat romain. La partie méridionale s'appuierait sur les Péloponnésiens occidentaux, Eléens et Messéniens, que Philippe s'était définitivement aliénés. Le centre, au débouché du golfe de Corinthe, était le point le plus sensible et le plus faible à la fois. En promettant aux Etoliens de les aider à conquérir l'Acarnanie, voire davantage (§ 11), on l'étayait solidement et, en même temps, on s'assurait de leur fidélité. La générosité des Romains était rarement gratuite.

III. La seconde partie du texte de T. L. donne une analyse du traité d'alliance qui commence par la mention d'une clause additionnelle (§ 9). Contrairement aux apparences, il n'y a rien là d'illogique, car elle fournit la liste des alliés des deux contractants à qui l'on offrait d'adhérer au pacte. Il n'était pas inutile, pour débuter, de préciser son champ d'application. D'un point de vue formel, les états énumérés étaient laissés libres de leur décision. Nul doute pourtant que certains d'entre eux firent l'objet de fortes pressions, car ils constituaient des pièces essentielles de la coalition antimacédonienne. Tel dut être le cas des Éléens dont on a vu plus haut de quelle importance était la situation stratégique. De même pour Pleuratos et Skerdilaïdas, ce dernier chef de pirates illyriens qui, bien qu'il eût collaboré avec Dèmètrios de Pharos, avait été épargné par Rome lors de la seconde guerre d'Illyrie et s'était rapproché d'elle et des Etoliens lorsque Philippe V l'avait attaqué en même temps qu'Apollonia. Pleuratos était son fils, et l'on ne voit pas pourquoi T. L. a fait de lui un roi de Thrace. Le ralliement de Sparte n'était pas moins souhaitable, quoique pour des raisons différentes : elle ne pouvait sans doute renforcer la barrière que Laevinus voulait dresser entre la Macédoine et l'Adriatique, mais son hostilité détournerait une partie au moins des forces de l'Achaïe, principal des alliés de Philippe dans le Péloponnèse. Quant à Attale I, il n'était invité à se joindre à la coalition qu'en raisons des relations étroites qu'il entretenait alors avec les Etoliens. Mais la puissance de sa flotte pouvait en faire un auxiliaire utile pour disputer à la Macédoine la maîtrise de la mer Egée, voire la prendre à revers. Une omission dans cette liste vaut d'être soulignée, c'est celle de la Messénie dont la situation stratégique n'était pas moins précieuse que celle de l'Elide. Or, elle s'était ouvertement rangée dans le camp des ennemis de Philippe depuis les campagnes qu'il y avait menées en 215/4, et sa participation à la première guerre de Macédoine est assurée. On est donc conduit à penser que son absence au § 9 provient d'un oubli de T. L.

Le § 10 définit les tâches et obligations des contractants dans les hostilités à venir. Les Etoliens se chargeaient des opérations terrestres et s'engageaient à les ouvrir sans délai. Les Romains se réservaient la guerre sur mer et y consacreraient une escadre de 25 quinquérèmes au moins. Les deux domaines n'étaient pas imperméables, vu les pratiques de la guerre antique. Toute flotte emportait un corps de débarquement. Les alliés seraient donc appelés à collaborer dans certains cas, le siège d'une place maritime par exemple. C'est pourquoi un mode de partage des « bénéfices de la guerre » est prévu au § 11.

Tel que T. L. le présente, il est à la fois simple et universel. Tous les biens immobiliers des cités dont les alliés s'empareraient deviendraient la propriété des Etoliens, aux Romains iraient les biens meubles qui, selon le droit des gens de l'Antiquité, comprenaient les corps mêmes des vaincus que l'on pouvait tuer ou vendre comme esclaves. Mais on a ici la preuve que l'historien ne donne pas toujours un résumé fidèle des documents officiels. Une inscription découverte assez récemment a conservé, en effet, un fragment important du texte authentique de la convention. Bien que l'interprétation en soit difficile en raison des mutilations de la pierre et parce que le texte grec semble bien traduit d'un original en latin, il est clair pourtant que les vrais principes du partage des prises de guerre étaient bien plus complexes que ne l'indique T. L.

La distinction entre butin mobilier et immobilier s'y retrouve certes. Mais plusieurs situations différentes y sont envisagées. Le droit de la guerre ne devait s'appliquer dans toute sa rigueur qu'aux villes prises d'assaut. Les vaincus devenaient alors, corps et biens, la propriété des vainqueurs. Dans tous les cas de ce genre, les immeubles revenaient aux Etoliens. Ils avaient, en outre, droit à une partie des meubles en cas d'entreprise commune, les Romains n'en conservant la totalité que s'ils avaient agi seuls. Si la cité tombée au pouvoir des alliés avait abandonné le camp adverse d'elle-même, ou avait capitulé avant l'assaut final (le sens exact de cette distinction n'est pas assuré), elle conservait son existence en tant que corps politique, et ses habitants leur vie, leur liberté et leurs biens. Les Romains abandonnaient tout droit sur elle et les Etoliens devaient se contenter de la faire entrer dans leur confédération sans attenter à son autonomie. La pierre étant ensuite brisée, il est possible que d'autres catégories aient été déterminées. Ce qui est conservé suffit à montrer que Rome avait fait de grandes concessions à ses nouveaux alliés. C'est qu'elle avait besoin d'eux en raison des circonstances et qu'il fallait rémunérer généreusement leur collaboration, puisqu'ils allaient porter presque tout le poids de la guerre sur terre.

On considère en général que tous les alliés de Philippe étaient visés par les dispositions précédentes, où l'on retrouve même une intention de propagande ou, du moins, d'action psychologique. On les aurait invités à comparer le sort qu'ils subiraient, s'ils s'obstinaient à résister, aux conditions acceptables qui leur seraient faites s'ils changeaient de camp. Cette manière de voir ne s'impose pas. Comme il sera indiqué ci-dessous, la manière dont Rome et l'Etolie publiaient leur intention de traiter les vaincus est tout à fait conforme au droit des gens et ne pouvait donc déterminer aucun de leurs futurs adversaires à passer de leur côté. D'autre part, le champ d'application des dispositions envisagées est géographiquement limité « aux cités comprises entre Corcyre et l'Etolie », c'est-à-dire au Sud de l'Epire et à l'Acarnanie. Les alliés de la Macédoine n'étaient donc pas menacés dans leur ensemble. C'était en bordure de l'Adriatique et de la mer Ionienne seulement que Rome consentait à travailler en faveur des Etoliens. Et cela se comprend bien si elle songeait surtout à interdire à Philippe l'accès de l'Adriatique. Que les principes du partage aient été appliqués en d'autres lieux, pas souvent à la lettre d'ailleurs, c'est par commodité et sans fondement juridique. Une difficulté paraît toutefois s'opposer à cette interprétation : pourquoi avoir précisé, à la fin du § 11, que « les Romains s'emploieraient à assurer la possession de l'Acarnanie aux Etoliens », alors que la chose semble impliquée dans les dispositions précédentes ? Ce n'est qu'une apparence, car le partage du butin qu'elles organisent n'équivaut pas à un engagement de conquête intégrale de la région où il devait s'exercer. Pour que les Etoliens fussent pleinement satisfaits, il fallait stipuler explicitement que la soumission de l'Acarnanie était bien un des buts de l'alliance.

Les deux derniers paragraphes (12 et 13) sont relatifs aux obligations que s'imposent les contractants au cas où ils viendraient à conclure des traités de paix distincts avec Philippe V. Dans cette hypothèse, l'un et l'autre devait lui interdire de poursuivre la guerre contre celui qui ne serait pas partie au traité. Si c'était Rome, la conséquence serait que l'alliance de Philippe avec Hannibal serait annulée. Des dispositions de ce genre sont habituelles. Elles résultent du principe que les contractants doivent avoir « mêmes amis et mêmes ennemis », et elles ne méritent pas de commentaire particulier.

Si l'on en croit Polybe, le traité romano-étolien souleva l'indignation des Grecs. Beaucoup d'historiens contemporains en ont cherché la raison dans les dispositions arrêtées pour le partage des prises de guerre, considérées comme un arrangement entre gangsters. Et ils se sont demandé qui avait pu l'inspirer. On a longtemps admis que c'était les Etoliens qui l'avaient suggéré et que, d'ailleurs, la rédaction du document, dans son ensemble, était modelée sur les usages helléniques. En réalité, tous les peuples anciens ont passé entre eux des conventions relatives à la répartition du butin. Et, justement, certaines d'entre elles prévoient l'attribution des prises immobilières à l'un des contractants, des biens meubles à l'autre. La question de l'origine de semblables dispositions ne se pose donc pas. Elles sont le résultat naturel du droit de la guerre dont les principes fondamentaux sont demeurés les mêmes à travers toute l'Antiquité. La réprobation des contemporains de Laevinus ne peut donc provenir de pratiques qui leur étaient familières, sauf à penser qu'ils ont été choqués par le cynisme de la rédaction du traité ou, davantage peut-être, par la brutale rigueur que les Romains ont montrée dans l'application qu'ils en ont faite. S'il en est ainsi, ce n'est qu'une des manifestations de la cause profonde de la condamnation portée par les Grecs : ce qu'ils reprochaient, en fin de compte, aux Etoliens, c'était de s'être liés à un peuple barbare et de lui avoir permis de traiter des compatriotes plus durement qu'eux-mêmes ne l'auraient sans doute fait.

Ni Rome, ni les Etoliens ne devaient tirer de leur alliance les bénéfices qu'ils en attendaient. Les Romains n'ont pas tardé à se désintéresser de la lutte contre Philippe V. Abandonnée, l'Etolie a dû traiter avec lui sans se soucier des obligations qu'elle avait souscrites en cas de paix séparée. Quand elle a repris la lutte au cours de la seconde guerre de Macédoine, Flamininus lui a refusé de considérer que l'ancienne alliance se trouvait remise en vigueur, mais il s'est néanmoins fondé sur une interprétation inique du traité pour lui refuser les satisfactions qu'elle demandait. Là est l'origine du conflit où les Etoliens, d'alliés devenus ennemis, devaient perdre leur indépendance.

Bibliogr. : J. Muylle, « Le traité d'amitié entre Rome et la ligue étolienne », *Ant. class.*, 38, 1969, pp. 408-418.
H. H. Schmitt, ouv. cité n° XXII, pp. 258-266, n° 536.

XXXVI. Antiochos III
et Euthydèmos de Bactriane (206)

(Polybe, XI, 34, 1-10)

(1) Euthydèmos affirmait pour sa défense qu'Antiochos n'avait pas le droit de chercher à le renverser de son trône. (2) Ce n'était pas lui qui avait fait sécession. D'autres en portaient la responsabilité. Et il avait dû faire disparaître leurs descendants avant de devenir maître du pouvoir en Bactriane. (3) Après avoir longuement développé ce thème, il fit appel à la bonne volonté de Téléas pour ménager leur réconciliation et prier Antiochos de ne pas lui refuser le titre et la dignité de roi. (4) Car, à son avis, faute d'accéder à sa demande, ni l'un ni l'autre ne serait en sûreté. (5) Il y avait aux frontières des masses considérables de nomades qui les mettraient tous deux en danger et ramèneraient le pays à la barbarie, tout le monde le savait, si on les y laissait pénétrer. (6) Là-dessus, Euthydèmos renvoya Téléas à Antiochos. (7) Le roi cherchait depuis longtemps à régler l'affaire. Après avoir entendu le rapport de Téléas, il n'hésita pas à se décider à la réconciliation pour les raisons déjà indiquées. (8) Téléas fit encore plusieurs fois la navette entre les deux camps. Finalement, Euthydèmos envoya son fils Dèmètrios pour ratifier les accords. (9) Le roi fit bon accueil à ce jeune homme, le jugea digne de la royauté tant par son allure que par sa conversation et sa dignité. Il commença par lui promettre en mariage une de ses filles. Puis il reconnut à son père le titre de roi. (10) Les autres clauses furent rédigées par écrit et l'alliance confirmée par serment. Puis Antiochos leva le camp après avoir abondamment ravitaillé son armée et s'être renforcé avec les éléphants d'Euthydèmos.

Le texte est un des fragments conservés du récit de l' « Anabase » d'Antiochos par Polybe. D'après son contenu, on comprend qu'il s'agit de négociations de paix entre le Séleucide et le roi de Bactriane, après le siège

fameux de Bactres (208-206) qui n'avait permis à aucun
des deux adversaires de remporter une victoire décisive,
n'ayant pu Antiochos enlever la place et Euthydèmos le
contraindre à battre en retraite. Le négociateur séleucide se
nommait Téléas (§ 6). C'est à lui qu'Euthydèmos expose
les raisons qui militent, à son avis, en faveur d'un accord
qui le maintiendrait sur son trône : ce n'est pas lui qui
a entraîné la Bactriane à se séparer de l'empire séleucide (§ 2) ; la poursuite des hostilités provoquerait une
invasion des nomades qui ramènerait le pays à la barbarie
sans profit pour personne (§§ 4-5). La seconde partie
expose la manière dont l'accord s'est finalement réalisé
(§§ 7-9) et une partie des clauses de la paix (§§ 9-10).

Le plan du commentaire ne peut se modeler sur la
composition du texte. L'interprétation de ce dernier exige,
en effet, la connaissance des motifs qui ont amené Antiochos III à entreprendre son Anabase et à s'en prendre,
en particulier, au royaume de Bactriane. Ces motifs eux-
mêmes sont la conséquence de l'évolution historique des
satrapies orientales dans l'empire séleucide. Il convient
donc d'esquisser d'abord un tableau de la situation politique en Iran au moment où Antiochos entreprend d'y
réablir son autorité, de dégager ensuite les causes de
cette situation, enfin d'exposer les résultats obtenus par
le roi en conclusion de son conflit avec Euthydèmos.

I. Au début de l'Anabase (212), l'autorité séleucide ne
s'exerçait plus pleinement que sur la Médie et l'Elymaïde
(Suse). Au centre et au Sud du plateau iranien, Antioche
n'avait plus que des rapports très lâches avec les satrapies
de ces régions, souvent désertiques d'ailleurs. Et il est
possible que la Perside ait fait sécession entre la mort de
Séleucos I et le règne de Séleucos II. Mais elle était rentrée dans le devoir en 212. Plus à l'Est encore, tout le
revers du plateau au-dessus de la vallée de l'Indus avait été
abandonné par Séleucos I aux Maurya. Au Nord-Est enfin,
depuis 245 environ, les liens étaient ouvertement rompus :
la Parthyène et l'Hyrcanie avaient été conquises par la
tribu nomade des Parnes (les futurs Parthes) et la Bactriane, à qui la Sogdiane et la Margiane s'étaient probablement jointes, s'était érigée en royaume indépendant,
d'abord sous Diodotos I et son fils, qu'Euthydèmos avait
renversés à une date et pour des motifs inconnus (§ 2).

Le but d'Antiochos était évidemment de restaurer l'intégrité de l'empire dans ces régions. La question est de savoir sous quelle forme il entendait y parvenir. Aucune de nos sources ne permet de pénétrer ses intentions en cette occasion. Mais on le voit à maintes reprises justifier ses autres entreprises en se fondant sur un principe constant : recouvrer tous les territoires sur lesquels ses ancêtres, depuis Séleucos I, avaient non seulement régné, mais affirmé leurs droits et leurs prétentions. Il est dès lors légitime de croire que l'Anabase avait pour objet de ramener les satrapies iraniennes sous l'autorité directe des Séleucides, Euthydèmos et les Parthes, considérés comme rebelles, étant les principaux ennemis visés. Mais Antiochos peut aussi avoir poursuivi un but secondaire, économique et fiscal. La perte de l'Iran oriental privait le trésor royal des tributs que lui versaient auparavant ces provinces et interrompait les échanges avec l'Asie centrale, notamment l'arrivée de l'or sibérien. Il semble bien, en effet, qu'à ce moment les finances séleucides aient connu de sérieuses difficultés. En tout cas, du début à la fin, l'Anabase s'accompagne de pillages et de réquisitions destinées à remplir les caisses, au risque de compromettre ses desseins politiques.

II. Pour quelles raisons l'Iran avait-il en grande partie échappé aux Séleucides ? Leur nature profonde conditionnait la réussite d'Antiochos bien plus que la puissance des ennemis qu'il allait affronter. Une première cause de sécession se trouve dans la géographie. Ces satrapies orientales sont séparées du monde méditerranéen par des distances considérables en elles-mêmes, énormes à l'échelle de l'Antiquité, et les routes pour y parvenir sont malaisées et fragiles : la principale, au Nord, traverse l'Hyrcanie et la Parthyène, montagneuses et enserrées entre la Caspienne et le désert ; celle du Sud, le long du golfe Persique, passe par des régions encore plus chaotiques sous un climat torride.

Les populations, dispersées en groupes sans liens autour d'un plateau inhabitable, sont hétérogènes et dominées par une aristocratie hostile à l'autorité séleucide qui l'a dépouillée du pouvoir politique qui était le sien aux temps achéménides. Il n'y a de peuplement hellénique important qu'en Bactriane où, il est vrai, paraît réalisée une symbiose harmonieuse entre Grecs et Iraniens. Et, sur le front des steppes au Nord, pèse la menace constante d'une

invasion des tribus nomades de l'Asie centrale. Enfin,
l'orientation croissante de la dynastie vers le monde
méditerranéen n'a pas atténué les tendances centrifuges
des satrapies orientales. Aucun souverain ne s'y montre
pendant un demi-siècle après l'avènement d'Antiochos I.
On oublie son existence et on ne compte plus sur son
secours.

La crise de la guerre de Laodice suivie de la guerre
fratricide va cristalliser ces causes de rupture. Dès 245 (?),
Andragoras, satrape de Parthyène, sans se proclamer roi,
bat monnaie à son nom, manifestant ainsi son indépendance, pour ne pas s'incliner peut-être devant les prétentions de Ptolémée. Vers le même temps, son voisin
oriental, Diodotos de Bactriane, commence, à en juger
aussi par la numismatique, à prendre ses distances avec
la dynastie. Lorsqu'Arsace renverse Andragoras (vers
239/8), Diodotos, complètement coupé d'Antioche, ceint
le diadème, non par ambition comme on l'en accuse,
mais pour protéger l'hellénisme contre les nomades. Et
ce sont encore des troubles à l'Occident de l'empire qui
y rappellent Séleucos II alors qu'il avait commencé à
rétablir son autorité en Iran par un succès sur Arsace.

III. L'Anabase proprement dite, la reconquête des satrapies perdues, comporte trois étapes principales : une campagne contre les Parthes (209) ; la guerre contre Euthydèmos (208-6) ; une incursion dans l'Inde (206/5). Elles
sont toutes mal connues, le récit de Polybe étant soit en
partie perdu, soit insuffisant. Contre Euthydèmos, Antiochos remporta d'emblée une victoire en Arie qui obligea
son adversaire à s'enfermer dans sa capitale où il résista
deux ans. La durée du siège paraît prouver qu'il n'avait
pas les moyens de réduire son adversaire à merci et que
celui-ci n'avait pas été abandonné par ses sujets. Il dut
donc traiter, d'autant qu'il ne dut pas être insensible à la
menace d'une invasion nomade agitée par Euthydèmos
(§ 4). Il commença par évoquer la perspective d'un mariage
dynastique (§ 9), puis reconnut l'existence du royaume
bactrien et conclut paix et alliance avec lui. Enfin, en vue
de la poursuite de son expédition, il se fit livrer du ravitaillement et les éléphants de guerre d'Euthydèmos qui
pouvaient lui être utiles dans l'Inde (§ 10).

Bien qu'on ignore le détail des clauses du traité, les
caractères du règlement sont clairs : Antiochos renonçait

à détruire le royaume bactrien et à replacer ses territoires sous son autorité directe. Il n'est même pas probable qu'il lui imposa une subordination qui aurait comporté le paiement d'un tribut. Les livraisons qu'il exigea ne doivent pas non plus être interprétées comme une indemnité de guerre. Quant à des rectifications de frontières, il n'y a pas trace qu'Euthydèmos y ait consenti. Dans la mesure où, à son départ, Antiochos avait l'intention de le châtier comme rebelle, il avait échoué, ce qui aboutissait, en fait, à une amputation de l'empire séleucide. L'Anabase sur ce point n'était pas un succès. Il ne semble pas qu'elle le fut non plus dans ses autres étapes. Antiochos dut aussi traiter avec Arsace II, donc lui abandonner une partie au moins des conquêtes parthes, même s'il lui imposa un tribut et l'obligea à maintenir ouverte la route de Bactres. Dans l'Inde, où il n'atteignit certainement pas la vallée de l'Indus, il dut se contenter de conclure un traité d'amitié sans portée avec un radjah de second ordre, Sophagasènos. L'échec eût été complet sans l'argent et les fournitures qu'il se fit livrer. Il était loin d'avoir même restauré l'empire tronqué de Séleucos I.

L'Anabase valut à Antiochos une gloire universelle. Mais ses résultats sont-ils dignes de sa renommée ? Ont-ils répondu aux espoirs du roi ? On pourra toujours en discuter puisque ses intentions nous sont inconnues. Mais, si l'on admet qu'elles étaient inspirées par les mêmes principes dont il s'est constamment réclamé dans toute sa diplomatie, si l'on se demande pourquoi il aurait fait des efforts si prolongés et si coûteux pour rétablir en Iran une autorité indiscutée, on ne peut que conclure qu'il n'est pas parvenu à ses fins, qu'il a dû se contenter d'éphémères succès de prestige et que son expédition marque en fait la ruine de la domination séleucide en Iran oriental.

XXXVII. La paix de Phoinikè (205)

(Tite-Live, XXIX, 12)

(1) Rome, depuis deux ans, avait négligé les affaires de Grèce. Aussi Philippe put-il contraindre les Etoliens, abandonnés par les Romains, unique allié qui leur inspirait confiance, à demander et subir la paix aux conditions qu'il voulut. (2) S'il n'avait mis tout en œuvre pour hâter la conclusion de ce traité, il aurait été surpris au cours de ses opérations contre les Etoliens par le proconsul P. Sempronius, envoyé pour remplacer Sulpicius comme commandant en chef, à la tête de dix mille fantassins, mille cavaliers et trente-cinq navires à éperon, ce qui n'était pas un petit renfort pour secourir des alliés. (3) A peine la paix faite, le roi apprit que les Romains étaient à Dyrrachium, que les Parthiniens et les peuples voisins s'étaient soulevés dans l'espoir de renverser la situation et que Dimallum était assiégé. (4) Les Romains s'étaient tournés dans cette direction au lieu de marcher au secours des Etoliens, ce qui était leur mission, par colère de ce que ces derniers, sans leur permission et contre le traité, avaient fait la paix avec le roi. (5) A ces nouvelles, Philippe, pour éviter une rébellion plus étendue de la part des peuples voisins, marcha à grandes journées sur Apollonia où Sempronius s'était retiré. Il avait envoyé son lieutenant Laetorius avec une partie des troupes et quinze navires en Etolie pour examiner la situation et rompre la paix si possible. (6) Philippe ravagea le territoire d'Apollonia, fit avancer ses troupes devant la ville et offrit la bataille au général romain. (7) Mais, voyant qu'il restait tranquille et se contentait de garder les murailles, qu'il n'était pas lui-même assez en force pour emporter la ville d'assaut, comme, d'autre part, il désirait conclure, si possible, la paix ou, du moins, une trêve avec les Romains comme avec les Etoliens, il se garda d'envenimer davantage les haines par un nouveau conflit et se retira dans son royaume. (8) Dans le même temps, las d'une guerre qui n'en finissait pas, les Epirotes, après avoir sondé les dispositions des Romains, envoyèrent proposer à Philippe une paix générale. (9) Ils étaient per-

suadés qu'il l'obtiendrait, affirmaient-ils, s'il avait une entrevue avec le général romain, P. Sempronius. (10) Comme, au
fond de lui-même, le roi n'y répugnait pas non plus, ils
le décidèrent aisément à passer en Epire. (11) Phoinikè est
une ville d'Epire : le roi y conféra d'abord avec Aéropos,
Derdas et Philippos, préteurs des Epirotes. Bientôt après,
il rencontra P. Sempronius. (12) Assistèrent à la réunion
Amynandros, roi des Athamanes, et les autres magistrats
épirotes et acarnaniens. Le préteur Philippos prit le premier la parole et demanda à la fois au roi et au général
romain de mettre fin à la guerre, d'accorder cette faveur
aux Epirotes. (13) P. Sempronius posa comme conditions
que les Parthiniens, Dimallum, Bargulium et Eugenium reviendraient aux Romains. L'Atintanie serait cédée au Macédonien, sauf l'assentiment du Sénat qu'il ferait demander à
Rome par des ambassadeurs. (14) La paix conclue à ces
conditions, le roi fit comprendre dans le traité Prusias,
roi de Bithynie, les Achéens, les Béotiens, les Thessaliens,
les Acarnaniens, les Epirotes ; de leur côté, les Romains y
firent admettre les habitants d'Ilion, le roi Attale, Pleuratos, Nabis, tyran de Sparte, les Eléens, les Messéniens et
les Athéniens. (15) Le traité fut rédigé et scellé, et on
convint d'une trêve de deux mois, le temps d'envoyer à
Rome des ambassadeurs pour obtenir du peuple la ratification de la paix à ces conditions. (16) Toutes les tribus
la ratifièrent : la guerre allait se porter en Afrique et
l'on voulait dès lors se décharger de toutes les autres
guerres.

Le texte est un exposé des circonstances et des clauses
du traité qui a mis fin à la première guerre de Macédoine.
Un paragraphe d'introduction rappelle pourquoi les Etoliens, alliés des Romains contre Philippe V depuis 212
(ou 211, n° XXXV), avaient été contraints de conclure
une paix séparée en 206. Le long développement suivant
est consacré aux opérations militaires qui précédèrent le
début des négociations (2-7). Celles-ci sont l'objet de la
suite du récit (8-12). Les clauses du traité sont enfin rapportées (13-15). En conclusion, T. L. explique pourquoi les
Romains ont accepté cette paix qui ne leur donnait apparemment pas satisfaction (16).
Le commentaire ne peut se modeler sur le texte. Les
opérations militaires n'ont pas à être étudiées en détail
puisqu'elles n'ont guère eu de portée : il n'y a eu ni
vainqueur, ni vaincu et les clauses de la paix n'en ont pas
été influencées. Le déroulement des négociations n'a pas

plus d'intérêt. Les caractères généraux de la première guerre de Macédoine et les événements des années 207-206 qui expliquent directement le traité de 205 et son contenu méritent plus d'attention que ne leur en accorde T. L. Ce sera l'occasion de fournir les précisions appelées par le récit des opérations. Les clauses de la paix formeront le second centre d'étude du commentaire, tant pour leur portée immédiate que pour leurs conséquences futures. On pourra, à ce moment, présenter les remarques utiles concernant la conduite des négociations.

I. Rome avait été amenée à entrer en guerre contre la Macédoine pour deux raisons : la défense du protectorat qu'elle avait établi en Illyrie (n° XXVII) et, surtout, la crainte d'une conjonction entre Philippe V et Hannibal à la suite de leur alliance (215). Pour en écarter la menace, elle avait cherché à susciter des difficultés au roi dans son domaine, d'où son alliance avec les Etoliens qui avaient entraîné leurs propres alliés dans le conflit : Eléens, Messéniens, Spartiates, et le roi de Pergame Attale I. Après plusieurs années de durs combats, ils s'étaient vus abandonnés par Attale, auquel Philippe avait opposé Prusias de Bithynie, et surtout par les Romains, en conséquence de l'expédition d'Hasdrubal, puis de leur victoire du Métaure (207). Dès lors, ils durent subir la loi du Macédonien qui leur imposa des conditions très dures (206).

Les Romains, émus de ce qu'ils considéraient comme une défection et craignant pour leurs possessions illyriennes, envoyèrent P. Sempronius Tuditanus avec une armée assez importante de l'autre côté de l'Adriatique (§ 2). Il s'efforça en vain de faire rentrer les Etoliens dans la guerre (§ 5), mais reconquit une partie des territoires que Philippe avait enlevés à Rome (§ 3). Le roi accourut, mais il n'y eut pas d'affrontement direct. De part et d'autre, on préféra négocier.

II. Pourquoi ? Du côté romain, T. L. (§ 16) souligne les préoccupations africaines du Sénat pour justifier une paix à tout prix, ce qui comporte une grande part de vérité : Rome aurait dû supporter tout le poids de la guerre dans les Balkans et Philippe s'était montré un adversaire difficile. Mais il n'y eut peut-être pas là que de la résignation. Les clauses du traité n'étaient pas si défavorables : quelques pertes territoriales n'empêchaient pas le protectorat de remplir son office qui était d'interdire la piraterie illyrienne et de barrer la route aux ambitions de Philippe à l'Occident.

Le roi, de son côté, n'était sans doute pas mécontent de voir confirmés les avantages acquis aux dépens des Etoliens puisque les Romains ne les considéraient plus comme leurs alliés, à la suite de leur paix séparée, et de conserver une partie de ses conquêtes en Illyrie. Il devait aussi tenir compte des défections qui venaient de se produire (§ 3), de la situation de ses alliés dont certains, « las d'une guerre qui n'en finissait pas » (§ 8), pouvaient l'abandonner, et d'autres, en particulier l'Achaïe depuis la renaissance qu'elle devait à Philopoemen, risquaient de ne plus écouter que leur propre intérêt.

L'entremise des Epirotes fut donc bien accueillie par les deux partis. Les négociations furent rondement menées, les participants étant peu nombreux (préciser leur qualité, notamment pour Amynandros). Le traité comportait deux sortes de dispositions : des clauses territoriales et une invitation à d'autres états, alliés de l'une ou de l'autre partie, à s'y associer. Les premières n'appellent que des précisions topographiques. On notera que le proconsul paraît avoir outrepassé ses pouvoirs : il dut en référer au Sénat pour la cession de l'Atintanie. Si les contractants ont invité leurs alliés à ratifier le traité en tant qu'*adscripti*, c'est à la fois pour les protéger de toute séquelle du conflit et pour les amener à en garantir l'exécution. La liste des alliés de Philippe n'offre pas de difficulté : outre Prusias, ce sont les membres de la ligue hellénique. Ils ont tous effectivement combattu à ses côtés. Celle des *adscripti* romains est, au contraire, très discutée. Il semble bien qu'il faille en exclure Ilion et Athènes. Mais il n'y a pas de raison péremptoire pour écarter les autres même si, en 205, ils n'étaient plus pour Rome que des associés passifs.

En raison des événements subséquents (dès 200, Rome et la Macédoine sont de nouveau en conflit), la nature juridique et les intentions du traité ont été mises en question. Quels étaient les liens que Rome contractait avec les *adscripti* ? Une alliance formelle ou de vagues relations amicales ? Quoi qu'il en soit, elle maintenait après la paix des contacts avec certains états grecs, d'où l'on peut conclure que, sinon le Sénat en corps, du moins certains sénateurs songeaient à amorcer une politique d'intervention en Orient. Est-ce à dire (comme la tradition historiographique romaine l'a plus tard soutenu) que la paix de Phoinikè n'a, dès l'abord, été qu'une trêve ? Rien ne permet de l'affirmer. Les préparatifs de l'expédition d'Afrique auraient suffi à détourner le Sénat de visées trop lointaines et machiavéliques.

Bibliogr. : H. H. Schmitt, ouvr. cité n° XXII, pp. 281-284, n° 543.

XXXVIII. Projet de partage
de l'empire lagide (203/2)

1. Polybe, III, 2, 8.

A ce qui précède, nous ajouterons les troubles d'Egypte et la manière dont, après la mort du roi Ptolémée, Antiochos et Philippe s'entendirent pour partager l'empire de l'enfant qu'il laissait derrière lui. Ce fut le début de leurs méfaits : ils portèrent la main, Philippe sur l'Egypte, la Carie et Samos, Antiochos sur la Coelè-Syrie et la Phénicie.

2. Polybe, XV, 20.

(1) N'y a-t-il pas là un sujet de stupéfaction ? Lorsque Ptolémée était en vie et n'avait pas besoin de leurs services, ils étaient tout disposés à lui venir en aide. (2) Mais lorsqu'il fut mort, laissant un enfant au berceau dont la morale naturelle leur faisait, à l'un et à l'autre, une obligation de s'associer pour préserver le trône, alors ils s'encouragèrent mutuellement à se jeter sur le royaume de cet enfant pour le démembrer et faire disparaître l'héritier, (3) sans même, comme le font les tyrans, couvrir du moindre prétexte leur conduite déshonorante. Ils ont agi avec un cynisme et une férocité qui méritent qu'on leur applique ce qu'on dit des poissons chez qui, dans une même espèce, le massacre du petit fournit au gros de quoi manger et vivre. (4) Si l'on jette un regard sur ce traité, ne croira-t-on pas y voir de ses yeux, comme dans un miroir, l'impiété de ces souverains envers les Dieux, leur cruauté envers les hommes et aussi leur ambition démesurée ? (5) Pourtant, après avoir reproché à la Fortune la manière dont elle dirige les affaires humaines, ne serait-il pas légitime de changer ici d'opinion puisqu'elle leur a, par la suite, infligé le châtiment qu'ils méritaient, et qu'elle a donné à la postérité un admirable modèle de réparation en faisant sur eux un exemple ? (6) Pendant qu'ils se trompaient l'un l'autre tout en dépeçant l'empire du petit roi, elle a dressé contre eux les Romains. Les crimes qu'ils méditaient contre leur prochain retombèrent sur eux et ce fut justice.

L'accord par lequel Philippe V et Antiochos III se sont entendus, après la mort de Ptolémée Philopator, pour se partager les possessions égyptiennes et les entreprises qui en sont le résultat, ont joué un rôle certain dans les origines de la seconde guerre de Macédoine. Il est malheureusement très mal connu. L'exposé de Polybe est perdu. Les autres sources sont insuffisantes. Les deux seuls fragments de Polybe qui y ont directement trait n'apportent rien de précis. Le premier ne concerne pas le contenu de l'accord, mais les actes consécutifs des deux souverains, qui ne sont pas nécessairement en conformité avec lui. Le second contient une condamnation morale étrangère à l'histoire. Mais il manifeste la portée considérable que l'historien attribuait au traité.

La question doit donc être traitée de manière normative. On étudiera d'abord les motifs qui ont décidé les deux souverains à s'entendre, puis les termes dont ils étaient convenus. On discutera pour finir de l'authenticité qui a été parfois mise en doute.

I. Au moment où Antiochos regagne l'Occident après son Anabase (204), Philopator meurt, laissant à un enfant, Epiphane, un royaume agité par des révoltes indigènes et de graves dissensions parmi les dirigeants. Philippe V vient de faire la paix avec les Romains (205) et doit, en conséquence, diriger ses ambitions vers l'Orient. Or, il n'était pas douteux qu'Antiochos reviendrait à ses projets de conquête de la Coelè-Syrie, suspendus depuis Raphia (217). Pour s'en défendre, Alexandrie rechercha une alliance de revers auprès de la Macédoine (fin 204). Cette démarche décida-t-elle Antiochos à solliciter Philippe, ou incita-t-elle ce dernier à « faire monter les enchères » auprès du Séleucide ? La seconde hypothèse paraît plus vraisemblable. De toute manière, l'Egypte était isolée.

II. Polybe ne paraît pas douter que l'accord prévoyait un partage général de l'empire lagide et suggère que Philippe s'était attribué la vallée du Nil. Mais jamais il n'y a « porté la main », tout au plus a-t-il pu en avoir l'intention. Et, d'ailleurs, selon Appien, elle figurait dans le lot d'Antiochos. Il n'est pas vraisemblable, d'ailleurs, que ce dernier, au moment où il s'apprêtait à conquérir la Coelè-Syrie, ait accepté de voir son complice s'installer en Egypte. Il est plus probable qu'ils se sont entendus pour

partager les possessions extérieures des Lagides. Encore
n'est-ce pas certain, à considérer les campagnes de Philippe en Thrace (202 et 200) et en Carie (201/0), où elles
n'ont même pas constitué son principal objectif. L'accord
paraît donc avoir porté sur une répartition des zones
d'influence. Comme il était, bien entendu, secret, les déformations étaient aisées et elles ont trompé Polybe.

III. L' « énormité » politique et morale de cette entente
a conduit certains historiens à en nier l'existence. Ce serait
une invention des Rhodiens et d'Attale I (201) pour faire
peur aux Romains et les décider à entrer en guerre contre
Philippe. Mais c'est supposer au Sénat beaucoup de naïveté.
D'autre part, on ne manque pas d'indices de son existence.
Au retour de son Anabase, Antiochos avait fait étalage
de son autorité en Carie. Que Philippe ait pu y opérer sans
opposition de sa part en 201/0 est une preuve qu'il lui
avait expressément concédé ce domaine. On voit de même
le Macédonien recevoir à plusieurs reprises des stratèges
séleucides une aide, à vrai dire très réticente. L'aide s'ex-
pliqua en fonction d'un accord explicite, la réticence en
raison du chantage exercé par Philippe sur Antiochos.
L'accord manquait de chaleur. Il ne pouvait porter sur des
projets grandioses. Son existence même devait paraître
importune à Antiochos. La sincérité faisant défaut, les
deux complices « se trompaient » de leur mieux.

Bibliogr. : R. M. Errington, « The alleged syro-macedonian pact
         and the origins of the second macedonian war »,
         Athenaeum, 49, 1971, pp. 336-354 (nie l'existence de
         tout accord entre Philippe V et Antiochos III).
       H. H. Schmitt, ouvr. cité n° XXII, pp. 288-291, n° 547.

XXXIX. Athènes déclare la guerre à Philippe V (200)

(Tite-Live, XXXI, 14-15)

14 (3) Bientôt des ambassadeurs athéniens vinrent l'y trouver pour lui demander de faire lever le siège de la ville. Il envoya aussitôt à Athènes C. Claudius Centho avec vingt navires de guerre et mille hommes. (4) Car ce n'était pas le roi en personne qui faisait le siège d'Athènes : à ce moment, il consacrait tous ses efforts à celui d'Abydos. Il avait déjà affronté les Rhodiens et Attale en deux batailles navales, les deux fois sans succès. (5) Son assurance lui venait, outre son orgueil inné, du traité qu'il avait conclu avec le roi de Syrie Antiochos. Il s'était d'avance partagé avec lui le royaume d'Egypte, qu'ils menaçaient l'un et l'autre depuis qu'on avait appris la mort de Ptolémée. (6) Les Athéniens s'étaient attiré une guerre avec Philippe pour une cause qui n'en valait pas la peine. Mais, de leur ancienne grandeur, ils ne conservaient rien que la prétention. (7) Des jeunes Acarnaniens, pendant la célébration des mystères d'Eleusis, pénétrèrent dans le temple de Cérès en même temps que la foule des fidèles, sans être initiés, ni connaître les rites. (8) Leur langage les fit prendre sans mal, quand ils posèrent quelques questions déplacées. Conduits devant les responsables du temple, bien qu'il fût évident qu'ils étaient entrés par erreur, néanmoins pour cause de sacrilège abominable, ils furent exécutés. (9) Cet acte si odieux et hostile fut dénoncé à Philippe par les Acarnaniens. Ils obtinrent de lui un corps d'auxiliaires macédoniens et la permission de faire la guerre aux Athéniens. (10) Cette armée mit d'abord l'Attique à feu et à sang et rentra en Acarnanie avec un butin de toute espèce. Ce fut là l'origine des sentiments d'hostilité. Puis la guerre fut déclarée dans les formes par décret d'Athènes. (11) Le roi Attale et les Rhodiens, poursuivant Philippe qui se retirait en Macédoine, arrivèrent à Egine. Le roi passa au Pirée pour renouveler et confirmer son alliance avec les Athéniens. (12) Tous les citoyens se précipitèrent à sa rencontre avec femmes et enfants. Les prêtres en vêtements sacerdotaux allèrent l'accueillir à son entrée en ville : on eût dit que les Dieux eux-mêmes étaient sortis de leurs sanctuaires.

15 (1) L'assemblée du peuple fut aussitôt convoquée pour permettre au roi d'exposer publiquement ses intentions. Puis on jugea plus conforme à sa dignité de lui faire rédiger par écrit ses propositions, (2) pour lui épargner l'embarras de rappeler de vive voix ses bienfaits envers la cité ou d'affronter les applaudissements et acclamations d'une foule dont les excès d'enthousiasme pourraient offusquer sa modestie. (3) Dans la lettre qu'il envoya et fit lire à l'assemblée, il rappelait d'abord ses bienfaits envers une cité alliée, puis ses actions contre Philippe (4) et terminait par une invite : « Il fallait entreprendre la guerre pendant que lui-même, les Rhodiens et surtout les Romains étaient à leurs côtés. Jamais plus, s'ils n'en profitaient pas, ils ne retrouveraient cette occasion perdue. » (5) On donna ensuite audience à l'ambassade rhodienne. Elle avait pour elle un service récent : quatre navires de guerre athéniens, capturés depuis peu par les Macédoniens et repris par les Rhodiens, venaient d'être restitués. Aussi une énorme majorité vota-t-elle la guerre à Philippe.

Le texte comporte trois points : — 1) le secours romain à Athènes et les événements connexes ; — 2) le conflit entre Athènes et les Acarnaniens appuyés par Philippe V ; — 3) l'intervention d'Attale I et des Rhodiens. Les deux derniers constituent, par rapport au premier, un retour en arrière destiné à l'expliquer. La première tâche consiste donc à établir la chronologie.

I. L'ambassade athénienne (14, 3) est adressée au consul Sulpicius Galba, chargé de la guerre contre la Macédoine, qui vient de débarquer en Illyrie (fin de l'été 200), *terminus ante quem*. Le *terminus post quem* est le sacrilège des Acarnaniens (14, 7-8). Il n'a pu être commis que lors d'une célébration des mystères d'Eleusis. Mais peu importe qu'il s'agisse de la cérémonie de l'automne 201 ou de celle du printemps 200. Ce qui compte, c'est le début des hostilités. Pour les entreprendre, les Acarnaniens ont sollicité l'aide de Philippe. Or, celui-ci est absent de Macédoine jusqu'au début du printemps 200. L'intervention d'Attale et des Rhodiens ne peut être très postérieure, puisqu'ils sont arrivés à Egine sur les talons du roi qui revenait dans son royaume (14, 11). Mais, entre ce moment et leur démarche à Athènes, il faut placer l'expédition acarnanienne dont la durée ne peut être évaluée (14, 10).

II. Ces événements doivent ensuite être replacés dans leur cadre. On rappelera que le traité de Phoinikè avait contraint Philippe à détourner son activité de l'Illyrie vers l'Egée (n° XXXVII). Une première campagne en Thrace (203) lui avait aliéné Attale et les Rhodiens. Puis il avait conclu avec Antiochos III un accord de partage de l'empire lagide (14, 5. N° XXXVIII) qui lui avait valu une zone d'influence en Asie Mineure, mais provoqua contre Attale et les Rhodiens des hostilités d'abord navales (14, 4. Mais l'une des deux batailles avait été une victoire pour Philippe, contrairement à T. L.), puis terrestres : Philippe avait été bloqué en Carie par ses adversaires. Il n'avait pu s'en échapper, poursuivi par leur flotte, qu'au printemps 200.

Rentré en Macédoine, il y avait trouvé l'ambassade acarnanienne venue lui demander son aide contre Athènes. Aux auxiliaires terrestres qu'il lui accorda (14, 9), il ajouta une escadre qui s'empara des navires athéniens que les Rhodiens devaient reprendre (15, 5). Ces hostilités ne présentent guère d'importance en elles-mêmes, mais il faut se demander pourquoi des grandes puissances ont cru devoir s'en mêler. Pour Philippe, qui pouvait redouter une nouvelle guerre avec les Etoliens, il était bon de donner à ses alliés des satisfactions pour raffermir leur fidélité. Et il n'avait pas à ménager les Athéniens, avec qui il n'était pas en bons termes et dont la puissance était négligeable. Du côté d'Attale et des Rhodiens, on avait intérêt à créer des difficultés à l'adversaire et Athènes pouvait constituer une base utile pour la maîtrise de la mer et une tête de pont.

III. La question la plus importante consiste toutefois à apprécier le rôle que ces événements ont pu jouer dans les origines de la seconde guerre de Macédoine. L'allusion d'Attale à la présence des Romains « aux côtés des Athéniens » (15, 4) répond à l'arrivée récente d'une ambassade sénatoriale. Elle ne paraît pas avoir poussé à la déclaration de guerre des Athéniens à Philippe. Elle devait se montrer plus active quelques semaines plus tard. Un corps macédonien ayant de nouveau envahi l'Attique, les légats remirent à son chef (Philippe avait peut-être déjà mis le siège devant Abydos) un ultimatum sommant le roi de cesser ses attaques contre les états grecs. Il n'en tint aucun compte et fit envahir une troisième fois l'Attique, ce qui amena les Athéniens à faire appel à Sulpicius Galba (14,3).

Le fait que l'ultimatum ait été formulé à l'occasion des opérations macédoniennes en Attique pourrait faire penser que Rome agissait en tant qu'alliée d'Athènes et en vertu de l'*adscriptio* de cette dernière au traité de Phoinikè. Mais, outre qu'elle est douteuse par elle-même, rien dans la conduite des protagonistes en 200 ne la justifie. Les Athéniens, malgré T. L., ne se sont pas joints à l'ambassade des Rhodiens et d'Attale à Rome en 201. Il a fallu que ces derniers les poussent à déclarer la guerre à Philippe, tandis que les légats se maintenaient sur la réserve. Et, si le roi s'est attaqué à Athènes, c'est parce qu'il savait en avoir le droit. Si Athènes, en effet, avait été officiellement alliée à Rome, cet acte aurait constitué une folle provocation. Les événements décrits dans le texte n'ont donc pas de place dans les origines de la seconde guerre de Macédoine.

LA PÉNÉTRATION DE ROME EN ORIENT
(200-133 avant Jésus-Christ)

TROISIÈME PARTIE

LA PÉNÉTRATION DE ROME
EN ORIENT
(200-133 avant Jésus-Christ)

XL. Les origines de la seconde guerre de Macédoine (201/0)

(Tite-Live, XXXI, 1-8)

1 (9) Les Romains, que laissait libres la paix avec Carthage, indisposés contre Philippe à la fois parce qu'il ne respectait pas la paix avec les Etoliens et les autres alliés de Rome en Grèce (10) et parce qu'il avait récemment envoyé des renforts et de l'argent en Afrique à Hannibal et aux Carthaginois, se rendirent aux prières des Athéniens, dont il avait ravagé le territoire avant de les repousser dans leur ville, et rentrèrent en guerre [1].

2 (1) A peu près à la même époque [2], des ambassades envoyées par le roi Attale et les Rhodiens se présentèrent et firent savoir qu'en Asie aussi il poussait les cités à s'agiter. (2) Il leur fut répondu que le Sénat s'occuperait des affaires d'Asie. Le rapport sur la guerre de Macédoine fut renvoyé aux consuls qui étaient alors dans leurs provinces. (3) En attendant, on envoya à Ptolémée, roi d'Egypte, trois ambassadeurs, C. Claudius Nero, M. Aemilius Lepidus et P. Sempronius Tuditanus, pour lui annoncer la défaite d'Hannibal et des Carthaginois, (4) le remercier d'avoir, dans des circonstances incertaines où même des alliés voisins avaient abandonné les Romains, maintenu son alliance avec eux, et lui demander, pour le cas où Philippe, en violant le droit, les contraindrait à lui faire la guerre, de conserver ses précédentes dispositions à l'égard du peuple romain...

3 (1) A la première séance du Sénat [3], tous les membres demandèrent qu'on discutât, avant toute autre question, de Philippe et des plaintes des alliés et le débat s'ouvrit aussitôt. (2) Les sénateurs, qui étaient nombreux en séance, décrétèrent que le consul P. Aelius désignerait à son choix

---

[1] Ce paragraphe est un résumé des événements exposés dans les chapitres suivants. Les faits que T. L. y mentionne ne sont pas chronologiquement antérieurs.
[2] Allusion au retour d'Afrique de Scipion : automne 201.
[3] A la fin de 201.

un officier muni des pleins pouvoirs pour prendre le
commandement de la flotte, que Cn. Octavius ramènerait
de Sicile, et passer en Macédoine. (3) Nommé propréteur,
M. Valerius Laevinus alla à Vibo prendre trente-huit vaisseaux que lui remit Cn. Octavius et mit le cap sur la
Macédoine. (4) Le légat M. Aurelius vint l'y trouver, lui
révéla les effectifs considérables des armées et des flottes
que le roi mettait sur pied, (5) lui apprit que, non seulement dans toutes les villes du continent, mais aussi dans
les îles, soit en s'y rendant en personne, soit par ses agents,
Philippe poussait les Grecs aux armes (6) et lui fit comprendre que de plus grands efforts devaient être consentis
à Rome pour entreprendre cette guerre. Si l'on temporisait,
il était à craindre que Philippe n'osât ce que Pyrrhus avait
naguère osé en s'appuyant sur un royaume sensiblement
moins important. Laevinus décida qu'Aurelius rédigerait sur
tous ces points un rapport aux consuls et au Sénat.......

5 (1) L'an 551 après la fondation de Rome (200 av. J.-C.),
sous le consulat de P. Sulpicius Galba et de C. Aurelius,
commença la guerre contre le roi Philippe, quelques mois
après la paix accordée à Carthage. (2) Ce fut la première
question que le consul P. Sulpicius mit en délibération aux
ides de Mars, jour où il entra en fonction... (5) Ces jours-là,
un concours de circonstances vint pousser les esprits à la
guerre : d'abord deux lettres du légat M. Aurelius et du
propréteur M. Valerius Laevinus, (6) puis une nouvelle
ambassade athénienne qui annonçait que le roi arrivait aux
frontières et que, sous peu, non seulement le territoire, mais
la ville elle-même tomberait en son pouvoir si les Romains
n'accordaient quelques secours. (7) ... On lut les lettres
de Valerius et d'Aurelius et l'on donna audience aux ambassadeurs athéniens. (8) Ensuite, le Sénat émit l'avis... (9) de
surseoir à répondre à l'aide sollicitée jusqu'au moment où
les consuls auraient tiré au sort leurs provinces. Le consul
qui obtiendrait la Macédoine proposerait au peuple de déclarer la guerre à Philippe, roi des Macédoniens.

6 (1) P. Sulpicius obtint au sort la Macédoine et promulga
la proposition suivante : « Veuille et ordonne le peuple
déclarer la guerre au roi Philippe et aux Macédoniens, ses
sujets, à cause des violences et des hostilités commises contre
les alliés du peuple romain... » (3) La proposition de guerre
contre la Macédoine fut rejetée, aux premiers comices, par
presque toutes les centuries. La lassitude née de la longueur
et du fardeau de la guerre explique ce refus spontané des
citoyens, recrus de fatigues et de dangers. (4) De plus, le
tribun de la plèbe Q. Baebius, rentrant dans la vieille
ornière des récriminations contre le Sénat, l'accusa d'enchaî-
ner guerre après guerre pour empêcher la plèbe de jamais

jouir de la paix. (5) Les sénateurs le prirent mal, accablèrent d'injures le tribun, et tous à l'envi réclamèrent du
consul qu'il convoquât de nouveau les comices pour faire
passer la proposition, fustigeât la lâcheté du peuple (6) et
lui montrât tout le dommage et le déshonneur qu'il y aurait
à ajourner la guerre.

7 (1) Le consul convoqua les comices au Champ de
Mars et, avant d'envoyer aux voix les centuries, s'adressa
à l'assemblée en ces termes : (2) « Vous ignorez, me semble-t-il, citoyens, qu'il ne s'agit pas de décider si vous
aurez la guerre ou la paix (car Philippe ne laisse pas l'alternative à votre choix : sur terre comme sur mer, il vous
prépare une guerre formidable), mais si vous ferez passer
les légions en Macédoine ou si vous attendrez l'ennemi en
Italie. (3) Ce qui fait la différence, si vous ne le saviez
pas déjà par ailleurs, la dernière guerre punique vous l'a
appris. Qui doute, en effet, qu'à l'époque où Sagonte assiégée
implora notre appui, si nous l'avions vite secourue comme
nos pères le firent pour les Mamertins, nous aurions détourné
sur l'Espagne tout le poids de la guerre que nos lenteurs
ont fait retomber sur l'Italie, et nous savons de quelles
catastrophes nous l'avons payé. (4) Autre point qui n'est
pas douteux non plus : ce même Philippe, par l'intermédiaire
de lettres et d'agents, avait conclu avec Hannibal un accord
pour débarquer en Italie. Nous avons envoyé Laevinus avec
une flotte. Il a ouvert le premier les hostilités et c'est ainsi que
nous avons confiné Philippe en Macédoine. (5) Ce que nous
avons fait alors que nous avions un Hannibal ennemi en
Italie, maintenant qu'Hannibal est chassé, que les Carthaginois sont vaincus, nous tergiversons pour le faire ? (6) Laissons détruire Athènes comme nous avons laissé Hannibal
détruire Sagonte, et nous donnerons au roi une preuve de
notre lâcheté. (7) Il a fallu cinq mois à Hannibal pour venir
de Sagonte. Cinq jours après avoir levé l'ancre de Corinthe,
Philippe avec sa flotte abordera en Italie. (8) Vous ne
voulez pas mettre sur le même pied Hannibal et Philippe, les
Carthaginois et les Macédoniens ? Pour Pyrrhus, au moins,
vous le pouvez. Vous le pouvez, dis-je ? Mais non. Quelle
différence entre les deux souverains, entre les deux états !
(9) L'Epire n'a jamais été qu'un appendice de rien au
royaume de Macédoine. Elle l'est encore. Philippe tient sous
sa coupe le Péloponnèse entier et, entre autres, Argos dont
l'antique gloire ne fait pas plus que la mort de Pyrrhus
pour sa réputation [1]. (10) Comparez maintenant notre situation : l'Italie était bien plus florissante, nos ressources en

---

[1] Pyrrhos avait été tué en 272 alors qu'il tentait de s'emparer
d'Argos (n° XXI).

bien meilleur état. Ils étaient en vie tous ces généraux, toutes ces armées que la guerre punique a fait depuis disparaître. Cependant, l'assaut de Pyrrhus a ébranlé notre puissance et, après ses victoires, on l'a vu parvenir presque aux
portes de Rome. (11) Ce ne furent pas seulement les Tarentins et les rivages de l'Italie que l'on appelle la Grande
Grèce (peut-être se sont-ils laissé entraîner par leur langue,
par leur nom), mais les Lucaniens, les Bruttiens, les Samnites qui ont fait défection. (12) Croyez-vous donc, si Philippe passe en Italie, qu'ils resteront tranquilles et fidèles ?
Ah oui ! Ils le sont demeurés ensuite pendant la guerre
punique ! Jamais ces peuples, à moins qu'ils ne manquent
d'un chef pour le suivre, ne cesseront de se révolter contre
nous. (13) Si vous aviez hésité à passer en Afrique, aujourd'hui vous auriez encore en Italie vos ennemis, Hannibal et
les Carthaginois. Que la Macédoine, plutôt que l'Italie,
connaisse la guerre ! Que ce soit les villes et les terres
ennemies que ravagent le fer et le feu ! (14) Nous l'avons
déjà éprouvé : c'est à l'étranger plutôt que chez nous
que nos armes sont heureuses et puissantes. Allez aux voix
et que les Dieux vous inspirent. Que les avis du Sénat soient
confirmés par vos ordres. (15) Cette intention n'est pas du
consul seul. Elle est celle des Dieux immortels : quand
je leur ai demandé dans mes sacrifices et mes prières de
donner à cette guerre une issue heureuse et favorable pour
moi, pour le Sénat, pour vous, pour nos alliés et pour le
nom latin, pour nos flottes et nos armées, tous les présages
m'ont promis le bonheur et le succès. »

8 (1) Après ce discours, on passa au vote. La guerre fut
ordonnée comme il l'avait proposé.

Au moment où les Romains venaient de terminer victorieusement la seconde guerre punique, on pouvait penser
qu'ils allaient s'efforcer de maintenir la paix, dont ils
avaient besoin pour reconstituer leurs forces et réorganiser
leur empire. Apparemment, aucun péril assez grave pour
les obliger à reprendre les armes ne les menaçait. Or, moins
d'un an après leur victoire, ils se retrouvaient en guerre
pour la seconde fois avec la Macédoine. Dans les premiers
chapitres du livre XXXI, T. L. expose les étapes du processus qui a amené ce nouveau conflit. Il fait, en outre, à
plusieurs reprises allusion aux raisons qui, à son avis,
auraient motivé ces nouvelles hostilités. Le commentaire
doit donc examiner le texte à un double point de vue :
l'enchaînement des faits, tel que le présente l'historien,
correspond-il à la réalité ? Les motifs qui auraient, selon

lui, décidé les Romains à agir, notamment les arguments qu'il met dans la bouche du consul Sulpicius Galba, ont-ils vraiment déterminé les comices à la guerre, ou doit-on imaginer d'autres causes au conflit ?

I. Avant de préciser comment T. L. présente les préliminaires du conflit, il est bon de rappeler les événements qui ont amené Attale de Pergame et les Rhodiens à envoyer une ambassade à Rome (2, 1-2), point de départ du processus qui devait mener à la guerre. L'origine s'en trouve dans le pacte conclu en 203/2 entre Philippe V et Antiochos III pour se partager l'empire lagide (n° XXXVIII). Tandis que le Séleucide entamait la conquête de la Coelè-Syrie, le Macédonien se lançait dans des entreprises en Thrace et en Carie. Ce faisant, il menaçait le commerce rhodien dans le Pont-Euxin et les possessions continentales de la république. Attale, lui, s'inquiétait de l'alliance de Philippe avec Prusias de Bithynie. Les deux puissances s'étant opposées à ses ambitions, il ravagea le royaume de Pergame jusque sous les murs de sa capitale, puis envahit la Carie. Mais là, il fut enfermé dans sa conquête par les flottes adverses qui vinrent bloquer Bargylia, son port de communication (201).

La situation d'Attale et des Rhodiens demeurant, malgré tout, incertaine, ils se décidèrent à faire appel à Rome, seule puissance capable de prendre Philippe à revers. Sous quelle forme ils concevaient l'intervention du Sénat, médiation ou guerre, T. L. n'en dit rien et nous l'ignorons par ailleurs. Au reste, le Sénat leur fit une réponse dilatoire (2, 2). Un nouveau développement se produisit au printemps suivant (200), quand Philippe, ayant échappé au piège carien, eut repris, pour soutenir ses alliés acarnaniens, des opérations contre Athènes avec qui ils étaient en guerre. Lancées à la poursuite du roi, les flottes rhodiennes et pergaméniennes intervinrent et amenèrent les Athéniens à lui déclarer la guerre (n° XXXIX).

C'est dans ce cadre international que se déroule l'acheminement de Rome vers la guerre avec la Macédoine. Les étapes en sont décrites par T. L. de la manière suivante : aussitôt après l'ambassade d'Attale et des Rhodiens (automne 201), le Sénat prend des mesures de précaution comme si le conflit lui paraissait déjà probable : établissement d'un rapport par les consuls (2, 2), envoi d'une ambassade à Alexandrie pour lui demander son appui éventuel (2, 3-4), mobilisation d'une flotte pour la surveillance des côtes (occidentales) de la Macédoine (3, 1-3). Puis il se décide pour de bon à la guerre au début de l'année consulaire 200 (printemps), à la suite des rapports de l'amiral de la flotte et de l'ambassadeur Aurelius (3, 4-6 ; 5, 5) et d'une nouvelle ambassade athénienne demandant des secours contre Philippe (5, 6). La Macédoine est érigée en « province » consulaire et le consul à qui le sort l'attribuera proposera aux comices de déclarer la guerre au roi (5, 9). Sulpicius Galba convoque le peuple, mais sa *rogatio* est repoussée à l'unanimité ou presque (6, 1-3). Le Sénat mécontent l'oblige à réunir une nouvelle assemblée (6, 4-6) qui revient sur sa décision antérieure, après une harangue du consul où il fait valoir toutes les raisons qui militent en faveur d'une guerre immédiate pour prévenir les projets de débarquement macédonien en Italie et prendre l'initiative des opérations chez l'ennemi (7).

Cet exposé est à la fois inexact, incomplet et tendancieux. En ce qui concerne les précautions prises en premier lieu par le Sénat, il présente une contradiction implicite. Sans que T. L. le dise expressément, ces mesures sont données comme conséquence immédiate de l'ambassade d'Attale et des Rhodiens. Or, la réponse officielle du Sénat fut dilatoire (2,2). Apparemment donc, il n'avait rien décidé. Il n'est donc pas vraisemblable qu'il prît aussitôt après une attitude hostile à la Macédoine. On pourrait objecter qu'il ne voulait pas encourager les demandeurs à intensifier les hostilités. Mais, si les ambassadeurs l'avaient convaincu sans qu'il voulût le leur avouer, on attendrait que l'auteur fasse état des arguments qui auraient emporté sa décision, vu son importance. Or, il ne met dans leur bouche que des propos sans portée. Il y a donc lieu de penser que cette ambassade n'a pas été le facteur décisif du processus. Et les mesures préparatoires du Sénat en deviennent du coup douteuses.

On peut d'abord établir que l'ambassade de Nero, Lepidus et Tuditanus n'est pas partie à la date qui ressort du texte (avant la fin de 201), mais plusieurs mois après, et qu'elle n'avait pas pour objet principal, ni même peut-être accessoire, de se rendre à Alexandrie pour solliciter le gouvernement lagide. On retrouve, en effet, les trois légats à Athènes, en même temps qu'Attale et les Rhodiens, au printemps 200. Sans doute Athènes n'était-elle pas leur première étape en Grèce. Mais ce que Polybe rapporte de leur itinéraire n'implique nullement un séjour prolongé. Ils n'ont certainement pas quitté l'Italie avant le printemps 200.

A ce moment, le Sénat avait pris son parti et Sulpicius Galba allait s'efforcer d'obtenir la déclaration de guerre à la Macédoine. Que l'ambassade soit partie avant ou après le premier vote des comices, sa mission prenait un sens différent de celui que lui assigne T. L. Il s'agissait, d'une part, de dresser les Grecs contre Philippe et, d'autre part, de savoir si le pacte qu'Antiochos III avait conclu avec lui allait l'engager à ses côtés dans la guerre que le Sénat voulait entreprendre. L'itinéraire des légats confirme cette interprétation. En quittant Athènes, c'est auprès du souverain séleucide qu'ils se rendirent. Quant à Alexandrie, il n'est pas sûr qu'ils y aient jamais abordé. T. L. a donc avancé leur départ de Rome et dissimulé la véritable nature de leurs instructions pour justifier sa propre conception des origines de la seconde guerre de Macédoine, qui sera examinée et critiquée dans la seconde partie.

L'envoi d'une flotte dans l'Adriatique sous le commandement de Laevinus et l'ambassade d'Aurelius dans les Balkans ne sont pas davantage présentés sous leur vrai jour. On a révoqué en doute leur réalité sous le prétexte qu'ils ne sont connus que de source annalistique, entachée de plus d'une erreur et d'un faux. On peut, en effet, soutenir à bon droit que jamais légat n'a été envoyé dans le monde grec pour enquêter sur les torts que Philippe aurait fait subir aux alliés de Rome, ce qui aurait été la mission d'Aurelius (T. L., XXX, 42, 2-6), puisqu'il n'est pas certain que Rome y ait jamais eu d'alliés au sens juridique (c'est la question des *adscripti* de la paix de Phoinikè, n° XXXVII) et que, si elle en a eu, le roi s'est gardé de les attaquer pour éviter toute réaction romaine et parce qu'il avait réorienté son activité vers l'Orient. Quant à Laevinus, dont il est difficile de nier la mission, on peut admettre qu'il s'est assigné lui-même sa tâche car, si le Sénat avait eu dès la fin de 201 l'intention de prendre sur mer des dispositions hostiles à la Macédoine, il n'avait pas besoin de transférer le commandement de la flotte d'Octavius à Laevinus. En agissant ainsi, il ne faisait probablement que satisfaire une ambition personnelle.

Il est donc inexact ou improbable que le Sénat ait pris,

à la fin de 201, les mesures dont T. L. lui attribue la décision. Il est, de ce fait, douteux qu'il ait eu dès ce moment l'intention d'ouvrir les hostilités contre Philippe. La manière dont le consul Galba aurait obtenu des comices la déclaration de guerre n'est pas moins sujette à caution. Il n'y a assurément pas lieu de douter ni de sa première *rogatio,* ni de l'échec qu'il subit. Sa volonté d'obtenir un grand conmmandement apparaît claire et la lassitude du peuple ne l'est pas moins. En revanche, on ne saurait admettre qu'il ait pu provoquer un revirement d'opinion en quelques jours, car les causes du vote négatif des comices n'auraient pu être annulées en si peu de temps. Il faut donc admettre un délai sensiblement plus long que celui de T. L. entre les deux scrutins.

Sans qu'on puisse établir avec précision la date du dernier, une indication satisfaisante est fournie par les démarches de l'ambassade de Nero, Lepidus et Tuditanus en Orient. Elle se trouvait encore à Athènes après le départ d'Attale et des Rhodiens, quand l'Attique fut envahie par un corps macédonien commandé par Nicanor. Les légats prièrent ce stratège d'avertir le roi que, s'il désirait demeurer en paix avec Rome, il devait s'abstenir d'attaquer aucun état grec et se soumettre à un arbitrage pour les dommages qu'il avait causés l'année précédente au royaume de Pergame. C'était un ultimatum sans doute, mais pas une déclaration de guerre, ce qui serait surprenant si celle-ci avait déjà été votée à Rome, comme le veut T. L.

La suite des actes de l'ambassade montre bien également que les comices n'avaient pas encore à ce moment ratifié la décision du Sénat. Philippe n'ayant pas cédé à ce qu'il considérait comme une manœuvre d'intimidation et ayant lancé en Thrace une offensive qui le mena jusque sur la rive asiatique de l'Hellespont, il vit venir à lui, alors qu'il assiégeait Abydos (automne), Lepidus qui lui enjoignit de nouveau de renoncer à toute action contre les états grecs et de soumettre à un arbitrage son litige avec Attale. Il exigeait, en outre, qu'il épargnât les possessions lagides. Sinon, c'était la guerre. Il paraît donc clair qu'entre les deux ultimatums, les légats ont reçu de nouvelles instructions et il est difficile de ne pas imaginer qu'elles n'aient pas été dictées par le vote de la déclaration de guerre, qui a donc dû intervenir au cours de l'été 200, plusieurs mois après la date livienne. Et, d'ailleurs, c'est

a l'automne seulement que Galba commença ses débar-
quements en Illyrie.

II. T. L. ayant manifestement faussé ou travesti les
préliminaires de la seconde guerre de Macédoine, il
importe de rechercher ses motifs. On les trouve dans les
causes qu'il attribue au conflit. Il ne les expose de manière
systématique, mais très succincte et incomplète, qu'au
début du texte (1, 9). Les autres se trouvent dispersées
dans la suite. Il faut, dès lors, les regrouper selon leur
nature. A l'en croire, Rome se serait décidée à la guerre
en raison, d'abord, de l'aide que Philippe aurait fournie
à Hannibal lors de sa campagne contre Scipion, allégation
qui se retrouve dans d'autres parties de son œuvre. Sont
ensuite reprochées à Philippe ses attaques contre les
alliés de Rome dans le monde grec, non seulement dans
le paragraphe initial, où sont nommément désignés les
Etoliens et les Athéniens, mais en plusieurs autres passages : en 3, 1, le Sénat débat de leurs plaintes contre le
roi ; en 5, 6, les Athéniens viennent dénoncer les attentats
dont ils sont victimes ; dans la *rogatio* où Sulpicius Galba
propose la guerre, « les violences et les hostilités contre les
alliés du peuple romain » sont le seul *casus belli* invoqué (6, 1). T. L. insiste donc vivement sur le prétendu
souci du Sénat de défendre ses alliés grecs contre les violences du roi et c'est en partie pour les protéger qu'il
aurait voulu la guerre.

Une autre préoccupation l'aurait aussi déterminé : il
se serait inquiété des armements macédoniens, prélude à
une invasion de l'Italie. Cette idée apparaît en premier
lieu dans le rapport de M. Aurelius à Laevinus, où un
rapprochement entre Philippe et Pyrrhos la précise (3,
4-6), et ce rapport, transmis au Sénat, est expressément
présenté comme ayant « poussé les esprits à la guerre »
(5, 5), qui est ainsi donnée pour une entreprise préventive :
contre un adversaire qui se prépare à attaquer, Rome doit
prendre les devants. C'est l'axiome qui sous-tend le discours de Galba aux comices (7, 2-14), et qui est posé dès
le début : Philippe ne laisse pas le choix aux Romains entre
la paix et la guerre. Il est décidé à la leur faire. Mieux
vaut donc le prévenir et passer en Macédoine. Toute la
suite de la harangue est un recueil d'exemples historiques
destinés à étayer l'argumentation du consul. Il n'y a
naturellement pas à discuter l'interprétation qu'il en donne,

sauf dans la mesure où ils permettent de préciser sa pensée.

Apparemment, les ambassadeurs d'Attale et de Rhodes avaient déjà attiré l'attention du Sénat sur les menées de Philippe auprès des cités grecques. C'est même le seul propos que T. L. leur prête. On pourrait donc voir là la première raison des alarmes sénatoriales. Mais il y a tout lieu de penser que l'ambassade n'avait pas fait un aussi long déplacement pour un motif si mince. Qu'avaient-ils été chargés d'exposer au Sénat ? Ce sera l'occasion d'examiner si, outre les causes évoquées par T. L. (ou au lieu d'elles), les Romains ne se sont pas laissé entraîner par des mobiles dont il ne dit rien, non plus d'ailleurs qu'aucune source antique.

Il y a lieu, en effet, de rejeter l'image des origines de la seconde guerre de Macédoine qu'il tente d'accréditer. Le grief fait à Philippe d'avoir soutenu Hannibal contre Scipion est dépourvu de fondement et parfaitement invraisemblable. Mais cette invention peut être retenue comme indice de la rancune que le Sénat nourrissait contre le roi en raison du pacte qu'il avait conclu avec Hannibal en 215. On ne peut toutefois considérer qu'il y ait là une cause déterminante de la guerre. Ce n'était en tout cas pas un grief qui pût être officiellement articulé.

Au contraire, la défense d'alliés injustement attaqués était un devoir auquel Rome se prétendait particulièrement attachée, et c'était un motif juridique incontestable de *justum bellum*. Or, il est visible que T. L. s'efforce de faire entrer le conflit dans cette catégorie, quand il donne pour seule mission à l'ambassade envoyée en Egypte de solliciter son amitié « pour le cas où Philippe, *en violant le droit,* les contraindrait à lui faire la guerre » (2, 4). Ces violations du droit sont apparemment les attaques dont sont victimes les alliés de Rome en Grèce. On doit alors se demander quels ils pouvaient être. T. L. cite nommément les Etoliens et les Athéniens. On ne peut considérer les premiers comme tels. Les Romains estimaient qu'ils avaient rompu le traité de 212 (n° XXXV) en concluant une paix séparée avec la Macédoine. Ils ne figurent pas parmi les *adscripti* de la paix de Phoinikè (n° XXXVII). Et quand, en 202, ils envoyèrent une ambassade à Rome pour demander son intervention contre les entreprises de Philippe en Thrace, elle fut congédiée sans ménagement. Les Athéniens ne font pas non plus partie des *adscripti*. Rome n'avait aucun lien diplomatique avec eux. L'ambassade qu'ils dépêchèrent au début de 200 (5, 6-7) ne saurait prouver le contraire. C'était un appel au secours à la seule puissance qui fût en mesure de les sauver. Il n'était pas besoin de traité d'alliance pour les y autoriser.

Parmi les autres *adscripti,* le seul qui ait été réellement, à notre connaissance, victime des violences de Philippe est Attale. Il est remarquable que T. L. ne le cite pas nommément parmi les alliés auxquels Rome entendait porter secours. Il est vrai que, dans les deux ultimatums qu'elle adressa à Philippe, figurait une clause prévoyant un arbitrage au sujet des ravages qu'il avait commis dans le royaume de Pergame. Mais était-ce une raison suffisante de conflit ? Il y a lieu d'en douter. De toute manière, l'existence même de ce royaume n'était plus directement menacée depuis que Philippe s'était lancé à la conquête de la Carie et y avait été pris au piège par ses adversaires. Il n'était donc pas urgent que Rome intervînt militairement en sa faveur. La protection de ses alliés ne peut, dès lors, avoir constitué pour elle un motif juridique et moral de conflit avec la Macédoine. Il n'est, d'ailleurs, pas démontré que les *adscripti* étaient pour elle des alliés de plein droit. Et on remarquera que ses ultimatums débordent largement ce groupe de puissances, puisqu'ils exigeaient du roi qu'il s'abstînt de faire la guerre à aucun état grec.

Le souci de soutenir ses alliés lui était d'ailleurs si étranger que, dans son discours aux comices, Galba n'y fait aucune référence. Son allusion au danger qui menace Athènes (7, 6) n'amène aucune exhortation dans ce sens. L'appui que le consul envisage implicitement de lui apporter n'a pas d'autre justification que l'intérêt de la République. Comme on l'a vu, toute sa harangue repose sur le postulat arbitraire de la volonté agressive de Philippe. Une action préventive pouvait alors passer pour un *justum bellum*. Mais Rome avait-elle des raisons de redouter une offensive de son adversaire ? Il ne le semble pas. Depuis Phoinikè, toute l'activité de Philippe était orientée vers l'Orient. Bien qu'on l'en ait soupçonné, il n'y a pas de preuve qu'il se soit risqué à des empiètements en Illyrie, ce dont Rome aurait pu à bon droit lui faire grief. Et l'on peut penser qu'il était une tête assez politique pour ne pas s'attirer des difficultés avec elle, alors que ses ambitions le portaient dans une direction tout opposée.

De ces analyses, il faut conclure que les efforts de T. L. pour faire de la seconde guerre de Macédoine une « guerre du droit » n'atteignent pas leur but. C'est cette volonté qui l'a amené à déformer la réalité. Les préliminaires déplacés chronologiquement, interprétés à faux ou inventés devaient donner à son lecteur l'impression que le Sénat, dès qu'il avait été averti des menées de Philippe, avait pris toutes les dispositions appropriées en vue d'un conflit qui lui était apparu dès l'abord inévitable. La date prématurée qu'il impose à la déclaration de guerre, l'intervalle insuffisant qu'il place entre les deux assemblées du peuple ont une intention similaire. Le peuple ne devait pas apparaître comme renâclant devant son devoir et il ne fallait pas laisser voir une faille dans le système politique entre la volonté pacifique du peuple et les combinaisons diplomatiques du Sénat. Puisqu'on constate, malgré lui, que cette faille existe, il est nécessaire de s'interroger sur les raisons qui ont reconstitué l'unité dans la cité et amené la guerre, sans faire entrer en jeu aucune considération juridique.

L'ambassade d'Attale et des Rhodiens donne l'impression trompeuse d'être le premier maillon de la chaîne qui a entraîné le conflit. Bien que T. L. ne rapporte à peu près rien des discours qu'elle prononça devant le Sénat, on ne leur en a pas moins prêté une portée considérable. Ils auraient dénoncé, en termes effrayants, la menace qu'aurait constituée pour Rome la collusion des monarchies antigonide et séleucide, et pressé les sénateurs d'agir sans délai pour détruire l'ennemi le plus proche, le roi de Macédoine, tandis que son partenaire avait d'autres entreprises sur les bras. En réalité, si peu que l'on sache sur le plan de partage de l'empire lagide, on peut tenir pour assuré que les contractants ne s'y étaient absolument pas souciés de l'Occident. Et, d'ailleurs, résultat d'un chantage, il ne créait entre eux aucune solidarité durable. Il faudrait donc que les envoyés d'Attale et des Rhodiens en aient complètement déformé le sens et que le Sénat se soit laissé prendre à leurs mensonges, hypothèse difficilement soutenable, car ses membres n'étaient pas disposés

à s'engager à la légère, comme le prouve la réponse dilatoire qu'ils ont donnée à l'ambassade, et ils avaient d'autres sources de renseignement qui leur auraient fait
découvrir les supercheries de leurs interlocuteurs. Il est
notable, d'ailleurs, qu'il ne soit pas une fois question d'Antiochos III dans notre texte. Ce n'est donc pas la crainte
d'une coalition des forces orientales, pure hypothèse, qui
les a décidés à une guerre préventive contre la Macédoine.

Dès lors qu'aucun motif diplomatique ne peut être
attribué à ce conflit, la seule démarche consiste à en
rechercher la cause à Rome même. On a invoqué la
volonté de puissance, l'impérialisme romains. Qu'il y ait
eu un plan d'expansion en Orient élaboré de longue main
par le Sénat, approuvé et soutenu par le sentiment populaire, est une conception dont la fausseté a été depuis
longtemps démontrée. Dans le cas présent, d'ailleurs, il
est clair que le peuple était opposé à toute guerre. Et il
n'est pas sûr que le Sénat lui-même ait été unanime dans
le sens inverse. On est, en effet, en droit de penser qu'il
s'est laissé entraîner par certaines personnalités, ou certains groupes, qui trouvaient leur avantage aux grands
commandements lointains où leur esprit d'entreprise, leur
goût de l'autorité, le souci de leur fortune personnelle
aussi, pouvaient se donner carrière en dehors du contrôle
qu'à Rome exerçaient sur eux les pouvoirs constitutionnels.
Or, la fin de la seconde punique allait les confiner dans
les limites étroites de la cité. Une aventure orientale leur
permettrait d'y échapper de nouveau. Il est notable que
les artisans de la seconde guerre de Macédoine sont précisément les acteurs de la première : un Sulpicius Galba, un
Valerius Laevinus. Sans doute ambitionnaient-ils de retrouver l'autorité qu'ils y avaient connue.

Ils ont fini par emporter l'adhésion de la majorité du
Sénat. Mais il leur fallait aussi celle du peuple. Or, la
première tentative fut un échec indiscutable. Comment
a-t-il pu se faire que les comices se soient déjugés après
un délai assez bref, même s'il n'est pas aussi court que
le veut T. L., alors que les raisons de leur premier refus
étaient, de toute évidence, solides et durables ? Pour le
comprendre, il faut sans doute admettre que le corps
civique n'était pas plus homogène que le Sénat. Pour une
majorité de citoyens qui souhaitaient retourner à leurs
occupations du temps de paix, d'autres en étaient devenus

incapables. Près de vingt ans de luttes contre les Carthaginois avaient ruiné leurs exploitations et leur avaient
désappris le travail rural. Pour ceux-là, la poursuite du
métier militaire, donc la guerre, était le seul gagne-pain
possible. Ainsi, des mercenaires en chômage se trouvaient
à la disposition de généraux en disponibilité. C'était le
début du processus qui devait déboucher sur la République
des pronunciamentos et des proscriptions, et la Macédoine
allait faire les frais de sa première étape.

La seconde guerre de Macédoine constitue donc un
moment important dans l'évolution romaine. Elle amorce,
comme on vient de le voir, une transformation sociale et
politique dont les conséquences lointaines seront immenses. Dans le futur plus proche, elle marque une réorien-
tation décisive de la diplomatie romaine qui s'engage à
fond dans les affaires du monde hellénistique pour en
devenir bientôt le facteur prédominant, avant de lui
imposer son autorité sans partage.

Bibliogr. : R. M. Errington, ouvr. cité n° XXXVIII.

XLI. La proclamation des Jeux Isthmiques (196)

(Polybe, XVIII, 44-47)

44 (1) A ce moment arrivèrent de Rome les dix commissaires chargés de régler les affaires de la Grèce. Ils apportaient le senatus-consulte relatif à la paix avec Philippe. (2) Voici quels en étaient les principaux articles : tous les Grecs, en Asie et en Europe, seraient libres et se gouverneraient selon leurs propres lois ; (3) ceux qui étaient sous la domination de Philippe et les cités où il tenait garnison seraient remis par lui aux Romains avant la célébration des Jeux Isthmiques ; (4) il rendrait leur liberté à Euromos, Pédasa, Bargylia, Iasos, également à Abydos, Thasos, Myrina, Périnthe, en retirant les garnisons qu'il y entretenait...... (6) Philippe livrerait aux Romains tous les prisonniers et déserteurs dans les mêmes délais, ainsi que tous ses navires pontés, à l'exception de cinq embarcations et de son vaisseau à seize rangs. (7) Il verserait enfin mille talents dont une moitié comptant, l'autre payable par annuités en dix ans.

45 (1) La publication de ce senatus-consulte remplit tous les Grecs de confiance et de joie. Seuls les Etoliens, furieux de n'avoir pas obtenu ce qu'ils espéraient, déblatéraient contre lui. (2) Et ils tiraient du texte même certains arguments assez convaincants pour troubler ceux qui les entendaient. (3) Il y avait, disaient-ils, deux articles, dans le senatus-consulte, relatifs aux villes occupées par Philippe : le premier lui imposait d'en retirer ses garnisons et de les remettre aux Romains ; le second d'en faire sortir les garnisons et de leur rendre la liberté. (4) Or, celles qu'il devait ainsi libérer étaient désignées par leur nom et elles étaient en Asie. Donc, celles qu'il devait livrer aux Romains étaient évidemment les cités d'Europe. (5) Il s'agissait d'Oréos, Erétrie, Chalcis, Dèmètrias et Corinthe. (6) La conséquence était facile à voir pour tout le monde : les entraves de la Grèce passaient de Philippe aux Romains. Les Grecs changeaient de maître, mais ne retrouvaient pas la liberté. (7) Voilà ce que les Etoliens répétaient sur tous les tons.

Cependant, Titus quitta Elatée avec les dix commissaires, descendit à Anticyra et s'embarqua aussitôt pour Corinthe. Une fois arrivé, il tint conseil avec eux pour une discussion générale. (8) Comme les calomnies des Etoliens se répandaient et qu'elles trouvaient parfois des oreilles complaisantes, Titus se vit contraint d'exposer longuement des arguments divers. (9) Il montra que, si Rome voulait conserver auprès des Grecs une réputation intacte et les persuader définitivement tous que, dès le début, son intervention n'avait pas eu en vue son intérêt propre, mais leur libération, elle devait évacuer tout le pays et rendre leur indépendance à toutes les cités où Philippe tenait actuellement garnison. (10) Cet exposé mit le conseil dans l'embarras. Car le sort de presque toutes les cités avait été fixé à Rome et les dix commissaires avaient reçu du Sénat des instructions précises. Il n'y avait que Chalcis, Dèmètrias et Corinthe pour lesquelles on leur avait laissé carte blanche, car on s'inquiétait d'Antiochos. C'est en s'inspirant des circonstances qu'ils devaient régler leur situation comme ils l'entendraient. (11) Il était clair, en effet, que ce souverain menaçait depuis longtemps d'intervenir en Europe. (12) Néanmoins, Titus obtint du conseil l'évacuation immédiate de Corinthe et sa restitution aux Achéens en vertu des accords antérieurs. Mais on conserva l'Acrocorinthe, Dèmètrias et Chalcis.

46 (1) Ces décisions prises, revint le moment des Jeux Isthmiques. De presque toute la terre, les personnages les plus en vue s'y étaient réunis dans l'attente des événements. Maints propos divers circulaient dans toute cette assemblée : (2) les uns déclaraient impossible que les Romains évacuent certaines contrées et certaines cités ; les autres faisaient une distinction : ils évacueraient les contrées qui attiraient le plus l'attention, mais ils conserveraient celles qui, tout en occupant moins de place dans les imaginations, leur vaudraient les mêmes avantages. (3) Et aussitôt, ils en donnaient une liste de leur façon : c'était la foire aux bobards. (4) Mais personne ne savait à quoi s'en tenir. Quand la foule se fut rassemblée dans le stade pour les compétitions, le héraut s'avança, fit imposer le silence par le trompette et proclama la déclaration suivante : « Le Sénat romain et le proconsul Titus Quinctius, vainqueurs du roi Philippe et des Macédoniens, déclarent libres, exempts de garnisons, exempts de tribut, régis par leurs lois traditionnelles, les Corinthiens, les Phocidiens, les Locriens, les Eubéens, les Achéens de Phthiotide, les Magnètes, les Thessaliens, les Perrhèbes. » (6) Un tonnerre d'applaudissements ayant éclaté dès les premiers mots, certains n'entendirent pas la proclamation, d'autres voulaient l'entendre une seconde fois. (7) La plupart des assistants n'en croyaient pas leurs oreilles. Il leur semblait entendre les paroles du héraut dans un rêve tant l'événement était inattendu. (8) Tout le monde criait qu'on fît revenir le héraut et le trompette au milieu du stade pour recommencer la lecture. Ils désiraient, à mon avis, non seulement écouter, mais voir celui qui parlait, tant la proclamation était incroyable. (9) Le héraut s'avança donc de nouveau au milieu du stade, fit cesser le tumulte par le trompette et répéta la déclaration dans les mêmes termes. Ce fut alors une telle explosion d'acclamations qu'il serait difficile d'en donner une idée au lecteur de nos jours. (10) Lorsque les applaudissements s'éteignirent, aucun des athlètes n'eut droit à la moindre attention. Tout le monde s'entretenait qui avec ses voisins, qui avec soi-même, comme s'ils étaient hors de leurs esprits. (11) Après les compétitions, peu s'en fallut que, dans leurs transports de joie, ils n'étouffent Titus en voulant le remercier. (12) Les uns désiraient le voir face à face et l'acclamer comme leur sauveur, d'autres essayaient de lui serrer la main, la plupart lui lançaient des couronnes et des bandelettes. Le pauvre homme faillit y rester......

47 (1) Les fêtes terminées, les commissaires commencèrent par donner audience aux ambassadeurs d'Antiochos... (5) Puis ils convoquèrent tous les représentants présents des nations et des cités pour leur communiquer les décisions du conseil. (6) En Macédoine, le peuple qui porte le nom d'Orestiens, pour son ralliement aux Romains pendant la guerre, reçut son indépendance. On accorda aussi leur liberté aux Perrhèbes, aux Dolopes et aux Magnètes. (7) Les Thessaliens, avec la liberté, se virent accorder le territoire de l'Achaïe Phthiote, à l'exception de Thèbes et de Pharsale. (8) Car les Etoliens réclamaient énergiquement cette dernière ville et prétendaient qu'elle devait leur revenir en vertu des anciens traités. Et ils élevaient la même prétention sur Leucade. (9) Le conseil déféra de nouveau au Sénat la décision sur le sort de ces villes. Mais il autorisa les Etoliens à faire rentrer les Phocidiens et les Locriens dans leur confédération, puisqu'ils en faisaient autrefois partie. (10) Corinthe, la Triphylie et Héraia furent données aux Achéens. Pour Oréos et Erétrie, la majorité était disposée à les donner à Eumène. (11) Mais Titus s'opposa là dessus au conseil et le projet n'eut pas de suite. Quelques temps après, le Sénat accorda leur indépendance à ces cités, ainsi qu'à Carystos. (12) On donna à Pleuratos Lychnis et Parthos, villes d'Illyrie qui avaient été soumises à Philippe. (13) Amynandros fut laissé en possession des places qu'il avait enlevées à Philippe au cours de la guerre.

Le texte comporte trois parties nettes : — 1) le senatus-consulte relatif à la paix avec Philippe V, les réactions de l'opinion publique grecque et les dispositions prises en application par Flamininus et les commissaires du Sénat (chapitres 44-45) ; — 2) la proclamation de la liberté des Grecs aux Jeux Isthmiques (46) ; — 3) la nouvelle organisation de la Grèce (47). Le commentaire se modèlera sur la composition du texte.

I. Le senatus-consulte ne doit pas être confondu avec le traité de paix entre Rome et Philippe V. Il comporte un principe, celui de la liberté des Grecs, qui n'y figurait pas, parce qu'il débordait de loin la stricte liquidation de la seconde guerre de Macédoine, et des dispositions pratiques pour l'exécution du traité, principalement pour l'évacuation des villes auxquelles Philippe renonçait : celles que les Romains avaient la possibilité matérielle d'occuper leur seraient livrées ; celles qui étaient en dehors de leur atteinte recouvreraient leur indépendance sans délai ni intermédiaire. La première catégorie intéressait le plus les Grecs puisqu'elle comprenait, entre autres, les « entraves de la Grèce ».

Leur situation transitoire ne préjugeait pas leur sort définitif. Cette incertitude allait valoir à Flamininus, qui entendait leur rendre leur autonomie, des difficultés des deux côtés. Les Grecs n'interprétaient pas tous comme lui le principe de liberté. Aux yeux de certains, les dépouilles de Philippe devaient satisfaire leurs ambitions territoriales. Les premiers à les avoir manifestées étaient les Etoliens. Ils s'étaient heurtés à un refus de Flamininus qui leur avait signifié que les conquêtes romaines étaient la propriété de Rome, qui en disposerait souverainement, réponse inquiétante et humiliante. Il n'est donc pas étonnant qu'ils aient cherché à ameuter leurs compatriotes en exploitant les ambiguïtés du senatus-consulte. Les légats, de leur côté, inquiets des ambitions d'Antiochos III en Thrace (n° XLII), n'entendaient pas se dessaisir de positions précieuses en cas de guerre. D'où la discussion, probablement plus âpre que Polybe ne le suggère, qui les opposa à Flamininus, lequel ne parvint qu'à faire rendre la liberté à la ville de Corinthe. Les autres « entraves » reçurent une garnison romaine.

II. La cérémonie des Jeux Isthmiques (été 196), dont Polybe se contente de décrire le pittoresque, est intéressante parce qu'elle révèle l'enthousiasme qu'était encore capable de soulever le principe de liberté dans l'esprit des Grecs. La question est de savoir s'ils l'entendaient de la même manière que les Romains. Il ne semble pas que ces derniers aient songé à leur imposer des obligations juridiquement définies, mais ils attendaient sans doute qu'ils leur témoignent leur reconnaissance en se pliant à leurs directives et en acceptant sans arrière-pensée la situation nouvelle. De graves difficultés et, finalement, la réduction de la Grèce en province romaine devaient résulter de ce malentendu.

III. Le senatus-consulte, en dépit du principe de liberté, n'excluait pas les regroupements territoriaux, la constitution de ligues sur la base d'adhésions volontaires. L'application intégrale du principe eût, d'ailleurs, bientôt amené l'anarchie. On ne pouvait pas non plus négliger tout à fait les revendications qui s'étaient fait jour. Toujours est-il qu'après les Jeux, les légats procédèrent à des remaniements dont Polybe suggère (45, 10) qu'ils avaient été arrêtés par le Sénat après la paix avec Philippe. Ce ne pouvait être qu'une cote mal taillée. Il n'y eut cependant pas de plaintes en dehors de celles des Etoliens, désormais irréconciliables. Nul ne paraît avoir protesté non plus contre cette opération que la proclamation des Jeux ne laissait pas prévoir. Il n'est pas impossible que le principal opposant ait été Flamininus lui-même, qui vit sans doute une entorse trop manifeste au principe de sa politique, au reste admis par le Sénat. C'est la raison pour laquelle, sans doute, il s'opposa à la cession d'Oréos et d'Erétrie à Eumène II qui, pourtant, conserva Egine. Quant aux Rhodiens, ils reçurent leur récompense en Carie, en recouvrant les cités dont le Sénat avait opportunément oublié de réclamer la libération par Philippe.

XLII. La conférence de Lysimacheia (196)

(Polybe, XVIII, 49-52)

49 (2) L'entreprise d'Antiochos progressait à souhait, lorsque L. Cornelius débarqua à Sélybria. (3) C'était lui que le Sénat avait chargé de l'ambassade destinée à réconcilier Antiochos et Ptolémée.

50 (1) En même temps, arrivèrent trois des dix commissaires : P. Lentulus qui venait de Bargylia, L. Terentius et P. Villius de Thasos. (2) Le roi fut rapidement informé de leur présence et, peu de jours après, tous se réunirent à Lysimacheia. (3) Hègésianax et Lysias, qui avaient été délégués auprès de Titus, s'y trouvèrent aussi au même moment. (4) Les entretiens privés du roi et des Romains furent tout à fait spontanés et cordiaux. Mais ensuite, lors d'une séance plénière consacrée à une discussion générale, les choses prirent une autre tournure. (5) L. Cornelius demandait que toutes les cités de l'empire de Ptolémée dont Antiochos possédait à ce moment la maîtrise en Asie fussent restituées par lui. Quant à celles qui avaient appartenu à Philippe, il exigeait avec énergie qu'elles fussent évacuées. (6) C'eût été une dérision qu'Antiochos n'eût qu'à se présenter pour cueillir les fruits de la guerre menée par les Romains contre Philippe. (7) Il l'invitait aussi à ne pas toucher aux cités indépendantes. (8) Pour conclure, il déclara qu'il se demandait pourquoi il était passé en Europe avec un tel déploiement de forces de terre et de mer. (9) Si ce n'était pas dans l'intention d'attaquer les Romains, il ne restait pas d'autre supposition raisonnable à envisager. Après ce discours, les Romains se turent.

51 (1) Le roi déclara qu'il ne comprenait pas de quel droit ils le chicanaient à propos des cités d'Asie. Les Romains étaient les derniers à pouvoir y prétendre. (2) En second lieu, il les priait instamment ne pas se mettre en peine de sa politique en Asie. Lui-même se mêlait-il de la leur en Italie ? Absolument pas. (3) S'il se trouvait en Europe après y être passé avec ses troupes, c'était pour recouvrer la Chersonèse et les cités de Thrace. Car il avait à la souveraineté sur ces régions bien plus de droits que quiconque. (4) Elles avaient constitué primitivement le domaine de Lysimachos. Séleucos lui avait fait la guerre et l'avait vaincu. Tout le royaume de Lysimachos appartenait donc par droit de conquête à Séleucos. (5) Profitant, dans la suite, des embarras de ses ancêtres, Ptolémée le premier en avait enlevé des parties qu'il s'était appropriées, et ensuite Philippe l'avait imité. (6) Il ne les prenait donc pas en abusant de la situation où se trouvait Philippe, il les reprenait en faisant valoir ses droits. (7) Lysimacheia avait vu ses habitants brutalement expulsés par les Thraces. Etait-ce faire injure aux Romains que de les rappeler et de repeupler la ville ? (8) S'il le faisait, ce n'était pas dans l'intention d'en venir aux mains avec les Romains, mais d'y établir une résidence pour Séleucos. (9) Quant aux cités indépendantes d'Asie, ce n'était pas d'une décision des Romains qu'elles devaient tenir leur liberté, mais de sa propre bonne volonté. (10) Restait son conflit avec Ptolémée. Il se chargeait lui-même de le régler à la satisfaction de ce dernier. Car il avait décidé non seulement de nouer amitié avec lui, mais aussi, outre l'amitié, des liens de famille.

52 (1) Lucius émit alors l'avis qu'il fallait introduire les ambassadeurs de Lampsaque et de Smyrne et leur donner la parole, ce qui fut fait. (2) Lampsaque était représentée par Parménion et Pythodoros, Smyrne par Koiranos. (3) Devant leurs excès de langage, le roi se mit en colère : il avait l'impression d'avoir à plaider, par devant les Romains, contre les chicanes de ses adversaires. Il coupa la parole à Parménion : (4) « Assez, lui dit-il, j'en ai trop entendu. Je ne veux pas des Romains. Ce sont les Rhodiens que j'ai décidé de prendre comme arbitres de nos différends. » (5) Là-dessus, la séance fut levée sans qu'ils aient pu s'entendre sur rien.

Le texte se présente comme un procès-verbal de la discussion entre Antiochos III et les Romains, ce qui ne permet pas de comprendre les intérêts en jeu et les arguments échangés, sans un rappel des circonstances qui ont mis les interlocuteurs en présence et en opposition. Il s'agit de deux séries d'événements, sans point commun à l'origine, qu'il faut examiner séparément.

I. Après la conquête de la Coelè-Syrie, Antiochos avait entrepris de rétablir son autorité sur l'Asie Mineure et ses abords. La défaite de Philippe V à Cynoscéphales (197) lui avait permis de ne plus tenir compte du pacte de partage de l'empire lagide qu'il avait conclu avec lui (n° XXXVIII). Mais il avait dû ménager les intérêts rhodiens en Carie et faire preuve de modération envers les cités grecques, qui avaient recouvré une certaine indépendance à la faveur des troubles de l'empire séleucide dans la seconde moitié du III° siècle. Il avait pu ainsi ramener à l'obéissance un certain nombre d'entre elles. Mais deux, Smyrne et Lampsaque, avaient refusé de se soumettre et avaient fait appel à Rome. Malgré cette difficulté, le roi était parvenu jusqu'à l'Hellespont où il s'était emparé d'Abydos, que Philippe s'était engagé à libérer. Au printemps de 196, il était passé en Europe où il avait occupé la Chersonèse et restauré Lysimacheia.

II. Deux motifs entraînaient Rome à s'intéresser à l'Asie : d'une part, en vertu d'une longue entente avec l'Egypte, elle se présentait en principe comme le défenseur des possessions lagides, mais en réalité ce n'était qu'un prétexte pour agir au mieux de ses intérêts. D'autre part, sa victoire sur Philippe l'amenait à établir un nouvel ordre politique en Grèce, en le fondant sur la liberté des Grecs. Ce principe, par essence universel, n'était pas susceptible de limitation géographique. Or, l'appel de Smyrne et Lampsaque, l'occupation d'Abydos par Antiochos la contraignaient d'en étendre l'application aux cités d'Asie, alors qu'il n'avait été conçu qu'en fonction de la guerre contre la Macédoine. Par ailleurs, le passage du roi en Europe constituait une menace pour l'indépendance des cités de Thrace libérées de la domination macédonienne, peut-être pour tout le système qu'elle était en train d'établir en Grèce. Aussi les ambassadeurs qu'Antiochos avait envoyés à Flamininus au moment des Jeux Isthmiques (50, 3) lui rapportèrent-ils une sèche mise en demeure d'avoir à mettre fin à son entreprise. Une délégation de la commission sénatoriale en Grèce devait venir la lui confirmer.

III. Le récit de Polybe commence par la composition des délégations. Du côté romain, deux éléments : un ambassadeur chargé d'une mission de conciliation entre Lagides et Séleucides et trois commissaires envoyés de Grèce. Assistant Antiochos, les deux ambassadeurs qui s'étaient rendus auprès de Flamininus. Il faut ajouter les députés de Smyrne et de Lampsaque qui n'intervinrent qu'à la fin du débat. L'ambassadeur Cornelius formula trois exigences qui découlent du double aspect de la politique romaine en Orient : — restitution des possessions lagides ; — évacuation des cités qui avaient appartenu à Philippe ; — interdiction de s'attaquer aux cités indépendantes. Il posait pour terminer une question inquiétante : pourquoi Antiochos était-il passé en Europe, sinon pour s'en prendre aux Romains ?

La réponse d'Antiochos n'a pas la même simplicité. Elle déniait d'abord aux Romains le droit de s'immiscer dans les affaires d'Asie, qu'ils s'étaient attribué implicitement sans justification. C'eût pu être une réplique suffisante, mais le roi tint, en outre, à rejeter les exigences de ses adversaires. Le principe de son argumentation réside dans le droit de la guerre : ce que ses ancêtres ont conquis lui appartient ; ce qui leur a été enlevé est une usurpation. Donc, en récupérant ce que les Lagides, puis Philippe avaient pris, il ne faisait que rentrer dans son bien. D'où résultaient trois conséquences : la première, implicite, qu'il n'évacuerait pas les cités qu'il venait de soumettre ; la seconde, que sa présence en Thrace n'était pas un acte d'hostilité contre les Romains ; la troisième, que l'indépendance des cités d'Asie n'était pas de droit (un droit créé et imposé par Rome), mais dépendait de sa seule volonté de possesseur légitime. Et le roi terminait par un trait qui plaçait Cornelius dans une posture ridicule : il était venu en médiateur ; sa mission était sans objet puisque le conflit était réglé et à son insu.

Dès lors, l'intervention des députés de Smyrne et de Lampsaque ne pouvait avoir pour but, dans l'esprit des Romains, que de relancer le débat, sans aucune chance d'aboutir, mais dans l'intention de faire retomber sur Antiochos la responsabilité de la rupture, ce qui advint, non sans que le roi en ait profité pour marquer une fois de plus son opposition à toute ingérence romaine.

XLIII. La paix d'Apamée (188)

(Appien, *Syriaca*, 38-39)

(38) (Antiochos devra) abandonner tout ce qu'il possède en Europe et, en Asie, les provinces en deçà du Taurus — les frontières en seront tracées par la suite —. Il livrera tous ses éléphants et tous les navires que ncus prescrirons. A l'avenir, il n'entretiendra plus d'éléphants et n'aura que le nombre de navires que nous fixerons. Il fournira vingt otages dont le consul dressera la liste. Il paiera, pour les dépenses de cette guerre dont il est responsable, cinq cents talent euboïques comptant, deux mille cinq cents à la ratification du traité et douze mille en douze ans, chaque annuité devant être versée à Rome. Il nous rendra tous les prisonniers et les déserteurs et restituera à Eumène tout ce qu'il détient encore des possessions acquises en vertu de la convention passée avec Attale, père d'Eumène. Si Antiochos respecte loyalement ces conditions, nous lui offrons paix et amitié sous réserve de la ratification du Sénat.

(39) Telles furent les propositions de Scipion. Toutes furent acceptées par les ambassadeurs. Le versement comptant fut effectué, les otages livrés. Du nombre était Antiochos, fils cadet du roi. Les Scipion et Antiochos envoyèrent des ambassadeurs à Rome. Le Sénat approuva leurs arrangements. La rédaction du traité entérina les dispositions prévues par Scipion et précisa ce qui avait été laissé dans le vague, avec quelques adjonctions secondaires. La frontière du royaume d'Antiochos fut placée aux deux promontoires du Calycadnos et de Sarpédon. Sa flotte n'avait pas le droit de les doubler en mission de guerre. Il aurait douze vaisseaux pontés seulement pour entreprendre des opérations contre ses sujets. Si on l'attaquait, il pourrait en mobiliser davantage. Il lui était interdit de recruter des mercenaires dans les territoires romains, d'accorder asile à des exilés qui en viendraient. Les otages seraient renouvelés tous les trois ans, à l'exception de son fils Antiochos. Ce traité fut gravé sur des tablettes de bronze et déposé au Capitole — c'est la coutume romaine pour tous les

traités —. Le Sénat en envoya une copie à Manlius Vulso, successeur de Scipion au consulat. Il jura le traité en présence des ambassadeurs d'Antiochos à Apamée de Phrygie et Antiochos fit de même devant le tribun Thermus qu'on lui avait envoyé à cette fin. Ainsi se termina la guerre entre Antiochos le Grand et les Romains.

Le texte donne successivement les clauses des préliminaires de paix imposés par Scipion l'Africain à Antiochos III aussitôt après sa défaite de Magnésie du Sipyle (début de 189), puis celles du traité définitif rédigé à Rome et ratifié à Apamée l'année suivante. Ces deux actes doivent être étudiés ensemble puisque le traité reprend et complète les préliminaires. Mais ils ne représentent qu'un des aspects, et peut-être le moins important, du règlement de la situation en Asie Mineure après la victoire romaine, car ils ne précisaient pas le sort des territoires abandonnés par Antiochos. Il faudra donc compléter les lacunes d'Appien.

I. Préliminaires et traité (que nous connaissons aussi par Polybe, XXI, 43) comportaient des dispositions de diverse nature : Antiochos devait abandonner toutes ses possessions en deçà du Taurus et de l'Halys, frontières très imprécises, surtout dans la chaîne du Taurus au relief tourmenté. Sur la côte méridionale, l'embouchure du Calycadnos et le cap Sarpédon en formaient le point de départ (légère erreur d'Appien qui prend le fleuve pour un promontoire). Ses forces navales étaient limitées et l'emploi des éléphants lui était interdit, mais aucune restriction n'était imposée à son armée de terre. Du point de vue diplomatique, il ne pouvait entreprendre aucune guerre offensive vers l'Ouest (ce qui se tire de la clause relative à l'emploi de ses navires). Il ne devait pas recruter de mercenaires dans les territoires romains, pas accueillir les transfuges et les exilés qui en viendraient. Il avait à livrer, en revanche, les personnalités anti-romaines de son entourage, en premier lieu Hannibal (ces deux clauses d'après Polybe) et à donner des otages. Enfin, une lourde indemnité lui était imposée à laquelle s'ajoutait, d'après Polybe, dès dommages de guerre à Eumène II et des avantages économiques aux Rhodiens.

Derrière ces dispositions de détail se dessinent les caractères généraux suivants : malgré l'appui qu'ils ont reçu d'Eumène II et des Rhodiens, les Romains, se considérant comme seuls vainqueurs, traitent seuls avec Antiochos. Les clauses du traité relatives à leurs alliés y sont introduites à leur seule initiative. Les territoires cédés par le roi sont remis à leur discrétion. Ils ne prennent aucun engagement à leur égard et sont libres d'en disposer à leur guise. Antiochos est exclu du règlement qui en sera fait. Mais il demeure son maître dans le royaume qui lui est laissé. On prend des précautions pour l'empêcher de porter atteinte aux intérêts romains. Dans d'autres directions, il conserve sa liberté et il est admis sur pied d'égalité dans l'amitié romaine.

II. Alors que l'analyse du texte doit entrer dans tous les détails, l'exposé du règlement territorial doit se borner aux grandes lignes. Trois points principaux doivent être envisagés : — la procédure : elle eut lieu en deux temps, d'abord un débat à Rome entre le Sénat et les alliés, à l'issue duquel un sénatus-consulte fixe les règles du partage (189) ; ensuite un congrès à Apamée autour des dix commissaires envoyés par le Sénat pour adapter le senatus-consulte aux réalités (188) ; — les problèmes : en premier lieu, l'hétérogénéité des objets, vieilles cités grecques de la côte, colonies récentes et villes indigènes de l'intérieur, « terres royales » enlevées aux Séleucides ; ensuite les rivalités d'intérêts opposant principalement Eumène et les Rhodiens ; enfin, les conflits de principes : liberté des Grecs et « droit de la lance ». Rome était entrée en guerre contre Antiochos au nom de la première, mais avait traité avec lui sur la base du second. Et ses alliés légitimaient leurs ambitions par l'une ou par l'autre ; — les résultats : ils sont le fruit d'un double compromis, sur les intérêts et sur les principes. Eumène et Rhodes sont gratifiés d'avantages territoriaux considérables, le premier surtout ; les cités grecques reçoivent l'indépendance et parfois des accroissements si elles ont rallié à temps les vainqueurs ; sinon, elles sont réparties entre les alliés de Rome.

Cette analyse devra faire référence aux dispositions prises en Grèce par Flamininus après la défaite de Philippe V, afin de faire ressortir l'évolution de la politique romaine à l'égard de l'Orient.

XLIV. Rhodes et la Lycie (184 ?-177)

1. Polybe, XXII, 5

(1) Survint un conflit entre Lyciens et Rhodiens pour les raisons suivantes. (2) A l'époque où les dix commissaires réglaient le sort de l'Asie, des ambassades vinrent les trouver. Les Rhodiens avaient envoyé Théaidètos et Philophron pour demander qu'on leur cédât la Lycie et la Carie en récompense du dévouement et de la bonne volonté dont ils avaient fait preuve pendant la guerre contre Antiochos. (3) Au nom d'Illion s'étaient présentés Hipparchos et Satyros qui demandaient, en invoquant la parenté des Lyciens avec leur cité, qu'on pardonnât à ces derniers leurs erreurs. (4) Les Dix accordèrent toute leur attention à ces requêtes et s'efforcèrent de contenter les deux parties dans la mesure du possible. Ilion obtint qu'ils ne prendraient aucune mesure de rigueur et, pour satisfaire les Rhodiens, ils placèrent la Lycie sous leur autorité. (5) Ce jugement de Salomon dressa les Lyciens contre les Rhodiens, et ce conflit ne saurait être sous-estimé. (6) Les gens d'Ilion parcouraient les villes du pays en proclamant qu'ils avaient apaisé la colère des Romains et que c'était à ceux que les Lyciens devaient d'avoir conservé leur liberté. (7) De son côté, l'ambassade de Théaidètos fit savoir dans sa patrie que la Lycie et la Carie jusqu'au Méandre avaient été attribuées aux Rhodiens par les Romains et placées sous leur autorité. (8) Sur ce, les Lyciens envoyèrent une ambassade à Rhodes pour conclure alliance, tandis que les Rhodiens désignèrent quelques-uns de leurs concitoyens avec mission de prendre, dans les villes de Lycie et de Carie, toutes les dispositions nécessaires. (9) Considérable était donc la contradiction entre les deux conceptions. Sur le moment, tout le monde ne se rendit pas compte de leur opposition. (10) Mais lorsque, une fois introduits dans l'assemblée, les Lyciens parlèrent de conclure alliance, et qu'après eux Pothion, prytane de Rhodes, prit la parole pour mettre en lumière la position de chacun et, qui plus est, s'en prit aux Lyciens..., ils déclarèrent qu'ils braveraient tout plutôt que de faire aux Rhodiens leur soumission.

2. Polybe, XXV, 4-5

4 (1) Après le départ des consuls Tiberius et Claudius [1]
pour leur expédition contre les Istriens et les Agriens, le
Sénat donna audience aux ambassadeurs envoyés par les
Lyciens. C'était à la fin de l'été. (2) Ils n'étaient parvenus
à Rome qu'après la défaite des Lyciens, bien qu'ils fussent
partis longtemps auparavant. (3) En effet, au moment où
les Xanthiens allaient entrer en guerre, ils avaient dépêché
des ambassadeurs en Achaïe et à Rome. Leur chef était
Nicostratos. (4) Parvenus à Rome, ils avaient suscité la
compassion de nombre de sénateurs en leur dépeignant le
poids de la domination rhodienne et leur propre situation.
(5) Ils finirent par amener le Sénat à envoyer une ambassade à Rhodes pour signifier que, de l'examen des rapports
établis par les dix commissaires délégués en Asie pour traiter avec Antiochos, il ressortait que les Lyciens avaient été
attribués aux Rhodiens non en tant que sujets, mais plutôt
en qualité d'amis et alliés. (6) Telle qu'elle était, cette
solution ne satisfit pas du tout quantité d'intéressés. (7) Il
semblait, en effet, que les Romains mettaient aux prises
Rhodiens et Lyciens avec la volonté d'épuiser les réserves
des Rhodiens et leurs trésors, (8) qu'ils avaient eu connaissance de l'escorte récemment faite à la fiancée de Persée
et des manœuvres de la flotte. (9) Il se trouvait, en effet,
que, peu auparavant, en grande pompe et à grands frais,
les Rhodiens avaient procédé aux essais de tous les navires
qu'ils possédaient. (10) Une grande quantité de bois pour
la construction leur avait été fournie par Persée et il avait
fait cadeau d'une breloque d'or à chacun des matelots de
l'escorte qui lui avait récemment amené Laodice.

5 (1) L'arrivée à Rhodes des légats romains et la publication des décisions du Sénat semèrent l'émoi à Rhodes et
troublèrent vivement le gouvernement. On s'indignait de les
voir prétendre que les Lyciens n'avaient pas été attribués
comme sujets, mais à titre d'alliés. (2) Juste au moment
où l'on pensait avoir mené à bonne fin la question lycienne,
voilà qu'on apercevait une nouvelle source de difficultés :
(3) car, aussitôt l'arrivée des Romains et la communication
de leurs décisions aux Rhodiens, les Lyciens avaient recommencé à se soulever. Ils étaient prêts à tout braver pour
leur indépendance et leur liberté. (4) Cependant les Rhodiens, après avoir bien écouté les légats, s'imaginèrent que
les Romains avaient été induits en erreur par les Lyciens
et désignèrent une ambassade avec Lycophron comme chef
pour aller exposer l'affaire au Sénat.

---

[1] Ti. Sempronius Gracchus et C. Claudius Pulcher, consuls
pour 177.

3. Polybe, XXVII, 7

(5) Les Rhodiens se méfiaient d'Eumène et lui étaient hostiles. La cause lointaine en remontait à la guerre contre Pharnace. Le roi Eumène avait alors tenté de bloquer l'entrée de l'Hellespont pour interdire le trafic maritime vers le Pont. Les Rhodiens s'étaient opposés à son entreprise et en avaient provoqué l'échec. (6) Puis, tout récemment, les affaires de Lycie avait de nouveau envenimé le conflit, à propos de quelques places et d'un canton qui se trouvaient à la frontière de la Pérée rhodienne. Des ravages continuels y étaient pratiqués par les troupes d'Eumène.

On précisera d'abord les circonstances, rappelées d'ailleurs par Polybe (XX, 5, 1-2), dans lesquelles Rhodes avait obtenu la Lycie et ce que représentait pour elle cette acquisition. On dégagera ensuite le sens de chacun des fragments. Le premier pose un problème chronologique : à quel moment la rébellion des Lyciens a-t-elle commencé ? Le livre XXII relatait les événements de la 148e Olympiade (188/7 à 185/4). Mais, vu son état fragmentaire, les chapitres ne peuvent être datés à un an près. A lire le texte, on a l'impression que le début de la révolte n'est pas très postérieur à la paix d'Apamée (188). Mais on sait, d'autre part, que, pour en venir à bout, Rhodes dut faire appel à Eumène II (181/0). Il serait surprenant qu'elle eût attendu plusieurs années pour s'y résoudre. On a donc ici choisi de placer l'ouverture du conflit à la fin de la 148e Ol. Pour rester sur le terrain de la chronologie, le second fragment est bien daté de 177 et le dernier de 171, mais c'est sans conséquence pour l'intérêt qu'il présente.

XXII, 5 expose la genèse du conflit. La responsabilité du malentendu est attribuée par Polybe à Ilion. Tout repose sur le sens équivoque du mot « liberté ». Dans l'empire séleucide, les Lyciens jouissaient d'une large autonomie de fait, mais en droit ils étaient sujets d'un monarque tout-puissant. Après leur victoire sur Antiochos III, les Romains substituèrent leur autorité à la sienne. Ils étaient en droit d'abolir l'autonomie des Lyciens pour les punir de l' « erreur » qu'avait été leur fidélité jusqu'au bout au vaincu. Ils s'en abstinrent par considération pour Ilion (légende des origines troyennes de Rome). Mais, à Apamée, ils transférèrent leur souveraineté à Rhodes. Les ambassadeurs d'Ilion firent croire aux Lyciens que leur autonomie les plaçait sur pied d'égalité avec elle et qu'ils n'étaient tenus qu'à une alliance. Mais les Rhodiens considérèrent qu'ils avaient obtenu le droit de les traiter en sujets. D'où le conflit quand apparut l'opposition des thèses en présence.

La résistance lycienne fut assez dure pour obliger Rhodes à demander l'aide d'Eumène. Il commença par la lui accorder, puis se brouilla avec elle au cours de la guerre de Pharnace (XXVII, 7, 5. N° XLV). En réalité, l'entente entre Pergame et Rhodes ne reposait que sur leur hostilité commune à Philippe V d'abord, à Antiochos ensuite. Ces adversaires vaincus, la divergence de leurs intérêts reparaissait, surtout depuis que le traité d'Apamée avait rendu Eumène maître des Détroits et lui avait donné une frontière commune avec la Pérée rhodienne. D'où les frictions signalées au § 6, qui sont peut-être l'indice d'une aide directe d'Eumène aux rebelles.

Malgré tout, les Rhodiens finirent par en venir à bout. Mais les vaincus avaient envoyé une ambassade au Sénat qui se prononça en leur faveur (XXV, 4-5). Sa décision pose deux questions : avait-il le droit de révoquer la donation faite à Apamée ? Ce point n'a qu'un intérêt théorique, car il paraît bien n'y avoir alors mis aucune restriction. Revenir dessus était d'une insigne mauvaise foi. Pourquoi l'a-t-il fait pourtant ? Parce que ses relations avec Rhodes commençaient à se détériorer. Les incidents rapportés en 4, 7-10 ne sont que le signe de cette évolution dont la cause est ailleurs.

La politique traditionnelle de Rhodes était de favoriser son commerce en diversifiant ses relations diplomatiques. La Macédoine offrait des débouchés d'autant plus tentants que la brouille avec Eumène rendait plus difficile la pénétration en Asie Mineure et incertain le commerce du Pont. L'empire séleucide présentait aussi des possibilités et le transport de Laodice, fille de Séleucos IV, peut être une ouverture. En outre, en raison de l'impopularité grandissante de Rome, il pouvait être avantageux de prendre ses distances avec elle. Mais le Sénat n'avait pas les mêmes raisons que les monarques hellénistiques du IIIe siècle de ménager Rhodes et il disposait de moyens d'action sans commune mesure. La soustraction de la Lycie à la souveraineté rhodienne était un avertissement. L'ambassade envoyée à Rome (XXV, 5, 4) n'obtint rien. Les Lyciens s'émancipèrent définitivement.

XLV. La guerre de Pharnace (182-179)

(Polybe, XXV, 2)

(1) Pharnace, devant cette invasion soudaine et lourde de conséquences pour lui, se montra disposé à tout ce qu'on lui proposerait. Il envoya des ambassadeurs à Eumène et à Ariarathès. (2) Ces derniers consentirent à engager des pourparlers et aussitôt renvoyèrent de leur côté des ambassadeurs à Pharnace. Après de nombreuses démarches de part et d'autre, on conclut un traité aux conditions suivantes : (3) la paix entre Eumène, Prusias et Ariarathès d'une part, Pharnace et Mithridatès de l'autre, serait perpétuelle. (4) Pharnace ne pénétrerait en Galatie sous aucun prétexte. Toutes les conventions antérieures conclues entre lui et les Galates seraient abrogées. (5) De même, il évacuerait la Paphlagonie après y avoir rétabli les habitants qu'il avait expulsés et, en outre, rendu les armes, les projectiles et tout le reste du matériel. (6) Il restituerait aussi à Ariarathès les territoires qu'il lui avait pris, avec tous les biens qui s'y trouvaient et les otages. (7) Il restituerait également Tios sur le Pont — quelques temps après, Eumène la céda à Prusias en témoignage de sa grande reconnaissance —. (8) Le traité stipulait encore que Pharnace livrerait les prisonniers sans rançon et tous les transfuges. (9) En outre, en échange de l'argent et du trésor qu'il avait enlevés à Morzios et à Ariarathès, il verserait à ces souverains neuf cents talents (10) et ajouterait trois cents talents pour Eumène comme dédommagement de ses dépenses de guerre. (11) Mithridatès, satrape d'Arménie, fut frappé d'une amende de trois cents talents pour avoir transgressé ses conventions avec Eumène en faisant la guerre à Ariarathès. (12) On comprit dans le traité, parmi les princes d'Asie, Artaxias, qui régnait sur la majeure partie de l'Arménie, et Acousilochos [1], (13) parmi ceux d'Europe, le Sarmate Gatalos, parmi les cités indépendantes, Heraclée, Mésem-

---

[1] Dynaste inconnu par ailleurs.

bria, la ville de Chersonèsos, et Cyzique avec elles. (14) Les otages étaient visés dans une dernière clause qui précisait le nombre et la qualité de ceux que devrait fournir Pharnace. Dès qu'ils furent arrivés, les armées se retirèrent. (15) Telle fut l'issue du conflit qui avait opposé Eumène et Ariarathès à Pharnace.

Le texte ne donnant que la teneur du traité de paix, il est nécessaire de rappeler d'abord les origines et les épisodes du conflit, ne serait-ce que pour préciser l'identité et le rôle des parties contractantes. Après l'analyse de ses clauses, on terminera en évoquant la signification de la guerre, en référence principalement à la situation créée en Anatolie par le traité d'Apamée (188).

I. L'apparition du royaume du Pont sur la scène internationale coïncide avec l'avènement de Pharnace I (vers 185), qui chercha à s'étendre à la fois sur mer, en s'emparant de Sinope dont il fit sa capitale, et sur terre, où il s'attaqua à ses voisins : à l'Ouest la Paphlagonie, au Sud la Cappadoce où régnait Ariarathès IV, beau-père et allié d'Eumène II, qui aurait donc dû intervenir même si les visées de Pharnace ne l'y avaient pas à elles seules incité, car elles menaçaient la Galatie qu'il avait peut-être annexée (183). En tout cas, une guerre risquait de réveiller la turbulence des tribus galates toujours prêtes au pillage.

La crainte des entreprises pontiques réunit, aux côtés d'Eumène et d'Ariarathès, Morzios, un dynaste paphlagonien, Prusias II de Bithynie, certains Galates et même Rhodes, inquiète pour son commerce dans le Pont-Euxin. Mais Pharnace réussit à prendre la Cappadoce à revers en s'alliant à Mithridatès de Petite-Arménie. D'autre part, Rhodes se brouilla avec Eumène quand celui-ci prétendit fermer les Détroits. Ces difficultés empêchèrent longtemps les coalisés de grouper leurs forces. Quand ils y parvinrent, leur adversaire dut traiter.

II. C'est le dernier épisode du conflit que rapporte Polybe (§§ 1 et 2), avant d'énumérer les clauses du traité. Elles visent d'abord les restitutions territoriales imposées à Pharnace (4-7). On notera que la Galatie est mentionnée en premier, indice de l'importance qu'Eumène y attachait, en raison des difficultés qu'elle lui avait toujours values et qu'il redoutait d'éprouver encore. Viennent ensuite les stipulations financières qui frappent non seulement Pharnace, mais aussi Mithridatès, qualifié de satrape (séleucide), en fait indépendant (9-11).

La liste des co-signataires (12-13) est la partie la plus instructive. Elle révèle le caractère international du conflit et l'ampleur des ambitions de Pharnace. Qu'on ait jugé bon de faire figurer dans cette liste deux Asiatiques n'a rien pour surprendre. Mais la présence du Sarmate Gatalos (Crimée et Ukraine), de Mésembria (côte occidentale du Pont-Euxin), de Chersonèsos (Crimée) [1] se justifie seulement si Pharnace avait tenté de s'emparer de ces cités avec l'aide d'un chef de nomades en vue de constituer un royaume à cheval sur les rives du Pont, dont le lien aurait été économique et maritime, comme devait le réaliser plus tard Mithridate Eupator. C'est dans le même sens qu'il faut expliquer la mention d'Héraclée du Pont et de Cyzique, ports importants.

III. Ce conflit est une conséquence immédiate de la paix d'Apamée. Eumène II en avait été le principal bénéficiaire. Mais, en même temps, il avait reçu la mission implicite de défendre le statut anatolien qu'elle avait institué. Le rôle de Rhodes n'était pas sans analogie, bien que sa responsabilité fût très inférieure. Au moindre trouble, le roi devait intervenir pour rétablir l'ordre, comme mandataire de Rome qui avait dicté la paix (n° XLIII). Les Galates étaient son principal souci, et Pharnace lui est peut-être apparu moins dangereux en lui-même que comme facteur d'agitation auprès d'eux.

Il aurait donc été logique que le Sénat appuyât Eumène contre Pharnace. Et, en effet, Eumène le lui demanda à plusieurs reprises. Mais les interventions romaines demeurèrent diplomatiques, et la seule efficace consista à détourner Séleucos IV de se rallier à Pharnace. D'autre part, la paix, à laquelle Rome accorda sa garantie (Polybe ne

---

[1] L'identification de Mésembria et de Chersonèsos fait problème. Il y a, en effet, outre la ville de Mésembria sur le Pont, une autre, homonyme, sur la mer de Thrace, face à Samothrace. D'autre part, Chersonèsos peut désigner la Chersonèse de Thrace (presqu'île de Gallipoli), celle de Tauride (la Crimée) ou la ville de Chersonèsos. Mais, d'une part, Polybe parle d'une cité (§ 13), d'autre part, en 179, la Chersonèse de Thrace appartient à Eumène. Donc, il ne peut s'agir que de la ville de Chersonèsos. De ce fait, et de ce que Héraclée est un port du Pont, Mésembria ne peut être que la ville située sur la côte de cette mer.

le dit pas), ne privait pas Pharnace de tout bénéfice puisqu'il conservait Sinope. Son expansion continentale était arrêtée, mais le développement maritime de son royaume était favorisé. On est donc en droit de se demander si l'attitude de Rome n'est pas le premier indice de la détérioration de ses relations avec Eumène qui va sous peu s'accélérer.

XLVI. La fin du règne de Philippe V (179)

(Polybe, XXIII, 3 et 7)

3 (4) Si les frictions entre Philippe et les Romains, qui avaient atteint un degré avancé, connurent une pause momentanée, on le doit à la mission de Dèmètrios. (5) Pourtant, à la ruine totale de la dynastie, l'ambassade du jeune prince à Rome ne devait pas peu contribuer. (6) Le Sénat, en reportant le mérite de sa faveur sur Dèmètrios, monta la tête de ce gamin et humilia profondément aussi bien Persée que Philippe : il leur parut que ce n'était pas à eux-mêmes, mais à Dèmètrios qu'ils devaient les avantages accordés par les Romains. (7) Titus, de son côté, qui avait invité le jeune prince à un entretien confidentiel, ne fit qu'envenimer les choses. (8) Il lui fit miroiter l'espoir que, sans délai, les Romains allaient l'aider à monter sur le trône. Il irrita aussi Philippe en lui écrivant de renvoyer tout de suite Dèmètrios à Rome avec le plus possible d'amis tout dévoués. (9) Fort de ces prétextes, Persée peu après put persuader son père de consentir à la mort de Dèmètrios.

7 (1) Lorsque Dèmètrios revint de Rome en Macédoine, rapportant la réponse où les Romains reportaient tout le mérite de leur faveur et de leur confiance sur Dèmètrios, et déclaraient que c'était par égard pour lui qu'ils avaient agi et agiraient, (2) les Macédoniens firent grand accueil à Dèmètrios, car ils avaient compris qu'il les avait délivrés d'alarmes et de dangers considérables. (3) Ils s'attendaient, en effet, qu'à l'instant les Romains fondent sur eux pour leur faire la guerre à cause des provocations de Philippe. (4) En revanche, Philippe et Persée ne voyaient pas la chose d'un bon œil. Il ne leur plaisait pas que les Romains parussent ne leur accorder aucune considération et faire à Dèmètrios tout l'honneur de leur faveur. (5) Quoi qu'il en fût, Philippe s'efforça de dissimuler le dépit qu'il en éprouvait. Mais Persée, qui non seulement se voyait distancé de loin par son frère dans les bonnes grâces des Romains, mais se sentait aussi inférieur à lui par ses capacités et son éducation, en fut très mécontent. (6) Par-dessus tout, il craignait pour son trône et redoutait, malgré son droit d'aînesse, d'en être évincé pour les raisons ci-dessus.

Le texte évoque les causes de l'assassinat du second fils de Philippe V, Dèmètrios, par son père. Composé de deux parties, il comporte quelques redites, mais pas de contradictions. Selon Polybe, l'origine du drame se trouve dans l'attitude du Sénat à l'égard du prince (3, 6 ; 7, 1) et, accessoirement, dans une démarche de Flamininus (Titus) auprès de lui (3, 7). Dèmètrios, qui avait été otage à Rome après Cynoscéphales, s'y était fait des amis. Aussi, Philippe l'y envoya-t-il après l'affaire de Maronée, dont il avait fait massacrer une partie de la population pour y maintenir sa domination, bien qu'elle eût été déclarée indépendante par le Sénat (184). Celui-ci accepta de passer l'éponge, mais en spécifiant bien que c'était en faveur du prince. Il exigea, d'autre part, que la ville fût évacuée et chargea une ambassade, dont le chef était Flamininus, de s'assurer que ses ordres seraient exécutés (183).

Cette conduite provoqua de la part de Philippe et de l'héritier présomptif Persée des réactions politiques ou psychologiques qui entraînèrent le meurtre de Dèmètrios. Polybe en énumère trois : humiliation (3, 6 ; 7, 4-5) ; crainte de Persée de se voir écarté du trône (3, 8 ; 7, 6) ; popularité excessive de Dèmètrios auprès des Macédoniens 7, 2-3). Ces réactions sont vraisemblables, mais l'interprétation qu'en donne Polybe peut être critiquée et d'autres éléments ont pu entrer en jeu dans la décision du roi.

L'humiliation à l'état pur ne tient qu'une place secondaire, d'autant que Persée n'avait aucune raison de se sentir inférieur, « par ses capacités et son éducation », à son frère qui n'était pas une personnalité de premier plan. Il y a là trace d'une tradition romaine malveillante. En revanche, Philippe était en droit de craindre que le Sénat ne se servît de Dèmètrios comme d'un instrument pour lui dicter sa politique.

En manifestant avec ostentation sa faveur à Dèmètrios, le Sénat marquait qu'il faisait de lui son candidat au trône et Flamininus lui aurait même promis de le lui assurer (3, 8). Il est peu probable que Persée ait eu à redouter une intervention armée à cette fin. Mais une rébellion de son frère, qui « s'était monté la tête » (3, 6), était vraisemblable. Une guerre civile en aurait résulté et Rome n'aurait pas eu besoin d'une guerre pour faire triompher son candidat.

La popularité de Dèmètrios pouvait en elle-même être irritante. Polybe, d'ailleurs, n'en fait pas explicitement un motif de Philippe. Elle n'apparaît telle que par comparaison avec la suite de son développement. Elle était surtout la manifestation d'un état d'esprit dangereux pour la dynastie. L'accueil que reçut Dèmètrios ne fut peut-être pas aussi unanime que le suggère le texte. Il y avait un parti, recruté sans doute dans les régions méridionales, plus ouvertes, du royaume, qui souhaitait la paix à tout prix. Dèmètrios était son chef naturel, fût-ce malgré lui. Philippe ne pouvait tolérer une opposition groupée autour de son fils. C'est pourquoi, vraisemblablement, il procéda en 183/2 à des déportations des cités côtières vers l'intérieur, sans autre résultat, semble-t-il, que de redoubler le mécontentement. La mort de Dèmètrios devenait ainsi une nécessité politique.

XLVII. Avénement d'Antiochos IV (175)

(*O. G. I. S.*, n° 248)

10   - - - - - - après la mort de Séleucos et comme ce malheur
y invitait, considérant que la circonstance leur donnait le
moyens d'acquérir de la reconnaissance et un titre à la
bienfaisance, estimant tout le reste accessoire, ils se mirent
15   à son service et, / l'accompagnant jusqu'aux frontières de
leur propre royaume, lui procurant de l'argent, lui fournissant des troupes, l'ornant du diadème avec tout l'appa-
20   reil qui convenait, sacrifiant / et échangeant avec lui des
garanties avec une bienveillance et une affection complètes,
ils contribuèrent de manière mémorable à la restauration
dans le royaume de ses pères du roi Antiochos. Afin donc
que le peuple apparaisse au premier rang par le témoignage
de sa reconnaissance et qu'il soit évident qu'il honore ceux
25   qui accordent des bienfaits à lui-même et à ses amis / sans
en être priés et qu'il élève les actes vertueux à un souvenir
éternel maintenant comme auparavant, à la Bonne Fortune,
plaise au Conseil que les proèdres qui seront tirés au sort
pour la prochaine assemblée mettent la question en délibé-
30   ration et fassent rapport / au peuple de l'avis du Conseil, à
savoir qu'il plaît au Conseil de décerner l'éloge au roi
Eumène, fils du roi Attale et de la reine Apollonis, et de
le couronner de la couronne d'or d'excellence, conformément
à la loi, pour sa valeur, sa bienveillance et la loyauté qu'il
35   a montrée / à tous les hommes en prenant parti pour le
roi Antiochos et en contribuant à le rétablir dans le royaume
de ses ancêtres ; et, de même, de couronner aussi Attale
parce qu'il a collaboré en tout avec son frère Eumène
avec diligence et en bravant le danger ; et de décerner aussi
40   l'éloge à leurs frères / Philétairos et Athènaios et de couronner d'une couronne d'or chacun d'eux pour la bienveillance et le zèle dont ils ont témoigné lors de la restauration
du roi Antiochos ; et de décerner l'éloge à leurs parents,
45   le roi Attale et la reine / Apollonis, et de les couronner de la couronne d'or d'excellence pour la valeur et
la loyauté qu'ils ont léguées à leurs fils en présidant à leur
éducation de la meilleure et plus sage manière ; et de pro-

50 clamer ces couronnes dans les concours qu'organise la cité, /
et aussi dans ceux qu'organise le roi Eumène avec ses frères
et le peuple de Pergame et, de la même manière, dans
ceux qu'organisera le roi Antiochos à Daphnè, conformément à leurs coutumes. Et, afin que le souvenir en demeure
visible pour l'éternité, de transcrire ce décret sur des stè-
55 les / de marbre et de les ériger l'une dans l'agora à côté
des statues du roi Antiochos, l'autre dans le sanctuaire
d'Athèna Nikèphoros, le troisième dans le sanctuaire d'Apollon à Daphnè ; et de confier l'expédition du décret au roi,
60 à sa mère et à ses frères, aux stratèges / afin qu'ils la réalisent avec soin et dans les meilleurs délais.

L'inscription dont le début est mutilé a été trouvée à
Pergame. Il s'agit sans aucun doute de la stèle dont
l'érection était prévue dans le sanctuaire d'Athèna Nikèphoros (1.54). Elle pose le problème préliminaire, mais
d'intérêt historique secondaire, de l'origine du décret
qui y a été gravé. Des considérations épigraphiques, institutionnelles et grammaticales conduisent à penser qu'il
s'agit du peuple athénien plutôt que d'une cité de l'empire
séleucide (en particulier, sa capitale Antioche) ou, moins
encore, du royaume pergaménien.

Des honneurs exceptionnels sont accordés au roi
Eumène II, à ses frères : le futur Attale II, Philétairos et
Athènaios, à leur père Attale I (mort en 197), à leur
mère Apollonis (ll.32-48), pour l'aide qu'ils ont apportée
à Antiochos IV, après l'assassinat de Séleucos IV, pour
lui permettre de s'emparer du trône (ll.15-23, 35).

Le commentaire consistera à exposer : — 1) la situation
créée à l'intérieur du royaume par l'assassinat de Séleucos IV et l'usurpation commise par son frère Antiochos
aux dépens de la branche aînée de la dynastie, origine des
dissensions qui devaient amener la ruine de l'empire ;
— 2) la position diplomatique qui avait été celle de
Séleucos IV, vis-à-vis de Pergame et de Rome notamment, qui explique l'intrigue, rondement menée par
Eumène, destinée à lui donner un successeur dont il
pouvait espérer une ligne de conduite opposée ; — 3) le
déroulement de l'opération et les moyens employés à cette
fin, d'après ce que le texte nous en apprend ou nous
permet d'en deviner.

XLVIII. La personnalité d'Antiochos IV

(Polybe, XXVI, 1)

(1) Il s'échappait parfois de la cour à l'insu de sa suite et on le voyait déambuler au hasard dans la ville avec une ou deux personnes. (2) Où on avait le plus de chance de le trouver, c'était dans les ateliers de bijoutiers et d'orfèvres, engagé dans de longues discussions techniques avec les ciseleurs et autres spécialistes. (3) En outre, il s'abaissait à converser avec les gens du peuple et il buvait un coup avec les voyageurs de la pire espèce. (4) Venait-il à apprendre que des jeunes gens se réunissaient pour un bon dîner, sans crier gare il s'invitait à la fête, accompagné d'un flûtiste et de son orchestre. Du coup la plupart des convives, interloqués, levaient le siège et s'esquivaient. (5) Souvent aussi, il retirait ses habits de roi pour revêtir une toge et faisait le tour de l'agora pour sa propagande électorale : aux uns, il distribuait des poignées de main, les autres, il les embrassait et leur demandait leur voix pour être élu tantôt agoranome, tantôt dèmarque. (6) Une fois la magistrature obtenue, il prenait place sur un siège d'ivoire, à la mode romaine, consacrait les audiences aux disputes survenues sur le marché et rendait ses arrêts avec la conscience la plus scrupuleuse. (7) Tout cela faisait que les gens raisonnables ne savaient que penser : les uns considéraient que ses manières étaient bon enfant, pour les autres, il était fou. Quand il faisait des cadeaux, c'était la même chose : (8) il donnait aux uns des osselets de gazelle, à d'autres des dattes, à d'autres encore une pièce d'or. (9) Aux premiers passants qu'il rencontrait et qu'il n'avait jamais vus, il faisait des cadeaux auxquels ils ne s'attendaient guère. (10) Pour les sacrifices qu'il fit célébrer dans les différentes cités et les honneurs aux dieux, il surpassa tous les rois, ses prédécesseurs. (11) On peut en juger par l'Olympieion d'Athènes et les statues qui entourent l'autel de Délos [1]. (12) Il allait aussi se baigner

---

[1] Le temple de Zeus Olympien à Athènes avait été commencé par les Pisistratides sur un plan si vaste qu'ils ne purent l'achever. Antiochos IV en fit reprendre la construction par un architecte romain qui, à son tour, ne put venir à bout de la tâche. Les statues de Dèlos ne sont pas autrement connues.

dans les établissements publics au moment où le populaire s'y pressait, et s'y faisait porter des flacons remplis des parfums les plus chers. (13) Un quidam lui dit un jour : « Vous avez bien de la chance, vous autres les rois, d'avoir des parfums comme ça et de sentir bon. » Il ne répondit rien, mais le lendemain il se rendit là où l'homme prenait son bain et lui fit verser sur la tête le plus grand flacon qu'il put trouver du parfum le plus cher, de la qualité « filtrée ». (14) Tous les baigneurs se précipitèrent pour s'y rouler. Mais le sol était devenu glissant. Ce fut une culbute générale au milieu des éclats de rire et le roi lui-même y fut entraîné.

La personnalité d'Antiochos IV, qui est une énigme pour les historiens modernes, l'était déjà pour les Anciens. Le texte de Polybe en témoigne. Le roi était-il simplement un original, familier et bon vivant, ou bien avait-il l'esprit dérangé, les bizarreries de sa conduite reflétant un dérèglement mental, ce qui justifierait le jeu de mots des contemporains qui, en changeant une lettre de son épiclèse officielle, le transformait de « Dieu Vivant » (*Epiphanès*) en « fou à lier » (*épimanès*) ?

Polybe s'efforce en apparence d'être équitable. Il rapporte des aspects favorables : son souci d'équité (§ 6), sa générosité à l'égard des cités grecques (10-11). Mais son appréciation est foncièrement défavorable. Sous une neutralité de surface, les anecdotes et les traits de caractère qu'il signale sont dépeints de manière à noircir le portrait ou interprétés dans un sens péjoratif, et le texte étudié ici n'est pas le seul où s'affirme cette tendance au dénigrement (cf. XXX, 25, entre autres).

La partialité de l'historien n'est pas sans cause. En tant que dirigeant de la ligue achéenne, il avait soutenu les Lagides contre le Séleucide au cours de la sixième guerre de Syrie et, n'eût été l'opposition de Rome, il serait allé prendre un commandement dans l'armée ptolémaïque. Pendant son exil en Italie, il devint le conseiller du futur Dèmètrios I, aux dépens de qui Antiochos IV, son oncle, avait usurpé le trône. Et c'est auprès de lui et dans son entourage qu'il a dû recueillir sa documentation sur l'histoire intérieure de la Syrie. Comment n'en aurait-il pas été affecté dans la rédaction de son ouvrage, même s'il n'a pas volontairement défiguré la mémoire du roi ?

On ne peut donc se fier à lui pour restituer la personnalité du souverain. Sans doute faut-il admettre chez ce dernier des traits de caractère qui devaient déconcerter ses sujets et on doit se garder de les interpréter dans un sens favorable, par réaction systématique contre Polybe, à la lumière des modes de pensée contemporains. Il peut, en effet, nous paraître louable qu'un souverain s'intéresse aux métiers d'art. Pour les Anciens, c'était accorder à des ouvriers mercenaires une considération qu'ils ne méritaient pas et s'abaisser à leur niveau que d'étaler des connaissances techniques trop approfondies (§ 2). De toute manière, c'était une excentricité de faire des cadeaux à des inconnus (9) et une incongruité d'aller boire avec des étrangers de rencontre, même s'ils n'étaient pas du plus bas étage (3). Il faut bien admettre qu'il y avait plus que de la fantaisie dans la conduite d'Antiochos et la réprobation de Polybe n'est pas sans fondement.

En revanche, il n'a pas compris ou pas voulu comprendre les intentions du roi derrière certains de ses actes, qu'il était aisé de caricaturer si l'on s'en tenait à leurs formes extérieures. Il était apparemment ridicule pour un monarque absolu de solliciter les suffrages de ses sujets en vue de se faire élire à une magistrature municipale, puis d'en remplir les fonctions avec un sérieux imperturbable à propos de vétilles, le tout en affichant des modes romaines (5-6). Mais c'est se refuser à voir que le roi cherchait à réveiller la vie municipale dans ses états. A cette fin, il prêchait d'exemple et, s'il revêtait la toge ou siégeait sur une chaise curule, c'est qu'il voulait proposer à ses sujets en modèle le civisme qui faisait alors la puissance des Romains.

Qu'il ait bien songé à réveiller le dynamisme des institutions municipales, c'est ce que suggère la numismatique. Sous son règne, à côté du monnayage royal, on voit apparaître dans un certain nombre de cités situées pour la majeure partie dans la moitié occidentale de l'empire, donc la plus hellénisée, celle où la *polis* grecque était le mieux implantée, un monnayage de bronze qui porte assurément au droit l'effigie du souverain, mais dont les types de revers sont très variés et différents des types dynastiques. Les inscriptions allient le nom du roi et celui de la cité. Elles sont en sémitique sur les pièces émises par les cités phéniciennes. Enfin, la métrologie n'est pas uniforme. Il s'agit donc d'émissions où les communautés avaient une très grande liberté. Cette innovation ne saurait être interprétée comme un signe d'affaiblissement du pouvoir royal. Il semble, en effet, qu'Antiochos ait procédé à cette réforme en 169/8, au moment où sa première campagne d'Egypte avait porté au plus haut degré sa puissance et sa renommée. S'il s'est décidé ainsi à accroître l'autonomie municipale, ce ne peut, semble-t-il, être que dans l'intention de ranimer la vie des cités en leur octroyant plus de responsabilité dans leur propre administration. Dès lors, donner pour une marque d'aliénation le soin qu'Antiochos apportait aux affaires locales de sa capitale, c'est au moins faire preuve d'incompréhension.

En outre, la tradition malveillante de Polybe n'a pas fait l'unanimité dans l'Antiquité même, et on peut n'y voir que l'attitude d'un cercle étroit. A vrai dire, la tendance inverse a laissé peu de traces dans l'historiographie : seules quelques remarques éparses d'Appien témoignent de son existence. Mais la numismatique, ici encore, est révélatrice de l'opinion réelle des contemporains. Lorsqu'en 150, Alexandre Balas, qui se présentait comme fils d'Antiochos IV, eut renversé Dèmètrios I, il se donna comme épiclèse Théopator et la fit frapper sur ses monnaies. Se fut-il donné un « divin père » si ce dernier avait passé pour fou auprès de la majorité de ses sujets ? Six ans plus tard encore, Antiochos VI, fils de Balas, fit, lors de son avènement, frapper des tétradrachmes portant l'effigie de son prétendu grand-père. Ainsi, vingt ans après sa mort, Antiochos IV jouait encore un rôle dans les luttes internes de la dynastie, et ses faibles successeurs pouvaient toujours faire appel à son souvenir pour les besoins de leur propagande. N'est-ce point la preuve que ses sujets lui avaient porté le plus grand respect, bien loin de le tenir pour faible d'esprit, et que leurs descendants continuaient à le considérer comme un des grands représentants de sa dynastie ? L'hostilité de Polybe n'appartient décidément qu'à lui.

A l'inverse, il serait excessif de mettre Antiochos IV hors de pair. L'analyse de ses actes dans les événements de sa carrière que l'on connaît le moins mal montre, à côté d'une habileté diplomatique consommée et de talents militaires incontestables, des erreurs et des ignorances dont les Juifs, entre autres, ont fait les frais. Le roi n'était ni un dément, en dépit de quelques bizarreries, ni un génie, malgré des qualités évidentes. En un autre siècle, il eût pu marquer son temps. Dans le sien, la toute-puissance jalouse des Romains l'a empêché de donner sa mesure.

Bibliogr. : O. Mörkholm, « Antiochos IV of Syria », *Classica et Medievalia*, Diss. VIII, Copenhague, 1966, chap. VI et VII.

XLIX. Origines de la troisième guerre de Macédoine

(Polybe, XXII, 18)

(1) Pour la maison royale de Macédoine, c'est sans doute à ce moment que ses maux irrémédiables débutèrent. (2) Je n'ignore pas, bien entendu, que certains historiens de la guerre entre les Romains et Persée, dans l'intention de nous montrer les causes du conflit, allèguent en premier lieu l'affaire d'Abroupolis, dépouillé de son pouvoir pour avoir fait une incursion dans les mines du Pangée après la mort de Philippe : (3) Persée accourut à la rescousse, lui infligea une défaite complète et le chassa de son royaume ; (4) ensuite, l'invasion de la Dolopie et la visite de Persée à Delphes ; (5) et encore l'attentat dont le roi Eumène fut victime à Delphes, le meurtre des ambassadeurs de Béotie. Ce sont ces incidents qui, au dire de certains, auraient fait naître la guerre entre les Romains et Persée. (6) Pour ma part, j'affirme qu'il est capital, tant pour la recherche historique que par goût de la connaissance, de déterminer les causes qui engendrent la naissance et le développement de chacun des événements. Une confusion totale à ce propos s'observe chez la plupart des historiens, qui ne parviennent pas à saisir la différence entre l'occasion et la cause, ni non plus entre l'occasion et le début d'une guerre...... (8) Parmi les événements que je viens de rappeler, les premiers constituent les occasions ; les derniers : attentat contre le roi Eumène, meurtre des ambassadeurs et autres incidents analogues qui se produisirent à la même époque, marquent de toute évidence le début de la guerre entre les Romains et Persée et de la ruine de la monarchie macédonienne. (9) Quant à la cause, on ne la trouve absolument pas là. On va bien le voir par ce qui suit. (10) De même, en effet, que, comme nous l'avons dit, c'est Philippe, fils d'Amyntas, qui a conçu et projeté la guerre contre les Perses et qu'Alexandre s'est contenté d'hériter ses décisions et de les mettre à exécution, de même, dans le cas présent, nous dirons que c'est Philippe, fils de Dèmètrios, qui, dans un premier temps, a conçu d'engager contre les Romains cette guerre

qui devait être la dernière et qui a préparé tous les armements pour cette entreprise, et que, après sa mort, Persée
n'a fait que mettre ses projets à exécution. (11) Si cela
est vrai, ce qui suit n'est pas moins évident : il n'est pas
possible que les causes soient postérieures à la mort de celui
qui avait décidé et projeté la guerre. C'est pourtant ce qui
résulte des affirmations des autres historiens, puisque tous
les faits qu'ils allèguent sont postérieurs à la mort de Philippe.

Ce chapitre de Polybe est, dans l'esprit de son auteur,
une discussion de méthode. Ce point de vue n'a pas à être
examiné. Le problème historique qu'il soulève est le suivant : où se situe la responsabilité de la dernière guerre
entre Rome et la Macédoine ? Est-elle née des incidents
énumérés aux §§ 2 à 5, qui se sont produits sous le règne
de Persée, ou de la volonté de Philippe V, comme le
prétend Polybe ?

Il se contente ici d'une affirmation. Les chapitres où il
la justifiait sont perdus, mais la substance en est passée
dans Tite-Live. A son avis, Philippe aurait été mécontent de la manière dont le Sénat avait récompensé son attitude amicale pendant la guerre d'Antiochos, et du parti pris
hostile des arbitrages sénatoriaux dans les conflits avec les
Thessaliens et Eumène II. Polybe semble considérer que
c'est l'affaire d'Ainos et de Maronée qui l'a définitivement
décidé à la guerre, puisque le texte se rapporte à l'année
185/4.

La conduite de Philippe entre la guerre d'Antiochos et
sa mort ne paraît pas corroborer cette thèse. Certains
aspects de sa politique intérieure pourraient être interprétés dans son sens : ses réformes fiscales, l'exploitation
accrue des mines du Pangée devaient assurément ren-
flouer son trésor. La repopulation de la Macédoine par
des barbares était destinée à lui fournir de nouveaux
soldats. Mais la date de ces mesures est inconnue. Il est
possible que ses préoccupations financières soient en
rapport avec l'indemnité de guerre imposée après Cynoscéphales. Et la colonisation intérieure était à effet lointain.

Du point de vue diplomatique, après l'évacuation
d'Ainos et de Maronée (183), le roi paraît avoir renoncé
à toute entreprise en Grèce, justement pour éviter une
guerre avec Rome. C'est en Thrace et dans les Balkans
qu'il exerce son activité, échafaudant notamment un vaste

projet visant à supplanter ses ennemis Dardaniens par la tribu danubienne des Bastarnes. Il n'y a certes pas de doute que Philippe V ait cherché à restaurer la puissance macédonienne ; on peut même admettre qu'il envisageait une guerre défensive contre Rome. Mais rien n'indique qu'il ait établi des plans offensifs à échéance déterminée contre elle.

L'étude de l'autre terme de l'alternative devrait commencer par préciser la nature des incidents rapportés par Polybe. La question de savoir si leur ensemble ou l'un d'entre eux en particulier a été déterminant est examinée n° L.

L. Eumène II, Persée et le Sénat (172)

(Appien, Makedonika, XI, 1-4)

(1) Les Romains voyaient d'un mauvais œil croître rapidement la puissance de Persée. Ce qui les irritait le plus, c'était l'amitié des Grecs, ses voisins, pleins de la haine contre les Romains que leur avaient inspirée les généraux romains. Comme, d'autre part, les ambassadeurs envoyés chez les Basternes rapportaient qu'ils avaient vu la sécurité de la Macédoine assurée par des fortifications et un abondant matériel de guerre, les jeunes classes bien entraînées, ils en étaient aussi préoccupés. L'ayant appris, Persée envoya une nouvelle ambassade pour dissiper leur suspicion. Là-dessus, Eumène, roi de l'Asie pergaménienne, mû par la crainte de Persée qu'il tirait de son animosité envers Philippe, se rendit de son côté à Rome. Introduit dans la Curie, il l'accusa ouvertement d'avoir toujours été hostile aux Romains, d'avoir assassiné son frère qui était leur ami, collaboré avec Philippe quand il rassemblait des forces considérables contre eux et, une fois devenu roi, au lieu de désarmer, d'avoir, au contraire, accru sa puissance, prodigué sa sollicitude aux Grecs, de s'être allié aux Byzantins, aux Etoliens et aux Béotiens, emparé de la Thrace, base importante, et d'avoir provoqué des dissensions chez les Thessaliens et les Perrhèbes quand ils voulurent envoyer une ambassade à Rome.

(2) « Deux de vos amis et alliés, poursuivit-il, ont été ses victimes : il a enlevé à Abroupolis son royaume, il a tramé un complot pour faire périr le prince illyrien Arthétauros [1] et il donne asile à ses meurtriers. » Il lui reprocha aussi les deux mariages qu'il avait contractés avec des familles royales, et l'arrivée de sa future escortée par la flotte rhodienne tout entière. Il lui fit même grief de son activité, de sa sobriété, vertu rare pour un homme aussi jeune, de

---

[1] On ne sait rien de plus sur ce dynaste que ce qu'en dit ici Appien.

la popularité et de l'estime générales qu'il avait si vite acquises. Ayant recouru à tout ce qui pouvait susciter la malveillance, la rancune et la peur, plutôt qu'à des arguments, Eumène pressa le Sénat de se méfier d'un ennemi dans la force de l'âge, dont le renom faisait un dangereux voisin.

(3) Le fond de la question était que le Sénat ne voulait pas, à côté de lui, d'un souverain tempérant, laborieux, généreux, parvenu d'un trait à une si haute situation, héritier d'une inimitié ancestrale contre les Romains. Pour la forme, il se rallia aux griefs avancés par Eumène et se décida à la guerre contre Persée. Mais on convint de garder la mesure secrète. Lorsque se présentèrent Harpalos de la part de Persée pour prendre le contre-pied d'Eumène, et un ambassadeur rhodien qui voulait réfuter Eumène face à face, on ne les reçut pas tant qu'Eumène fut à Rome. Ce n'est qu'à son départ qu'on leur accorda audience. Pour la première fois, ils perdirent patience, et leurs excès de langage n'en exaspérèrent que davantage les Romains déjà décidés à la guerre contre Persée et les Rhodiens. Mais beaucoup de sénateurs firent retomber sur Eumène la responsabilité d'un aussi grave conflit dont sa peur et sa rancune étaient cause. Quant aux Rhodiens, ils refusèrent d'admettre à la fête d'Hèlios la délégation qu'il y avait envoyée, et il fut le seul souverain à subir cet affront.

(4) Lors de son voyage de retour en Asie, il (Eumène) monta de Kirrha à Delphes pour sacrifier. Quatre hommes cachés derrière un mur attentèrent à sa vie. D'autres causes encore furent alléguées par les Romains pour justifier leur guerre contre Persée, comme si elle n'avait pas été déjà décidée. Ils dépêchèrent des ambassadeurs aux rois alliés, Eumène, Antiochos, Ariarathès, Massanassès, Ptolémée d'Egypte, d'autres en Grèce, en Thessalie, en Epire, en Acarnanie et dans toutes les îles qu'ils pouvaient rallier. Ce qui mit les Grecs dans le plus grand embarras, parce qu'ils avaient de la sympathie pour Persée en raison de son philhellénisme et, pour certains, parce qu'ils étaient contraints de traiter avec les Romains.

L'exposé d'Appien ne suit aucun plan discernable. Il évoque successivement les préoccupations du Sénat à l'égard de Persée, le discours d'Eumène pour le dresser contre la Macédoine. Il revient sur les sentiments du Sénat pour annoncer sa décision d'entrer en guerre et termine en énumérant divers incidents qu'il présente comme des prodromes du conflit. Etant donné le caractère du texte, le commentaire doit se construire suivant un ordre logique :

les mobiles qui ont pu amener le Sénat à la guerre ; les étapes de l'ouverture du conflit.

I. On peut, d'après le texte, distinguer trois catégories de motifs qui auraient pu emporter la décision : — 1) des incidents isolés (assassinat de Dèmètrios, armements macédoniens, alliances diverses, occupation de la Thrace, troubles en Thessalie), dont on devra d'abord établir la réalité (par exemple : jamais Persée n'a été maître de la Thrace), ou l'interprétation exacte (exemple : on ne peut parler d'alliance entre la Macédoine et l'Etolie, simplement d'intervention arbitrale de Persée dans les troubles sociaux de ses voisins, sur leur demande), avant de montrer qu'ils n'ont pas pu, isolément ou ensemble, constituer une cause suffisante de guerre. Deux d'entre eux reçoivent un relief particulier : la ruine d'Abroupolis et l'assassinat d'Arthétauros, parce qu'ils pouvaient fournir une base juridique au conflit, dans la mesure où ces personnages étaient « amis et alliés » du peuple romain. Mais il est à peu près certain que c'est une qualité usurpée et, vu la date de ces incidents, le Sénat aurait attendu bien longtemps pour s'en formaliser. Il s'agit, au plus, de mauvais prétextes, non de causes agissantes.

— 2) La personnalité et la situation d'Eumène pouvaient entraîner le Sénat. Appien lui prête trois griefs contre Persée : son caractère, leur hostilité qui remontait à Philippe V, sa politique matrimoniale. Le premier n'était pas une cause de guerre. Le second résulte du conflit entre la Macédoine et Pergame à propos de la Thrace. Le troisième fait allusion aux mariages entre la famille antigonide, Séleucos IV et la Bithynie, qui avaient fourni à Rhodes l'occasion de manifester son mécontentement à l'égard de la politique romaine. Eumène se sentit encerclé et chercha à provoquer une intervention sénatoriale. Elle ne pouvait lui faire défaut puisqu'il était le garant de l'ordre établi en Orient par la paix d'Apamée. Mais il ne demandait pas ouvertement la guerre. Et le Sénat avait déjà envoyé en Orient une mission diplomatique dont les rapports n'avaient pas de quoi l'inquiéter. Il ne s'est donc pas résolu à prendre les armes pour soutenir Eumène.

— 3) Restent les ressentiments qu'Appien prête aux sénateurs : popularité de Persée en Grèce, armements de la Macédoine. Il faudrait ici préciser quels actes du roi avaient justifié ces dispositions d'esprit et souligner qu'ils constituaient une menace réelle pour l'ordre romain en Grèce. Mais ils n'auraient sans doute pas suffi à provoquer la guerre si, dans le même temps, un conflit entre Antiochos et l'Egypte, qui mettait en danger l'équilibre établi à Apamée, n'avait pas été à prévoir. Il est donc probable que c'est la crainte d'une conjonction entre Antigonides et Séleucides qui a déterminé le Sénat à intervenir, sans oublier l'influence des ambitions personnelles de certains de ses membres.

II. La suite des événements qui précèdent l'ouverture des hostilités est présentée de la manière suivante par Appien : le discours d'Eumène entraîne le Sénat à la guerre, mais sa décision reste confidentielle. Deux ambassades, l'une macédonienne, l'autre rhodienne sont, de ce fait, lanternées jusqu'au départ du roi, puis renvoyées sans résultat. Un attentat contre Eumène fournit un nouveau prétexte au Sénat, qui envoie deux missions diplomatiques, l'une aux souverains alliés, l'autre en Grèce pour y renforcer sa position. Cet exposé est en bonne partie erroné.

Le discours d'Eumène ne pouvait pas avoir l'effet que lui attribue Appien. Il ne présentait, en effet, aucun élément nouveau capable de précipiter Rome dans la guerre. Supposer qu'on en prit secrètement la décision est gratuit et inutile. Le Sénat n'était pas disposé à ouvrir sans délai les hostilités, ne serait-ce que parce qu'il n'en avait pas les moyens, toutes ses disponibilités militaires étant absorbées en Espagne et en Ligurie. Si donc les ambassadeurs macédoniens et rhodiens furent déboutés, ce n'est pas parce que la cause était déjà entendue, mais parce que le Sénat accordait normalement la préférence à son allié Eumène.

Il n'est pas positivement démontré que l'attentat dont Eumène fut victime ait bien eu Persée pour auteur, mais tout le monde le crut. Appien le présente comme une simple justification supplémentaire d'une décision déjà arrêtée. Mais il a sans doute joué un rôle plus important. Car c'est un peu après, à l'automne 172, que le Sénat dépêcha en Grèce une mission diplomatique pour y rétablir sa situation dans l'éventualité d'une guerre. Celle-ci, toutefois, ne fut formellement déclarée qu'au début de 171. Mais on peut penser que l'intention en fut retenue dès la fin de l'année précédente.

Cette ambassade est évidemment l'une des deux que

mentionne Appien au § 4. De l'autre, qui aurait été envoyée en même temps aux rois alliés, il n'est question nulle part ailleurs. A ce moment, elle eût été inutile puisque la guerre n'était pas officiellement déclarée, et inopportune, car elle aurait découvert à Persée les intentions du Sénat, destinées à rester secrètes. La présence, dans la liste des destinataires, d'Eumène et de Massinissa la rend tout à fait invraisemblable. En revanche, il y a lieu de penser à une confusion d'Appien avec la mission envoyée en Orient au début de 172, qui avait un but d'information et visita précisément les états énumérés (à l'exception de Massinissa).

LI. Seconde invasion de l'Egypte
par Antiochos IV (169/8)

(Tite-Live, XLV, 11-12)

11 (1) Pendant que ces événements se déroulaient [1], Antiochos, après une vaine tentative contre les fortifications d'Alexandrie, s'était retiré. Maître du reste de l'Egypte, laissant à Memphis l'aîné des Ptolémées à qui il s'efforçait de rendre son royaume par les armes — mais c'était un faux-semblant, car son dessein était de l'attaquer dès qu'il serait vainqueur —, il ramena son armée en Syrie. (2) Cependant, ses intentions n'avaient pas échappé à Ptolémée. Tant qu'il tiendrait son frère cadet terrorisé par la crainte d'un siège, il escomptait pouvoir se faire accepter à Alexandrie parce que sa sœur l'y aiderait et que les amis de son frère ne s'y opposeraient pas. (3) D'abord avec sa sœur, puis avec son frère et ses amis, il ne cessa de correspondre qu'il n'eût rétabli la paix avec eux. (4) Ce qui lui avait rendu Antiochos suspect, c'est qu'en lui restituant le reste de l'Egypte, il avait laissé dans Péluse une forte garnison. (5) On voyait qu'il avait conservé une des portes de l'Egypte pour pouvoir, lorsqu'il le voudrait, y faire rentrer son armée. Une guerre intestine avec son frère aurait pour résultat que le vainqueur, épuisé par la lutte, se trouverait en état d'infériorité complète vis-à-vis d'Antiochos. (6) Ces réflexions avisées de l'aîné reçurent l'approbation du cadet et de son entourage. Leur sœur y contribua beaucoup, tant par ses conseils que par ses prières. (7) Ainsi, la paix faite d'un consentement unanime, rentra-t-il à Alexandrie. Il ne rencontra aucune opposition, même de la masse : pourtant, dans cette guerre, non seulement pendant la durée du siège, mais même une fois l'ennemi loin des fortifications, aucun ravitaillement ne parvenait d'Egypte, et c'était elle qui avait pâti de la disette générale. (8) Cette réconciliation aurait eu lieu de réjouir Antiochos si son but avait été de restaurer Ptolémée quand il était entré avec son armée en Egypte. C'était là le beau prétexte dont il s'était servi envers les

---

[1] La bataille de Pydna et ses conséquences.

cités de l'Asie et de la Grèce, quand il recevait leurs ambassades ou leur écrivait. Tout au contraire, il en conçut un
tel dépit qu'il mit bien plus de violence et d'acharnement
à préparer la guerre contre les deux frères qu'il n'en avait
montré contre un seul. (9) Il fit partir sur le champ sa
flotte pour Chypre. Lui-même, dès le début du printemps,
prit le chemin de l'Egypte avec son armée et pénétra en
Coelè-Syrie. (10) Près de Rhinocoloura, les ambassadeurs
de Ptolémée vinrent le remercier d'avoir restauré leur maître sur le trône de ses ancêtres, le prier de préserver son
ouvrage et de faire connaître ses exigences, plutôt que
de passer de l'alliance à la guerre et de recourir à la
force des armes. (11) Il leur répondit qu'il ne fallait pas
moins, pour lui faire rappeler sa flotte et retirer son armée,
que la cession complète de Chypre, de Péluse et du territoire qui entoure la bouche pélusiaque du Nil. Et il fixa le
jour où la réponse aux conditions ci-dessus devrait lui être
donnée.

12 (1) Lorsque la trêve expira, ses amiraux firent voile
par la bouche du Nil vers Péluse. Lui-même pénétra en
Egypte par le désert d'Arabie. Les habitants de Memphis
lui ouvrirent leurs portes, (2) les autres villes d'Egypte en
firent autant, les unes de leur plein gré, les autres par
peur. Et il descendit à petites journées vers Alexandrie.

Une simple lecture du texte suffit à montrer que T. L.
traite, avec une ampleur d'ailleurs très inégale, de trois
points successifs : la situation en Egypte après la première campagne d'Antiochos IV (§ 1) ; la réconciliation
entre les deux frères lagides, Ptolémée VI Philomètor et
le futur Evergète II (2-7) ; la rupture entre le gouvernement égyptien réunifié et Antiochos IV, avec le début de
la seconde campagne de ce dernier (8 à la fin), qui devait
se terminer par l'ultimatum de Popilius (n° LII). Mais le
commentaire doit rétablir l'équilibre en précisant l'allusion
rapide du § 1 par un exposé des faits antérieurs, évidemment nécessaire pour comprendre la signification et la
portée des événements rapportés en détail par T. L. dans
la suite.

Le conflit qui, entre la fin de 170 et l'été de 168, oppose
Lagides et Séleucides porte le nom de sixième guerre de
Syrie, impropre si l'on considère que les opérations mili-
taires se sont déroulées exclusivement dans la vallée du
Nil, mais justifié par son enjeu qui est la possession de la
Syrie méridionale ou Coelè-Syrie (Phénicie et Palestine).

Celle-ci était la cause, depuis le début du III\e siècle, d'hostilités constantes entre les deux dynasties. Antiochos III s'en était emparé en 200. Mais les Lagides n'y avaient pas renoncé et l'affaiblissement des Séleucides consécutif au traité d'Apamée avait accru leur espoir d'y rétablir leur domination. Ils en avaient différé la réalisation pendant la régence de Cléopatre I, elle-même princesse syrienne, au nom de son fils mineur Philomètor. Mais, après sa mort, les nouveaux dirigeants égyptiens étaient revenus à ce projet, escomptant qu'une guerre victorieuse raffermirait leur propre position chancelante, et misant sur les difficultés intérieures d'Antiochos IV qui n'était qu'un usurpateur.

Mais ils se découvrirent trop tôt et leur adversaire eut tout le temps de se préparer. Dès le premier choc, à la fin de 170, ils subirent une défaite décisive. La suite des événements est difficile à rétablir en raison de l'état des sources et elle n'importe pas ici. En tout cas, dans le courant de l'été 169, l'Egypte se trouvait partagée entre deux gouvernements rivaux : la capitale Alexandrie était aux mains du plus jeune des Lagides qui y régnait avec sa sœur Cléopatre II, tandis que Philomètor était maître du reste du pays, appuyé par Antiochos IV avec qui il s'était réconcilié dans des circonstances et à des conditions qu'on ne peut préciser.

L'hypothèse la plus plausible est que le Séleucide avait imposé sa tutelle à son neveu (sa mère Cléopatre I et Antiochos IV avaient pour père Antiochos III), encore fort jeune bien qu'il eût été proclamé majeur peu avant le début des hostilités. Ainsi donnait-il un excellent prétexte à la poursuite de son action militaire, en la présentant comme destinée à rétablir l'autorité légitime de Philomètor sur sa capitale, alors que ses victoires ne lui permettaient plus de la justifier par le souci de défendre la Coelè-Syrie. Plus encore, il avait acquis ainsi le moyen d'intervenir à tout moment dans le gouvernement du royaume lagide et de lui imposer sa volonté. Il semble bien que ç'ait été là le véritable but de sa politique, et non pas de ceindre lui-même la double couronne pharaonique, comme on a pu croire qu'il l'avait fait d'après des documents trop peu nombreux et mal interprétés.

Quoi qu'il en soit, l'oncle et le neveu vinrent mettre le siège devant Alexandrie. Ils ne purent l'emporter d'assaut

et durent se résoudre à en faire le blocus. Mais, pour des
raisons que T. L. n'expose pas et qui tiennent sans doute
à la situation intérieure du royaume séleucide, Antiochos
dut repartir pour la Syrie avec son armée, tout en plaçant
une garnison importante à Péluse (§ 4) pour réserver la
possibilité d'une nouvelle intervention. De ce fait, Philomètor, qui n'avait plus les forces nécessaires pour maintenir
le blocus de sa capitale, dut lui aussi battre en retraite et
se retira à Memphis.

Rien n'était pourtant perdu pour Antiochos, pourvu que
persistât son entente avec son neveu. La situation d'Alexandrie demeurait précaire, en effet, même après la levée du
siège, car Philomètor, maître du plat pays, pouvait l'affa-
mer (§ 7). Mais, précisément, le jeune roi, délivré de l'influence que son oncle exerçait sur lui, n'allait pas tarder à
se rendre compte de la subordination à laquelle il était
réduit et à s'efforcer d'y échapper. C'est, dit T. L., la garnison installée par Antiochos à Péluse qui lui ouvrit les
yeux sur les intentions de son oncle : se donner la possibilité matérielle et un prétexte moralement et juridiquement inattaquable d'intervention en Egypte pour, finalement, détrôner les Lagides à son profit. Cette dernière
ambition n'est sans doute pas le véritable but d'Antiochos,
on l'a vu. Mais Philomètor a pu le croire et il était, en
tout cas, visible que son oncle se préparait à envahir de
nouveau l'Egypte.

Son intérêt était donc de se réconcilier avec son frère
pour couper l'herbe sous le pied d'Antiochos. Il avait, en
outre, le moyen de l'y contraindre, puisqu'il tenait les clés
du ravitaillement de la capitale. A en croire T. L., il
ne serait cependant pas parvenu sans peine à ses fins : tandis
que Cléopatre se serait rangée aussitôt à son parti, et que
les conseillers d'Evergète auraient d'abord hésité (§ 2)
avant de se rallier à lui (6), son jeune frère se serait longtemps montré réfractaire, en raison de l'hostilité de la
populace alexandrine à son endroit (7). L'accord aurait
néanmoins abouti grâce à la ténacité de Philomètor qui
aurait multiplié les démarches et évité d'employer la
force, parce qu'aussi ses adversaires n'avaient pas les
moyens de prolonger leur résistance.

On est en droit de penser que l'historien a quelque peu
dramatisé son exposé. Car, en dehors de l'hostilité des
Alexandrins à l'aîné des Lagides, qui se manifeste à plu-

sieurs reprises sans qu'on en voie la cause, il n'y avait
apparemment pas d'opposition irréductible entre les deux
gouvernements égyptiens. Evergète II n'avait pas commis
une usurpation, puisqu'il partageait la royauté avec son
frère dès avant la guerre. Ses conseillers, qui avaient été
aussi ceux de Philomètor avant son départ pour Memphis,
lui avaient sans doute fait assumer la réalité du pouvoir
dans la pensée que son aîné avait aliéné sa liberté auprès
de son oncle. Dès lors qu'il l'avait recouvrée après le
retour de ce dernier en Syrie, ils n'avaient plus de raison
de s'obstiner à l'écarter de sa capitale.

On notera incidemment la manière dont T. L. présente
la conduite des deux partenaires : Philomètor prend lui-
même ses responsabilités ; Evergète est guidé par sa
sœur et ses amis qui, en réalité, décident à sa place (2 et
6). Ces attitudes sont conformes à la vraisemblance et
s'expliquent par la différence d'âge d'une part, et aussi par
le fait que, lorsque l'aîné s'était rendu auprès de son
oncle à Memphis, le gouvernement et la cour étaient
demeurés à Alexandrie.

Philomètor avait ainsi réussi à réunifier son royaume,
mais il dénonçait implicitement son accord avec Antiochos qui ne voulait reconnaître que lui pour chef de la
dynastie lagide. Une rupture ouverte était à redouter à
bref délai. Pour y faire face, le gouvernement ptolémaïque
s'adressa à ses alliés : la ligue achéenne et surtout Rome.
A la première, il demanda mille fantassins et deux cents
cavaliers. A la seconde, il envoya une ambassade [1] pour la
prier d'agir en médiatrice. Mais ces démarches tombaient
mal : la troisième guerre de Macédoine se traînait sans
succès décisif. Les Romains désiraient éviter de se
brouiller avec un autre royaume oriental. Ils détournèrent les Achéens d'envoyer les troupes qu'on leur
demandait. En revanche, ils saisirent l'occasion d'intervenir entre Lagides et Séleucides qui leur était offerte et

---

[1] Seul Justih, XXXIV, 2, 8, la mentionne. T. L. n'y fait pas
allusion. Pour lui, la mission de Popilius fut décidée en réponse
à une ambassade antérieure envoyée par Evergète pendant le
siège d'Alexandrie à l'été 169 (XLIV, 19). Mais, à ce moment
une intervention romaine n'aurait eu aucune justification juridique. Au contraire, la réconciliation des deux frères lui en
fournissait une. Mais le Sénat n'a pu en avoir connaissance que
par une nouvelle ambassade envoyée après l'événement. La
donnée de Justin doit donc être retenue.

décidèrent de dépêcher une mission dirigée par C. Popilius Laenas. Mais son chef reçut sans doute l'ordre de rester dans l'expectative jusqu'à l'issue de la guerre de Macédoine. Philomètor allait donc avoir à affronter seul Antiochos IV.

C'est le début de ce second conflit qui est rapporté dans la dernière partie du texte. La réaction d'Antiochos fut celle que l'on pouvait prévoir : la réconciliation de ses neveux enlevait toute justification à son ingérence en Egypte. Une nouvelle intervention de sa part ne pourrait plus apparaître que comme une agression et, s'il voulait dominer le pays, il lui faudrait en faire la conquête. Il avait perdu le prétexte dont il avait couvert jusque-là ses actions aux yeux de l'opinion internationale hellénique à l'occasion de plusieurs tentatives de médiation faites auprès de lui par divers états grecs au cours de sa première expédition, comme le rappelle T. L. (§ 8). Surtout, en intervenant à visage découvert, il donnait aux Romains un motif valable de se mêler au conflit. La rage que lui attribue l'historien serait donc naturelle si le roi n'avait montré, à plusieurs reprises, assez d'esprit politique pour qu'on soit enclin à croire qu'il avait prévu ce retournement de la situation et qu'il ne dut pas en être surpris, même s'il en fut déçu. Pourtant, dans cette perspective, on s'explique mal qu'après l'échec du siège d'Alexandrie, il n'ait pas pris la précaution d'emmener Philomètor avec lui dans sa retraite.

Il ne recula pourtant pas devant les inconvénients d'une intervention directe. Il pouvait d'ailleurs la justifier en partie en rejetant sur son neveu la responsabilité de la rupture de l'accord qu'ils avaient conclu. Puisqu'il s'agissait d'une guerre ouverte, il fallait mettre la main sur les meilleurs gages pour s'assurer à la paix les meilleurs avantages. Chypre était du nombre, en raison de sa position stratégique et de ses ressources économiques de toute sorte. Elle fut livrée sans combat à sa flotte par le gouverneur lagide (§ 9). Lui-même, mobilisant son armée dès le début du printemps, marcha sur l'Egypte. Il ne restait plus à Philomètor que d'essayer d'acheter la paix, car, selon toute vraisemblance, il n'avait pas les moyens de résister par les armes. Il envoya donc à son oncle une ambassade qui le rejoignit à Rhinocoloura, à la frontière entre l'Egypte et la Syrie.

Les termes dans lesquels T. L. rapporte la teneur des négociations sont révélateurs de la situation et des intentions des interlocuteurs. Pour Philomètor, Antiochos est encore officiellement son allié et son bienfaiteur ; il le prie de consolider leurs bons rapports. Mais force lui est bien de constater qu'il se présente les armes à la main. Pour éviter une guerre, il lui demande de faire connaître ses exigences (10). Il feint d'ignorer la conséquence inéluctable de sa réconciliation avec son frère.

Antiochos répond par un ultimatum : il exige la cession de Chypre, de Péluse et de son territoire (11). Ces conditions n'ont pas besoin d'être longuement commentées : la perte de Chypre interdirait à l'Egypte toute prétention à la maîtrise de la mer, celle de Péluse ouvrirait en permanence le Delta aux interventions militaires séleucides. C'était inacceptable, même pour un souverain aussi faible que Philomètor. Mais il n'était pas capable d'opposer la moindre résistance à son adversaire pour qui la nouvelle invasion ne fut qu'une promenade militaire. Seule, sans doute, Alexandrie avait été mise en état de défense. Mais elle n'eut à repousser aucun assaut. Enfin victorieuse de Philippe V, Rome allait, d'un seul geste de son légat Popilius, jeter Antiochos hors d'Egypte.

LII. Le cercle de Popilius (168)

(Polybe, XXIX, 27)

(2) Quand il vit le général romain Popilius, le roi, de loin, le salua de la voix et lui tendit la main. Mais l'autre, qui tenait la tablette où était transcrit le senatus-consulte, la lui tendit et le pria avant tout de la lire. (3) A mon sens, il ne voulait pas lui faire la moindre démonstration d'amitié avant de découvrir les dispositions de celui à qui il allait tendre la main et de savoir s'il avait affaire à un ami ou à un ennemi. (4) Le roi la lut et déclara vouloir délibérer avec ses amis sur ce fait nouveau. A ces paroles, Popilius eut un geste apparemment intolérable et d'une arrogance inouïe : (5) il avait à la main un ceps de vigne. Il traça avec cette badine un cercle autour d'Antiochos et l'invita à lui donner, avant d'en sortir, sa réponse au document. (6) Le roi, abasourdi par cette insolence, demeura un instant interdit, puis il déclara qu'il ferait tout ce que demandaient les Romains. Alors, Popilius et sa suite lui serrèrent la main et le saluèrent tous avec amitié. (7) Le senatus-consulte lui ordonnait de mettre fin sur le champ à la guerre contre Ptolémée. (8) Dans les délais qui lui étaient fixés, il ramena son armée en Syrie. Cette décision lui pesa et l'affligea, mais il fallait céder aux circonstances du moment. (9) Popilius rétablit l'ordre à Alexandrie, exhorta les rois à demeurer d'accord et leur recommanda aussi d'envoyer Polyaratos à Rome. Puis il s'embarqua pour Chypre, dans l'intention d'expulser au plus vite les troupes qui occupaient l'île. (10) A son arrivée, il trouva les généraux de Ptolémée vaincus et Chypre pillée de fond en comble. Il fit vivement évacuer le pays par l'armée et y séjourna jusqu'à ce que toutes les troupes fussent embarquées à destination de la Syrie. (11) Les Romains, en intervenant au moment où il allait être renversé pour de bon, sauvèrent le trône de Ptolémée. (12) La Fortune en décida ainsi par la manière dont elle fixa le sort de Persée et de la Macédoine : réduites à la dernière extrémité, Alexandrie et l'Egypte dans son ensemble ont rétabli leur situation pour cette raison que le premier dont le destin

fut scellé est Persée. (13) S'il en était pas allé ainsi, si on l'avait ignoré, je crois bien qu'Antiochos n'aurait jamais cédé aux injonctions des Romains.

Cet épisode célèbre se situe à Eleusis, faubourg d'Alexandrie dont le roi était en train de faire le siège (été 168). Le récit qu'en donne Polybe se divise clairement en trois parties : affrontement du roi et du légat (§§ 2-6) ; exécution des ordres du Sénat (7-10) ; analyse des causes de la capitulation d'Antiochos (11-13).

I. La genèse de l'incident et sa portée ne peuvent se comprendre qu'en fonction des événements antérieurs. Ils constituent deux séries dont le seul lien est l'omniprésence de Rome en Orient depuis la paix d'Apamée : la troisième guerre de Macédoine et la sixième guerre de Syrie. Tant que la première n'est pas victorieusement terminée, le Sénat ne peut imposer de solution à l'autre. De ce fait, en 168, Antiochos a pu conquérir le Delta, mettre le siège devant Alexandrie et faire conquérir Chypre par ses généraux. A la demande du gouvernement lagide, le Sénat avait envoyé Popilius en ambassade. Mais il s'abstint de tout contact avec les belligérants jusqu'après Pydna (fin juin 168). Aussitôt, il prit le chemin de l'Egypte. Son arrivée ne pouvait avoir qu'une signification pour le roi : la reculade ou la guerre. Il l'aurait compris même sans le geste insolent du légat qui n'eut d'autre portée que de dramatiser le dilemme.

II. L'exécution du senatus-consulte ne pose pas de problème dès l'instant qu'Antiochos était résigné à s'y plier. Sa nature va aussi de soi dans l'ordre territorial et, par conséquent, stratégique (on soulignera l'importance de Chypre). Dans l'ordre politique, les exhortations aux jeunes souverains lagides étaient une nécessité diplomatique, puisque leur différend avait légitimé la première campagne d'Antiochos (169). Mais elles ne pouvaient qu'être teintées d'hypocrisie : d'une part, le Sénat ne devait pas manquer de compter sur la discorde des deux rois comme moyen d'intervention dans les affaires égyptiennes, d'autre part, leur réconciliation officielle n'était pas conçue dans leur intérêt, mais pour la satisfaction des volontés de Rome : c'est ce que signifie l'injonction d'extrader Polyaratos, un des chefs du parti anti-romain à Rhodes. Le point le plus important est la signification du senatus-consulte sur le plan de l'impérialisme romain. Il érige en loi l'arbitraire sénatorial : le traité d'Apamée laissait toute liberté aux Séleucides à l'égard de l'Egypte. Les instructions de Popilius la suppriment unilatéralement sous peine d'hostilités. Et l'empire lagide lui-même ne subsistait qu'autant que le Sénat l'avait bien voulu.

III. L'analyse des causes de la reculade d'Antiochos n'est pas clairement exprimée. Elle revient à dire que, si les Romains avaient remis leur ultimatum au roi avant Pydna, il l'aurait rejeté, l'idée sous-jacente étant que cette victoire persuada tout le monde que la puissance romaine était irrésistible. On pourrait objecter que, si elle n'avait pas été remportée, Popilius n'aurait pas poursuivi sa mission : son attitude avant la bataille permet de le penser. Mais la capitulation d'Antiochos à elle seule donne *de facto* raison à Polybe. Il est cependant possible que le Sénat ait utilisé d'autres arguments que la menace des armes. Il avait, pour agir contre le roi, d'autres moyens : il détenait en otage son neveu Dèmètrios dont il avait usurpé le trône (n° XLVII) ; il pouvait pousser contre lui Eumène II. La crainte d'une guerre avec Rome peut donc n'être pas le seul motif de la capitulation d'Antiochos.

LIII. Hostilité du Sénat envers Eumène II (168)

(Polybe, XXX, 1-3)

1 (1) Vers ce moment arriva, envoyé par le roi Eumène, son frère Attale. (2) Son motif officiel, indépendant des difficultés où les Galates avaient plongé le royaume, l'aurait de toute manière amené à Rome : il devait féliciter le Sénat et obtenir de lui un satisfecit pour sa participation et l'attachement qu'il avait montré aux Romains en partageant tous leurs périls. (3) Mais la menace galate l'avait mis dans la nécessité d'entreprendre le voyage. (4) Tout le monde lui fit bon accueil : on avait vécu avec lui en campagne et on connaissait son dévouement. Attale, qui ne s'attendait pas à une pareille réception, se monta la tête faute de connaître la véritable raison de cette attitude. (5) Peu s'en fallut même qu'il ne compromît sa propre situation et celle du royaume dans son ensemble. (6) Car la plupart des Romains avaient retiré leur sympathie au roi Eumène. Ils étaient convaincus qu'il avait eu une conduite équivoque pendant la guerre, qu'il avait engagé des pourparlers avec Persée et qu'il n'avait cherché qu'une occasion pour les trahir. (7) Quelques personnages en vue tentèrent donc de circonvenir Attale et de l'inciter à abandonner la mission dont l'avait chargé son frère pour plaider sa propre cause. (8) Car l'intention du Sénat était de créer en sa faveur une principauté indépendante pour satisfaire son hostilité à l'encontre de son frère. (9) Le résultat fut qu'Attale se laissa emporter très loin. Il donnait, dans des entretiens privés, son assentiment à ceux qui le poussaient dans cette voie et finit par convenir avec certaines personnalités importantes qu'il se présenterait devant le Sénat pour évoquer la question.

2 (1) Tel était l'état d'esprit d'Attale quand le roi, pressentant ce qui allait arriver, envoya à Rome son médecin Stratios qui avait toute sa confiance. (2) Il lui fit part de ses craintes et le chargea d'employer tous les moyens pour détourner Attale de suivre des gens qui n'avaient d'autre visée que de détruire le royaume. (3) Stratios, dès son arrivée à Rome, prit Attale à part et lui fit valoir maintes rai-

sons diverses : c'était un homme plein de sens et il avait
le don de la persuasion. (4) Mais il eut bien du mal à parvenir à ses fins et à faire revenir Attale sur son intention
déraisonnable. Il lui fit voir que, dès ce moment, il partageait la royauté avec son frère. Il n'y avait qu'une différence, c'était qu'il ne portait pas le diadème et il régnait sans
le titre. Mais, pour le reste, il avait une puissance égale,
identique à la sienne. (5) Pour l'avenir, tout le monde s'accordait à voir en lui l'héritier désigné du trône, et il n'aurait pas à attendre longtemps la réalisation de cet espoir.
Le roi était, en effet, de faible santé et, de jour en jour,
s'attendait à perdre la vie. Il n'avait pas non plus de
descendant, si bien que, le voudrait-il, il ne pourrait transmettre son pouvoir à personne d'autre. (6) Car on n'avait
encore aucun signe que la nature lui eût donné le fils qui
devait, par la suite, lui succéder sur le trône. (7) Mais,
par-dessus tout, Stratios s'étonnait, disait-il, du tort qu'il
portait à la situation présente. Grande, en effet, serait la
reconnaissance qu'ils devraient, son frère et lui, à tous les
dieux (8) si leur accord et leur bonne entente leur permettaient de se délivrer de la terreur qu'inspiraient les Galates
et du danger qui venait d'eux. (9) Que si, maintenant, il
s'opposait à son frère et se brouillait avec lui, il était bien
évident qu'il ruinerait la monarchie, se priverait à la fois de
son pouvoir actuel et de son espérance à venir et priverait
aussi ses frères de leur royaume et de l'autorité qu'ils y exerçaient. (10) Par ces arguments et d'autres analogues, Stratios
persuada Attale de se contenter de sa situation.

3 (1) Il se présenta donc devant le Sénat, exprima la
joie que lui avaient donnée les événements et fit valoir le
dévouement et le zèle qu'il avait montrés durant la guerre
contre Persée. (2) Il insista longuement sur l'envoi d'ambassadeurs auprès des Galates pour réprimer leur témérité et
les ramener à leur état premier. (3) Il fit aussi mention
des villes d'Ainos et de Maronée et demanda qu'elle lui
fussent accordées. (4) Mais, pour terminer, il ne dit pas un
mot contre le roi et ne fit pas la moindre allusion au partage du royaume. (5) Le Sénat, imaginant qu'il reviendrait
en parler en séance privée, promit d'envoyer des ambassadeurs, et les présents d'usage dont il l'honora furent généreux. Il s'engagea aussi à lui faire don des villes dont il
a été question. (6) Mais, à peine eut-il obtenu ces satisfactions, il quitta Rome sans avoir rien fait de ce qu'on
attendait de lui. Trompé dans son espérance, le Sénat n'eut
plus qu'une ressource : (7) alors qu'Attale était encore en
Italie, il proclama l'indépendance d'Ainos et de Maronée,
au mépris de sa promesse.

L'intrigue nouée par certains sénateurs contre Eumène se situe peu après la bataille de Pydna, au moment où le roi envoya son frère cadet Attale à Rome pour y porter ses félicitations (1, 1-2). Polybe s'intéresse essentiellement à l'attitude du Sénat. Mais il fournit, en même temps, des indications sur la situation intérieure du royaume de Pergame. Le commentaire devra donc porter sur ces deux aspects du texte, le plan du récit, tout entier axé sur le déroulement de l'intrigue, ne pouvant lui offrir un cadre approprié.

I. Le Sénat ayant fait d'Eumène le champion de l'ordre en Asie après la paix d'Apamée, il est paradoxal en apparence qu'il lui soit devenu hostile vingt ans après, alors que le roi s'était toujours conduit en allié. Il faut expliquer ce retournement pour comprendre pourquoi il a tenté de dresser son frère Attale contre lui. Eumène avait combattu aux côtés des Romains pendant la troisième guerre de Macédoine. Mais on lui reprochait une fidélité chancelante (1, 6). Les apparences qui pouvaient motiver cette accusation seront à préciser. En ce qui concerne la faiblesse du soutien qu'il apporta à Rome, il est possible qu'elle se justifie par les difficultés qu'il éprouva avec les Galates. Mais ce n'était sans doute que des prétextes. En réalité, le Sénat n'avait plus besoin de lui ni contre la Macédoine détruite, ni contre Antiochos IV après le cercle de Popilius (n° LII). Il était dès lors naturel qu'il se méfiât des progrès du royaume de Pergame, craignant peut-être en lui, sinon un rival, du moins un pôle d'attraction pour les mécontents, et qu'il cherchât les moyens de l'entraver, voire de réduire sa puissance.

A cette fin, il pouvait utiliser les Galates. On rappellera, mais brièvement car Polybe n'y fait que deux allusions dans le texte (1, 2-3 ; 3-2), les difficultés de Pergame avec eux et l'attitude du Sénat à ce sujet. Il songea aussi, entre autres, à susciter des dissensions dans la dynastie attalide en provoquant Attale à demander à son profit la création d'une principauté détachée des possessions de son frère (1, 8), ce qui aurait pu aller jusqu'à la guerre intestine. La manœuvre échoua et Attale n'obtint même par Ainos et Maronée (3, 3-7), prises à la Macédoine, qui pourtant auraient pu créer un dissentiment entre Eumène et lui en raison du voisinage des Détroits.

II. Ce qui aurait amené Attale à se dérober finalement,

ce sont les avantages que lui valait la situation intérieure du royaume, habilement soulignés par le médecin Stratios. Elle se caractérise par l'entente entre les quatre fils d'Attale I, signalée par toutes les sources, particulièrement étroite entre les deux aînés. La direction du gouvernement ressemble à la gestion d'une affaire familiale où les devoirs et intérêts sont indivis et où la concorde est la condition du succès. La monarchie fait figure de propriété privée, conformément à la tradition hellénistique. On notera, en outre, la place tenue par les intimes : Eumène fait confiance à son médecin pour préserver l'existence même du royaume (2, 1-2).

La nature de la monarchie explique l'importance du droit successoral. Elle se transmet de père en fils ou au plus proche parent par le sang. En 168, Eumène n'ayant pas de fils, Attale, son cadet, était l'héritier désigné. C'est, selon Polybe, une des considérations que fit valoir Stratios pour le persuader de se dérober aux pressions sénatoriales. Et, en effet, c'est bien lui qui succéda à Eumène à sa mort (159). Pourtant, dans l'intervalle, ce dernier eut un fils, le futur Attale III, dont la filiation est discutée. Les expressions dont se sert Polybe (2, 5-6) permettent de penser qu'il est bien le descendant légitime du couple royal, la reine Stratonice étant enceinte sans qu'on le sût encore au moment de la mission de Stratios. S'il ne succéda pas directement à son père, c'est qu'il était encore mineur en 159. Attale II, lui-même sans postérité, exerça à sa place une sorte de régence couronnée.

L'entente des deux frères, dont aucun fait connu ne permet de croire qu'elle ait jamais été troublée, conduit à douter, non de la réalité de l'intrigue sénatoriale, mais de la propension d'Attale à y céder. On peut penser que Polybe a déduit l'ambition qu'il prête au prince de la hâte avec laquelle celui-ci s'installa sur le trône et épousa sa belle-sœur à la nouvelle de la mort d'Eumène, en conséquence de l'attentat dont ce dernier fut victime à Delphes (n°ˢ XLIX et L).

Bibliogr. : J. Delorme, « Sur la filiation d'Attale III, dernier roi de Pergame », *Pallas*, 14, 1967, pp. 113-121.

LIV. La crise juive sous le règne d'Antiochos IV

(II Maccabées, 4-8)

4 **7** Séleucos ayant quitté la vie et Antiochos surnommé Epiphane lui ayant succédé, Jason, frère d'Onias, usurpa le pontificat par des moyens illégitimes : **8** il promit au roi, au cours d'une entrevue, trois cent soixante talents d'argent et quatre-vingts talents à payer sur quelque autre revenu. **9** Il s'engageait, en outre, à payer cent cinquante autres talents si on lui accordait d'établir, de sa propre autorité, un gymnase et une éphébie et de dresser une liste des Antiochéniens de Jérusalem. **10** Le roi ayant consenti, Jason, dès qu'il eut saisi le pouvoir, amena ses compatriotes à la pratique de la vie grecque... **11** Détruisant les institutions légitimes, Jason inaugura des usages contraires à la Loi. **12** Il se fit, en effet un plaisir de fonder un gymnase au pied même de l'acropole [1] et il conduisit les meilleurs des éphèbes sous le chapeau. **13** L'hellénisme atteignit une telle vigueur et la mode étrangère un tel degré par suite de l'excessive perversité de Jason, impie et pas du tout grand-prêtre, **14** que les prêtres ne montraient plus aucun zèle pour le service de l'autel, mais que, méprisant le Temple et négligeant les sacrifices, ils se hâtaient de prendre part dans la palestre aux exercices prohibés par la Loi dès que le signal du disque s'était fait entendre ; **15** ne faisant aucun cas des honneurs de leur pays, ils estimaient au plus haut degré les gloires helléniques..... **23** Au bout de trois ans, Jason envoya Ménélas... porter de l'argent au roi et accomplir des décisions touchant les affaires urgentes. **24** Ménélas, s'étant fait recommander au roi et l'ayant abordé avec les manières d'un personnage de marque, se fit attribuer le pontificat à lui-même, offrant trois cents talents d'argent de plus que n'avait offert Jason. **25** Muni des lettres d'investiture, il revint sans offrir rien qui fût digne de la grande-prêtrise, mais plutôt sujet aux fureurs d'un tyran cruel et aux rages d'une bête

---

[1] Appelée Birah ou Baris, elle dominait l'esplanade du Temple vers l'ange Nord-Ouest. Le gymnase occupait la partie Nord de l'esplanade qu'Hérode annexa aux parvis.

féroce. ²⁶ Ainsi Jason qui avait supplanté son propre frère.
supplanté à son tour par un autre, dut gagner en fugitif
l'Ammanitide. ²⁷ Quant à Ménélas, il possédait sans doute
la dignité, mais il ne versait rien au roi des sommes qu'il
lui avait promises (appelé à Antioche' pour s'expliquer, il
laisse son frère Lysimachos pour le représenter à Jérusalem,
fait assassiner Onias et se tire d'affaires). ³⁹ Or, un grand
nombre de vols sacrilèges ayant été commis dans la ville
par Lysimachos, d'accord avec Ménélas, et le bruit s'en
étant répandu au dehors, le peuple s'ameuta contre Lysimachos, alors que beaucoup d'objets d'or avaient été dispersés. ⁴⁰ Comme la multitude s'était soulevée, débordante de
colère, Lysimachos arma près de trois mille hommes et lança
d'injustes attaques... ⁴¹ S'apercevant que l'agression venait
de Lysimachos, les uns s'armaient de pierres, les autres de
gourdins, certains prenaient à pleines mains la cendre qui
se trouvait là et tous opposèrent un choc désordonné aux
gens de Lysimachos. ⁴² En définitive, ils leur firent beaucoup
de blessés et quelques morts, mirent le reste en fuite et
massacrèrent le sacrilège près de la trésorerie.....

5 ¹ Vers ce temps-là, Antiochos préparait son second départ
pour l'Egypte... ⁵ Or, sur un faux bruit de la mort d'Antiochos, Jason, prenant avec lui pas moins d'un millier d'hommes, dirigea à l'improviste une attaque contre la ville. On
en vint aux mains sur la muraille, mais la ville était déjà
prise quand Ménélas se retira dans l'acropole. ⁶ Jason se
livra sans pitié au massacre de ses propres concitoyens....
⁷ Pour commencer, il ne réussit pas à s'emparer du pouvoir
et, pour finir, s'étant couvert de honte, il s'en alla chercher
de nouveau un refuge en Ammanitide (et mourir à Sparte)....
¹¹ Lorsque ces faits furent arrivés à la connaissance du roi,
il en conclut que la Judée avait fait défection. Il quitta donc
l'Egypte, furieux comme une bête sauvage, et prit d'abord
la ville à main armée. ¹² Il ordonna ensuite aux soldats
d'abattre sans pitié ceux qu'ils rencontreraient et d'égorger
ceux qui monteraient sur leurs maisons. ¹³ Ce fut une tuerie
de jeunes et de vieux, un massacre... de femmes et d'enfants,
un carnage de vierges et de nourrissons. ¹⁴ Il y eut quatre-
vingt mille victimes en ces trois jours, dont quarante mille
tombèrent sous les coups et autant furent vendus comme
esclaves. ¹⁵ Non content de cela, il osa pénétrer dans le
temple le plus saint de toute la terre avec Ménélas pour
guide, qui en était venu à trahir les lois et la patrie. ¹⁶ Il
prit de ses mains impures les objets sacrés et ramassa de
ses mains profanes les offrandes que les autres rois avaient
déposées pour le développement, la gloire et la dignité de
ce lieu.... ²¹ Antiochos, après avoir enlevé au Temple dix-
huit cents talents, se hâta de retourner à Antioche, croyant

dans sa superbe, à cause de l'exaltation de son cœur, rendre navigable la terre ferme et rendre la mer praticable à la marche. [22] Mais il laissa des préposés pour faire du mal à la race : à Jérusalem, Philippos, Phygien de nation, de caractère plus barbare encore que celui qui l'avait institué ; [23] sur le mont Garizim, Andronicos et, en plus de ceux-ci, Ménélas qui, pius méchamment que les autres, s'élevait au-dessus de ses concitoyens et nourrissait à l'égard des Juifs, ses compatriotes, une hostilité foncière. [24] Le roi envoya le mysarque Apollonios à la tête d'une armée, soit vingt-deux mille hommes, avec ordre d'égorger tous ceux qui étaient dans la force de l'âge et de vendre les femmes et les enfants. [25] Arrivé en conséquence à Jérusalem et jouant le personnage pacifique, il attendit jusqu'au saint jour du sabbat où, s'étant assuré du chômage des Juifs, il commanda à ses subordonnés une prise d'armes. [26] Tous ceux qui étaient sortis pour assister au spectacle, il les fit massacrer par la même occasion et, parcourant la ville avec ses soldats en armes, il mit à mort une multitude de personnes. [27] Or, Judas, le Maccabée, se trouvant avec une dizaine d'autres, se retira dans le désert, vivant à la manière des bêtes sauvages sur les montagnes avec ses compagnons, ne mangeant jamais que des herbes pour ne pas contracter de souillures.

6 [1] Peu de temps après, le roi envoya un vieillard d'Athènes pour forcer les Juifs à enfreindre les lois de leurs pères et à ne pas régler leur vie sur les lois de Dieu, [2] et pour profaner le Temple de Jérusalem et le dédier à Zeus Olympien et celui du mont Garizim à Zeus Hospitalier, comme l'avait demandé les habitants du lieu. [3] L'invasion de ces maux était, même pour la masse, pénible et difficile à supporter ; [4] le Temple était rempli de débauches et d'orgies par des Gentils dissolus et des courtisanes, car ils avaient commerce avec des femmes dans les enceintes sacrées et y apportaient des choses défendues. [5] L'autel était couvert de victimes impures rejetées par les lois. [6] Il n'était même pas permis de célébrer le sabbat, ni de garder les fêtes ancestrales, ni simplement de confesser que l'on était Juif. [7] On était conduit par une amère nécessité à la manducation du sacrifice, tous les mois, le jour de la naissance du roi et, lorsque arrivaient les fêtes dionysiaques, on devait, par contrainte, couronné de lierre, accompagner le cortège de Dionysos. [8] Un décret fut rendu, à l'instigation des gens de Ptolémaïs, pour que, dans les villes grecques du voisinage, l'on tînt la même conduite à l'égard des Juifs et que ceux-ci prissent part au repas rituel, [9] avec ordre d'égorger ceux qui ne se décideraient pas à adopter les coutumes grecques. Tout cela faisait prévoir l'imminence de la calamité.......

8 [1] Or, Judas Maccabée et ses compagnons, s'introduisant secrètement dans les villages appelaient à eux leurs parents et, s'adjoignant ceux qui demeuraient fermes dans le judaïsme, ils en rassemblèrent jusqu'à six mille. [2] Ils suppliaient le Seigneur d'avoir les yeux sur le peuple que tout le monde accablait, d'avoir pitié du Temple profané par des hommes impies, [3] d'avoir compassion pour la ville en perdition et près d'être réduite au niveau du sol, d'écouter le sang qui criait jusqu'à lui, [4] de se souvenir du massacre si injuste des enfants innocents et d'exercer sa réprobation au sujet des blasphèmes lancés contre son nom. [5] Une fois à la tête d'un corps de troupes, le Maccabée devint immédiatement invincible aux nation, la colère du Seigneur s'étant transformée en miséricorde. [6] Tombant à l'improviste sur des villes et des villages, il les brûlait ; occupant les positions favorables, il infligeait à l'ennemi des désastres sans nombre. [7] Pour de telles opérations, il choisissait surtout la complicité de la nuit, et la renommée de sa mâle vigueur se répandait partout.

La Judée a traversé, à partir de la fin du règne de Séleucos IV, une violente crise qui aboutit finalement à son indépendance. On la connaît en grand détail grâce à des sources scripturaires, le *Livre de Daniel,* les deux premiers *Livres des Maccabées* (qui ne sont pas la suite l'un de l'autre mais relatent en partie les mêmes événements). *I Macc.* est l'œuvre d'un familier de la dynastie nationale qui a eu accès à ses archives. Bien que de tendance orthodoxe et nationaliste, son exposé peut être considéré comme un travail sérieux. *II Macc.*, pour l'essentiel, est un résumé ou une série d'extraits d'un Juif inconnu de la Diaspora. Son inspiration est plus apologétique qu'historique : il entend montrer par les faits que le peuple hébreu n'a pas cessé d'être l'élu de Dieu. Néanmoins, les recoupements avec *I Macc.* le montrent, lui aussi, digne de créance. En comparaison de ces deux documents, les allusions à la révolte juive dans les auteurs grecs sont presque insignifiantes.

Les extraits de *II Macc.* qui constituent le texte à commenter exposent l'évolution de la crise depuis le début du règne d'Antiochos IV (175) jusqu'au soulèvement de Judas Maccabée (vers 166). L'auteur y développe successivement quatre points : — 1) la diffusion de l'hellénisme à Jérusalem (4, 7-15) ; — 2) les troubles qui en résultèrent et l'intervention d'Antiochos IV (4,

23-42 ; 5, 1-21) ; — 3) la persécution du judaïsme (5, 22-26 ; 6, 1-9) ; — 4) le début de la révolte de Judas Maccabée (5, 27 ; 8, 1-7). Ces événements étant reliés entre eux par des rapports de causalité implicites, il importe, pour en comprendre l'enchaînement, d'expliquer pourquoi l'introduction d'institutions grecques en Judée a été favorisée par certains Juifs et repoussée par d'autres, opposition qui, à son tour, découle de la situation du peuple hébreu au début du II⁰ siècle.

Durant tout le siècle précédent, sous l'administration lagide, la Judée avait vécu en paix et conservé son organisation sociale. Le pays était gouverné par une *Gérousia* (conseil des Anciens) qui incorporait les chefs des principales familles sacerdotales et laïques. Elle régnait sur le nombreux clergé du Temple et le reste du peuple, qui le nourrissait, en faisant strictement respecter la foi monothéiste et le code mosaïque. Ce régime se maintenait sans peine parce que la contrée, à l'écart des grands courants commerciaux et spirituels, n'avait guère de contacts avec la civilisation grecque dominante. Cependant, certaines familles, comme celle des Tobiades, avaient noué des rapports avec la puissance protectrice. Quelques éléments populaires, adonnés au commerce, s'étaient aussi frottés au monde extérieur, mais ils étaient peu nombreux et influents.

Lorsqu'Antiochos III était devenu maître de la Judée (200), il avait été bien accueilli par l'aristocratie, qui l'avait même aidé à expulser la garnison lagide de Jérusalem. En reconnaissance et en raison de sa longue expérience de la diversité des peuples de son empire, il consentit de grands privilèges à la communauté juive, en particulier celui de continuer à s'administrer « selon ses lois ancestrales », lui concédant ainsi, moyennant tribut, une complète autonomie religieuse et judiciaire. Cependant, l'aristocratie ne fut pas entièrement gagnée. Certains de ses membres demeurèrent fidèles aux Lagides. Dans la lignée des Tobiades elle-même, il y eut un dissident, Hyrcan, qui s'exila au désert d'Ammon (Transjordanie).

Malgré ces auspices favorables, la domination séleucide allait bientôt voir des troubles agiter ce petit état sacerdotal. Si replié qu'il fût sur lui-même, il n'était pas à l'abri de toute influence étrangère, c'est-à-dire hellénique. Quiconque, en effet, voulait jouer, hors de ses frontières, un rôle si modeste fût-il, devait avoir au moins

une teinture de la civilisation dominante, connaître la
langue de l'administration et des affaires. En outre, la
puissante originalité du judaïsme faisait de ses adeptes des
êtres à part. Les Gentils les accusaient de misanthropie
(au sens fort : haine du genre humain), leur reprochaient
leur inhospitalité. Les Juifs qui avaient des contacts avec
eux ne pouvaient manquer d'en souffrir, dans leurs intérêts et leurs sentiments, et de souhaiter, sinon rompre
avec les mœurs de leur race, du moins infléchir leur rigou-
reux particularisme. Mais, pour le petit peuple, dont la
cohésion interne était forte, l'absolutisme de la foi
monothéiste, la souveraineté exclusive de la Loi excluaient
tout compromis et toute symbiose avec l'hellénisme. C'est
de cette opposition que la crise devait naître.

L'occasion en fut fournie par une querelle entre le
grand-prêtre Onias III et l'intendant du sanctuaire, Simon,
qui s'était vu refuser des avantages financiers. En relation
de par ses fonctions avec l'administration séleucide, ce
dernier alla dénoncer Onias à Antioche. Le grand-prêtre
conservait, en effet, dans le trésor du Temple, des fonds
que lui avait confiés le rebelle Hyrcan. Il risquait de
passer pour traître aux yeux de Séleucos IV qui, en outre,
eut son attention attirée sur des disponibilités qui pouvaient lui permettre de solder les indemnités de guerre
que lui avait imposées le traité d'Apamée. Il envoya donc
à Jérusalem son ministre Héliodore pour s'en emparer.
Les anges du Seigneur l'en empêchèrent. Mais Onias
redouta d'être accusé de collusion et se rendit à Antioche
pour se justifier. Il y arriva au moment où Héliodore
venait d'assassiner le roi. Dans la confusion qui suivit, il
fut rejoint par son frère Jeshouah (Jésus), qui avait hellénisé son nom en Jason, montrant ainsi où allaient ses
tendances. Plus habile peut-être qu'Onias, moins chargé
de soupçons que lui, il sut se faire entendre du nouveau
roi et obtint de lui le pontificat dont son frère fut
dépouillé.

*
**

Pour aboutir à ses fins, Jason aurait eu recours à deux
moyens de persuasion. Il aurait promis au roi 440 talents
pour prix de sa charge (4, 7-8) et se serait fait autoriser à
prendre des mesures d'hellénisation à Jérusalem moyen-

nant 150 talents supplémentaires (9). Les 440 talents ne représentent pas une somme versée une fois pour toutes. Car pourquoi y distinguer deux éléments différents ? et pourquoi préciser que le second, 80 talents, serait pris « sur quelque autre revenu », expression qui suggère une rentrée régulière dans le trésor ? En réalité, Jason promet au roi une augmentation de tribut de 300 à 360 talents. En outre, une partie des revenus du sanctuaire, peut-être les douanes et péages, serait transférée au roi. De ce fait, les 150 derniers talents doivent aussi être considérés comme une promesse de versement annuel dont on ne peut davantage préciser la source.

Les mesures d'hellénisation proposées par Jason sont au nombre de trois : l'édification d'un gymnase, la constitution d'une éphébie et la rédaction d'une « liste des Antiochéniens de Jérusalem ». En réalité, les deux premières sont inséparables. Le gymnase est à la fois un des monuments et une des institutions les plus caractéristiques de la civilisation hellénistique. C'est là que les Grecs se livrent à la pratique des sports, l'éducation physique étant un des éléments originaux de leur genre de vie, inconnue, voire méprisée, des autres peuples de l'Antiquité. Pour ces derniers, s'y adonner était la marque de leur ralliement à la civilisation des conquérants. En outre, le gymnase était devenu un établissement d'enseignement supérieur, un centre religieux et civique où les Grecs aimaient à se retrouver pour un grand nombre de manifestations de leur vie sociale. Surtout dans les cités nouvelles, isolées au milieu de la « barbarie », le gymnase apparaît comme le conservatoire de l'hellénisme. Quant à l'éphébie, d'abord institution militaire, elle regroupe les jeunes gens qui viennent de sortir de l'adolescence pour leur inculquer l'éducation qui fera d'eux des citoyens, et elle a le gymnase comme cadre habituel. En introduisant ces deux institutions à Jérusalem, Jason marquait donc clairement son intention d'y faire prévaloir la civilisation hellénique sur les mœurs juives traditionnelles. On peut même penser que le rédacteur de *II Macc.* les a choisies comme symboles, et qu'en réalité Jason se proposait de créer toutes les institutions caractéristiques d'une cité grecque.

C'est peut-être ainsi, en effet, qu'il faut entendre l'expression « dresser une liste des Antiochéniens de Jéru-

salem ». Jason aurait eu l'intention de transformer la ville
en une cité grecque qui aurait porté le nom d'Antioche
(de Judée). Cette interprétation est sans doute abusive.
En effet, le roi conférait au grand-prêtre le droit exclusif
(« de sa propre autorité ») de faire un choix parmi les
habitants pour établir la liste des Antiochéniens. Tous les
Hiérosolymitains n'étaient donc pas destinés à le devenir
et les autorités constituées ne devaient pas être consultées,
comme elles auraient dû l'être au cas où le statut de la
ville eût été transformé. Il s'agissait donc plutôt de créer
une corporation, un *politeuma,* de Juifs décidés à vivre
à la grecque et à s'administrer de manière autonome,
comme il en existait en bien d'autres communautés indigènes de l'empire séleucide. Le v. 19 du même chapitre 4
tend d'ailleurs à prouver qu'il en est bien ainsi. On ne
saurait non plus voir en ces Antiochéniens une association
privée tirant son nom du patronage royal, car gymnase
et éphébie sont des institutions publiques.

L'accord entre le roi et Jason abolissait implicitement
les privilèges de la communauté juive. Elle perdait, entre
autres, son autonomie religieuse et administrative. Les
institutions traditionnelles étaient dépouillées du monopole
du pouvoir. La loi mosaïque cessait d'être la règle unique
des rapports sociaux. Les hellénistes de Jérusalem recevaient le droit de s'administrer et de vivre librement sous
la protection du roi. Prétendre les en empêcher équivau-
drait à une rébellion. La Judée risquait donc un régime
d'administration directe si elle repoussait la pénétration
de l'hellénisme. Or, il y avait peu de chance pour que la
masse s'y résignât. Mais le roi avait désormais le droit
de l'y contraindre.

Jason ne rencontra cependant au début aucune résistance ouverte. Au contraire, l'aristocratie et une partie
de la classe presbytérale hellénisèrent avec empressement.
Un gymnase fut bâti au pied de l'acropole, au voisinage
immédiat du Temple. Une éphébie y fut organisée : le
chapeau (*pétasos*) que portaient ses membres (v. 12) était
une coiffure grecque et symbolisait son origine étrangère.
Au coup de gong (« le signal du disque », v. 14) qui annonçait l'ouverture de l'établissement, les prêtres abandonnaient « le service de l'autel » pour courir faire du sport.
Les promoteurs du mouvement ne songeaient pas à per-
sécuter le culte de Jahvé. Leur but était seulement de

transformer les mœurs et l'état d'esprit, de concilier la foi traditionnelle et la civilisation dominante. C'est ce qui explique qu'il n'y eut aucun trouble tant que Jason demeura grand-prêtre. Mais la réprobation populaire n'en était pas moins profonde. Pour les fidèles attachés à la lettre de la Loi, les pratiques du gymnase étaient choquantes, spécialement la nudité athlétique et surtout les cultes étrangers qui en étaient inséparables. Tout syncrétisme étant exclu par le monothéisme hébraïque, les hellénistes étaient nécessairement des renégats. Et le voisinage du gymnase et du Temple apparaissait comme un défi.

⁂

Il n'y aurait peut-être pas eu de violences si Jason était resté au pouvoir. Mais il fut dépouillé du sacerdoce de la même manière que lui-même avait évincé son frère Onias : Ménélas acheta la faveur d'Antiochos IV en lui promettant de doubler ou presque le tribut de la Judée (4, 23-25). Jason se réfugia au désert d'Ammon et passa sans doute au parti lagide. Le trafic du pontificat constituait un nouveau scandale pour le parti traditionaliste. L'auteur de *II Macc.* en profite pour couvrir d'injures Antiochos (4, 26). Mais l'abolition des privilèges juifs lui donnait le droit de mettre la prêtrise à l'encan. Rien d'ailleurs dans son attitude ne dénote la moindre hostilité. Il ne paraît conduit que par deux préoccupations : faire rentrer de l'argent (et, puisque les contribuables lui proposent d'eux-mêmes une augmentation du tribut, pourquoi refuser ?) et favoriser la diffusion de l'hellénisme comme lien des populations disparates de son empire. Ce point de vue politique demeurera le sien tout le long de la crise.

Ménélas poursuivit, bien entendu, la politique de son prédécesseur. Se montra-t-il plus sectaire que lui ? Ou bien, incapable de faire face à ses engagements financiers, dut-il détourner les biens du Temple (cependant le premier vol qui lui est reproché ne date que de sa convocation à Antioche, 4, 32), toujours est-il que le peuple se souleva quand son frère et vicaire Lysimachos ajouta ses propres pillages aux siens. Peut-être aussi avait-il le front de vendre les vases sacrés à Jérusalem même, tandis que Ménélas prenait la précaution de les exporter, à Tyr en particulier. La révolte fut grave puisqu'on se battit jusqu'au pied de l'autel (v. 41, la cendre qu'utilisent certains émeutiers ne peut être que celle des holocaustes) et que Lysimachos fut tué. Mais elle ne réussit pas à se rendre maîtresse de la ville. Avec l'appui du roi sans doute, Ménélas y rétablit son autorité.

A ces troubles internes s'ajoute une tentative de subversion venue de l'extérieur (5, 5-7). La fausse nouvelle de la mort du roi ayant couru, Jason sortit de son repaire de Transjordanie, se jeta sur Jérusalem à l'improviste et réussit presque à s'en emparer, puisque Ménélas dut s'enfermer dans l'acropole. Ses maigres forces (mille hommes) ne suffisent pas à expliquer son succès, même s'il sut jouer habilement de la surprise. Il avait des intelligences dans la place. Ménélas étant le chef des hellénistes, il n'avait pu les trouver que parmi les traditionalistes, ce qui donne à penser que son attitude pendant son pontificat avait été plus modérée que celle de Ménélas. Pourquoi ne parvint-il pas à parachever son succès initial, le texte ne le dit pas et rien ne permet de l'expliquer. Jason était sans doute passé aux Lagides. De toute manière, en s'attaquant à l'homme du roi, Ménélas, il avait tenté de soustraire la Judée à son autorité. On comprend donc qu'Antiochos « en ait conclu que la Judée avait fait défection » (5, 11) et qu'il lui fallait intervenir en personne pour rétablir l'ordre. Il le fit sans ménagement, même si le nombre de ses victimes est sans aucun doute exagéré. Et il n'omit pas de faire main-basse sur tous les trésors du Temple, dont le pillage lui rapporta 1 800 talents (5, 21).

L'enchaînement des faits ci-dessus est vraisemblable en soi et ne présente aucune contradiction interne. Mais les difficultés apparaissent avec la suite du récit. On constate, d'autre part, des divergences avec les autres sources, notamment I Macc. I, 18-35, et la chronologie est malaisée à établir. Un seul événement peut être daté avec précision : l'éviction de Jason, trois ans après son intronisation (4, 23). Celle-ci étant à peu près contemporaine de l'avènement d'Antiochos IV (175), la première se situe en 172. Le point de repère suivant se trouve en 5, 1 : l'émeute contre Lysimachos eut lieu vers le moment où « Antiochos préparait son second départ pour l'Egypte ». Le coup de main de Jason se produisit sans doute pendant la campagne suivante, puisque c'est lui qui aurait contraint le roi à quitter l'Egypte (5, 11), ce qui correspondrait à l'hiver 169/8 et à la belle saison de 168.

Mais cette chronologie est en contradiction avec *I Macc.*, pour qui l'intervention d'Antiochos à Jérusalem se place en 143 sél., soit 169. Il n'y est d'ailleurs pas question de massacres, mais seulement du pillage du Temple. On a, dès lors, imaginé de dédoubler les interventions du roi en Judée : une première après l'émeute contre Lysimachos, une seconde après la tentative de Jason. Mais cette exégèse ne peut être retenue, car les deux documents scripturaires n'en connaissent qu'une seule. D'autre part, notre texte fait mention d'une expédition punitive commandée par Apollonios, à laquelle il n'attribue aucun motif précis (5, 24 sq.).

La solution de ces difficultés se trouve sans doute dans l'interprétation qu'il convient de donner au « second départ » du roi pour l'Egypte, et qui résulte elle-même du déroulement de la première campagne d'Antiochos en Egypte. On peut, en effet, y distinguer deux phases nettement séparées par une période de négociations. L'auteur de *II Macc.* a dû considérer le début de la seconde phase comme un « nouveau départ », alors que dans *I Macc.* l'ensemble de la campagne forme un tout. Si l'on accepte cette interprétation, la contradiction entre les deux livres des Maccabées disparaît. L'émeute contre Lysimachos et l'intervention à Jérusalem datent de 169. Antiochos peut alors se permettre de piller le Temple sans rencontrer de résistance. Il est vainqueur et se conduit « avec superbe » (5, 21). L'humiliation du cercle de Popilius (168), bien qu'ignorée des deux auteurs scripturaires, explique peut-être la fausse nouvelle de sa mort (5, 5), comme elle provoqua quelques défections dans son empire. Mais ce n'est pas le roi lui-même qui réprima la sécession de Jérusalem. Il en chargea Apollonios, dont l'expédition trouve ainsi le motif qui lui manquait. La date en est donnée par *I Macc.* I, 29 : 167. Le coup de main de Jason est donc de l'hiver 168/7.

*

Ces troubles modifièrent sensiblement le statut de la Judée et surtout celui de Jérusalem. A la suite de l'émeute contre Lysimachos, Antiochos décida de soumettre le pays à son autorité directe. La ville reçut un préposé (*épistatès*), comme beaucoup d'autres cités sujettes (5, 22). Un autre fut établi sur le mont Garizim, à la frontière de la Samaritide (23), l'un et l'autre appuyés par une garnison sans doute. Mais celle de Jérusalem fut incapable d'enrayer le soulèvement suscité par Jason. Apollonios, qui portait le titre de mysarque (24) parce qu'il commandait un corps recruté en Mysie ou, plutôt, armé à la mode du pays, avait une double mission : châtier les rebelles, ce dont il s'acquitta avec duplicité et cruauté (25-26), et prendre toute disposition pour assurer la soumission définitive des Juifs. Le texte n'évoque pas ce dernier aspect de sa tâche. Il apparaît clairement dans *I Macc.* I, 31-35. Les murailles de la ville furent abattues. La Cité de David, à l'Ouest du Temple, devint une forteresse, l'*Akra,* distincte de l'ancienne acropole (4, 12), où s'établit une communauté politique regroupant les Juifs renégats et des colons militaires. Elle seule disposait désormais du pouvoir politique. Les orthodoxes en étaient exclus et n'allaient pas tarder à être considérés et traités comme des insoumis.

Pour compléter l'œuvre d'Apollonios, en effet, le roi décida, par un édit de décembre 167, de proscrire le judaïsme et d'imposer aux Juifs les croyances et les mœurs helléniques. Il n'en est pas question dans notre texte, mais il est attesté par *I Macc.* I, 41-51. Seul il permet de comprendre les aspects de la persécution évoqués ici. Pour faire appliquer ses décisions, le roi désigna des inspecteurs (*épiscopoi*) dans toutes les agglomérations de Judée. A Jérusalem, il nomma un vieillard d'Athènes (à moins que ce ne soit un membre de la Gérousia nommé Athènaios : 6, 1). Son premier soin aurait été de dédier le Temple à Zeus Olympien. On a voulu voir là un indice de la dévotion bien attestée du roi et de sa volonté de réaliser l'unité des peuples de son empire par le culte de ce Zeus, auquel lui-même s'identifiait. En réalité, les modifications apportées à l'ordonnance du sanctuaire n'en ont pas fait un temple hellénique. Elles l'ont adapté aux rites d'une divinité syrienne, Baal-Shamem, objet du culte de la communauté de l'Akra. Toutes les dévotions ancestrales étaient interdites sous peine de mort. Au contraire, les Juifs devaient participer aux cultes helléniques dont certains aspects, le sacrifice des porcs en particulier, leur étaient odieux.

Ces contraintes entraînèrent nécessairement des refus d'obéissance. Ils furent punis avec la dernière rigueur. Certains martyres sont demeurés célèbres, tels ceux du vénérable Eléazar ou des Sept Frères. Cependant, ni le roi, ni ses agents ne songeaient à provoquer une guerre de religion. Antiochos IV, adepte de l'épicurisme, n'avait rien d'un fanatique. Il entendait seulement réduire une résistance locale en brisant le soutien qu'elle trouvait dans son exclusivisme religieux et ethnique. Il le montra bien vis-à-vis des Samaritains, de même culture que les Juifs pourtant, dès l'instant qu'ils lui proposèrent de consacrer à Zeus Xénios (ou Hellènios) leur sanctuaire anonyme du mont Garizim (6, 2). Et les communautés de la Diaspora séleucide ne furent pas inquiétées. Si le décret rendu à la demande des citoyens de Ptolémaïs n'est pas une invention (6, 8-9), il n'eut sûrement pas l'extension qui lui est attribuée et résulte d'une animosité particulière de cette cité contre les Juifs.

‡

Mais les véritables intentions du roi n'étaient pas acceptables, peut-être même pas compréhensibles, pour les orthodoxes, inaccessibles à toute idée de compromis ou de syncrétisme. A ceux qui préféraient la résistance active au martyre, il ne restait que la fuite. Le refuge dans les villages éloignés de la capitale ou au « djébel » commença sans doute au lendemain de l'expédition d'Apollonios. Le héros devait en être Judas Maccabée (sens inconnu, de *maqqaba* = marteau, ou plutôt de *maqqebaï* = nommé par Jahvé). Sa prééminence ne s'imposa pas dès l'abord, comme le laisse croire 5, 27. Les opposants furent isolés au début. Ils se réfugiaient là où ils se croyaient en sûreté. Tel fut le cas du prêtre Mattathias et de ses cinq fils qui s'étaient retirés au village de Modin où ils possédaient des biens-fonds. D'autres s'étaient enfuis dans la montagne : parmi eux des hommes du peuple, particulièrement attachés aux prescriptions rituelles de la Loi, qui appartenaient à la confrérie des *Hasidim* (les Pieux) dont l'existence est attestée avant le début de la crise. Les innombrables violations de la règle qu'ils avaient vu pratiquer redoublaient leur hantise de toute souillure. C'est eux qui s'astreignaient au régime végétarien qu'aurait pratiqué Judas.

L'initiative de la résistance armée ne leur est pas due.
Un des *episcopoi* s'étant présenté à Modin pour exiger des
habitants l'application de l'édit royal, Mattathias s'y
refusa et le tua. Il s'enfuit alors dans la montagne avec ses
fils et commença à organiser les réfugiés. Il leur fit admettre
que les nécessités de la lutte les dispensaient de l'observance
du sabbat. Mais c'est surtout sur les liens familiaux qu'il
comptait pour rassembler une troupe capable d'affronter
les forces séleucides (8, 1). Les hostilités ne commencèrent vraiment qu'après la disparition de Mattathias (vers
166/5). La personnalité de son troisième fils, Judas Maccabée, s'imposa pour lui succéder. Etant donné les moyens
dont il disposait et la nature du pays, les méthodes éter-
nelles de la guerilla étaient les seules qu'il pût employer
avec succès (8, 5-7). Elles lui permirent sans doute de
« libérer » quelques cantons écartés et d'orchestrer sa
propagande. Mais tant qu'il ne l'aurait pas emporté sur
des troupes régulières, sa situation demeurerait précaire.
Elle allait bientôt s'améliorer grâce à de tels succès et
déboucher sur l'indépendance de la Judée, après une
longue lutte dont il ne devait pas voir l'issue.

Mais, au moment où Antiochos IV va disparaître, la
crise juive n'était, à ses yeux, qu'une difficulté mineure.
La preuve en est que, sauf son intervention à Jérusalem
en 169, il en laissa la charge à ses subordonnés. Sans
doute seraient-ils parvenus à mater les rebelles si les
troubles consécutifs à la mort du roi n'avaient paralysé
leurs efforts. Ce n'était, au fond, qu'une manifestation
parmi d'autres des tendances centrifuges qui menaçaient
de dislocation l'empire séleucide, et pas la plus grave.
Ce qui fait son intérêt, c'est qu'elle a réussi, et dans une
région capitale pour la survie du royaume. C'est aussi le
retentissement qu'elle devait avoir dans la tradition judéo-
chrétienne et qui nous vaut d'en connaître en grand détail
les origines et l'évolution.

LV. Expédition d'Antiochos IV en Orient (165/4)

1. Josèphe, *Antiquités Judaïques*, XII, 294-297

(294) Quand il eut payé la solde, il s'aperçut que ses trésors étaient vides et qu'il n'avait plus d'argent. En effet, les tributs n'étaient pas tous versés en raison de la révolte de certains de ses peuples et, comme il voyait grand et qu'il était porté aux libéralités, il ne limitait pas ses dépenses à ses moyens. Il décida en premier lieu de se rendre en Perse pour faire rentrer les tributs du pays. (295) Il laissa donc la direction du gouvernement à un certain Lysias qu'il tenait en estime.... (297) Ayant laissé ces instructions à Lysias, le roi Antiochos marcha sur la Perse en la 147ᵉ année. Il traversa l'Euphrate et se dirigea vers les satrapies supérieures.

2. Josèphe, *ibid.*, XII, 358-359

(358) C'est pourquoi je m'étonne de voir Polybe de Mégalopolis, honnête homme s'il en fut, affirmer qu'Antiochos mourut pour avoir voulu piller le sanctuaire d'Artémis en Perse. Car ne jamais réaliser un acte auquel on s'est contenté de songer, cela ne mérite pas une punition. (359) Bien que ce soit la raison pour laquelle Polybe pense qu'Antiochos a perdu la vie, il est bien plus vraisemblable que c'est le pillage sacrilège du temple de Jérusalem qui fut la cause de la mort du roi.

3. Appien, *Syriaca*, 66

Antiochos régna un peu moins de douze ans, au cours desquels il fit prisonnier l'arménien Artaxias et fit campagne en Egypte contre Ptolémée. (Après le cercle de Popilius, Antiochos), fort abattu, quitta le pays. Il s'en alla piller le sanctuaire d'Aphrodite en Elymaïde et mourut de consomption en laissant un enfant de neuf ans.

4. *F. Gr. Hist.*, n° 260, F. 56 (Porphyre de Tyr)

Alors qu'il combattait contre les Egyptiens et les Lybiens.... le bruit parvint jusqu'à lui qu'on lui préparait des combats au Nord et à l'Est. D'Egypte, il regagna (son royaume), s'empara d'Arados qui lui résistait ct ravagea toute la province sur la côte de Phénicie. Puis, sans délai, il marcha contre Artaxias, roi d'Arménie, qui fut chassé des provinces orientales. Il tua beaucoup d'hommes dans l'armée de son adversaire et alla dresser son camp au lieu-dit Apednon, entre deux fleuves très larges, le Tigre et l'Euphrate..... et là (en Elymaïde), pour avoir voulu piller le temple de Diane où il y avait un nombre infini d'offrandes, il fut mis en fuite par les barbares qui entouraient le sanctuaire d'une vénération étonnante. Il mourut consumé de chagrin à Tabai, une ville de Perside.

5. Diodore de Sicile, XXXI, 17 a

Artaxès, roi d'Arménie, rejeta l'autorité d'Antiochos, fonda une ville à laquelle il donna son nom et rassembla une nombreuse armée. Antiochos, dont la puissance à cette époque n'avait pas d'égale parmi les autres souverains, marcha contre lui, le vainquit et le contraignit à se conformer à ses ordres.

6. Appien, *Syriaca,* 45

Il marcha contre Artaxias, roi d'Arménie.

7. *F. Gr. Hist.,* n° 260, F. 38 (Porphyre de Tyr)

On sait qu'Antiochos a combattu contre Artaxias, mais que ce dernier est demeuré maître de son royaume héréditaire.

8. Pline l'Ancien, *H. N.,* VI, 138-139

(138) La ville de Charax est située tout à fait au fond du golfe Persique... Elle fut fondée d'abord par Alexandre le Grand. Il y fit venir des colons de la ville royale de Durine, qui fut alors détruite, et des invalides de son armée qu'il y établit. Il lui fit donner le nom d'Alexandrie.... (139) Les fleuves détruisirent la ville. Elle fut ensuite restaurée par Antiochos, cinquième de sa dynastie, qui lui donna son nom. Détruite encore une fois, Spaosinès, fils de Sagdodonacos, roi des Arabes voisins, dont Juba fait un satrape d'Antiochos, mais bien à tort, fit construire des digues avant de la restaurer et lui donna son nom.

9. *Id., ibid.,* VI, 147

Nous allons décrire maintenant, depuis Charax, la côte qui a été explorée pour la première fois pour le compte du roi Epiphane.

10. Polybe, XXXI, 9

(1) En Syrie, le roi Antiochos, qui voulait se procurer de l'argent, décida de monter une expédition contre le sanctuaire d'Artémis en Elymaïde. (2) Mais, une fois sur place, son espoir fut trompé. Il ne put commettre ce sacrilège, car les barbares établis dans la région l'en empê-

chèrent. (3) Sur le chemin du retour, à Tabai en Perside, il mourut d'une crise de folie démoniaque, selon quelques auteurs, (4) parce que certains signes étaient apparus par lesquels le Démon du mal avait manifesté sa colère lors de la violation du sanctuaire.

11. *F. Gr. Hist.*, n° 260, F. 53 (Porphyre de Tyr)

Polybe et Diodore exposent.... qu'il n'a pas seulement agi contre Dieu en Judée, mais que, enflammé du feu de la cupidité, il tenta de piller le temple de Diane en Elymaïde, qui était très riche. Il fut battu par les gardiens du temple et les peuples d'alentour. Certaines apparitions et terreurs le rendirent fou et, pour terminer, il mourut de maladie. Ils font remarquer qu'il fut victime de ce destin parce qu'il tenta de piller le temple de Diane.

L'expédition d'Antiochos IV dans la partie orientale de son empire n'est connue par aucun récit complet et cohérent dans les sources anciennes. Les fragments à partir desquels on peut essayer de la reconstituer et de l'interpréter relèvent soit de la tradition polybienne, soit de la tradition juive telle qu'on la trouve dans les deux livres des Maccabées. La tendance apologétique de ces derniers, où le roi apparaît comme une manière d'Antéchrist, les rend suspects *a priori* et ils contiennent effectivement des erreurs manifestes et parfois aberrantes. On les a donc délibérément écartés du choix présenté ici. De la tradition à laquelle ils ont donné naissance, on n'a retenu que Josèphe qui, pour respectueux qu'il soit des livres saints de sa religion, s'est néanmoins efforcé d'en faire la critique en se référant aux auteurs païens, Polybe et Diodore entre autres.

Cet ensemble de textes doit être étudié à un double point de vue : il faut essayer de reconstituer la suite des opérations et s'interroger sur le sens de cette expédition, les intentions du roi au moment où il l'a entreprise et les résultats auxquels elle a abouti.

La date du début nous est donnée par Josèphe (1) : 147e année de l'ère séleucide. L'an 1 de cette ère commençant à l'automne 312, l'an 147 correspond à 166/5. Les pratiques de la guerre dans l'Antiquité et le simple bon sens obligent à penser qu'Antiochos n'est pas parti en campagne au début de l'hiver, mais au printemps suivant, donc dans les premiers mois de 165.

Une lecture cursive des textes qui mentionnent les intentions du roi pourrait faire croire qu'il n'avait qu'un but : le pillage d'un sanctuaire d'Elymaïde. Aucun n'y inclut la volonté de ramener à la soumission le roi d'Arménie, Artaxias, qui s'était rendu indépendant (3, 4, 5, 6, 7). La campagne qu'Antiochos conduisit contre lui n'est pas datée. Appien (3) paraît la placer avant la sixième guerre de Syrie, tandis que Porphyre de Tyr (4) adopte l'ordre inverse, confirmé par la succession strictement chronologique des fragments de Diodore dans les *Excerpta Constantiniana,* d'où est tiré le n° **5.** Si la campagne d'Arménie est effectivement postérieure à l'affaire d'Egypte et antérieure à l'affaire d'Elymaïde, il ne reste le choix qu'entre 167 et 165, 166 étant exclue puisque cette année-là eurent lieu les festivités de Daphnè. Si l'on considère que l'Anabase d'Antiochos le Grand commença par la soumission de l'Arménie, il est tentant d'imaginer que le fils a modelé ses plans sur ceux de son père et qu'il a voulu assurer ses arrières en contraignant un vassal rebelle à reconnaître sa suzeraineté. D'ailleurs, le traitement qui fut infligé à Artaxias ressemble beaucoup à celui qui fut imposé à l'Arménie par Antiochos III. Même s'il est vrai qu'Antiochos IV le fit prisonnier (3), il conserva son trône (7) comme prince vassal et fut sans doute soumis au versement d'un tribut.

Entre cette campagne, dont la durée n'est pas plus certaine que la date, et la tentative contre le sanctuaire élyméen, nous ne savons rien des activités du roi. Mais il est permis de penser, d'après Pline l'Ancien (8, 9), qu'il descendit d'Arménie jusqu'au golfe Persique [1] où il restaura Charax, entre l'embouchure du Tigre et celle de l'Eulaios, et fit explorer la côte arabique du golfe. Deux objections s'opposent à cette hypothèse. La première est plus apparente que réelle. Le cinquième roi de la dynastie séleucide est un Séleucos (III). Donc il faut comprendre : le cinquième du nom, ce qui paraît encore exclure notre Antiochos, qui est la quatrième dans la liste traditionnelle. Mais un de ses frères aînés, qui portait son nom, avait, de

---

[1] Il est possible qu'Antiochos, au lieu de passer par la Mésopotamie, ait fait un détour par le plateau iranien. Ecbatane fut, en effet, transformée en cité grecque sous le nom d'Epiphaneia et l'on ne voit pas d'autre moment où le roi aurait pu présider à cette opération.

210 à 193, partagé le pouvoir avec son père. Aux yeux des Anciens, il avait été vraiment roi puisqu'il en avait porté le titre, et Pline est tout à fait justifié à parler d'Antiochos (IV) comme le cinquième de la série.

La seconde difficulté est soulevée par le n° **9**. Il n'est pas douteux que le souverain désigné par Pline est bien Antiochos IV puisqu'il lui donne son épiclèse habituelle, Epiphane. Mais il ne fut pas le premier Séleucide à paraître sur la côte arabique du golfe Persique. Déjà son père avait atteint Gerrha. Des fouilles récentes ont découvert dans l'îlot de Failaka, au large de Koweit, les restes d'une station navale d'où provient une inscription datée de 239 ou 237. On peut bien admettre que Pline a confondu le père et le fils, homonymes. Mais on remarquera surtout que l'expédition d'Antiochos IV n'a pas été conduite par le roi en personne, mais pour son compte. On peut dès lors penser qu'il s'agit, non d'une campagne militaire, car le roi en aurait pris la tête, mais d'une mission scientifique. La côte était déjà connue des Grecs, mais personne n'en avait encore établi un relevé précis. C'est d'ailleurs ce que suggère le langage de Pline. S'il en est ainsi, le naturaliste n'a pas commis d'erreur et son texte confirme la présence d'Antiochos IV sur le golfe. A notre connaissance, elle n'eut donc pas de caractère guerrier. Ce ne fut qu'une étape politique sur la route d'Arménie en Perside.

Le troisième et dernier épisode de la campagne d'Antiochos IV en Orient est la tentative qu'il fit pour piller le sanctuaire d'une divinité indigène, Nanaia, identifiée par les Grecs à Artémis ou Aphrodite, en Elymaïde, région montagneuse au Nord-Est de Suse. Les populations sauvages de ce pays n'avaient jamais été vraiment soumises aux Séleucides. Fort attachées à leurs divinités, elles ne pouvaient manquer de résister par la force à toute menace contre l'une d'elles. Déjà Antiochos le Grand en avait fait la triste expérience. Après avoir pillé un de ces lieux saints, il avait été massacré avec son armée par les indigènes.

Toutes les sources qui évoquent la tentative de son fils contre la déesse lui attribuent pour motif des difficultés financières. C'est une question de savoir pourquoi le roi était à court d'argent. Elle sera examinée plus loin. Toujours est-il que le coup de main échoua. Selon Polybe,

Antiochos se retira sans combattre devant l'attitude résolue
des barbares. Porphyre, au contraire, prétend qu'il fut
repoussé par la force **(11)** et Appien va jusqu'à dire qu'il
parvint à ses fins **(3)**. Il importe peu de savoir où est la
vérité, encore que l'autorité de Polybe fasse préférer la
retraite sans combat. Ce qui est certain, c'est que le roi
ne réussit pas à remplir ses caisses vides.

La mort devait suivre de peu cet échec. S'étant retiré
vers le Nord-Est, il mourut de maladie (phtisie ?) à Tabai,
ville de Paraitacène, district situé entre la Perside et la
Médie. Une indication de date est fournie par une tablette
babylonienne selon laquelle la nouvelle de sa mort parvint
en Mésopotamie entre le 20 novembre et le 18 décembre
164. Il ne faut, bien entendu, accorder aucun crédit aux
racontars qui attribuent son décès à une crise de folie
furieuse provoquée par la vengeance divine, celle de
Nanaia ou celle de Jahvé. Les apologistes juifs s'en sont
néanmoins emparés pour peindre un tableau qui n'est
pas moins délirant que la prétendue démence du souverain. Polybe n'y croit pas et ne la rapporte qu'en raison
de son hostilité constante à la personnalité du roi.

Si mal connue qu'elle soit, et précisément pour cette
raison peut-être, cette expédition d'Antiochos IV dans les
hautes satrapies de son empire a donné lieu à maintes
hypothèses sur les buts qu'elle visait et sur la politique
orientale de son chef. Selon la plus grandiose, mais aussi
la plus invraisemblable [1], Antiochos, exclu par le traité
d'Apamée de toute participation à la grande politique
méditerranéenne, aurait conçu le projet de restaurer
l'empire d'Alexandre en Orient pour contrebalancer la
puissance romaine en Occident. A cette fin, il aurait
chargé un de ses parents, Eucratidès, de renverser la
monarchie bactrienne, indépendante en fait depuis la
mort d'Antiochos le Grand, pour rétablir sur ces provinces
l'autorité séleucide. A cette fin, il lui aurait concédé le
titre royal. Puis les deux souverains auraient attaqué le
royaume parthe en le prenant en tenaille, pour détruire
leur seul adversaire notable sur le plateau iranien. On sait
qu'Eucratidès renversa, en effet, Dèmètrios de Bactriane,
et ce serait pour célébrer le succès de la première étape de

---

[1] W. W. Tarn, *The Greeks in Bactria and in India*, pp. 183-
224.

son projet qu'Antiochos aurait organisé les grandes festivités de Daphnè en 166. L'année suivante, il se serait mis en marche à son tour contre les Parthes qu'Eucratidès aurait pris à revers. Mais sa mort prématurée aurait entraîné la ruine d'un projet conçu par un génie politique singulièrement profond et prévoyant.

Cette vaste reconstitution repose sur des bases documentaires fragiles ou des interprétations discutables de faits connus. Qu'Eucratidès ait bien porté le titre royal, la numismatique le montre. Mais on n'a pas là du tout la preuve de sa parenté avec Antiochos IV, et encore moins qu'il fût devenu roi par la grâce de celui-ci. D'ailleurs, la date de sa victoire sur Dèmètrios est tout à fait incertaine, de même que toute la chronologie des royaumes gréco-indiens. On n'est donc pas en droit de mettre ce succès en rapport avec les fêtes de Daphnè, dont l'interprétation est contredite par toute la tradition historique qui les concerne. Elles étaient destinées à obscurcir l'éclat de celles par lesquelles Paul-Emile avait célébré sa victoire sur Persée et à persuader l'opinion publique hellénique d'un triomphe séleucide sur l'Egypte. C'est d'ailleurs le butin de la sixième guerre de Syrie qui avait subvenu aux frais. On ne peut donc rien retenir de cette construction aussi fragile que brillante.

D'autres auteurs [1], plus modestes, ont pourtant cherché à donner à la campagne d'Antiochos une signification politique de quelque envergure. A leur avis, le roi parthe Mithradatès I aurait inauguré son règne (vers 171) en rompant le lien de vassalité qu'Antiochos III avait imposé à ses prédécesseurs et commencé à empiéter sur les satrapies frontalières dont il devait se rendre maître à la fin de sa vie. On croit trouver la preuve de ses intentions dans la frappe d'un monnayage indépendant, qui aurait débuté dès son avènement. Antiochos se serait naturellement soucié d'écarter cette menace et aurait entrepris son expédition à cette fin.

En réalité, il n'est pas du tout certain que le premier acte de Mithradatès ait été de renier toute dépendance envers les Séleucides, et l'origine de son monnayage est sans doute plus tardive qu'on ne l'admet, ne remontant

---

[1] F. Altheim, *Weltgeschichte Asiens im griechischen Zeitalter*, II, pp. 39 sqq.

pas avant 155 selon toute probabilité. Quant à la menace qu'il aurait fait planer sur les satrapies orientales, elle ne paraît s'être matérialisée que dans les toutes dernières années de son règne. L'atelier monétaire d'Ecbatane, en Médie, frappe à l'effigie d'Alexandre Balas (150-145). Une inscription rupestre de Béhistoun, datée de 148/7, fait mention d'un gouverneur séleucide des satrapies supérieures. Si la maîtrise des rois de Syrie sur ces contrées s'affirme encore après 150, on ne voit pas pourquoi, quinze ans plus tôt, Antiochos IV se serait préoccupé d'écarter un prétendu danger parthe qui aurait pesé sur elles. Ce n'est pas là qu'il faut chercher le motif de son expédition orientale.

Il faut en revenir aux sources littéraires, si pauvres soient-elles, pour tenter de découvrir une explication qui ne soit pas exagérément hypothétique. Le texte le plus cohérent est celui de Josèphe (1). Pour lui, Antiochos aurait épuisé son trésor dans les luttes contre les Juifs. S'il en avait vu le fond, c'est que les tributs des provinces orientales ne rentraient plus en raison de la révolte de certains peuples. Son expédition aurait eu pour but de percevoir les tributs de Perse après répression des révoltes, ce dernier point sous-entendu par l'auteur, lequel ne paraît voir dans la tentative manquée contre le sanctuaire de Nanaia qu'un épisode de cette politique.

Cette opinion se heurte à plusieurs objections. Il est tout à fait invraisemblable que les opérations de police en Judée aient mis les finances d'Antiochos IV en difficulté. Le coût des fêtes de Daphnè aurait pu avoir ce résultat, surtout si l'on y ajoute les autres dépenses de propagande pour lesquelles le roi se montra plus prodigue que tous ses prédécesseurs. Mais, à supposer même que cette manifestation de prestige eût épuisé tout le produit du butin égyptien, qui avait été considérable, il eût encore disposé d'autres ressources. Si on le présente comme le plus puissant des souverains de son temps (5), ses moyens financiers n'y étaient sûrement pas pour rien. Sur un autre point encore, on peut incriminer l'opinion de Josèphe. La première étape de l'expédition conduisit Antiochos en Arménie, pas en Perse, et son objet était politique, même si finalement Artaxias fut soumis au tribut, ce qui n'est qu'une probabilité. Enfin, ce que l'on peut conjecturer de son activité dans le Sud de la Mésopotamie fait, là encore, apparaître des préoccupations qui ne sont pas financières. Le texte de Polybe n'y fait pas obstacle malgré les apparences, car le début en est l'œuvre de l'abréviateur qui l'a remanié pour l'introduire dans son propre récit.

En revanche, on peut en croire Josèphe lorsqu'il affirme qu'il y avait eu des révoltes dans les satrapies orientales. L'exemple de l'Arménie est là pour le prouver. Mais il n'est pas le seul indice possible d'une situation agitée. L'atelier monétaire de Suse a frappé au nom d'un usurpateur nommé Hyknapsès, en 162/1 sans doute. On peut considérer cette sécession comme le résultat de troubles dont Antiochos IV a dû s'inquiéter. Enfin, il est possible que la Perside ait alors échappé à l'autorité séleucide, s'il faut descendre jusqu'à son règne les monnaies frappées à Istakhr, près de Persépolis, par des princes indigènes, et le succès remporté sur des Perses, à la fois sur terre et sur mer, par le satrape de Mésène Nouménios. Mais la chronologie de ces données est trop incertaine pour fournir une justification indubitable à l'expédition d'Antiochos IV. Il n'en est pas moins probable que Josèphe a raison de lui donner pour objet le rétablissement du pouvoir royal par la répression des révoltes qui avaient éclaté dans ces contrées lointaines, et ceci restreint singulièrement la portée des intentions que l'on peut prêter à ce souverain.

Il resterait à expliquer pourquoi le roi a tenté de mettre la main sur les trésors de Nanaia si ses finances n'étaient pas en mauvais état. On pourrait mettre en doute le motif de son entreprise : puisque, si l'on suit Polybe (10), il n'a pas mis son projet à exécution, son intention n'est pas établie. Il a pu vouloir s'emparer du sanctuaire, non pour le piller, mais pour employer le prestige de la déesse à obtenir la soumission de ses fidèles. Il n'est pas nécessaire pourtant de révoquer le témoignage d'une tradition unanime. Il a pu se faire que le roi se soit trouvé temporairement en difficulté. Ne venait-il pas de réaliser de gros travaux à Charax, d'envoyer une mission pour reconnaître la côte arabique du golfe Persique ? Si, dans le même temps, les communications avec ses trésors étaient coupées, on s'expliquerait qu'il ait eu besoin de se procurer des ressources par la force des armes. La facilité avec laquelle il renonça à son projet pour éviter une bataille incertaine tendrait à accréditer l'hypothèse.

Malgré le souvenir qu'a laissé l'épisode, c'était un échec mineur. L'échec définitif devait venir de la mort prématurée du roi. Son successeur, un mineur qui fut bientôt renversé, ne poursuivit pas son effort. Le seul résultat acquis que l'on connaisse fut éphémère : Artaxias d'Arménie recouvra vite son indépendance. Et la domination séleucide sur l'Iran et la Mésopotamie continua de s'affaiblir jusqu'à la conquête parthe.

Bibliogr. : O. Mörkholm, oüv. cité n° XLVIII, chap. IX.

LVI. Le royaume de Pergame et les Galates (163-156)

(C. B. Welles, *Royal Correspondance*, nos 55-61)

55 Te rendant donc maintenant le plus vite possible dans les cantons / et examinant tout clairement, fais-moi savoir de combien de soldats tu as encore besoin. Si tu peux t'emparer par surprise de Pessongoi, écris-moi ce qu'il faut. Car, comme c'est un lieu sacré, il faut le prendre à tout prix. / Porte-toi bien. Année 34, septième jour avant la fin de Gorpiaios.

56 Le roi Eumène à Attis, salut. Si tu vas bien, ce sera bien. Ma santé aussi est bonne. J'ai reçu ta lettre dans laquelle tu me fais savoir ce qui a été écrit au sujet / de ton frère Aioiorix. Tu as eu parfaitement raison de lui résister. La déesse eût-elle pu protéger ses propres prêtres qui ont été et sont outragés et priver / l'auteur de ces actes de ce qu'il désire le plus ! Mais, puisqu'il n'en a pas été ainsi, puisse-t il revenir à son bon sens, au respect des dieux et renvoyer les offrandes - - - -

57 - - - à - - doros et à mon frère qui venait d'arriver au camp, je (le ?) leur ai présenté et leur ai exposé ta politique avant de te l'envoyer. Porte-toi bien.

58 Attale au prêtre Attis, salut. Si tu vas bien, ce sera bien. Ma santé aussi est bonne. Mènodoros, que tu m'as envoyé, m'a remis ta lettre, qui est empressée / et amicale, et il m'a longuement rendu compte des questions sur lesquelles il a dit avoir des instructions. Ayant fait bon accueil à ta politique parce que je constate en toute circonstance ta bonne volonté à l'égard de nos / affaires, de mon côté, je l'ai chargé, après lui en avoir fait part, de te communiquer ce qu'il me paraît nécessaire que tu saches. Porte-toi bien.

60 - - - - par prudence. Ayant ouvert ma lettre, puis l'ayant de nouveau scellée, je te l'ai adressée. Ils me disaient, en effet, que, si je l'envoyais telle quelle, / tu ne pourrais pas l'ouvrir. Reçois-la donc et envoie les hommes que tu voudras comme ils le demandent, persuadé que nous savons que, tout ce que tu entreprendras, tu le feras dans notre intérêt. Aussi est-il indispensable que tu mandes le porteur

10 de cette lettre, car / il désire s'entretenir avec toi. Il est,
en effet, utile aussi pour les autres sujets que tu entendes
de lui ce qu'il dit qu'il veut t'exposer, et que tu envoies
quelqu'un avec lui dans les cantons d'en haut pour rece-
15 voir ce qui est donné — ce serait / folie de le refuser —
et pour nous faire un rapport plus circonstancié sur l'opinion des gens du pays - - - - -

61 Le roi Attale au prêtre Attis, salut. Si tu vas bien,
les choses iront comme je le désire. Ma santé aussi est
bonne. Après notre arrivée à Pergame, j'ai réuni non seulement Athènaios, Sosandros et Mènogénès, mais aussi beau-
5 coup d'autres / de mes parents et je leur ai exposé ce
dont nous avons délibéré à Apamée. Après leur avoir dit
ce que nous avions décidé, une discussion extrêmement
longue s'est engagée. Au premier abord, tous penchaient vers
la même opinion que nous. Mais Chloros a apporté la
plus grande énergie à mettre les Romains en avant et à
10 conseiller / de ne rien entreprendre d'aucune manière sans
eux. En premier lieu, il eut peu de monde avec lui. Puis,
comme, de jour en jour, nous ne cessions d'examiner la
question, son avis nous pénétra davantage, et se lancer en
avant sans eux parut comporter un grand danger. En cas
de succès, ce serait de la jalousie, des mauvais procédés,
15 de la suspicion méchante, celle / qu'ils ont eue contre mon
frère, en cas d'échec, la perte assurée. Car ils ne feraient
pas un geste en notre faveur, mais prendraient plaisir à
nous voir vaincus, parce que, sans eux, nous aurions mis
en train une entreprise de cette importance. Au contraire,
même si, ce qu'à Dieu ne plaise, nous subissons quelque
défaite, ayant agi en tout point avec leur accord, nous obtien-
20 drons du secours et / reprendrons le dessus avec l'aide des
Dieux. J'ai donc décidé d'envoyer à Rome en chaque occasion des messagers pour exposer sans cesse les cas douteux,
tandis que nous nous préparerons avec soin pour, le cas
échéant, nous défendre nous-mêmes - - - - -

Cette série de textes est constituée par des lettres
adressées au grand-prêtre de Pessinonte, Attis, par
Eumène II **(55, 56)** et Attale II, d'abord comme héritier
présomptif de son frère **(57, 58, 60 ?)**, puis roi **(61)**. Elle
a été gravée sur pierre à la fin du Iᵉʳ siècle avant Jésus-
Christ, à une époque où elle n'avait plus d'intérêt politique, pour une raison qu'on ne peut déterminer.

Elle concerne les rapports entre le royaume de Pergame et les Galates, devenus voisins immédiats depuis
la paix d'Apamée. Bien qu'établis dans le centre de l'Asie
Mineure depuis plus d'un siècle à la date du premier de

nos documents (24 Gorpiaios de la 34ᵉ année d'Eumène II = 5 septembre 163. Cf. nᵒˢ XIX et XXVIII),
ces Celtes continuaient à faire régner la terreur autour
d'eux. Eumène était parvenu à les vaincre à plusieurs
reprises, peut-être même à leur imposer sa domination
(nᵒ XLV), mais il avait été à chaque fois contrecarré
par la mauvaise volonté des Romains, qui ne souhaitaient
pas le voir asseoir trop solidement sa puissance en Asie
(les épisodes de ces conflits sont à détailler).

L'hostilité du Sénat ne laissait aux souverains attalides
d'autre possibilité de lutte que de soutenir les partisans
qu'ils avaient chez leurs ennemis. C'est ce qui ressort de
l'ensemble des documents où l'on voit successivement
Eumène, puis Attale fournir en argent et en hommes le
grand-prêtre de Pessinonte. Mais l'état de conservation
des documents ne permet pas de reconstituer leur politique
dans le détail. En outre, les communications importantes
étaient confiées oralement à des courriers (**58**, ll.10 sqq.)
et l'on recourait sans doute aussi aux messages chiffrés
(**60**, ll.1-5). Dans ces conditions, le commentaire devra
porter sur chaque lettre en particulier pour en extraire
les données significatives et tenter de dégager la nature
des entreprises envisagées par les partenaires, qui ne sont
pas toujours des actions militaires.

Du point de vue de l'histoire générale, c'est la dernière
lettre (**61**) qui est la plus intéressante. Elle peut être étudiée
sous le rapport des institutions monarchiques (composition
et fonctionnement du conseil royal) et des rapports entre
Rome et Attale II. Même si le roi a eu d'autres motifs
que la crainte des Romains pour renoncer à l'entreprise
convenue avec Attis (ll.5-6), ce prétexte est révélateur
de l'attitude des monarques du temps à l'égard du Sénat
et des dispositions qu'ils lui attribuaient à leur endroit.
Il est, en fait, devenu l'arbitre souverain de la politique
orientale, même si, en droit, les états hellénistiques demeurent souverains. A cet égard, on notera un changement
d'orientation entre Eumène, qui avait encore fait montre
d'une certaine indépendance, et son frère qui accepte
délibérément de n'être plus qu'un vassal.

LVII. Avénement de Dèmètrios I (162)

(Zonaras, IX, 25)

Antiochos mourut après cela, laissant le royaume à un enfant qui portait le même nom que lui. Le Sénat lui en confirma la possession et envoya trois commissaires qui officiellement devaient lui servir de tuteurs, car il était petit. Alors que les traités les interdisaient, ils découvrirent des éléphants et des trières, et ordonnèrent d'égorger tous les éléphants. Quant au reste, ils gouvernèrent dans l'intérêt de Rome. C'est pourquoi Lysias, à qui la tutelle du roi avait été confiée, excita la foule à chasser les Romains et à tuer aussi Gaius Octavius. La chose faite, Lysias envoya aussitôt des ambassadeurs à Rome pour présenter sa défense à propos de ces événements. Mais Dèmètrios, fils de Séleucos et petit-fils d'Antiochos, qui était otage à Rome au moment de la mort de son père et qui avait été privé de son trône par son oncle Antiochos, dès qu'il apprit la mort d'Antiochos, réclama le royaume paternel. Le Sénat refusa de l'y aider et lui interdit aussi de quitter Rome. Malgré son mécontentement, Dèmètrios ne bougea cependant pas. Mais lorsque se produisit l'affaire de Lysias, il n'hésita plus et s'enfuit. De Lycie, il fit savoir au Sénat que ce n'était pas son neveu Antiochos, mais Lysias qu'il allait combattre dans l'intention de venger Octavius. Il atteignit Tripolis de Syrie à marches forcées, la rallia à son parti en prétendant que les Romains l'envoyaient pour prendre en main le royaume — car personne n'imaginait qu'il s'était enfui —. Il s'empara d'Apamée, réunit une armée et marcha sur Antioche. Le jeune roi et Lysias vinrent amicalement à sa rencontre car, par crainte des Romains, ils n'opposaient aucune résistance. Il les fit tuer et recouvra son royaume.

Deux parties bien distinctes : — 1) le bref règne d'Antiochos V sous la tutelle du vizir Lysias ; — 2) l'accession au trône de Dèmètrios. Il s'agit d'un ordre logique, car les événements rapportés se chevauchent dans le temps.

Mais le commentaire peut se modeler sur ce plan qui introduit de la clarté dans une trame confuse.

I. On rappellera pour débuter la situation dynastique : Antiochos IV était un usurpateur (n° XLVII). Il avait profité de la présence à Rome comme otage de l'héritier légitime, Dèmètrios, fils de Séleucos IV. Son propre fils, Antiochos V, était donc lui aussi illégitime. Sa position était fragile car il était mineur, et Antiochos IV l'avait encore affaiblie en désignant son vizir, Lysias, comme régent avant son départ pour l'Orient (n° LV), puis en donnant à son fils un tuteur différent au moment de sa mort (fin 164). Mais Lysias avait résolu cette contradiction à son profit.

Le Sénat reconnut le jeune roi sans songer à se charger de sa tutelle. Les légats, dont Zonaras prétend qu'ils avaient reçu mandat de l'assumer, formaient en réalité une de ces missions diplomatiques destinées à s'assurer que la volonté de Rome en Orient était bien respectée. Outre la Syrie, ils devaient inspecter la Macédoine, la Galatie, la Cappadoce, et se rendre pour terminer à Alexandrie. Leurs instructions ne faisaient pas allusion à la tutelle. Ce dont ils étaient chargés, c'était de vérifier que les clauses du traité d'Apamée étaient bien appliquées, car le Sénat s'inquiétait de la renaissance militaire à laquelle Antiochos IV avait présidé. La destruction des armements prohibés suffit à expliquer la réaction nationaliste qui coûta la vie à Cn. Octavius (163/2). Que Lysias en soit l'instigateur est tout à fait invraisemblable : ou bien il se glorifiait de l'assassinat du légat pour sa popularité, et il s'attirait immanquablement des représailles, ou bien il tentait, comme il fit, de dégager sa responsabilité et ne gagnait rien dans la faveur populaire. Il est bien possible néanmoins que le Sénat l'ait cru coupable.

II. A la mort de son oncle, Dèmètrios était depuis douze ans otage à Rome. Il n'avait jamais admis son éviction du trône. D'où son insistance pour le recouvrer à la faveur des circonstances. Mais les Romains préféraient les faiblesses d'une régence à l'autorité d'un homme fait, très conscient de sa dignité au reste, et fils d'un souverain hostile à Rome. Cependant, si la majorité du Sénat lui était défavorable, une minorité paraît avoir pris son parti et facilité sa fuite. Polybe fut l'un de ses complices (XXXI, 11-15). Etant donné ses liens avec les Scipions, il y a lieu de supposer que c'est auprès d'eux que Dèmètrios trouva des appuis. Mais leurs motifs échappent.

D'après Polybe, le prince aurait fait route directement vers la Syrie. L'étape en Lycie mentionnée par Zonaras, si elle est exacte, a pu avoir pour objet le recrutement d'une armée. Mais, vu la géographie, il n'est pas probable qu'il se soit rendu de là par terre en Syrie. Quant à se prétendre mandaté par le Sénat, c'eût été une imposture un peu forte. Ce peut n'être qu'une interprétation forcée du comportement de l'assemblée après la découverte de la fuite de Dèmètrios : on renonça à le poursuivre, mais on envoya des observateurs en Orient. Le prince aurait réussi à les convaincre de son bon droit. Il pouvait donc, sur place, paraître bénéficier d'un consentement tacite. Mais le fait qu'à Rome on lui ait fait attendre deux ans sa reconnaissance officielle montre que la majorité lui demeurait hostile. Aucune résistance ne lui fut opposée. Le subterfuge ci-dessus n'est pas nécessaire pour expliquer qu'il ait pu s'emparer sans peine du jeune roi et de Lysias, qu'il laissa ensuite assassiner.

LVIII. Alliance des Romains et de Judas Maccabée (161 ?)

I Maccabées, 8, 17-32)

[17] Judas choisit Eupolémos, fils de Jean, de la maison d'Accos, et Jason, fils d'Eléazar, et les envoya à Rome conclure avec eux (les Romains) amitié et alliance et [18] les inciter à leur (les Juifs) ôter le joug, car ils (les Romains) se rendaient compte que la royauté des Grecs réduisait Israël en servitude. [19] Ils firent route vers Rome et leur voyage fut très long. Ils pénétrèrent dans la Curie et prirent la parole en ces termes : [20] « Judas Maccabée et ses frères et le peuple juif nous ont envoyés vers vous pour faire avec vous alliance et paix et pour être inscrits au nombre de vos alliés et de vos amis. » [21] La requête plut aux sénateurs. [22] Voici la copie de la lettre qu'ils gravèrent sur des tables de bronze et envoyèrent à Jérusalem pour être chez les Juifs un témoignage de paix et d'alliance : [23] « Bonheur aux Romains et à la nation des Juifs sur mer et sur terre à jamais. Loin d'eux le glaive de l'ennemi. [24] S'il arrive que Rome soit attaquée la première ou quiconque de ses alliés sur toute l'étendue de sa domination, [25] la nation des Juifs combattra avec elle, suivant ce que lui dicteront les circonstances, de tout cœur ; [26] ils ne donneront aux adversaires et ne leur fourniront ni blé, ni armes, ni argent, ni vaisseaux, comme il en a été décidé à Rome, et ils observeront leurs engagements sans recevoir de garantie. [27] De même, s'il arrive que la nation des Juifs soit attaquée la première, les Romains combattront avec elle de toute leur âme, suivant ce que leur dicteront les circonstances. [28] Il ne sera donné aux assaillants ni blé, ni armes, ni argent, ni vaisseaux, comme il en a été décidé à Rome, et ils garderont leurs engagements sans dol. [29] C'est en ces termes que les Romains conclurent avec le peuple des Juifs. [30] Que si, dans la suite, les uns et les autres veulent y ajouter ou en retrancher, ils le feront à leur gré, et ce qu'ils auront ajouté ou retranché scra exécutoire. [31] Au sujet des maux que le roi Dèmètrios leur a

faits, nous lui avons écrit en ces termes : « Pourquoi fais-tu peser ton joug sur nos amis, nos alliés les Juifs ? [32] Si donc ils t'accusent encore, nous soutiendrons leurs droits et nous te combattrons sur mer et sur terre. »

Un plan normatif paraît ici inévitable : — 1) les circonstances ; — 2) l'authenticité (devrait logiquement venir en premier, mais la discussion exige la connaissance du contexte historique) ; — 3) la chronologie ; — 4) clauses et portée du traité.

I. Reprendre les faits au moment de la révolte de Judas Maccabée (n° LIV), moins pour en décrire les vicissitudes que pour mettre en lumière les forces en présence et les rapports qui s'établissent entre elles : les hellénistes, qui ne désespèrent pas du succès, bien qu'ils ne bénéficient plus toujours du plein appui d'Antioche ; les intransigeants qui, avec Judas, refusent tout compromis ; les Asidéens (Hasidim) qui souhaitent seulement pratiquer la Loi sans entrave. Le gouvernement séleucide, avant tout préoccupé de rétablir son autorité en Judée, est prêt à s'appuyer sur le parti qui lui permettra de rétablir la paix, sans pourtant sacrifier tout à fait ses partisans hellénistes.

Il pensa y parvenir en renonçant à la persécution (163). Mais le grand-prêtre Alkimos, un helléniste, ne sut pas rallier les Asidéens, satisfaits pourtant du retour à la liberté religieuse. La guerre civile reprit (162). Le stratège séleucide Nicanor comprit qu'il lui faudrait s'entendre avec Judas. Il allait réussir quand Alkimos lui fit donner l'ordre de reprendre les hostilités où il fut battu et tué (160). Mais son successeur Bacchidès le vengea aussitôt et, par des mesures énergiques, pacifia la Judée pour plusieurs années.

II. C'est entre 162 et 160 que fut conclu le traité à commenter. Son authenticité a été contestée, à tort semble-t-il. La vraisemblance ne lui est pas contraire. D'une manière générale, les Juifs n'ignoraient pas les démêlés des Séleucides avec Rome. Certains partisans de Judas avaient eu des rapports avec Antioche : Jean, père d'Eupolémos (v. 17), avait obtenu d'Antiochos IV des avantages pour ses compatriotes. Il n'est donc pas impossible que Judas ou ses conseillers aient eu l'idée de solliciter l'appui de Rome contre les Séleucides. Du côté romain, le Sénat

ne répugnait pas à soutenir ce qui pouvait affaiblir les
monarchies hellénistiques. Or, précisément, entre 162 et
160, ses rapports avec Dèmètrios I étaient tendus (n° LVII).
Un accord avec les rebelles juifs pouvait lui paraître de
bonne politique. On ajoutera que l'auteur de *I Macc.*,
familier de la dynastie asmonéenne, a pu retrouver le
document authentique dans ses archives.

En faveur de l'authenticité, on allègue une mission juive
à Rome en 161, connue par Josèphe. D'autre part, l'analyse de la rédaction du traité fait apparaître de nombreuses
analogies avec le style habituel des actes de même nature.
La conformité n'est pas totale toutefois, parce que le
document original a été traduit en hébreu par l'auteur de
I Macc., puis dans le grec du texte canonique, et que les
formules qui faisaient trop directement allusion au paga-
nisme classique ont été éliminées.

III. Dans *I Macc.*, la conclusion est placée entre la mort
de Nicanor et celle de Judas, donc au cours de l'été 160,
délai trop bref. L'auteur dit lui-même (v. 19) que le voyage
des ambassadeurs juifs fut très long. S'ils étaient partis
au printemps 160, ils seraient arrivés à Rome au moment
où, la situation s'étant retournée au détriment de leur
parti, le Sénat n'aurait plus eu avantage à traiter avec
lui. Il venait d'ailleurs de reconnaître Dèmètrios. Judas
s'est donc adressé à Rome avant sa dernière victoire. On
peut penser que l'idée lui en est venue dès 162, au moment
où la guerre civile recommençait. Mais le traité ne fut
sans doute conclu qu'en 161, en raison du temps nécessaire à ses envoyés pour parvenir à Rome. En outre,
comme on l'a vu, Josèphe savait que des ambassadeurs
juifs étaient passés à Cos en 161, à leur retour d'Italie.
Il est difficile de ne pas croire qu'il s'agit d'Eupolémos et
de Jason (v. 17).

IV. Le traité proprement dit s'étend aux vv. 23 à
30. Les deux derniers versets n'en font pas partie. Ils
contiennent le résumé d'une lettre adressée par le Sénat
à Dèmètrios pour lui demander compte de son attitude
envers les Juifs. C'était le premier résultat de l'alliance,
qui ne paraît pas en avoir produit d'autre. Elle se présente
comme un pacte défensif où les engagements des deux
partis sont répétés à peu près dans les mêmes termes
(vv. 24-26, 27-28). Ils sont très imprécis ; les nouveaux
alliés se promettent surtout de ne pas soutenir les agressions

dont ils seraient victimes. Une clause de révision par consentement mutuel complète ces dispositions (v. 30).

Etant donné la faible portée de cet accord et la différence de puissance entre les partenaires, on peut s'interroger sur sa valeur. Les Juifs avaient un intérêt évident et primordial à obtenir l'alliance romaine. Mais, en fait, elle n'était pas accordée. Tout ce à quoi le Sénat consentait, c'était une démarche diplomatique auprès de Dèmètrios, assortie d'une menace conditionnelle d'intervention. Mais, sans s'en aviser peut-être et par le seul fait de conclure une convention formelle avec eux, il reconnaissait leur indépendance ou, au moins, leur existence sur le plan international. Et, en s'adressant à lui, Judas manifestait sa volonté de sécession à l'égard du royaume séleucide. S'il a bien décidé cette démarche en 162, les circonstances intérieures à la Judée permettraient d'expliquer son geste.

Du côté romain, une alliance avec un peuple aussi faible que les Juifs, divisés de surcroît, ne présentait pas d'intérêt intrinsèque. Elle ne pouvait être avantageuse que comme instrument d'une politique de plus grande portée : les rapports avec les Séleucides. Le Sénat se donnait un moyen de pression sur Dèmètrios avec qui il était en mauvais termes. La modestie et l'imprécision de ses engagements montrent bien qu'il n'avait pas l'intention de soutenir inconditionnellement ses nouveaux alliés.

LIX. Comment on fabrique un usurpateur :
Alexandre Balas (158-156)

(Diodore de Sicile, XXXI, 32 a)

Le roi Eumène, sur qui la chute d'Ariarathès pesait lourd et qui, pour cette raison personnelle, s'efforçait de se venger de Dèmètrios, fît venir un jeune homme qui, par sa prestance et son âge, présentait une ressemblance extraordinaire avec Antiochos, le précédent roi de Syrie. Il vivait à Smyrne et affirmait avec force qu'il était le fils du roi Antiochos. Beaucoup de gens le croyaient à cause de la ressemblance. A son arrivée à Pergame, Eumène le para d'un diadème et du reste de la tenue qui convient à un roi. Puis il l'adressa à un Cilicien du nom de Zènophanès. Ce dernier, pour une raison quelconque, s'était brouillé avec Dèmètrios, tandis qu'il avait reçu dans certaines circonstances difficiles l'aide d'Eumène qui régnait alors. Naturellement, il était hostile à l'un et plein de bons sentiments pour l'autre. Il accueillit le jeune homme quelque part en Cilicie et répandit partout en Syrie le bruit qu'il s'apprêtait à reprendre le pouvoir dans le royaume paternel le moment venu. En Syrie, les masses, habituées à la conduite généreuse des précédents souverains, trouvaient lourdes l'austérité de Dèmètrios et ses exigences impérieuses. Aussi, toutes disposées à un changement de régime, étaient-elles suspendues à l'attente pleine d'espoir que, sans délai, le pouvoir allait tomber aux mains d'un souverain plus capable.

Deux centres d'intérêt : — 1) pourquoi Eumène II de Pergame (en réalité Attale II, Eumène étant mort en 159. Cf. 1.13 : si Eumène régnait « alors », c'est qu'il ne régnait plus au moment des faits) a-t-il suscité un usurpateur pour l'opposer à Dèmètrios I ? — 2) Pour quelles raisons ce dernier était-il en butte à l'hostilité de ses sujets ?
I. L'invention d'un usurpateur par Attale est présentée comme une vengeance à propos de la chute d'Ariarathès (V)

de Cappadoce. Depuis la paix d'Apamée, ce royaume était
étroitement allié à Pergame. Mais il avait été auparavant
dans la mouvance séleucide. A son avènement, Dèmètrios
tenta de renouer ces liens par un mariage. Il se vengea de
son échec en opposant à Ariarathès son frère Orophernès
qui s'empara du trône (158). Rome n'ayant pas voulu
arbitrer, une armée pergaménienne le chassa (156).

C'est entre ces deux dates qu'à en croire Diodore,
Attale aurait suscité Alexandre. On n'a pas le moyen de
le convaincre d'erreur. Toutefois, c'est en 153/2 seulement que l'usurpateur prit pied dans le royaume séleucide.
Il n'est pas impossible qu'entre l'invention et le début de
l'action, Attale ait eu besoin d'un certain temps pour
provoquer un mouvement d'opinion en Syrie, comme le
dit Diodore (l.12). Quatre ans font toutefois un long
délai.

Pourquoi Attale a-t-il choisi ce moyen pour faire pièce
à son rival ? Rappeler, d'une part, les rivalités dynastiques
séleucides depuis l'assassinat de Séleucos IV, d'autre part,
la précédente intervention attalide à l'avènement d'Antiochos IV (n° XLVII). Le problème de l'origine de
Balas est insoluble. Il se donnait pour fils d'Antiochos IV
et frère d'Antiochos V dont il avait l'âge.

II. La propagande d'Attale en faveur de Balas trouvait
en Syrie un terrain favorable, Dèmètrios étant peu populaire pour les raisons évoquées par Diodore (fiscales essentiellement) et pour d'autres : d'une nature peu communi-
cative, il n'habitait pas sa capitale ; à l'occasion d'une
révolte, la répression y avait été fort dure. La comparaison avec la conduite familière et démagogique de son
prédécesseur n'était pas en sa faveur. Il convient d'ajouter
ses échecs diplomatiques, en Cappadoce notamment.

Mais ces causes intérieures n'auraient sans doute pas
suffi à provoquer sa chute, car ses capacités étaient réelles
et lui avaient valu quelques succès (pacification de la Judée
par Bacchidès, n° LIX ; répression de la révolte de Timar-
que). Il eut surtout à faire face à une coalition étrangère
qui unit, à Pergame et à la Cappadoce, l'Egypte (à qui il
eut l'imprudence de vouloir enlever Chypre) et finalement
Rome qui le tolérait mal et reconnut Balas en 153/2.

LX. Le testament de Cyrène (155)

(*S. E. G.*, IX, 7)

En la quinzième année, au mois de Loios. A la Bonne
Fortune. Ceci est le testament du roi Ptolémée le Cadet,
fils du roi Ptolémée et de la reine Cléopatre, dieux / Epi-
phanes, dont copie a été adressée à Rome. Puissé-je, avec
la faveur des dieux, tirer une vengeance insigne de ceux
qui ont organisé contre moi ce guet-apens impie et qui
avaient décidé de me priver / non seulement de mon
royaume, mais aussi de la vie. S'il m'arrive de subir le
sort de l'homme avant de laisser des héritiers de mon
royaume, je lègue les droits de souveraineté que je possède aux Romains, / à qui, depuis mon avènement, j'ai
conservé mon amitié et mon alliance en toute sincérité.
Aux mêmes, je confie le soin de protéger mes possessions
en leur adressant, avec le consentement de tous les dieux et
le leur propre, le vœu que, si des ennemis / s'attaquent aux
cités ou au plat pays, ils viennent à leur secours conformément à l'amitié et à l'alliance mutuelles qui existent entre
nous et au droit avec toutes leurs forces. J'établis comme
témoins de ces dispositions Zeus / Capétolios, les Grands
Dieux, le Soleil et Apollon Archégète, auprès de qui le
texte de ces dispositions est consacré. A la Bonne Fortune.

Copie épigraphique du testament de Ptolémée VIII
Evergète II, fils cadet de Ptolémée V Epiphane et de
Cléopatre I, roi de Cyrène, rédigé au printemps de 155
d'après la date l.1. Le problème de l'authenticité n'a pas
à être discuté ici. Elle n'est généralement pas contestée,
bien qu'il ne s'agisse sans doute pas de l'original notarié,
mais d'un résumé destiné à l'affichage public, en raison
des imprécisions qui affectent plusieurs points (l.9, « le
guet-apens » dont le roi a été victime ; ll.13-14, « les
droits de souveraineté que je possède »). Reste donc à
examiner les circonstances, les dispositions et les intentions
du testateur.

I. Rappeler dans ce développement les hostilités entre Evergète II et son frère aîné Ptolémée VI Philomètor depuis le cercle de Popillius (n° LII), notamment le partage des possessions lagides (163) qui faisait du premier un roi de Cyrène, puis ses efforts incessants pour acquérir Chypre avec l'appui, très réticent d'ailleurs, du Sénat qui n'alla pas plus loin que la dénonciation de son alliance avec Philomètor, lequel dut pourtant être assez inquiet pour tenter de le faire assassiner dans l'hiver 156/5.

II. C'est à cet attentat qu'Evergète fait allusion en parlant l.9 du « guet-apens » dont il a été victime, et c'est visiblement en conséquence qu'il rédigea son testament. N'ayant alors pas de descendance mâle et pour le cas où il viendrait à mourir sans héritier naturel (ll.12-13), il lègue aux Romains « les droits de souveraineté » qu'il possède (l.14). L'emploi de cette expression embarrassée, alors qu'il a parlé deux lignes auparavant de « mon royaume », ne peut qu'être intentionnelle : on a supposé avec apparence de raison qu'Evergète entendait par là non seulement ses possessions effectives (Cyrène), mais encore ses prétentions sur Chypre, qu'en 162 le Sénat avait tenté de faire valoir sans succès et sans beaucoup d'insistance d'ailleurs.

Le reste n'est que l'expression d'un vœu : qu'en cas de guerre (probablement une offensive de Philomètor, dans l'esprit d'Evergète), les Romains lui accordent leur appui total, et n'a pas de portée politique. Une copie du document était envoyée à Rome (l.5), pour être exposée au Capitole sans doute (d'où l'invocation à Zeus Capétolios, ll.24-25), l'original étant conservé dans le sanctuaire d'Apollon, principale divinité de Cyrène (l.27).

III. La clause principale est donc le legs du royaume aux Romains. C'est à la fois une sûreté et une vengeance. Evergète empêchait son frère de reconstituer l'unité de l'empire lagide : s'il mourait sans descendant, Rome devenait son héritière et, dans sa pensée, jamais Philomètor ne serait capable ni n'oserait opposer ses droits à ceux que le testament valait au Sénat. S'il lui naissait un fils, il lui succèderait. De ce fait, il escomptait dissuader Philomètor d'attenter une nouvelle fois à sa vie, puisque sa mort ne pourrait rien lui rapporter.

Pour réussir éventuellement, la manœuvre supposait que le Sénat serait tenté par une acquisition territoriale outre mer (deux, si Chypre était sous-entendue ll.13-14). Il ne semble pas qu'il ait été alors disposé à étendre ses possessions directes, et un protectorat déguisé pouvait lui paraître plus avantageux qu'une annexion. En outre, la faveur dont jouissait Evergète dans son sein n'était le fait que d'une faction, disposant toutefois de la majorité. Une minorité, dont Caton était le porte-parole, soutenait Philomètor. De toute manière, le testament resta lettre morte puisqu'après la disparition de son frère (145), Evergète reconstitua à son profit l'unité lagide.

Bibliogr. : B. A. Kouvelas, « Testamente hellenistischer Herrscher als Zeichen des Eigentums am Staat », *Platon*, 24, 1972, pp. 300-304.

LXI. Prusias II et son fils Nicomède II (150-149)

(Appien, *Mithridatica*, 4-7)

(4) Prusias, qui était détesté de ses sujets à cause de sa cruauté insupportable, avait un fils, Nicomède, fort aimé des Bithyniens. Prusias en eut vent et l'envoya vivre à Rome. Ayant appris qu'il y était aussi très bien vu, il lui ordonna d'aller demander au Sénat de lui faire remise des sommes qu'il devait encore à Attale. Il envoya Ménas pour l'assister dans sa démarche. Et il lui donna pour consigne, s'il obtenait la remise de dette, d'épargner Nicomède, mais, s'il échouait, de le tuer à Rome. Il le fit accompagner à cette fin par quelques avisos et deux mille hommes. L'amende infligée à Prusias ne fut pas rapportée : Andronicos, qu'Attale avait envoyé pour défendre la cause inverse, montra qu'elle était moins élevée que le pillage. Ménas, qui voyait Nicomède digne d'estime et d'attachement, ne savait que faire. Il ne se résignait ni à le tuer, ni à retourner en Bithynie, ce qui l'effrayait. Comprenant qu'il tergiversait, le jeune prince eut un entretien avec lui qui ne demandait pas mieux. Ils se mirent d'accord contre Prusias et s'adjoignirent Andronicos, l'ambassadeur d'Attale, qui devait persuader Attale de faire rentrer Nicomède en Bithynie. Ils se donnèrent rendez-vous à Bernikè, petite ville d'Epire. Une nuit, ils s'embarquèrent sur un navire pour se mettre d'accord sur un plan d'action et se séparèrent avant le jour.

(5) Au matin, Nicomède débarqua du navire revêtu de la pourpre royale et coiffé d'un diadème. Andronicos alla à sa rencontre, le salua du titre de roi et lui fit escorte avec les cinq cents soldats qu'il avait à sa disposition. Ménas, feignant d'apprendre à l'instant la présence de Nicomède, accourut vers ses deux mille soldats, en homme bouleversé. Au fil de son discours : « Nous avons deux rois, leur dit-il, l'un tient le pays, l'autre va l'attaquer. Il nous faut donc bien choisir notre parti et conjecturer l'avenir sans nous tromper. Car, ce qui assurera notre salut, c'est une juste prévision de celui qui l'emportera. L'un est vieux, l'autre jeune. Les Bithyniens choisissent l'un, rejettent l'autre. A Rome, les gens influents préfèrent le jeune prince.

Andronicos lui a déjà donné une garde, ce qui suggère qu'il a l'alliance d'Attale, ce maître d'un grand empire, voisin de la Bithynie, vieil ennemi de Prusias. » En même temps, il mettait à nu la cruauté de Prusias, ses innombrables méfaits contre tout le monde et la haine unanime que les Bithyniens en avaient conçue contre lui. Quand il se rendit compte que les soldats aussi détestaient la méchanceté de Prusias, il les conduisit aussitôt à Nicomède, le salua du titre de roi comme l'avait déjà fait Andronicos, et ses deux mille hommes renforcèrent sa garde.

(6) Attale accueillit cordialement le jeune prince et invita Prusias à concéder à son fils quelques villes pour sa résidence et un territoire pour son entretien. L'autre répondit qu'il lui donnerait tout de suite le royaume d'Attale tout entier. C'était justement pour l'offrir à Nicomède qu'il avait précédemment envahi l'Asie. Sur cette réponse, il envoya à Rome des ambassadeurs porter plainte contre Attale et Nicomède et leur intenter un procès. Attale envahit aussitôt la Bithynie. Au cours de son avance, les Bithyniens se rallièrent à lui par petits groupes. Prusias, qui se défiait de tout le monde et espérait que les Romains le préserveraient de cette conjuration, demanda au Thrace Diégylis, son gendre, cinq cents hommes. Il en fit sa garde du corps unique et se réfugia sur l'acropole de Nicée. A Rome, le préteur urbain n'introduisit pas tout de suite au Sénat les ambassadeurs de Prusias, ce qui favorisait Attale. Quand il les eut enfin introduits, le Sénat vota que le préteur lui-même désignerait et enverrait des légats pour mettre fin au conflit. Il désigna donc trois personnes dont l'une avait autrefois reçu une pierre sur la tête et était restée difforme de ses cicatrices, la seconde était infirme des jambes à cause de la goutte, et la dernière était tenue pour un parfait imbécile, ce qui inspira à Caton ce sarcasme que l'ambassade n'avait ni cervelle, ni pied, ni tête.

(7) Les légats arrivèrent en Bithynie et donnèrent ordre de mettre fin à la guerre. Nicomède et Attale répondirent qu'ils y consentaient. Mais les Bithyniens, à qui on avait fait la leçon, déclarèrent qu'il ne leur était plus possible de supporter la cruauté de Prusias après avoir manifesté sans équivoque leur opposition. Les légats, sous le prétexte que les Romains n'avaient pas encore été saisis de ces plaintes, repartirent sans avoir rien fait. Prusias, ayant dû renoncer même à l'appui des Romains en qui il avait mis toute sa confiance, au point de négliger de rien préparer pour sa défense, se replia sur Nicomédie pour fortifier la ville et combattre les envahisseurs. Mais les habitants le trahirent et ouvrirent leurs portes. Nicomède y pénétra avec son armée. Prusias se réfugia dans un sanctuaire de Zeus où il fut tué par des émis-

saires de Nicomède. C'est ainsi que Nicomède remplaça Prusias sur le trône de Bithynie.

Récit simple et limpide d'événements qui ne présentent
pas par eux-mêmes un grand intérêt, sinon par ce qu'ils
révèlent des mœurs des cours orientales sous le protectorat romain. Il n'y a donc pas lieu de s'apesantir sur
l'analyse, sauf à préciser l'identité des personnages principaux (Prusias, Attale) et les faits historiques auxquels
il est fait allusion. L'important est de dégager les caractères des relations internationales en Asie Mineure au
milieu du IIe siècle. Ils sont marqués : — 1) par l'ambition
sans scrupule de Prusias ; — 2) par la puissance et l'activité d'Attale II dont le règne constitue l'apogée du
royaume de Pergame ; — 3) par l'incertitude et la
mollesse de la politique sénatoriale, qui laisse faire son
principal protégé, Attale, pourvu qu'il ne manifeste pas
une indépendance menaçante. La raison de cette relative
inertie est à chercher dans la fidélité du roi (n° LVI) et
dans les préoccupations sérieuses que Rome commence à
éprouver en Occident (Espagne, Carthage).

LXII. La révolte d'Andriscos en Macédoine (149-148)

(Zonaras, IX 28)

En Macédoine, un certain Andriscos, originaire d'Adramyttion, qui ressemblait à Persée par son aspect, prétendait être son fils et se donnait le nom de Philippe, entraîna dans la révolte une grande partie du pays. S'étant, une première fois, rendu en Macédoine, il tenta d'y jeter le trouble. Mais, comme personne ne le suivait, il se tourna vers Dèmètrios, roi de Syrie, dans l'espoir que leurs liens de famille lui vaudraient son appui. Mais l'autre le fit arrêter et l'envoya à Rome. Là, il fut convaincu de n'être pas le fils de Persée et, comme il n'y avait rien d'autre pour le recommander, il fut l'objet d'un mépris complet. Une fois relâché, il groupa une bande de révolutionnaires, rallia nombre de cités et finalement, revêtant l'habit royal, il leva une armée et se rendit en Thrace. Nombre d'indigènes, nombre de princes aussi, qui détestaient les Romains, se rallièrent à lui. Avec eux, il envahit la Macédoine et l'occupa. Puis il marcha sur la Thessalie et se rendit maître d'une bonne partie du pays. Les Romains, tout d'abord, ne s'inquiétèrent pas d'Andriscos. Puis ils chargèrent Scipion Nasica de mettre de l'ordre dans le pays par des moyens pacifiques. Quand il fut arrivé en Grèce et se fut rendu compte de la situation, il en fit rapport à Rome, mobilisa une armée chez les alliés du pays, se mit à l'œuvre et avança jusqu'en Macédoine. A Rome, quand on connut les actes d'Andriscos, on envoya une armée avec le préteur Publius Juventius. Quand il parvint aux frontières de la Macédoine, Andriscos l'attaqua, le tua et aurait anéanti toutes ses troupes si elles n'avaient battu en retraite pendant la nuit. Il envahit ensuite la Thessalie, la ravagea en grande partie et se concilia les Thraces. Il fallut de nouveau, après ces revers, que les Romains envoyent le préteur Q. Caecilius Metellus avec des forces importantes. Celui-ci partit pour la Macédoine et Attale l'appuya avec une flotte. Andriscos en conçut des craintes pour les régions côtières et n'osa pas avancer plus loin. Il prit position légèrement en avant

de Pydna, eut l'avantage dans une rencontre de cavalerie
mais, redoutant l'infanterie, il se retira. Ce succès le rendit
si présomptueux qu'il divisa son armée en deux corps. Le
premier, sous son commandement, demeura sur place en
défense. Le second reçut pour mission de ravager la Thessalie. Sans se laisser impressionner par ce qu'il avait en
face de lui, Metellus attaqua. Vainqueur des premiers éléments avec qui il en vint aux mains, il n'eut pas de peine
à l'emporter aussi sur les autres. Ils ne firent d'ailleurs pas
difficulté à reconnaître leur erreur devant lui. Andriscos s'enfuit en Thrace, réunit une armée et livra bataille à Metellus au cours de son avance. Mais son avant-garde fut mise
en déroute, ses alliés dispersés et lui-même, livré par le
prince thrace Byzès, fut condamné.

　　Une analyse précise est indispensable, car l'auteur
n'est pas toujours clair ni complet, et il avance des thèses
discutables : — 1) à l'en croire, Andriscos tente une première fois sa chance seul en Macédoine. Son échec
l'amène à demander l'aide de Dèmètrios II qui le livre
à Rome, d'où il réussit à s'échapper ; — 2) il renouvelle
sa tentative, se procure des appuis en Thrace avec lesquels il se rend maître de la Macédoine, puis d'une partie
de la Thessalie ; — 3) devant ses succès, Rome s'inquiète.
Elle envoie Scipion Nasica qui tente de réprimer la
révolte avec des forces locales, mais échoue (Zonaras ne
le précise pas, mais cela résulte du fait qu'il faut envoyer
d'Italie une armée avec P. Juventius). Celui-ci est battu
et tué. Andriscos paraît alors de nouveau envahir la
Thessalie et obtenir l'appui des Thraces ; — 4) nouvel
effort plus important : on dépêche Metellus et on demande
sa flotte à Attale II. Andriscos est battu à Pydna, se
réfugie en Thrace, revient à la charge, est battu de nouveau
et livré. Le commentaire se modèlera sur le plan du texte,
en regroupant toutefois les points 3 et 4, ce dernier portant
sur des opérations militaires qui ne demandent pas d'éclair-
cissements.
　　I. Pour expliquer que l'imposture d'Andriscos ait pu
trouver crédit, rappeler pour débuter que Philippe, fils
de Persée, dernier roi de Macédoine, était mort sans descendance en Italie quelques années après Pydna. La première tentative prêtée par Zonaras à Andriscos n'est pas
admissible : on ne s'expliquerait pas, autrement, que le
Sénat l'eût traité avec tant de négligence et laissé s'enfuir.

Polybe affirme, en outre, qu'en 149, on ne l'avait encore jamais vu en Macédoine. Sa première démarche a donc été de solliciter l'appui de Dèmètrios I, beau-frère de Persée. Si ce dernier l'a livré, c'est qu'il espérait qu'en échange, Rome refuserait de reconnaître Alexandre Balas, suscité par Attale II (n° LX). La décision contraire du Sénat étant de 153/2, la captivité d'Andriscos en Italie commence à cette date.

II. Le texte implique apparemment qu'après sa fuite, il se rendit directement en Macédoine. En réalité, il gagna d'abord Milet, puis la Thrace où il réussit à se faire reconnaître par un prince qui était le beau-frère de Persée. C'est cela seulement qui lui fournit le moyen de s'attaquer à la Macédoine. Zonaras suggère encore qu'il recueillit de nombreux ralliements par haine des Romains. En réalité, il n'a jamais fait l'unanimité et son soulèvement n'a rien d'une guerre de libération nationale. L'histoire des républiques nées de la division du royaume antigonide après Pydna est mal connue, mais paraît avoir été troublée par des conflits sociaux, Rome ayant étayé, comme en Grèce, sa domination sur les classes aisées. Celles-ci lui sont, en partie au moins, restées fidèles et Andriscos a dû s'appuyer sur les pauvres. D'où les résistances armées qu'il a eu à surmonter pour se rendre maître du pays.

III. Les maladresses du récit sont seules responsables des doublets qu'il paraît impliquer. Après la défaite de Juventius, Andriscos n'envahit pas de nouveau la Thessalie, ne se concilie pas de nouveau les Thraces. Il y étend son influence. L'exposé des opérations auprès de Pydna est également mal présenté (à corriger dans un commentaire complet). L'intérêt de cette partie du texte réside dans l'attitude de Rome. Sa surprise et son ignorance devant l'ampleur réelle de l'insurrection, soulignées par Polybe, expliquent en partie son recours à la méthode des « petits paquets », au moins l'envoi de Scipion Nasica sans troupes. Ce qui la paralyse surtout, c'est la situation en Occident (Carthage, Espagne). D'où la faiblesse des moyens mis en œuvre : une seule légion à Juventius, deux à Metellus malgré la défaite de son collègue.

Pour terminer, on notera que la défaite d'Andriscos a eu pour résultat la rédaction de la Macédoine en province, première annexion territoriale de Rome en Orient.

LXIII. Les origines de la guerre d'Achaïe (147-146)

(Polybe, XXXVIII, 10-13)

10 (1) Sextus, qui se rendait de Rome dans le Péloponnèse, rencontra Théaridas (2) que les Achéens envoyaient en ambassade pour présenter des excuses et des explications sur les actes insensés dont Aurelius avait été la victime. (3) L'ayant abordé, il l'engagea à revenir en Achaïe, car il avait justement pour mission de traiter toute cette affaire avec les Achéens. (4) Arrivé dans le Péloponnèse, Sextus tint conférence avec les Achéens à Aigion. Il prononça un long discours plein de bons sentiments. (5) Il ne fit pas mention de l'affront fait aux légats, ne réclama pour ainsi dire aucune justification et prenait l'affaire moins à cœur que les Achéens eux-mêmes. Il leur conseillait, en somme, de ne pas persévérer davantage dans leur conduite coupable envers Rome et les Lacédémoniens. (6) La partie sensée de l'auditoire accueillit ces paroles avec satisfaction et les approuva énergiquement. Elle comprenait bien la signification de l'événement et elle avait sous les yeux le sort de ceux qui s'opposaient aux Romains. (7) La masse des assistants n'aurait su que répondre aux justes observations de Sextus. Elle ne bougea donc pas, mais elle demeurait en proie à la maladie qui la minait. (8) Restaient Diaios, Critolaos et tous ceux qui se rangeaient avec eux dans le même parti. D'eux, on aurait pu les croire choisis à dessein dans chaque cité parmi les pires individus, ennemis des dieux, fléaux du peuple. (9) Comme dit le proverbe, ce que les Romains donnaient de la main droite, ils le prenaient de la gauche. Pour tout dire en un mot, ils avaient perdu le sens. (10) Ils s'imaginaient que les Romains, engagés en Libye et en Espagne, redoutaient une guerre avec l'Achaïe, qu'ils étaient prêts à tout supporter et à faire toutes les concessions. (11) Estimant que l'occasion était bonne, ils répondirent courtoisement aux légats qu'ils enverraient Théaridas au Sénat et qu'ils les accompagneraient eux-mêmes à Tégée où ils auraient des conversations avec les Lacédémoniens pour mettre fin d'un commun accord à la guerre. (12) Cette réponse donnée, ils ne cessèrent ensuite de pousser aux folies qui étaient depuis longtemps leur but ce malheureux peuple. (13) Et il était fatal qu'ils y parviennent vu l'inexpérience et l'incapacité des gens en place.

11 (1) La ruine définitive se produisit comme suit (2) Sextus se rendit à Tégée et y fit venir les Lacédémoniens pour les mettre d'accord avec les Achéens sur le règlement des griefs antérieurs et la suspension des hostilités jusqu'à l'envoi par Rome d'une commission chargée d'examiner l'ensemble du litige. (3) Mais les partisans de Critolaos tinrent conseil et décidèrent de faire faux-bond au rendez-vous, à l'exception de leur chef qui se rendrait à Tégée. (4) Il y arriva au moment où Sextus désespérait déjà presque de le voir. (5) Lors de la conférence avec les Lacédémoniens, il ne fit aucune concession, prétendant qu'il n'avait pas le pouvoir de prendre aucune décision sans l'aveu du peuple. Il se proposait d'en référer aux Achéens lors de leur prochaine assemblée, qui devait avoir lieu six mois plus tard. (6) Sextus se rendit alors clairement compte de la mauvaise volonté de Critolaos. Furieux de se voir mettre des bâtons dans les roues, il renvoya les Lacédémoniens chez eux et repartit pour l'Italie, en condamnant l'aveuglement et la folie de Critolaos. (7) Ce dernier, une fois Sextus parti, passa l'hiver à parcourir les cités et à réunir des assemblées sous le prétexte qu'il voulait rendre compte de ce qu'il avait dit aux Lacédémoniens et aux Romains à Tégée ; (8) en réalité, il dressait un réquisitoire contre les Romains et dénaturait toutes leurs paroles. (9) Il réussit ainsi à susciter l'hostilité et la haine des masses. (10) En même temps, il recommandait aux magistrats de ne pas intenter d'action contre les débiteurs, de ne pas incarcérer ceux qu'on mènerait en prison pour dettes et d'établir un moratoire jusqu'à la fin de la guerre. (11) Grâce à ces mesures démagogiques, tout ce qui sortait de sa bouche devenait parole d'évangile, tout ce qu'il ordonnait trouvait la foule prête à l'exécuter : incapable de prévoir l'avenir, elle se laissait tromper par la joie et le bonheur qu'elle en éprouvait.

12 (1) Q. Caecilius, qui se trouvait en Macédoine, fut informé de ces événements, ainsi que du désordre et de l'agitation qui régnaient dans le Péloponnèse. Il envoya en ambassade Cn. Papirius, Popilius Laenas le cadet et, avec eux, A. Gabinius et C. Fannius. (2) Les Achéens tenaient une assemblée à Corinthe quand le hasard voulut qu'ils arrivassent. Introduits en séance, ils prononcèrent de longs discours pleins de bons sentiments, comme ceux de Sextus. (3) Ils firent tout en leur pouvoir pour empêcher les Achéens d'en arriver à une rupture complète avec Rome, que ce soit sous le prétexte des Lacédémoniens ou à cause de leur hostilité contre elle. (4) La majorité, à ces paroles,

ne se contint plus. Elle couvrit de sarcasmes les ambassadeurs et, au milieu du tumulte et des clameurs, elle les
expulsa. (5) L'assemblée était, en effet, composée d'un ramas-
sis d'ouvriers et de boutiquiers comme on n'en avait jamais
vu. Certes, toutes les cités avaient la colique. Mais, à Corinthe, le peuple entier l'avait attrapée, et pire qu'ailleurs.
(6) Un petit nombre d'auditeurs approuva vivement pourtant les paroles des ambassadeurs. (7) Mais Critolaos, saisissant l'occasion qui se présentait comme à souhait et
voyant son théâtre transporté d'enthousiasme et rallié à ses
vues, s'en prit aux magistrats, mit ses adversaires politiques
en pièces, traita sans ménagement les ambassadeurs romains,
(8) affirmant qu'il voulait bien être l'ami des Romains, mais
qu'il ne lui plairait pas de les avoir pour maîtres. (9) Pour
encourager ses partisans, il leur dit : « Si vous êtes des
hommes, vous ne manquerez pas d'alliés ; si vous êtes des
pédérastes, ce sont les maîtres qui ne vous manqueront
pas. » (10) Il fut intarrissable sur ce sujet, ce charlatan,
ce menteur. Et il réussit à pousser la foule au comble de
l'excitation. (11) Il donnait même à entendre qu'il ne s'engageait pas à la légère, mais qu'il y avait des rois et des
nations qui soutenaient son action.

13 (1) Les membres de la gérousia voulurent l'interrompre
et lui interdire de parler de la sorte. Ecartant la garde, il
les brava, les défia de marcher sur lui, de l'approcher, de
toucher rien que sa chlamyde. (2) Il déclara qu'il s'était
contenu pendant trop longtemps, qu'il n'en pouvait plus et
qu'il allait dire ce qu'il pensait. (3) Ce n'était pas tant
des Lacédémoniens ni des Romains qu'il fallait avoir peur,
que des Achéens qui collaboraient avec les ennemis. Car
il y en avait qui aimaient mieux les Romains et les Lacédémoniens que leur propre patrie..... (6) Critolaos, ayant
porté à son comble la colère de la foule par ces accusations,
amena les Achéens à déclarer de nouveau la guerre, dans
la forme, aux Lacédémoniens, en réalité, aux Romains.

Les événements rapportés par Polybe ont un intérêt
certain, en eux-mêmes et par leurs conséquences. Mais
l'analyse des causes qui les ont amenés n'est pas moins
importante. Le texte n'offrant pas l'occasion d'un exposé
d'ensemble, il est nécessaire d'adopter un plan normatif :
les faits, les causes.

I. Le point de départ remonte à l'annexion forcée de
Sparte à la ligue achéenne en 192, jamais acceptée. Une
dernière querelle provoqua un conflit armé, tandis que les
deux partis faisaient appel au Sénat. Celui-ci, lassé de ces
complications sans fin, décida de donner une leçon aux

Achéens en amputant leur territoire. Lorsque L. Aurelius Orestes leur fit connaître cette sentence, ce fut une explosion de colère au cours de laquelle les ambassadeurs furent malmenés (147). Cependant, Carthage n'étant pas encore tombée, le Sénat temporisa. Sextus Julius Caesar fut envoyé dans le Péloponnèse. Il rencontra Théaridas, que les Achéens, effrayés de leur coup de tête, députaient à Rome pour y présenter des excuses.

La suite des événements doit être exposée en se modelant sur le texte, pour en préciser surtout l'enchaînement et les ressorts. Sextus proposant de « passer l'éponge », les partisans de la rupture en conclurent que Rome n'était pas capable de faire la guerre en Grèce. Mais, pour tourner le parti pro-romain qui soutenait Sextus et laisser au Sénat la responsabilité de la rupture, ils évitèrent de donner une réponse franche et parurent lui faire une concession en acceptant une conférence avec les Spartiates. C'était pour lanterner et berner le légat (10 ; 11, 1-6). Bien que persuadé que Rome céderait, Critolaos prépara la guerre, non seulement dans le Péloponnèse, en proposant des mesures démagogiques, comme le dit Polybe (11, 7-11), mais par des démarches diplomatiques auprès de tous les états grecs hostiles à Rome. Metellus, gouverneur de Macédoine, s'efforça encore d'éviter le conflit en envoyant une ambassade à l'assemblée de Corinthe. Elle fut ignominieusement expulsée et Critolaos fit déclarer la guerre à Sparte, c'est-à-dire à Rome (12 ; 13, 1-6).

II. Polybe en fait porter la responsabilité à Critolaos et à ses partisans, et à la haine passionnelle des Achéens contre les Romains. Les premiers sont des bandits (10, 8), la seconde une maladie (10, 7), une « colique » (12, 5). Assurément les hommes n'ont pas été à la hauteur de leur politique. Mais ce n'est pas une preuve de leur malhonnêteté. Malheureusement, on n'a pas les éléments pour réviser le jugement de Polybe. Quant au peuple, son hostilité à l'égard des Romains n'était pas une obsession délirante. Elle a des causes : Polybe, pro-romain, n'a pas su ou pas voulu les voir.

Elles sont diplomatiques d'abord. Rome, après avoir favorisé l'Achaïe quand elle en avait eu besoin, l'avait très maltraitée après Pydna. Sa décision de la démembrer en 147 était une provocation. Politiques ensuite : Persée vaincu, elle avait imposé partout la domination de ses partisans. En plus de leurs exactions, l'opinion avait le sentiment d'avoir perdu son indépendance. Sociales aussi : Rome s'appuyait sur les possédants. Or, une grave crise secouait la Grèce. Pour les pauvres, les régimes pro-romains étaient l'ennemi à abattre. Les mesures démago-giques de Critolaos devaient lui procurer leur appui.

Il faut enfin, pour expliquer que le conflit ait éclaté précisément en 146, le replacer dans l'ensemble de l'his-toire : les difficultés de Rome en Occident, la troisième guerre punique en particulier. En Grèce même, la gestation de la guerre d'Achaïe est contemporaine de l'insurrection d'Andriscos qui parut un moment menacer la domination romaine. Les Achéens avaient des raisons de penser que les circonstances étaient favorables à la rupture.

Bibliogr. : A. Fuks, « The *Bellum Achaicum* and its Social Aspects », *Journal of Hellenic Studies,* 90, 1970, pp. 78-89.

LXIV. Ptolémée Philomètor et l'empire séleucide (145)

(Josèphe, *Ant. Jud.*, XIII, 103-119)

(103) A la même époque, le roi Ptolémée surnommé Philomètor, à la tête d'une flotte et d'une armée, pénétra en Syrie pour combattre aux côtés de son allié Alexandre : celui-ci était son gendre, en effet.... (106) Arrivé à Ptolémaïs, contrairement à toute attente, il s'en fallut de peu que Ptolémée ne fût assassiné. Un attentat avait été préparé contre lui par Alexandre et exécuté par Ammonios qui se trouvait être l'ami de ce dernier. (107) L'attentat découvert, Ptolémée écrivit à Alexandre pour lui réclamer la livraison d'Ammonios et le punir. Il lui disait qu'il avait attenté à sa vie et qu'il exigeait qu'il en subît la peine. Comme Alexandre n'en fit rien, il comprit que c'était de lui que venait l'attentat et il en éprouva contre lui un profond ressentiment. (108) Les Antiochéniens avaient autrefois eu des heurts avec Alexandre à cause d'Ammonios. Il leur avait fait bien du mal..... (109) Ptolémée, qui se reprochait d'avoir marié sa fille à Alexandre et de s'être allié à lui contre Dèmètrios, rompit ses liens de famille avec lui. (110) Lui ayant enlevé sa fille, il s'adressa aussitôt à Dèmètrios pour lui proposer alliance et amitié. Il lui promettait de lui donner sa fille pour femme et de le rétablir dans l'empire de son père. Dèmètrios, enchanté des propositions que lui apportait cette ambassade, accepta l'alliance et le mariage. (111) Mais Ptolémée avait encore à se battre sur un dernier point : il lui fallait persuader les Antiochéniens d'accepter Dèmètrios. Ils lui étaient hostiles en raison des outrages que son père Dèmètrios leur avait fait subir. (112) Il mena cependant aussi l'affaire à bien. Les Antiochéniens détestaient Alexandre à cause d'Ammonios, comme je l'ai dit ; ils ne firent aucune difficulté à l'expulser d'Antioche. Ainsi banni d'Antioche, il se réfugia en Cilicie. (113) A son arrivée à Antioche, Ptolémée fut proclamé roi par les citoyens et les troupes et, malgré lui, il dut ceindre deux diadèmes, l'un pour l'Asie, l'autre pour l'Egypte. (114) Mais, comme il était par nature homme d'honneur, qu'il était juste, qu'il ne s'abandonnait pas à de brillantes ambitions, qu'en outre,

il était habile à supputer l'avenir, il décida d'éviter toute
apparence de donner aux Romains le moindre motif de haine.
Il réunit l'assemblée des Antiochéniens et les persuada d'accepter Dèmètrios. (115) Il leur exposa qu'il ne leur gar-
derait absolument pas rancune en souvenir de son père
pourvu qu'ils le reçoivent bien. Il consentit à lui enseigner
le bien et à le guider. Il promit de ne pas lui permettre
de s'engager dans une mauvaise politique. Quant à lui,
affirmait-il, le royaume d'Egypte lui suffisait bien. Ce discours persuada les Antiochéniens d'accepter Dèmètrios.
(116) Cependant, Alexandre, à la tête d'une nombreuse
armée et d'un train de combat considérable, était passé
de Cilicie en Syrie et multipliait les incendies et les pillages
sur le territoire d'Antioche. Ptolémée marcha contre lui
avec son gendre Dèmètrios — il lui avait déjà donné sa
fille en mariage —. Ils furent vainqueurs et mirent en
déroute Alexandre qui s'enfuit en Arabie. (117) Mais il
arriva, au cours du combat, que le cheval de Ptolémée,
entendant le barrissement d'un éléphant, s'affola et désar-
çonna Ptolémée. Ce que voyant, les ennemis se jetèrent
sur lui, lui firent de nombreuses blessures à la tête et le
mirent en danger de mort. Ses gardes du corps l'arrachèrent
à leurs mains, mais il était dans un si piètre état que,
pendant quatre jours, il demeura inconscient et ne put
prononcer une parole. (118) Cependant, le chef des Arabes,
Zabulos, qui avait coupé la tête d'Alexandre, l'envoya à
Ptolémée qui, le cinquième jour, avait surmonté ses blessures et repris ses sens. Plaisir suprême d'entendre et de
voir la fin d'Alexandre et sa tête, qu'il entendit et vit !
Mais, peu après, rempli de joie par la mort d'Alexandre,
lui aussi perdit la vie. Le règne d'Alexandre, surnommé
Balas, en Asie avait duré cinq ans, comme je l'ai dit ailleurs.

Les événements rapportés par Josèphe demandent un
développement préliminaire pour en exposer les antécédents. Le faire remonter jusqu'à l'avènement d'Alexandre Balas (n° LX). Après sa victoire sur Dèmètrios I (150),
celui-ci se plaça sous le protectorat de Philomètor, qui lui
fit épouser sa fille (Cléopatre Théa) dans l'espoir de se
faire restituer la Coelè-Syrie. Inerte et jouisseur, il laissa
se poursuivre la décomposition du royaume. Cependant,
c'était une aventure sans espoir apparent que celle du fils
de Dèmètrios II, de débarquer en Cilicie avec quelques
mercenaires (147), car il ne disposait d'aucun appui international. Il réussit pourtant à se faire reconnaître à Antioche, où Balas ne résidait pas, et s'assura le ralliement de

l'armée. Le texte de Josèphe commence en ce point. On peut y distinguer les moments suivants : — 1) rupture de Philomètor avec Balas et alliance avec Dèmètrios (103-110) ; — 2) les affaires d'Antioche (111-115) ; — 3) mort de Philomètor (116-118).

I. Le secours apporté par Philomètor à son gendre à travers la Coelè-Syrie était naturel. Balas, néanmoins, dut concevoir des soupçons sur le désintéressement de son beau-père, tenta de le faire assassiner et refusa de lui livrer le coupable. C'était un motif de rupture suffisant. Il y en avait d'autres : la décomposition de l'empire, l'isolement de Balas et surtout la présence de Dèmètrios II à Antioche. Elle n'est pas signalée par Josèphe, mais elle est indispensable pour comprendre le marché que lui proposa le Lagide. Il s'agissait pour ce dernier d'éviter un conflit sans profit pour personne. Avec l'appui de Ptolémée, Dèmètrios s'imposait. En échange, l'Egyptien recevait la Coelè-Syrie (nouveau silence de Josèphe), et Cléopatre Théa, plus âgée que son nouvel époux, ferait régner à Antioche l'influence lagide.

II. Cependant, que ce soit en raison des anciens démêlés entre les Antiochéniens et Dèmètrios I, comme le veut Josèphe, ou pour toute autre raison, l'autorité de Dèmètrios II n'était pas bien établie dans sa capitale. Au moment où Philomètor s'y présenta, les deux gouverneurs que Balas y avait installés poussèrent le peuple à lui offrir le diadème. Le problème est de savoir si, comme le dit Josèphe, il était étranger à cette manœuvre, ou si, comme le suggère l'auteur de *I Macc.* (XI, 11, 13), son dessein profond était d'annexer l'empire séleucide. La situation politique générale permet de repousser la seconde hypothèse : en 145, Rome est débarrassée de Carthage et de l'Achaïe. Elle n'était pas encore intervenue dans le conflit entre Lagides et Séleucides. Philomètor comprit qu'il ne fallait pas lui en fournir le prétexte, comme Josèphe l'a bien vu. Le souvenir de Popilius ne pouvait être sorti de son esprit (n° LII).

III. Cependant, Balas s'était enfui en Cilicie où il recruta une armée, bien qu'elle eût servi de base offensive à Dèmètrios II. S'étant avancé jusque dans la plaine d'Antioche, il fut battu sur les bords de l'Oinoparas et dut s'enfuir en Arabie (c'est-à-dire chez les Arabes de Syrie orientale). Il y fut tué par un émir dont le nom exact est

Zabdiel, qui cherchait ainsi à racheter une trop longue fidélité à Balas. Mais Philomètor mourut en même temps et sa disparition inattendue ruina son œuvre : la Coelè-Syrie resta séleucide, la Judée allait devenir indépendante et le désordre renaître en Egypte.

LXV. Edit d'amnistie
de Ptolémée VIII Evergète II (145)

(*S. E. G.*, XII, 548)

[Le roi Ptolémée amnistie tous les sujets de son royaume pour les ignorances, fautes, plaintes, condamnations et toutes poursuites jusqu'au ?] de la 26e année. Il a ordonné et ordonne [de n'exercer aucune action] contre quiconque à ce sujet et de n'accorder aucune audience [à ceux qui veulent en exercer ?]. Il a ordonné et ordonne, en outre, à
5 ceux qui ont fui - - - de rentrer chez eux et / de reprendre les activités qu'ils exerçaient auparavant et de rentrer en possession de leurs biens non encore vendus parmi ceux qui avaient été saisis pour ces motifs ; aux militaires en campagne de rejoindre [les unités auxquelles chacun est régulièrement affecté]. Il accorde aussi aux militaires fantassins- - -
10 auxquels ont été distribués des - - - du trésor royal / remise de leurs dettes sur les prix. Il a ordonné et ordonne de n'user de procédés déloyaux envers personne sur aucun point, de ne rien faire de contraire aux ordres contenus dans la présente sous aucun prétexte et interdit aux fonctionnaires de traduire personne en justice au sujet de - - - sous peine de mort.

(Texte et traduction revus d'après M.-T. Lenger, *Corpus des Ordonnances des Ptolémées*, n° 41).

Inscription très mutilée trouvée à Chypre, qui comporte, outre l'édit, une lettre aux troupes cantonnées dans l'île leur accordant des privilèges. Le texte ayant été gravé au milieu du IIe siècle d'après les caractères de l'écriture, l'auteur de l'édit ne peut être Philomètor, qui régnait conjointement avec sa sœur-épouse Cléopatre II, mais son frère Evergète II, dont la 26e année correspond à 145/4. A l'été 145, Philomètor avait été tué sur l'Oinoparas (n° LXIV). La population d'Alexandrie se souleva contre Cléopatre et fit appel à Evergète. Il s'ensuivit une

courte guerre civile qui se termina par la réconciliation
provisoire du frère et de la sœur (avril 144). C'est au
cours de cette période qu'Evergète, seul roi à ce moment,
publia son édit. L'amnistie s'étendait à tous les sujets
lagides. Mais il est probable que l'inscription n'a conservé
que certaines de ses dispositions, ayant été gravée à l'usage
d'un groupe particulier, les militaires de Chypre.

En amnistiant les infractions de ses sujets, Evergète
songeait surtout à mettre un terme aux troubles que son
avènement avait suscités. C'était un moyen de réaliser
quelque union autour de lui. Philomètor avait fait de
même après s'être rétabli à Alexandrie en 163. Mais le
pardon n'est pas limité au passé immédiat. Il s'étend à
tout l'arriéré. Or, depuis les lendemains de la bataille de
Raphia (217), l'Egypte était plongée dans de graves
troubles d'origine nationaliste, sociale et économique. Le
savant système d'exploitation mis sur pied sous Philadelphe en avait été désorganisé, sans que d'ailleurs la
situation matérielle de l'indigène ait été améliorée, car
l'administration, partiellement paralysée, était devenue
plus tyrannique. Mais les possibilités de fraude et d'évasion
s'étaient multipliées et avaient donné naissance à une
anarchie larvée. Incapables de s'imposer par la force
comme les premiers représentants de la dynastie, les
Lagides du IIe siècle s'efforcent de rétablir vaille que vaille
leur autorité par des actes de bienveillance (*philanthropa*)
et des amnisties qui s'échelonnent tout au long du siècle.

L'édit d'Evergète porte la marque de cette situation et
de la politique qui en découle. Les ll.1 et 2 posent le
principe : toutes les atteintes à la loi sont amnistiées et
aucune action judiciaire ne sera entreprise contre les
contrevenants. Ll.3-6, un certain nombre d'exploitants
avaient fui leurs terres : des partisans de Cléopatre, sans
doute, qui craignaient des vengeances, des victimes du
brigandage, endémique à la faveur des troubles, mais
aussi des paysans écrasés par la fiscalité qui espéraient
échapper au percepteur. Les biens de ces fuyards étaient
saisis et vendus au profit du Trésor. Ils sont rappelés et
leurs terres non aliénées — mais celles-là seulement — leur
sont restituées. Ll.7-10, le désordre s'était mis aussi dans
l'armée, dont une partie (les contingents juifs notamment) avait pris fait et cause pour Cléopatre. Les rebelles
sont réintégrés dans leurs unités et, par conséquent, retrou-

vent droit à leur solde et autres avantages. Il est accordé, en outre, à une certaine catégorie de militaires, des fantassins, remise des dettes qu'ils avaient contractées envers le Trésor et dont on ne peut préciser la nature. Les ll.11-14 contiennent les dispositions prises pour assurer l'application de l'édit. Elles visent, en particulier, les fonctionnaires et l'abus qu'ils pourraient faire de leur droit de juridiction, en poursuivant les infractions couvertes par l'amnistie. La peine de mort dont ils sont menacés montre l'importance qu'Evergète II attachait au respect de sa volonté.

LXVI. Grecs et Romains

(Polybe, XXIV, 8-10)

8 (1) A ce moment, le stratège Hyperbatos mit en délibération les ordres donnés par les Romains à propos du rappel des bannis de Lacédémone, et la conduite à adopter à ce sujet. (2) Lycortas conseilla de s'en tenir aux décisions déjà prises : « Les Romains font leur devoir en prêtant l'oreille à des malheureux dont les requêtes leur semblent raisonnables. (3) Mais lorsqu'on leur explique que, parmi leurs demandes, les unes sont irréalisables, les autres porteraient un grave préjudice à l'honneur ou aux intérêts de leurs amis, ils n'ont pas pour habitude de s'obstiner, ni d'employer la force en ces matières. (4) Donc, dans le cas présent, si on leur explique que les Achéens, en s'inclinant devant leurs ordres, violeraient les serments, les lois, les décrets qui forment l'armature de notre confédération, ils battront en retraite et reconnaîtront que nous avons bien fait de tenir bon et de nous dérober à leurs ordres. » (6) Telles furent les paroles de Lycortas. Hyperbatos et Callicratès, au contraire, étaient d'avis de s'incliner : il n'y avait ni loi, ni décret, ni rien d'autre de plus important. A leur avis, obéir était une nécessité. (7) En présence de ce désaccord, les Achéens décidèrent d'envoyer une ambassade au Sénat pour lui rapporter les propos de Lycortas. (8) Sur le champ, on désigna pour en faire partie Callicratès de Léontion, Lydiadas de Mégalopolis et Aratos de Sicyone. Et on leur donna des instructions dans le sens ci-dessus avant leur départ. (9) A leur arrivée à Rome, Callicratès se présenta devant le Sénat et, bien loin de se conformer aux instructions et d'exposer la question à l'assemblée, tout au contraire, dès les premiers mots, il se mit à attaquer sans ménagement ses adversaires politiques et, qui plus est, voulut faire la leçon au Sénat.

9 (1) « C'est, disait-il, la faute des Romains eux-mêmes si les Grecs ne leur obéissent pas et font fi de leurs ordres écrits ou oraux. (2) Il y a, en effet, deux partis à l'heure actuelle dans tous les états démocratiques : l'un qui affirme qu'il faut obtempérer aux ordres des Romains et qu'il n'y a ni loi, ni décret, ni rien d'autre à qui l'on doive accorder plus de valeur qu'à leur volonté, (3) l'autre qui brandit les lois, les serments, les décrets et adjure le peuple de ne pas les transgresser trop facilement. (4) L'opinion achéenne est bien plus favorable à cette dernière thèse, qui l'emporte auprès de la majorité. (5) Aussi les partisans de Rome sont-ils victimes de l'impopularité et de la calomnie auprès de la populace tandis que, pour leurs adversaires, c'est l'inverse. (6) Si le Sénat manifeste un peu son sentiment, on ne tardera pas à voir les dirigeants se ranger du côté des Romains et la majorité leur emboîter le pas par crainte. (7) Mais, s'il dédaigne de le faire, tout le monde penchera vers l'autre thèse, car elle paraît plus glorieuse et plus honorable à la populace. (8) Ainsi, dès ce moment, certains, qui ne font valoir aucun autre titre pour justifier leur ambition, usent de ce moyen pour parvenir aux plus hautes fonctions dans leur pays : ils se donnent l'allure de faire de l'opposition à vos décisions sous prétexte de préserver l'autorité des lois et des décrets en vigueur chez eux. » (9) Si donc il était indifférent au Sénat que les Grecs lui obéissent et se soumettent à ses décisions, il lui conseillait de persévérer dans la conduite qu'il suivait pour le moment. (10) Mais, s'il tenait à voir ses ordres exécutés et à empêcher quiconque de traiter ses décisions par le mépris, il le priait d'accorder à la question toute l'attention voulue. (11) Sinon, il était clair, et il fallait qu'il le sût, que tout irait à l'encontre de ses desseins, ce qui venait tout juste de se produire. (12) Dernièrement, en effet, à l'occasion des affaires de Messénie, Quintus Marcius avait fait de grands efforts pour empêcher les Achéens de prendre aucune mesure concernant les Messéniens sans l'assentiment des Romains. (13) Mais ils ne l'avaient pas écouté et avaient, de leur propre chef, déclaré la guerre. Puis, non contents de dévaster le pays contre tout droit, ils avaient exilé les citoyens les plus en vue. Quelques-uns, qui s'étaient rendus, avaient été livrés aux pires supplices et exécutés pour la seule raison qu'ils voulaient soumettre les points litigieux à l'arbitrage des Romains. (14) Actuellement encore, il y avait longtemps que le Sénat avait décidé le rappel des bannis de Lacédémone. Mais, bien loin de s'incliner, les Achéens avaient fait graver sur une stèle un décret et prêté au parti maître de la cité des serments où ils s'engageaient à ne jamais tolérer le retour des exilés. (15) Voilà les exemples qu'il le priait de considérer pour prendre ses précautions à l'avenir.

10 (1) Après avoir tenu ces propos et d'autres semblables, Callicratès sortit. (2) Les exilés se présentèrent après lui, rappelèrent leur cas en quelques mots, adressèrent un appel à la compassion générale et se retirèrent. (3) Le Sénat estima que Callicratès avait fait ressortir où était son intérêt et lui avait montré qu'il fallait soutenir ceux qui appuyaient ses décisions et abattre ceux qui s'y opposaient. (4) C'est alors, pour la première fois, qu'il entreprit d'humilier les tenants du bon parti dans chaque cité et de gonfler les gens qui, plus ou moins honnêtement, lui apportaient leur collaboration. (5) C'est ainsi que, bien vite, à mesure que le temps passait, il eut pléthore de flatteurs, mais défaut de vrais amis. (6) Quoi qu'il en fut pour lors, à propos du rappel des bannis, il ne se contenta pas d'écrire aux Achéens pour les inviter à seconder ses désirs. Il en fit autant aux Etoliens et aux Epirotes et, par la même occasion, aux Athéniens, Béotiens, Acarnaniens, comme s'il voulait faire appel à tous les Grecs pour forcer la résistance des Achéens. (7) Quant à Callicratès en particulier, le Sénat traita ses collègues par prétérition et déclara, dans sa réponse, qu'il faudrait bien qu'il y eût dans les cités des hommes comme lui. (8) Et notre Callicratès, cette réponse en main, s'en revint en Grèce tout content, sans se douter qu'il allait être à l'origine de grands malheurs pour tous les Grecs et surtout pour les Achéens. (9) Ils bénéficiaient encore, même dans les derniers temps, d'une certaine égalité avec les Romains, parce qu'ils avaient conservé leur fidélité dans les circonstances les plus dramatiques depuis qu'ils avaient choisi l'alliance romaine, je veux dire les guerres contre Philippe et Antiochos. (10) C'est ainsi que la confédération achéenne, après s'être développée et avoir progressé de succès en succès depuis la date où j'ai commencé mon histoire, trouva là le début de sa décadence. (11) Les Romains, qui sont des hommes - - -, qui ont l'âme noble et se conduisent généreusement, compatissent à tous les malheurs et s'efforcent de secourir tous ceux qui ont recours à eux. (12) Mais, lorsqu'on leur rappelle le droit, pourvu qu'on soit demeuré loyal, ils se ressaisissent et corrigent leurs erreurs autant que possible, dans la plupart des cas. (13) Callicratès, désigné comme ambassadeur à Rome, dans les circonstances du moment, pour soutenir les droits des Achéens, fit tout le contraire. Il souleva la question messénienne où les Romains n'articulaient pas le moindre grief. Puis, de retour en Achaïe, il fit des Romains un épouvantail. (14) Le compte rendu de son ambassade répandit la terreur et découragea le peuple, car la plupart des gens ignoraient ce qu'il avait réellement dit au Sénat. On commença par l'élire stratège bien que, en plus de ses autres méfaits, il eût touché de l'argent. (15) Et ensuite, une fois entré en fonction, il fit rappeler les exilés de Lacédémone et de Messénie.

Les événements qui amènent les considérations de Polybe sur la dégradation des rapports entre Grecs et Romains n'ont qu'une importance minime. Ils se situent en 181/0. Avec l'aide des Romains, la ligue achéenne avait étendu sa domination à l'ensemble du Péloponnèse, où elle n'était pas toujours supportée de bon gré. La principale opposante était Sparte qui ne cessait de réclamer sa liberté, mais elle n'était pas la seule. Elle avait tenté de faire sécession mais, en 188, Philopoimen s'en empara et bannit les adversaires de l'Achaïe. Quelques années plus tard (183), la Messénie connut un sort comparable. Les exilés spartiates firent le siège du Sénat pour obtenir leur retour. Il intervint à plusieurs reprises, parfois de manière impérative comme en 181, pour leur faire donner satisfaction.

L'intérêt du texte n'est pas dans ces dissensions mesquines, mais dans l'interprétation que donne Polybe de la détérioration des liens entre Rome et les états grecs au cours de la première moitié du second siècle. Son but est d'expliquer pourquoi les Grecs ou, du moins, les Achéens, qui à l'origine étaient en droit les égaux des Romains, ont été ravalés au rang d'inférieurs, de sujets (10, 4-5). Sa thèse est que les Romains n'ont aucune responsabilité dans cette évolution : à deux reprises (8, 2-5 ; 10, 10-12), il fait d'eux un vibrant éloge, mais non dépourvu d'une certaine ironie, assurément involontaire. La faute en tient au « parti de la soumission » (Callicratès le représente pour l'Achaïe) qui n'a d'autre maxime que de « se mettre à plat ventre » devant tous les désirs du Sénat (8, 6 ; 9, 2. Dans les mêmes termes) et va même au-devant (10, 13), développe chez les Romains un esprit despotique (10, 3) et chez les Grecs la crainte et la lâcheté (10, 13-14).

La critique de cette thèse évoquera d'abord les motifs de suspicion légitime : Polybe et son père Lycortas (8, 2) appartiennent au « parti patriote » qui entend pratiquer l'alliance romaine sur pied d'égalité. L'historien, otage de nombreuses années en Italie, est devenu un admirateur de Rome. Ainsi s'explique sa position. Elle ne doit pas être rejetée en bloc. Tant du côté grec que romain, il y a des éléments pour la justifier. Mais ses excès doivent être mis en lumière en insistant d'abord sur son aveuglement à l'égard de la bonne foi romaine, en montrant ensuite que le « parti patriote » a, par ses illusions et ses vues étroites sur la nature de la situation historique et les véritables intérêts de l'Achaïe, contribué à l'asservissement de la Grèce, tandis que le « parti de la soumission » n'y a eu qu'une part faible et indirecte. On se demandera enfin si la question du sens de l'évolution doit être posée en termes de responsabilités humaines et s'il n'est pas la conséquence, logique sinon absolument inéluctable, de la situation créée par Flamininus aux Jeux Isthmiques (n° XLI), comme règlement de la seconde guerre de Macédoine.

QUATRIÈME PARTIE

LES INSTITUTIONS

LXVII. Le monarque idéal

(Stobée, *Florilège*, VII, 61)

Le roi a trois fonctions : commander l'armée, rendre la justice et honorer les dieux. Effectivement, il saura bien commander l'armée s'il est capable de bien faire la guerre ; rendre la justice et écouter tous ses sujets quand ils sont en procès, s'il a bien étudié la nature de la justice et de la loi ; servir les dieux pieusement et saintement s'il a bien médité sur la nature et la valeur (*arétè*) de Dieu. En sorte que, nécessairement, le roi parfait sera bon général, bon juge et bon prêtre : car ces fonctions sont en rapport avec la supériorité et la valeur du roi et conviennent bien à ses qualités. C'est, en effet, la fonction d'un pilote de préserver son navire, d'un aurige son char, d'un médecin ses malades, d'un roi et d'un général ceux qui courent les dangers de la guerre ; car, quiconque commande un groupe en est aussi le préposé et l'artisan. En vérité, le fait de rendre la justice et de répartir le droit, dans l'ordre général d'abord à la société entière, puis, en particulier, à chacun, est le propre du roi, comme c'est le propre de Dieu dans le monde dont il est commandant et président, d'accorder d'abord, dans l'ordre général, l'univers selon une harmonie et un commandement uniques, ensuite d'accorder aussi dans le détail toutes les parties d'après la même harmonie et le même commandement. En outre, le roi doit bien traiter ses sujets et les combler de bienfaits, et cela est impossible sans justice et sans légalité. La troisième fonction, je veux dire honorer les dieux, est aussi digne du roi, car il faut que ce qui est le meilleur soit honoré par ce qui est le meilleur et ce qui commande par ce qui commande. Or, de tous les êtres qui sont les plus honorables par nature, Dieu est le meilleur ; sur la terre et chez les hommes, c'est le roi ; le même rapport qui unit Dieu au monde unit le roi à l'Etat, et le roi est à Dieu comme l'Etat est au monde ; car l'Etat, constitué par l'accord d'éléments nombreux et divers, imite l'organisation et l'harmonie du monde, et le roi, parce qu'il exerce un pouvoir absolu et qu'il est en personne la loi vivante, figure Dieu parmi les hommes.

(Texte et traduction d'après L. Delatte, *Les Traités de la Royauté d'Ecphante, Diotogène et Sthénidas*, pp. 37-39, 52-53).

Bien que l'auteur du texte soit un philosophe pythagoricien à peu près inconnu, Diotogène, qui paraît avoir écrit sous le Haut-Empire, il n'en donne pas moins des vues utiles sur le contenu de l'idéologie monarchique couramment admise à l'époque hellénistique. Un commentaire complet devrait rechercher dans l'œuvre des philosophes antérieurs l'origine des concepts qu'il exprime. Mais, pour l'historien, l'essentiel est de préciser dans quelle mesure il reflète les opinions qui se sont accréditées, à la suite de la conquête d'Alexandre, relativement à la forme nouvelle du pouvoir politique qu'elle a fait naître.

I. L'aspect le plus apparent du texte est le caractère surhumain, sinon divin, du monarque. Il est une image de Dieu sur la terre et, comme Dieu pour l'univers, il doit réaliser l'accord des éléments hétérogènes et souvent divergents qui constituent son royaume. Il est ainsi le créateur et l'artisan de l'Etat qui n'existerait pas sans lui. C'est la raison pour laquelle il jouit d'un pouvoir absolu, qu'il est la loi vivante. Si l'on met à part l'idée d'harmonie qui est spécifiquement pythagoricienne, il n'est pas douteux que le monarque hellénistique dispose bien, en effet, d'une autorité sans partage, qu'il incarne l'Etat, dont il est à la fois le maître et le propriétaire, et qu'il est la source de tout droit. Il n'apparaît pas dans le texte comme étant dieu lui-même, l'auteur lui attribuant seulement une valeur (*arétè*) comparable à celle de Dieu. Mais le pas a été franchi dès le début du IIIe siècle, comme en témoignent les cultes institués en l'honneur des souverains et les épiclèses de la titulature officielle (Epiphane ou même Théos).

La seconde idée importante est que le roi doit être juste et faire régner la légalité. Il n'y a pas ici de contradiction avec la toute-puissance, qui ne doit pas être confondue avec l'arbitraire. Elle n'est que le moyen de réaliser le bien, assimilé à la justice, qui est le ciment de l'Etat. L'intention sous-jacente est ici d'opposer le monarque légitime au tyran qui, s'il est maître absolu, ne se sou-

cie pas du bien de ses sujets. L'étude de certaines épiclèses montre que cet élément de l'idéologie avait une
large audience. Si Dikaios (le Juste) n'apparaît qu'à époque
tardive, le roi est très tôt Evergète (Bienfaiteur), Boèthos
(Secourable) ou Soter (Sauveur), mais, dans ce dernier
cas, pour d'autres raisons aussi que la « répartition » du
droit.

Découlant de sa nature, les tâches du roi se répartissent
en trois fonctions : militaire, judiciaire et religieuse. Bien
qu'emprunté à Homère, ce schéma recouvre effectivement
certaines au moins de ses attributions. La moins apparente
est certainement le rôle religieux. Jamais les états hellénistiques n'ont connu de religion d'Etat au sens exclusif.
En revanche, le roi est bien juge suprême puisqu'il incarne
la loi et que les tribunaux reçoivent de lui un pouvoir
toujours révocable. Quant à la fonction militaire, elle est
trop évidente pour qu'il soit besoin d'y insister.

II. Mais le texte ne rend pas compte de tout le contenu
du concept monarchique. En premier lieu, le rôle de chef
de guerre, loin d'être seulement une des tâches du souverain, est à l'origine même de la généralisation de la monarchie. Les premiers rois hellénistiques sont des généraux
victorieux. C'est la constance de leurs succès qui manifeste
le mieux leur *arétè*. La fréquence des épiclèses Nicator
(le Victorieux) ou Callinicos (le Glorieux Vainqueur)
soulignent ce caractère et Soter se justifie fréquemment
aussi par des exploits guerriers.

La qualité d'Evergète ne provient pas seulement du
souci de justice qui anime le roi. Il est certes de son
devoir de la faire régner. Mais l'*eunoia* (bienveillance,
dévouement), la *philanthropia* (humanité) qu'il doit éprouver à l'égard de ses sujets lui font une obligation d'assurer
leur bonheur dans bien d'autres domaines, en particulier
économique. Il doit veiller à la prospérité de ses états et
de chacun de leurs habitants. D'ailleurs, richesse et générosité font partie du concept monarchique. Elles portent
témoignage de l'*arétè* royale.

D'autre part, s'il est vrai que le roi est la source unique
du pouvoir, il ne peut l'exercer seul. Il a besoin d'un
nombreux personnel. Sans doute, la délégation d'autorité
est-elle en théorie un acte purement gracieux en faveur
d'amis personnels. Mais les nécessités du gouvernement
font qu'en dehors des principaux ministres, qui font vrai-

ment partie de l'entourage du roi, il se crée un corps de fonctionnaires qui font carrière dans une administration permanente. L'existence d'une bureaucratie est caractéristique des monarchies hellénistiques. Elle a été particulièrement nombreuse et bien connue en Egypte. On y constate qu'elle finit par avoir une volonté propre qui, parfois, s'oppose à celle du souverain. Cet aspect n'apparaît pas dans le texte, alors que les contemporains en faisaient quotidiennement l'expérience.

Enfin, l'auteur néglige la question de la transmission du pouvoir. Son monarque apparaît comme un homme providentiel suscité par la divinité. Dans la réalité, à partir de la seconde génération, les souverains hellénistiques tiennent leur pouvoir de leur naissance. Il a fallu faire admettre que l'*arétè* des fondateurs de dynastie se transmettait à leurs descendants. L'idée en a été acceptée sans difficulté et la nature patrimoniale de la monarchie y a certainement contribué. L'hérédité de la succession monarchique est donc un principe général sur lequel l'auteur est resté muet.

Bibliogr. : L. Delatte, ouvr. cité ci-dessus.
                 W. W. Tarn, G. T. Griffith, *Hellenistic Civilisation*,
                       3e éd. (Londres 1952), pp. 47-58.
                 V. Ehrenberg, *The Greek State*, 2e éd. (Londres 1969),
                       pp. 159-179.
                 P. Lévêque, « La guerre à l'époque hellénistique »,
                       Problèmes de la guerre en Grèce ancienne, sous la
                       direction de J.-P. Vernant (Paris-La Haye 1968),
                       pp. 276-281 (sur le caractère militaire de la monar-
                       chie hellénistique).

LXVIII. Le décret de Canope (237)

(*O. G. I. S.*, 56)

Sous le règne de Ptolémée, fils de Ptolémée et d'Arsinoè, dieux Adelphes, en la neuvième année, sous la prêtrise d'Apollonidès, fils de Moschion, prêtre d'Alexandre, des dieux Adelphes et des dieux Evergètes, canèphore d'Arsinoè Philadelphe, Ménécrateia, fille de Philammon, le 7 du mois d'Apellaios, le 17 du mois égyptien de Tybi. Décret. Les grands-prêtres et prophètes, ceux qui pénètrent dans l'*adyton*
5 pour la / vêture des dieux, les ptérophores et scribes sacrés et les autres prêtres qui se sont réunis en venant des sanctuaires du pays pour le 5 Dios, jour où l'on célèbre l'anniversaire du roi, et pour le 25 du même mois où il reçut la royauté de son père, ayant tenu session ce jour-là dans le sanctuaire des dieux Evergètes à Canope, ont fait la proposition : attendu que le roi Ptolémée, fils de Ptolémée et d'Arsinoè, dieux Adelphes, et la reine Bérénice, sa sœur et sa femme, dieux Evergètes, ne cessent de combler de nombreux et grands bienfaits les sanctuaires du pays, et d'accroître de plus en plus les honneurs des dieux ; qu'ils prennent soin en toute circonstance d'Apis, de Mnévis et de tous les autres animaux sacrés illustres
10 du pays / au prix de grandes dépenses et fournitures ; et que le roi, à l'occasion d'une expédition militaire, a sauvé (et rapporté) en Egypte les statues sacrées enlevées hors du pays par les Perses et les a rendues aux sanctuaires d'où chacune avait été emportée primitivement ; qu'il a maintenu le pays en paix en combattant pour lui contre beaucoup de nations et ceux qui y règnent ; qu'à tous les habitants du pays et à tous les autres qui sont soumis à leur autorité royale ils procurent une bonne administration ; et que, une fois, la crue du fleuve ayant été insuffisante et tous les habitants du pays étant atterrés de l'événement
15 et se souvenant de la catastrophe survenue / au temps de quelques-uns des rois antérieurs sous le règne desquels il arriva, par suite de la sécheresse, que le malheur s'abattit sur les habitants du pays, s'étant occupés avec sollicitude des résidents des sanctuaires et des autres habitants du

pays, prenant beaucoup de mesures de prévoyance et aban-
donnant une part non négligeable de leurs revenus pour le
salut des hommes et, de Syrie, de Phénicie, de Chypre
et de nombreux autres endroits, important du blé dans le
pays à grands frais, ils ont sauvé les habitants de l'Egypte,
laissant (une marque) immortelle de leur bienfaisance et
un souvenir capital de leur valeur aux contemporains et à
la postérité, en récompense de quoi les dieux leur ont
accordé la stabilité de leur royauté / et leur accorderont
tous les autres biens pour toujours : à la Bonne Fortune,
plaise aux prêtres du pays que les honneurs déjà conférés
dans les sanctuaires au roi Ptolémée et à la reine Bérénice, dieux Evergètes, à leurs parents les dieux Adelphes
et à leurs ancêtres les dieux Soters, soient accrus ; que
les prêtres résidant dans chacun des sanctuaires du pays
soient appelés en outre prêtres des dieux Evergètes, qu'ils
soient inscrits dans tous les actes publics et que, sur les
bagues qu'ils portent soit gravée en outre la prêtrise des
dieux Evergètes ; qu'on désigne en outre, en plus des quatre
tribus actuellement existantes dans le corps des prêtres
résidant dans chaque sanctuaire, une autre à laquelle on
donnera le nom de / cinquième tribu des dieux Evergètes ;
et, attendu que, avec la Bonne Fortune, il est arrivé que
la naissance du roi Ptolémée, fils des dieux Adelphes, a
eu lieu le 5 Dios, jour qui a été le début de beaucoup
de biens pour tous les hommes, que l'on enrôle dans cette
tribu tous ceux qui ont exercé la prêtrise depuis la première année et tous ceux qui y seront assignés jusqu'au mois
de Mésoré de la neuvième année, et leurs descendants à
tout jamais ; que ceux qui auparavant ont été prêtres jusqu'à la première année demeurant dans les même tribus qu'ils
étaient auparavant et que, de même, leurs descendants soient
rangés dès maintenant dans les mêmes tribus que le sont leurs
pères ; qu'au lieu des vingt prêtres conseillers choisis / chaque année parmi les quatre tribus préexistantes, dont cinq
seront pris dans chaque tribu, les prêtres conseillers soient
vingt-cinq, les cinq autres étant pris dans la cinquième tribu
des dieux Evergètes ; que ceux de la cinquième tribu des dieux
Evergètes participent aux purifications et à toutes les autres
cérémonies qui ont lieu dans les sanctuaires, qu'elle ait un
phylarque comme il y en a un à la tête des quatre autres
tribus ; et, attendu que chaque mois ont lieu dans les
sanctuaires des fêtes des dieux Evergètes conformément au
décret précédemment proposé, le 5, le 9 et le 25, et que,
pour les autres très grands dieux, on célèbre chaque année
des fêtes et des panégyries solennelles, / qu'ait lieu chaque
année une panégyrie solennelle dans les sanctuaires et dans
tout le pays pour le roi Ptolémée et la reine Bérénice,

dieux Evergètes, le jour où se lève l'astre d'Isis, qui est
considéré par les écritures saintes comme le nouvel an et
qui se place présentement, en la neuvième année, à la *noumènia* du mois de Payni où ont lieu les Petites Boubasties
et les Grandes Boubasties et où se font la récolte des
fruits et la crue du fleuve ; et, s'il arrive que le lever
de l'astre se déplace en un autre jour au bout de quatre
ans, que l'on ne change pas (la date) de la panégyrie, mais
qu'on la célèbre de la même manière à la *noumènia* de
Payni où, à l'origine, elle a eu lieu en la neuvième année ;
40 et qu'on la célèbre pendant cinq jours / avec stéphanèpho-
rie, sacrifices, libations et autres cérémonies convenables ; .....
(l. 73) que le préposé et le grand-prêtre établis dans chaque sanctuaire et les scribes du sanctuaire fassent transcrire
ce décret sur un stèle de pierre ou de bronze en caractères
75 sacrés, égyptiens et grecs et qu'ils / l'exposent dans l'endroit le plus en vue des sanctuaires du premier, du second
et du troisième rang, afin que les prêtres du pays montrent
bien qu'ils honorent les dieux Evergètes et leurs enfants,
comme il est de droit.

On a omis ici une partie du document original où il
est question d'une réforme du calendrier (ll.40-46) et de
l'institution d'un culte en l'honneur d'une fille de Ptolémée III (ll.46-73). Il s'agit des décisions prises par une
assemblée du clergé des sanctuaires indigènes (ll.4-5)
convoquée par le roi à Canope, dans la banlieue d'Alexandrie. La date a pu en être fixée exactement au 7 mars
237 grâce aux indications données ll.1 et 3. On a quatre
exemplaires de ce décret gravé en hiéroglyphes, en démo-
tique et en grec (l.74). Il comporte les trois parties habituelles : intitulé (ll.1 à 7), considérants (ll.7-20), décisions. Ce cadre ne saurait fournir le plan du commentaire
étant donné l'étendue du texte. Comme les centres d'intérêt sont, d'autre part, nombreux et hétérogènes, il n'est
pas possible de lui donner une composition logiquement
structurée. On doit se contenter de traiter les problèmes
dans l'ordre où ils se présentent à la lecture, en regroupant
toutefois les éléments dispersés qui se rapportent à chacun
d'eux.

Le début de l'intitulé (ll.1 à 3) permettra une étude du
culte dynastique en Egypte ; on y ajoutera les indications
qui figurent dans les décisions (l.20 sqq.). La suite de
l'intitulé introduira une description de l'organisation de
l'église indigène, en y joignant aussi ce que l'on peut tirer

des décisions. On se placera à un triple point de vue : la classification des sanctuaires (1.75), la hiérarchie des prêtres, l'administration de chaque temple. Les considérants amèneront à préciser les mérites reconnus au couple royal par les prêtres et, éventuellement, les événements historiques auxquels ils font allusion. Il faudra aussi faire ressortir, à travers les éloges accordés aux souverains, les préoccupations de la classe sacerdotale. L'analyse des décisions, déjà en partie faite à propos des points précédents, aura pour objet de dégager les modalités de la réforme administrative des sanctuaires et la nature des cérémonies instituées en l'honneur des souverains.

L'existence du document démontre à elle seule que les Lagides ne sont pas restés neutres à l'égard de la religion indigène. Ils se sont efforcés de lui imposer une politique dont on évoquera d'abord les données : maîtres étrangers d'un pays nationaliste et xénophobe où ils n'ont pas songé à se naturaliser, il leur fallait un instrument autochthone pour maintenir le peuple dans l'obéissance. A défaut de toute autre armature sociale, ce ne pouvait être que le clergé. Mais, s'il était nécessaire de le favoriser pour obtenir son adhésion, il ne l'était pas moins de le tenir en main. D'où leur conduite à son égard. Ils lui accordent argent et honneurs, mais lui ôtent toute liberté et lui imposent des obligations dont le but est d'assurer la soumission des masses indigènes. On recherchera les traces de cette politique dans le texte (par exemple, 1.73, le fonctionnaire « préposé » à l'administration de chaque sanctuaire), mais on devra aussi se référer à d'autres données (par exemple, l'*apomoira* de la Philadelphe, n° LXXIII). Pour terminer, on tentera d'évaluer le succès de cette sujétion du clergé au roi.

Bibliogr. : A. Erman, *La religion des Egyptiens* (Paris 1937), pp. 408-499.
F. Taeger, *Charisma*, I (Stuttgart 1957). pp. 257 sqq. ; 418 sqq.

LXIX. Le culte royal dans l'empire séleucide

(J. Pouilloux, *Choix d'inscriptions grecques*, n° 30)

Mènédèmos à Apollodoros, aux magistrats et à la cité de Laodicée, salut ! Ci-dessous la copie de l'ordonnance qui nous a été adressée par le roi. / Conformez-vous donc aux instructions et faites en sorte que l'ordonnance, transcrite sur une stèle de pierre, soit placée dans le sanctuaire le plus en vue de ceux qui se trouvent dans la cité. / Portez-vous bien. An 119, le 10 Panèmos.

Le roi Antiochos à Mènédèmos, salut ! Voulant accroître autant qu'il est possible les honneurs rendus à notre sœur la reine Laodice et considérant que cela nous est très nécessaire, / non seulement parce qu'elle partage notre vie avec affection et sollicitude, mais encore à cause de ses pieuses dispositions envers la divinité, nous ne cessons de faire avec affection tout ce qui est convenable et tout ce qu'il est juste qu'elle obtienne de nous, / et nous décidons que, de même qu'on désigne pour notre culte des grands-prêtres dans tout le royaume, on désigne aussi pour elle, dans les mêmes lieux, des grandes-prêtresses qui porteront des couronnes d'or comportant son portrait et dont le nom sera inscrit / dans les contrats après les grands-prêtres des ancêtres et de nous-mêmes. Puisque donc, dans ton gouvernement, Laodice a été désignée, que tout soit exécuté conformément aux instructions ci-dessus et que les copies des lettres, transcrites / sur des stèles, soient consacrées dans les endroits les plus en vue afin que, maintenant et à l'avenir, nos sentiments à l'égard de notre sœur soient mis en lumière aussi sur ce point. An 119, le -- Xandicos.

Cette inscription a été découverte à Néhavend (Iran)[1]. Elle comporte deux documents : ll.1-10, une lettre de Mènédèmos à la cité de Laodicée ; ll.10-33, une lettre

---

[1] Un double du même texte, moins bien conservé, avait été déjà trouvé en Phrygie et porte le nom d'édit d'Eriza. Il posait de nombreux problèmes, du fait notamment que la date n'avait pu être établie avec certitude. La découverte de l'exemplaire de Néhavend a permis de les résoudre.

d'un roi Antiochos à Mènédèmos, la première n'étant
d'ailleurs que le bordereau d'envoi de la seconde.

Le personnage nommé Mènédèmos est un haut fonctionnaire qui fut gouverneur général des satrapies supérieures. Ici, il n'est sans doute encore que satrape. La cité
de Laodicée à qui il adresse copie de la lettre royale est,
d'après le lieu de trouvaille, localisée en Médie. C'est
donc à la tête de cette province que se trouvait Mènédèmos.
Apollodoros est sans doute l'épistate qui représentait le
roi auprès de la cité. La lettre royale contient un *prostagma* (ordonnance, édit). La chancellerie en envoyait une
expédition authentique au satrape, à charge pour lui d'en
faire des copies pour les cités de sa province.

La date donnée dans l'ère séleucide (ll.10 et 33) correspond à 194/3, le mois de *Panèmos* à mars-avril, celui de
Xandikos à juin-juillet dans le calendrier macédonien. Il
a donc fallu trois mois environ pour que l'ordonnance
parvienne d'Antioche en Iran. Cette date précise permet
d'identifier l'auteur de l'ordonnance : c'est Antiochos III
le Grand à la fin de son règne. Mais la reine Laodice
(ll.12-13) à qui il témoigne sa sollicitude n'était pas sa
sœur par le sang, étant fille du roi de Cappadoce Pontique Mithradatès II, et non de Séleucos II. Ce n'est qu'un
titre honorifique comme chez les Lagides. Enfin, on
constate qu'elle était encore vivante en 193, alors qu'on
perdait sa trace dans les autres sources après 197.

Pour justifier l'institution d'un culte en sa faveur, le
roi n'invoque que des raisons morales : son affection
conjugale (ll.15-16), sa piété (l.17). On ne peut s'empêcher de penser qu'il a eu d'autres motifs, d'ordre politique certainement, mais il est malaisé de les deviner.
Cependant, l'année 193 fut cruciale pour lui : c'est le
moment de la rupture avec Rome. Mais on ne voit pas
en quoi la divinisation de la reine pouvait lui être utile.

Le nouveau culte sera organisé à l'image de celui du
roi, dont il faut souligner qu'il s'agit d'un culte d'Etat,
différent de celui que les diverses cités pouvaient célébrer
comme elles l'entendaient. Il y avait dans tout le royaume
(l.21) des grands-prêtres dont la compétence s'étendait à
une satrapie d'après l'édit d'Eriza. Ils officiaient en
l'honneur du roi vivant et aussi de ses ancêtres (ll.25-26).
C'était donc le culte de la dynastie et pas seulement du roi.
Leur nom figurait dans les contrats.

Les grandes-prêtresses de Laodice auront les mêmes prérogatives, elles seront établies « dans les mêmes lieux » (l.22), donc pour la même circonscription. Un détail de leur costume de cérémonie est précisé : elles porteront une couronne d'or avec un portrait de la reine (ll.23-24). Plusieurs documents archéologiques correspondent à cette prescription : le portrait consistait en un buste en relief inscrit dans un médaillon fixé à la partie médiane d'un diadème.

Antiochos n'a pas pris seulement une décision de principe. Il a déjà recruté le clergé du nouveau culte et nommé la grande-prêtresse de Médie : la Laodice qu'il a choisie (l.27) ne peut être que sa fille puisqu'elle n'a pas de patronymique. Elle avait épousé son frère aîné, Antiochos, dont elle venait de devenir veuve avant d'épouser son second frère, le futur Séleucos IV. La grande-prêtresse de Phrygie, dont le nom figure dans l'édit d'Eriza, appartenait également à la famille royale. Du fait qu'il s'agit de princesses du plus haut rang, il y a lieu de penser que leur mandat était illimité et non temporaire, ce que confirment les expressions du texte.

Bibliogr. : L. Robert, « Inscriptions séleucides de Phrygie et d'Iran », *Hellenica,* VII (1949), pp. 5-22.

LXX. Les titres auliques

(*Inscriptions de Délos*, n° 1547)

A Cratéros, fils de Cratéros, d'Antioche, gouverneur d'Antiochos Philopator, fils du Grand Roi Antiochos et de la reine Cléopatre, ancien membre de l'ordre des premiers amis du roi Antiochos, ancien médecin-chef et chambellan de la reine, Sosistratos, fils de Sosistratos, de Samos, de l'ordre des premiers amis, en reconnaissance de sa valeur, de sa bienveillance et de son amitié à son égard, à Apollon, Artémis et Lèto.

Philotechnos, fils d'Hérodès, de Samos, *sculpsit*.

L'inscription ci-dessus est gravée sur une base de statue découverte à Délos. La statue est perdue, mais la signature de l'artiste figure à la dernière ligne du texte. Ce Philotechnos de Samos est d'ailleurs connu par quelques autres documents de même nature. Des personnages cités, il n'est utile d'identifier que les membres de la famille séleucide. Le seul Antiochos de la dynastie qui ait pour père un roi également nommé Antiochos et pour mère une Cléopatre est le futur Antiochos IX Cyzicène. Son père est Antiochos VII Sidétès et sa mère Cléopatre Théa, fille du Lagide Ptolémée VI Philomètor. D'ailleurs, son monnayage fait apparaître l'épiclèse qu'il porte déjà ici. La rédaction du document se place entre 130 et 113. Cette dernière date, en effet, est celle de l'événement d'Antiochos IX, qui n'est pas encore roi dans notre inscription. Le *terminus post quem* résulte du titre de Grand Roi porté par Antiochos VII. Ce souverain l'a pris en 130 à la suite d'une campagne victorieuse qui lui avait permis de reconquérir la Babylonie sur les Parthes. Il devait la reperdre, en même temps que la vie, l'année suivante.

La période ainsi déterminée correspond au début de la décadence séleucide, résultat des dissensions internes de la dynastie. Mais les institutions monarchiques ne sont pas encore atteintes, et on a ici un exemple des fonctions et des titres auliques que pouvaient revêtir les courtisans des rois de Syrie. La statue, dont on n'a plus que la dédicace, avait été érigée par Sosistratos de Samos, en l'honneur de Cratéros d'Antioche, en remerciement de services qu'il en avait reçus, et dédiée aux divinités déliennes, Apollon, Artémis sa sœur et Lèto sa mère. L'un et l'autre personnages occupaient ou avaient occupé un rang élevé à la cour séleucide. C'est à une étude de son organisation qu'invite notre document.

Une distinction doit d'abord être opérée entre titres et fonctions. Ces dernières obligeaient leurs titulaires à un service effectif auprès du souverain. Ils constituaient sa « maison ». La reine et les princes avaient aussi les leurs. Cratéros avait ainsi été médecin-chef du roi Antiochos et « préposé à la chambre à coucher de la reine ». Il était peut-être aussi gouverneur du prince héritier. Mais il peut s'agir d'un simple titre honorifique comme on le verra ci-dessous. Divers textes nous font connaître d'autres grands-officiers : un maréchal du palais, de grands-écuyers, ou d'autres personnages ayant rempli les mêmes fonctions que Cratéros : les médecins royaux sont, en particulier, assez fréquemment nommés. A côté de la maison « civile », le roi disposait d'une maison militaire dont on ne connaît que deux éléments : les aides de camp (*somatophylaques* = gardes du corps, mais la police du palais ou du camp et la sûreté de la personne du roi étaient confiées à des lanciers ou *doryphores*), et les cadets (*enfants royaux*), pépinière d'officiers supérieurs et de hauts fonctionnaires. Sous Antiochos IV, ils étaient six cents.

Tous les membres de l'entourage d'un souverain n'étaient pas pourvus d'une fonction réelle. Sans compter la domesticité, certains n'avaient d'autre raison d'être que les menus plaisirs, tout à fait immoraux parfois. Il est inutile de s'étendre sur ces « parasites ». D'autres, en revanche, participaient au gouvernement dans la mesure où le roi faisait appel à eux. Ils recevaient alors un titre qui variait selon leur degré d'influence. Ils étaient ainsi répartis en deux classes, subdivisées en grades, les « amis » et les « parents ». Parmi les premiers, on distinguait au niveau inférieur les simples amis, puis les « amis honorés », les « premiers amis » et enfin les « premiers et très honorés amis », grade qui n'est pas attesté directement pour la cour d'Antioche, mais pour les monarchies orientales qui ont pris modèle sur elle.

Ces titres ne sont pas inamissibles. On est l'ami d'un roi considéré individuellement, non de la fonction royale. Lorsqu'il vient à disparaître, le successeur est en droit d'écarter les familiers de son prédécesseur, aussi bien que de les conserver, conséquence logique du caractère personnel de la monarchie hellénistique. Ils pouvaient aussi être individuellement dégradés si le roi avait à se plaindre d'eux.

Ils constituaient, d'autre part, un corps : Antiochos IV était entouré d'un « bataillon » d'amis. La chancellerie tenait registre de sa composition et y inscrivait les noms de ceux qui étaient nouvellement admis. On ignore s'il y avait un *cursus* obligatoire et des promotions régulières. Les amis se distinguaient, enfin, par un uniforme dont le roi leur faisait cadeau et qui comportait la *causia* macédonienne et le manteau militaire teints de pourpre, peut-être aussi des insignes de grade, mais la chose n'est pas attestée formellement.

La classe des « parents » était évidemment plus élevée dans la hiérarchie. On connaît des courtisans que tel Séleucide appelle « père » ou « frère ». A ce groupe, il faut rattacher les « gouverneurs » et les « condisciples ». Il n'est d'ailleurs pas impossible que ces derniers titres correspondent parfois aux situations réelles qu'évoquent les noms qui les désignent. Ainsi, dans le texte étudié, Cratéros peut avoir été vraiment gouverneur du futur Antiochos Cyzicène. Mais on a la preuve qu'ils ne recouvrent souvent que des attributions fictives. Au contraire des « amis », les « parents » ne constituaient pas un ordre. Ils étaient liés à titre individuel au roi qui les avait choisis comme tels. Ils portaient naturellement la pourpre et, en plus, des ornements d'or, la fibule en particulier, qui était comme leur insigne de grade. D'autres privilèges honorifiques leur étaient aussi attribués.

L'origine de cette hiérarchie aulique se rattache aux traditions macédoniennes. Philippe et Alexandre avaient leurs « compagnons » (*hétairoi*) qui ne les quittaient pas et à qui ils confiaient des missions de toute nature. Le fondateur de la dynastie séleucide a sans aucun doute imité en cela son ancien maître. Mais on ne détient la preuve, et encore indirecte, de l'existence de classes et de grades qu'à partir du règne d'Antiochos III. On n'a pas d'indice pour fixer la date à laquelle l'institution est apparue et, d'ailleurs, il est probable qu'elle a pris forme au cours d'une évolution progressive et peut-être de longue durée.

Les « amis » et, à plus forte raison, les « parents » sont essentiellement les familiers du roi. Ils partagent son existence, l'entourent aussi bien dans les minutes les plus banales de la journée qu'aux heures les plus critiques de son règne. Ils sont présents dès son lever, l'accompagnent à la promenade, à la chasse, soupent à sa table et ne se retirent le soir qu'après avoir été congédiés. Mais ils partent aussi en guerre avec lui, constituent sa garde, se battent et parfois meurent avec lui. Politiquement, ils constituent, selon l'occasion, son conseil ou son état-major et c'est une coutume constitutionnelle, sinon une loi, que le souverain ne prend aucune décision sans en délibérer avec eux. La contre-partie réside dans la participation au pouvoir pour les ambitieux, les largesses ou les bénéfices de la guerre pour les cupides. Et ils ne se sentent liés au souverain qu'ils servent par aucune chaîne infrangible. On ne manque pas d'exemples de ces « amis » qui passent d'une cour à l'autre. Les monarques, d'ailleurs, s'efforcent de débaucher les bons serviteurs de leurs rivaux. On a dans ces pratiques une preuve évidente de la nature fondamentalement personnelle, et non pas nationale, de la monarchie.

L'exposé qui précède permet d'établir avec plus de précision le sens littéral du texte. Le personnage honoré, Cratéros, a été membre de l'ordre des premiers amis d'Antiochos Sidétès, son médecin, et chambellan de Cléopatre Théa, mais il ne l'est plus. On pourrait l'expliquer par sa nomination en qualité de gouverneur du prince héritier, qui ne lui aurait pas laissé le loisir d'exercer d'autres fonctions réelles. Mais le titre de gouverneur est sans doute fictif. Donc, si Cratéros n'est plus premier ami, etc. d'Antiochos Sidétès, c'est que ce dernier est mort et l'inscription est postérieure à 129. Si l'on admet que le titre de gouverneur n'est pas purement honorifique, on ne voit pas pourquoi la qualité de premier ami serait alléguée, car Cratéros n'aurait pu la perdre que par retrait et non par promotion et Sosistratos ne saurait l'en parer. Reste à rendre compte du titre de gouverneur qu'il portait encore au moment de la dédicace. Quel était le prince qui le lui avait concédé ? Il est probable qu'il s'agit d'Antiochos IX, réfugié à Cyzique pendant qu'Antiochos VIII Grypos régnait à Antioche, mais qui n'avait pas renoncé à ses prérogatives princières et entretenait une cour. On doit de même penser que l'ordre des premiers amis auquel appartient le dédicant concerne l'entourage du Cyzicène.

Bibliogr. : E. Bikerman, *Institutions des Séleucides* (Paris 1938), pp. 31-50.

LXXI. Le grand-vizir Hermias

(Polybe, V, 41-56)

(A l'avènement d'Antiochos III (223), le gouvernement général des satrapies supérieures avait été confié à Molon et à son frère Alexandre)

41 (1) Ils n'éprouvaient que dédain à l'égard d'un souverain aussi jeune, escomptaient bien qu'Achaios [1] s'associerait à leur entreprise et surtout redoutaient la cruauté et la malfaisance d'Hermias qui était alors à la tête des affaires de l'Etat. Ils résolurent donc de faire sécession et d'entraîner à leur suite les satrapies supérieures. (2) Cet Hermias était originaire de Carie. Il dirigeait le gouvernement depuis que Séleucos [2], frère d'Antiochos, l'avait chargé de cette mission de confiance quand il était parti en campagne au-delà du Taurus. (3) Une fois ce pouvoir en main, il se mit à regarder d'un œil jaloux tous les hauts dignitaires de la cour. D'un caractère cruel, il faisait aux uns, de leurs moindres erreurs, des crimes qu'il punissait sans pitié. Contre les autres, il fabriquait des accusations mensongères dont il s'érigeait en juge inexorable et féroce. (4) L'homme qu'il poursuivait de sa haine la plus violente et qu'il voulait faire périr à tout prix était le général qui avait ramené les troupes parties en campagne avec Séleucos, Epigénès, car il voyait bien ses qualités d'orateur et d'homme d'action, et la grande popularité dont il jouissait dans l'armée. (5) Avec cette idée en tête, il ne le lâchait pas et cherchait à tout moment une occasion ou un prétexte pour s'en prendre à lui. (6) A la séance du conseil où l'on délibéra de la sécession de Molon, le roi invita chacun à donner son opinion sur la conduite à tenir envers les rebelles. (7) Le premier avis vint d'Epigénès : il conseillait de ne pas atermoyer et de s'atteler, au contraire, sans délai à la besogne. Il fallait d'abord et surtout que le roi se rendît sur place pour prendre l'affaire en main. (8) De cette manière, ou bien

---

[1] Général chargé de reconquérir l'Asie Mineure sur le roi de Pergame Attale I.
[2] Séleucos III, frère et prédécesseur d'Antiochos III.

Molon perdrait toute envie de mettre à exécution ses projets séditieux puisque le roi serait à pied d'œuvre au vue de
tout le monde avec l'armée qu'il fallait, ou bien, poussant
la témérité jusqu'au bout, il persisterait dans son idée et,
avant longtemps, ses hommes l'arrêteraient pour le livrer
au roi.

42 (1) Il n'avait pas fini de parler qu'Hermias intervint
avec emportement. Il y avait longtemps, s'écria-t-il, qu'Epigénès était un conspirateur et un traître envers la monarchie, mais il se cachait. (2) Cette fois enfin, grâce au
Ciel, il dévoilait ouvertement, par l'avis qu'il venait d'émettre, le fond de sa pensée : ce qu'il cherchait, c'était à
livrer la personne du roi, insuffisamment protégée, aux
rebelles. (3) Puis, laissant en quelque sorte couver le feu
de la calomnie, il lâcha Epigénès : c'était à un mouvement d'humeur intempestif plutôt qu'à l'expression de son
animosité qu'il s'était laissé aller. (4) Quand il en vint à
donner son avis, il s'opposa à l'expédition contre Molon,
dont il appréhendait les risques par incompétence militaire.
Il insistait, au contraire, pour une campagne contre Ptolémée [1]. Il n'y avait aucun danger dans une telle guerre.
Il en était sûr en raison de l'incurie de ce souverain. (5) Il
réussit à impressionner tous les membres du conseil et à
faire donner à Xénon et à Théodotos l'Hèmiolios [2] le
commandement des troupes envoyées contre Molon. Cependant, il ne cessait de pousser Antiochos à entreprendre la
conquête de la Coelè-Syrie. (6) C'était la seule chance qu'il
apercevait, faire surgir de partout contre le jeune roi les
assauts de la guerre, s'il voulait éviter d'avoir à rendre
compte de ses méfaits passés et de perdre sa puissance présente. Les urgences, les combats et les dangers qui, jour
après jour, viendraient assiéger le roi, le lui permettraient.
.... (Les troupes royales sont battues par Molon)

45 (5) Quand le roi eut connaissance de l'offensive de
Molon et de la retraite de ses généraux, il se montra de
nouveau disposé à marcher contre Molon en renonçant à
la campagne contre Ptolémée, et il ne voulait pas laisser
passer l'occasion. (6) Mais Hermias s'en tint à son plan primitif. Contre Molon, il fit envoyer l'Etolien Xénoitas comme
commandant en chef avec une armée. Il prétendait que,
contre les rebelles, c'était aux généraux de faire la guerre,
mais que, contre les rois, il appartenait au roi en personne de faire campagne et de livrer bataille quand se

---

[1] Ptomélée IV Philopator, qui régnait en Egypte depuis 221.
[2] Ce surnom veut dire « un et demi ». Il peut faire allusion
à la grande taille de Théodotos ou au fait que, lorsqu'il était
simple soldat, il touchait une solde plus forte que ses camarades.

jouait le sort de l'Etat. (7) Or, comme, vu le jeune âge du roi, il le tenait bien en main, il prit la direction des opérations, concentra l'armée à Apamée, leva le camp et marcha sur Laodicée...... (A la suite d'une nouvelle défaite de l'armée royale, Molon se rend maître de toutes les satrapies orientales jusqu'à l'Euphrate).

49 (1) Alors, le roi réunit de nouveau son conseil et ouvrit le débat sur les mesures à prendre pour combattre Molon. Epigénès fut encore le premier à donner son avis sur la situation. (2) Il aurait fallu depuis longtemps cesser de tergiverser, comme il l'avait conseillé, et le faire avant les grands progrès accomplis par l'adversaire. Pourtant, à présent encore, il affirmait qu'il fallait se mettre à l'œuvre. (3) Là-dessus, Hermias eut un nouvel accès de fureur aveugle et, sans prendre le temps de la réflexion, se mit à l'injurier. (4) Tout en faisant de lui-même un éloge outrancier, il lança des accusations insensées et mensongères contre Epigénès. Puis, il adjura le roi de ne pas commettre une erreur aussi absurde et de ne pas renoncer aux succès qu'il pouvait escompter en Coelè-Syrie. (5) Ces paroles soulevèrent la réprobation générale et choquèrent Antiochos lui-même. On eut bien de la peine à apaiser la querelle et le roi dut se donner beaucoup de mal pour les réconcilier. (6) La majorité ayant estimé que l'avis d'Epigénès correspondait mieux aux nécessités et aux intérêts du roi, décision fut prise d'entrer en campagne contre Molon et de la mener avec énergie. (7) Sans attendre, en bon comédien, Hermias fit volte-face. Il déclara que, s'agissant d'une décision du conseil, tout le monde devait s'y plier sans discussion et il apporta la plus grande détermination à tout préparer.

50 (1) Quand l'armée fut concentrée à Apamée, une mutinerie éclata dans la troupe parce que la solde restait due. (2) Se rendant compte que le roi était très frappé et s'alarmait de ce mouvement dans la situation présente, Hermias lui offrit de compter le prêt à tout le monde, pourvu qu'il lui accordât qu'Epigénès ne participerait pas à la campagne, (3) car il était impossible de mener à bien le plan d'opérations, vu l'animosité et l'opposition qui les séparaient. (4) Le roi prit très mal la chose. Il tenait par-dessus tout à la collaboration d'Epigénès à cause de sa compétence militaire. (5) Mais il était circonvenu et endoctriné par les officiers de sa maison, de sa garde et de sa suite qu'Hermias avait soudoyés dans sa malignité, et il n'était pas maître de ses décisions. Il finit donc par céder à ces pressions et consentit à ce qu'on lui demandait. (6) Epigénès dut obéir à ses ordres et quitter le service. Les membres du conseil s'effrayèrent de la rancune du ministre. Au contraire, les troupes, qui avaient obtenu satisfaction, changèrent d'attitude.

Hermias devint populaire auprès d'elles puisque c'était grâce à lui que la question de la solde s'était arrangée...... (9) Hermias étant ainsi parvenu à s'assujetir les amis du roi par intimidation et les troupes par ses bons offices, leva le camp et partit en campagne avec le roi. (10) Quant à Epigénès, voici ce qu'il machina contre lui avec la complicité du commandant de la place d'Apamée, Alexis. (11) Il rédigea une lettre qui se présentait comme adressée par Molon à Epigénès. Puis il gagna un des esclaves de ce dernier par de belles promesses. La lettre, introduite chez Epigénès, fut mêlée à sa correspondance. (12) Là-dessus, Alexis se présenta brusquement et demanda à Epigénès s'il n'avait pas reçu quelque lettre de Molon. (13) Devant ses dénégations indignées, il exigea de perquisitionner. A peine entré, il trouva la lettre et, fort de ce prétexte, sur le champ il abattit Epigénès. (14) Après quoi, on persuada le roi que cette exécution sommaire était justifiée. Les courtisans se doutèrent bien de ce qui s'était passé, mais ils se tinrent cois. Ils avaient peur......... (Molon est finalement battu et tué. Antiochos III ramène les rebelles dans le devoir. 221).

54 (5) Le roi revint à Séleucie et rétablit l'ordre dans les satrapies voisines, usant envers tout le monde de mansuétude et de prudence. (10) Hermias, au contraire, fidèle à ses habitudes, exerça des sévices contre les habitants de Séleucie. Il frappa la ville d'une amende de mille talents, condamna à l'exil les magistrats nommés Adiganes [1] et, multipliant les mutilations, les meurtres et les supplices, fit périr beaucoup de monde. (11) Le roi en éprouva bien du tracas. Soit en modérant Hermias, soit en prenant des décisions de son propre chef, il finit par apaiser les ressentiments et rétablir l'ordre dans la cité. Il réduisit, entre autres, à cent cinquante talents l'amende qui frappait son égarement.....

55 (1) Enhardi par ce succès, le roi résolut de dégager ses frontières par des campagnes d'intimidation contre les princes indigènes qui régnaient au-delà et en limite de ses satrapies, pour leur ôter l'envie de ravitailler ou de soutenir par les armes d'éventuels rebelles. Il entreprit de marcher contre eux et, en premier lieu, contre Artabazane, (2) qui apparaissait comme le plus dangereux et le plus agissant de ces princes, puisque sa domination s'étendait sur les pays appelés les Satrapies et sur les tribus limitrophes. (3) Sur le moment, Hermias, qui appréhendait les risques de cette expédition dans la Haute Asie, aurait préféré en revenir à son projet primitif et faire campagne contre Ptolémée.

---

[1] Le nom de ces magistrats est plus probablement Péliganes, d'origine macédonienne.

(4) Mais, quand on apprit qu'un fils était né au roi, il se dit qu'un accident pourrait bien arriver à Antiochos dans ces contrées lointaines du fait des barbares, ou bien qu'il trouverait l'occasion de le faire disparaître. Il se rallia donc au projet d'expédition, dans la conviction que, (5) s'il faisait disparaître le roi, il exercerait la régence au nom du petit prince et disposerait du pouvoir à lui seul (6) Une fois la décision prise, le roi franchit le Zagros et envahit les états d'Artabazane........

56 (1) Le médecin Apollophanès, à qui le roi portait une affection toute particulière, constatant qu'Hermias ne supportait plus aucune limite à son autorité, en conçut des inquiétudes pour le roi et, plus encore, des soupçons et des craintes pour son propre compte. (2) A la première occasion, il en fit part au roi et le pressa de prendre son avertissement au sérieux, de bien mesurer l'outrecuidance d'Hermias et de ne pas attendre le moment où il aurait à affronter le même sort que son frère [1]. (3) Il ne tarderait pas, lui dit-il, à courir ce risque. Il le suppliait donc de se montrer vigilant et d'assurer sa sécurité et celle de ses amis. (4) Antiochos lui avoua en réponse qu'il n'aimait pas non plus Hermias et qu'il le craignait. Envers Apollophanès, il éprouvait une vive reconnaissance, affirma-t-il, pour l'amitié qui lui avait fait dominer toute hésitation à évoquer la question devant lui. (5) Le médecin se sentit soulagé de constater qu'il ne s'était pas trompé sur les sentiments et les dispositions du roi. (6) Aussi, quand Antiochos le pria de n'en pas rester aux paroles, mais de contribuer en acte à son salut et à celui de ses amis, (7) Apollophanès se déclara-t-il prêt à tenter le tout pour le tout. Ils se mirent d'accord et prirent prétexte de prétendus vertiges dont le roi aurait été atteint pour écarter, pendant quelques jours, sa suite et son entourage ordinaire (8) et se donner la possibilité d'entretiens particuliers avec des amis de leur choix sous les dehors de visites. (9) Ce subterfuge leur permit de s'assurer les complicités appropriées. Tout le monde était disposé à leur prêter main forte, tant était grande la haine contre Hermias. Ils furent bientôt prêts à passer à l'exécution. (10) Les médecins ayant prescrit à Antiochos des promenades au point du jour, à la fraîche, Hermias se présenta à l'heure dite, en même temps que les amis qui étaient du complot. (11) Les autres arrivèrent trop tard parce que le roi n'avait pas l'habitude de sortir si tôt. (12) Ils l'entraînèrent ainsi loin du camp, dans un

---

[1] Séleucos III avait été assassiné au début de la campagne qu'il avait entreprise en 223 contre Attale I. Le médecin insinue qu'Hermias aurait été l'instigateur de ce meurtre.

endroit désert. Puis, le roi s'étant un peu écarté comme s'il avait un besoin à satisfaire, ils le poignardèrent. (13) C'est ainsi qu'Hermias perdit la vie. Mais sa mort ne fut pas un châtiment à la mesure de ses crimes. (14) Le roi, délivré de ses craintes et de ses embarras constants, reprit le chemin de sa capitale. Tous ses sujets l'acclamèrent à travers le pays. On célébra ses exploits, ses entreprises et, surtout, la mort d'Hermias tout le long de la route. (15) Au même moment, à Apamée, les femmes lapidèrent l'épouse du ministre et les jeunes gens ses fils.

Le texte ci-dessus peut être commenté à plusieurs points de vue. Il apporte, en effet, de nombreux renseignements sur les difficultés qu'Antiochos eut à surmonter au début de son règne, sur l'atmosphère et les mœurs de la cour séleucide, sur les méthodes de gouvernement des monarchies hellénistiques. Il pose le problème de la tendance centrifuge des provinces orientales de l'empire. Mais il n'est envisagé ici que pour ce qu'il nous apprend sur les pouvoirs et les attributions du personnage principal, le grand-vizir Hermias.

Le titre qu'il porte, « préposé aux affaires », est modeste, mais ce n'est en réalité rien de moins qu'un vice-roi. Il avait été, en effet, chargé par Séleucos III de gouverner le royaume pendant la campagne destinée à reconquérir l'Asie Mineure sur Attale I. Et sa compétence n'était limitée par aucune autre, car l'administration centrale ignorait la division du travail entre ministères spécialisés, sauf pour les finances qui avaient un directeur général, le « préposé aux revenus ». Hermias, enfin, avait été favorisé par l'assassinat de Séleucos qui avait placé le diadème sur la tête d'un tout jeune homme, Antiochos III, qu'il ne pouvait manquer de dominer.

Seul ministre, sa compétence est universelle et il s'occupe réellement de tout. Polybe, qui lui est très hostile, essaye de le faire passer pour ambitieux, fourbe, violent, brouillon et lâche, ce qu'il était peut-être à un certain degré. Mais, derrière sa diatribe, on devine un homme actif, avec des idées claires, voire des principes de gouvernement (45, 6), persévérant, énergique et plein de ressources en cas de crise. Il n'en fallait pas moins pour assumer les aspects lourds et variés de sa charge.

On notera d'abord qu'elle ne lui valait pas une autorité sans partage. Pour toute décision, il lui fallait naturellement l'accord du roi. Dans les affaires graves, il devait, en outre, obtenir l'approbation du conseil, bien qu'elle ne fût pas indispensable contrairement à ce qu'il affirme pour couvrir une volte-face (49, 7). Et les personnes que le roi y convoquait n'étaient pas acquises d'avance à son point de vue. Il s'y trouvait même de vigoureux opposants, tel Epigénès (41 ; 42, 1-5 ; 49). Il faut bien croire, malgré le silence malveillant de Polybe, qu'il savait trouver et développer de bons arguments puisqu'il parvenait à faire prévaloir son avis.

La première de ses préoccupations était de fixer l'orientation générale de la politique séleucide et le choix était parfois lourd de conséquences : fallait-il que le roi se chargeât en personne de la lutte contre les rebelles de Babylonie ou de la guerre contre Ptolémée IV (41, 6 - 42, 5) ? Cela revenait à se demander s'il valait mieux faire passer la cohésion interne de l'empire avant son expansion territoriale. Tout le problème de son avenir était ainsi posé. La même question se présenta de nouveau après la défaite de Molon, bien que sous une forme différente et, de nouveau, Hermias eut à prendre parti (55, 3-5). Peut-être se décida-t-il pour les raisons méprisables que lui attribue Polybe. Toujours est-il que le destin du royaume ne fut pas engagé sans qu'il contribuât à le former.

Son intervention ne se bornait pas à faire prévaloir la politique d'ensemble qu'il avait choisie. C'est lui aussi qui la mettait en œuvre. On n'a pas, dans les fragments cités, trace d'une activité personnelle de sa part dans le domaine de la diplomatie. Mais ailleurs, on le voit prendre connaissance des dépêches (et en fabriquer de fausses), avant de les communiquer au roi. En revanche, il joue un rôle militaire certain bien que notre historien l'accuse d'incompétence (42, 4). Il désigne les chefs d'armée (42, 5 ; 45, 6), discute les plans de campagne et assume personnellement le commandement quand il le juge nécessaire (45, 7). Il s'occupe aussi de l'intendance à l'occasion (49, 7).

C'était là, sans doute, l'aspect le plus important de son activité. Mais il avait aussi des pouvoirs en matière civile. Il n'est pas certain qu'il ait eu des attributions financières. Car, lorsqu'il proposait au roi de lui avancer les fonds nécessaires pour payer la solde aux soldats mutinés (50, 1-2), il comptait peut-être les prélever sur sa fortune personnelle. C'était un devoir pour les familiers du souverain de l'aider de leurs deniers quand il en avait besoin. Mais Polybe ne le dit pas nettement, si bien qu'on peut se demander s'il ne proposait pas à Antiochos de mettre sa compétence financière à son service pour remédier à des difficultés passagères de trésorerie.

En revanche, il est certain qu'il intervenait dans l'administration locale. Le traitement qu'il fit subir à Séleucie du Tigre peut se justifier par le fait qu'il s'agit de rebelles vaincus sur lesquels le pouvoir a tous les droits. Mais l'exil des magistrats nommés Adiganes est bien une mesure politique et pas seulement un châtiment. On le voit, en outre, dans un chapitre qui n'a pas été traduit, correspondre avec les gouverneurs. Ses pouvoirs judiciaires apparaissent plus nettement encore : il juge et condamne les fonctionnaires qu'il estime incapables ou fautifs (41, 3) ; il sévit contre les Séleuciens rebelles et en fait exécuter un grand nombre (54, 10).

Enfin, il est probable qu'il avait également la haute main sur la police. On le voit à propos du meurtre d'Epigénès (50, 10-13), encore qu'Apamée, où il eut lieu, étant une place forte, c'était naturellement le commandant d'armes qui y maintenait l'ordre. Mais par qui Hermias aurait-il pu faire porter des accusations mensongères contre les fonctionnaires dont il voulait la perte, sinon par la police (41, 3) ? Pourquoi les courtisans auraient-ils eu peur de lui, sinon parce qu'il était le maître de la police (50, 14) ? Enfin, si Antiochos III se résolut à le faire assassiner au lieu de le congédier, c'est bien parce qu'il disposait d'une puissance occulte, infiltrée jusque dans l'entourage royal (50, 5), que seule sa mort pouvait neutraliser.

L'étendue et la diversité des pouvoirs du « préposé aux affaires » font donc de lui un véritable vice-roi. C'est bien ainsi d'ailleurs qu'avait été envisagée la fonction d'Hermias par Séleucos III. Et cette conception résulte logiquement de la nature du pouvoir royal dans les monarchies hellénistiques.

Bibliogr. : E. Bikerman, ouvr. cité n° LXX, pp. 187-190.
Ed. Will, *H. P. M. H.*, II, pp. 11 sqq.

LXXII. Les tribunaux lagides

(The Tebtunis Papyri, I, 5)

207   Et ils ont, en outre, ordonné, en ce qui concerne les
Egyptiens poursuivis en justice par des Grecs, les Grecs
poursuivis en justice par des Egyptiens, ou les Egyptiens
210   par des Egyptiens de toutes les classes, / sauf les cultivateurs de la terre royale, les travailleurs de l'Etat et toutes les autres personnes en rapport avec les finances publiques, que les Egyptiens qui auront passé contrat en grec
avec des Grecs subiront ou recevront justice par devant les
215   *chrèmatistes,* que ceux des Grecs / qui auront conclu des
conventions dans la forme des contrats égyptiens subiront
justice par devant les *laocrites* selon les lois indigènes et
que les actions intentées par des Egyptiens contre des Egyptiens de même origine ne devront pas être évoquées par les
220   *chrèmatistes* qui en abandonneront les débats aux *laocrites* /
selon les lois indigènes.

L'édit d'où provient l'extrait ci-dessus a été publié en
118 par Evergète II. C'est à la fois une amnistie et un
essai de réforme pour mettre fin aux abus de l'administration et regagner la confiance de la population indigène
à la suite d'une longue période de troubles. En ce qui
concerne la justice, il s'agissait de définir la compétence
des divers tribunaux pour éviter les conflits de juridiction
et les empiètements des cours grecques (*chrèmatistes*) sur
les juges indigènes (*laocrites*).

On évoquera d'abord le problème posé par l'existence
de deux collectivités, grecque et indigène, ayant chacune
ses traditions juridiques. Un appareil judiciaire unifié n'était
pas réalisable en raison de cette disparité des droits. Il y
avait donc deux catégories de tribunaux, l'une pour les
Grecs, l'autre pour les indigènes, sans parler d'Alexandrie
qui, étant une cité, avait son organisation judiciaire propre.
Mais l'interpénétration des deux populations rendait iné-

vitables les procès mixtes. Il semble qu'on ait créé pour les juger, dans la première moitié du IIIe siècle, un tribunal commun (*koinodikion*), mais les *chrèmatistes* avaient tendance à accaparer toutes les causes.

L'édit d'Evergète II vise à mettre fin au désordre résultant de cette situation. Cependant, la portée en est limitée par le fait qu'elle ne concerne que les causes concernant le droit des obligations, d'une part, parce que toutes les affaires qui touchent aux finances royales en sont exclues, d'autre part (ll.210-211). On en conclura que tous les litiges qui ne portaient pas sur l'exécution des contrats restaient soumis à la réglementation antérieure. La réforme consiste à substituer la langue des documents à la personnalité du droit comme critère de l'attribution de juridiction. Jusqu'alors, le demandeur saisissait le tribunal de son choix, donc celui de sa nationalité, qui jugeait selon son droit propre. C'est ce qui explique que la cour grecque avait tendance à empiéter sur la compétence du tribunal indigène. Désormais la langue décide du juge, parce qu'elle implique la nature du droit. Il est évident, en effet, qu'un contrat rédigé en grec ne se conformait pas aux coutumes égyptiennes et *vice versa*. Il était donc naturel que le litige qui en résultait fût tranché par le juge grec (ou égyptien). Ainsi était établi un principe simple pour la répartition des causes. C'était aussi, et telle était sans doute l'intention primordiale du roi, une satisfaction donnée aux indigènes, en position d'infériorité quand ils devaient plaider devant une cour étrangère dans une langue qu'ils ignoraient.

Bibliogr. : Z. Aly, « The Judicial System at Work in Ptolemaic Egypt », *Bull. Soc. d'archéol. d'Alexandrie*, 36, 1943/4, pp. 54-82.

H. J. Wolf, *Das Justizwesen der Ptolemäer* (Munich, 1962).

R. Taubenschlag, *The law of Greco-Roman Egypt in the Light of the Papyri*, 2e éd. (Milan, 1972).

LXXIII. L'apomoira de la Philadelphe

(J. Bingen, « Papyrus Revenue Laws »,
Sammelbuch griechischer Urkunden aus Agypten,
Beiheft I, Göttingen 1952, coll. 24-37).

col. 24   Sous le règne de Ptolémée, fils de Ptolémée, et de son
fils Ptolémée, en l'an 27 (269/8) - - - le sixième de la pro-
5   duction du vin, / et sur les clérouques en campagne qui ont
planté en vignobles leurs tenures, sur les terres de Thébaïde
10   qui exigent une irrigation spéciale et sur - - - / le dixième.
Sur les vergers, selon estimation à intervenir chaque année,
15   le sixième en argent - - - - VENDANGE ET COLLECTE /
Les cultivateurs feront la vendange le moment venu. Lorsqu'ils commenceront à vendanger, ils avertiront le gérant
col. 25   ou / le titulaire de la ferme et, s'il désire inspecter les vignobles, ils les lui feront visiter - - -. Quand ils voudront faire
5   le vin, / ils convoqueront le gérant de la ferme, en présence
de l'économe et du contrôleur ou de leur représentant.
10   Quand il sera sur place, le cultivateur fera son vin et le
mesurera avec les mesures en usage dans chaque région, /
vérifiées et poinçonnées par l'économe et le contrôleur, et
il s'acquittera de la redevance (*apomoira*) d'après le résultat de la mesure. Pour autant que les cultivateurs transgres-
15   seront ces prescriptions, / ils devront verser le double de
la redevance aux fermiers.
col. 26   Ceux qui possèdent des appareils de vinification en feront
la déclaration au gérant de la ferme lorsque - - - Au moment
5   de faire le vin, / ils feront constater que les poinçons qui
y ont été apposés sont intacts. Toute personne qui n'aura pas
fait de déclaration, qui ne présentera pas les appareils
conformément à la loi, qui ne les fera pas poinçonner à
la requête (du fermier), qui ne fera pas de constat des
10   poinçons, versera sur le champ aux fermiers / le montant
du dommage qu'ils estimeront avoir subi......
col. 29   Les propriétaires de vergers en feront la déclaration à
5   l'adjudicataire de la ferme et / au délégué local de l'économe et du contrôleur, en déclinant leur nom, le village où
ils habitent et leur estimation du revenu de leur verger.
Si le fermier donne son accord, ils établiront avec lui un

procès-verbal en partie double qu'ils scelleront conformément aux prescriptions de la loi / et l'économe lèvera le
sixième sur cette base. Si le fermier conteste l'estimation, il
aura le droit de saisir la récolte. Il versera le produit de
la vente / au jour le jour. Lorsque le cultivateur aura
touché l'équivalent de son estimation, le surplus reviendra
au fermier, et le cultivateur versera le sixième à l'économe. Si le produit de la vente de la récolte n'atteint pas
la valeur de l'estimation, / l'économe percevra (la différence) sur le fermier - - - -

col. 30   Si (les fermiers) n'assistent pas en personne à la vendange et ne / délèguent pas de fondé de pouvoir conformément à la loi, ou de toute autre manière retardent le
travail des cultivateurs bien que ceux-ci leur aient fait noti-
fication, adressé convocation et soient disposés à fournir
leur contribution conformément à la loi, les cultivateurs
auront le droit / d'agir selon les prescriptions de la loi
en présence du seul mandataire de l'économe et du contrôleur sans encourir aucune pénalité. Lorsque le gérant de la
ferme se présentera, ils lui montreront la production et / lui
fourniront sans délai toutes explications sur la manière dont
ils ont accompli chaque opération. Et les délégués de l'économe et du contrôleur lui donneront par écrit le compte
de la production et de la redevance pour chaque cultivateur.......

col. 31   REÇUS SCELLÉS. L'économe établira des chais dans chaque village. Il délivrera de ce qu'il aura perçu un reçu
/ scellé par lui au cultivateur - - - l'économe transportera
col. 32 le vin des cuves - - - / (Le cultivateur) fournira des jarres
au chai et de la cire. Les jarres seront en céramique non
poreuse, enduite de poix et de contenance suffisante pour
le vin dû à la / ferme. L'économe et le contrôleur, - - jours
avant que les cultivateurs fassent la vendange, paieront aux
cultivateurs le prix des jarres que chacun devra fournir pour
la redevance / de sa propre récolte, prix qui sera fixé par
le ministre des Finances (*dioecète*), et ils leur en feront verser
la valeur par ordre à la banque royale du nome. Le cultivateur, au reçu de la somme correspondante, fournira des
jarres de la / meilleure qualité. Si elle ne lui est pas
versée, il fournira les jarres et en retiendra le montant sur
la redevance qui est à sa charge, le prix du métrète[1] de
huit *choes* de vin lui étant compté - - drachmes - - -
col. 33   Pour le vin en surplus, l'économe l'expertisera et, en com-
pagnie de l'administrateur de la ferme, du contrôleur et de
son délégué, / il le vendra avec eux en fixant aux acheteurs
un délai de règlement. Après perception du montant, il le

---

[1] 1 metrète = 39 l. env.

fera porter au compte de la ferme au bénéfice des adjudicataires.

Les secrétaires royaux (*basilikoi grammateis*) feront connaître aux / soumissionnaires dans un délai de dix jours à
partir de celui où ils ouvriront les enchères le nombre de
vignobles ou de vergers de chaque nome et leur contenance en aroures [1], le nombre de vignobles ou de vergers,
appartenant à des personnes soumises à l'impôt foncier, qui
étaient grevés de redevance aux sanctuaires avant l'an 22.
/ S'is ne font pas cette déclaration ou s'il apparaît qu'elle
est fautive, ils passeront en jugement et, condamnés, ils
verseront aux adjucataires de la ferme 6 000 drachmes par
manquement constaté et le double du dommage. Les propriétaires de vignobles ou de vergers / soumis à l'impôt foncier, qui payaient le sixième aux sanctuaires jusqu'à l'an 21
(263/2), le paieront à la Philadephe (?) - - -

col. 34   Les adjudicataires de la ferme constitueront des garants
pour un vingtième de plus (que le loyer du bail) dans un
délai de trente jours à partir de l'adjudication. Les versements (?) de fonds se feront / du mois de Dios au mois
de -- La valeur du vin qui aura été reçu d'eux pour le
Trésor royal sera prise en compte dans leurs échéances.
APUREMENT DES COMPTES. / Lorsque toutes les récoltes intéressant la ferme auront été vendues, l'économe réu-
nira le président de la société fermière, ses associés et le
contrôleur. Il dressera le bilan avec le président et ses
associés. S'il y a bénéfice, il assignera / au président et
à ses associés la part du bénéfice qui revient à chacun d'eux
selon sa participation, par ordre à la banque royale. S'il
y a déficit, il percevra du président, de ses associés et des
garants la part dont chacun est redevable. Ces sommes seront
exigibles au premier trimestre de l'année suivante. S'il ne

col. 35   fait pas l'assignation / -- les victimes feront appel si,
sur réquisition, il n'a pas payé dans les trente jours.

col. 36   - - - Qu'on veille à ce que ces prescriptions soient respectées.
Portez-vous bien. An 23, 5 Daisios (13 juin 263). Les secrétaires royaux des nomes du pays recenseront, chacun pour le
nome de son ressort, / la contenance en aroures des vignobles et des vergers, ainsi que les produits qu'en tire chaque
cultivateur depuis l'an 22. Ils classeront à part la terre
sacrée et ses fruits afin [qu'on puisse déterminer] le reste de
la terre sur laquelle le sixième doit être affecté / à la Philadelphe, et ils attesteront par écrit aux agents de Satyros
la sincérité de ces relevés. De même, les clérouques qui ont
des vignobles ou des vergers dans les tenures qu'ils ont
reçues du roi, et tous les autres, à savoir ceux qui ont

---

[1] 1 aroure = 2 244 m².

15 acquis / des vignobles ou des vergers, ou qui en tiennent en *doréa,* ou qui en cultivent à quelque titre que ce soit, chacun en ce qui le concerne, ils déclareront la contenance de leur terre, ainsi que le montant de ses produits, et ils donneront le sixième à Arsinoè Philadelphe pour les sacrifices et les libations.

col. 37 Le roi Ptolémée à tous les stratèges, commandants de cavalerie, officiers d'infanterie, nomarques, toparques, éco-
5 nomes, contrôleurs, secrétaires, / libyarques et commandants de gendarmerie, salut ! Nous vous adressons les copies de l'ordonnance (*programma*) qui prescrit d'affecter à la Philadephe la contribution du sixième. Veillez donc à ce que ses dispositions soient observées. Portez-vous bien. An 23, 2 Dios (nov.-déc. 263).

10 Tout ceux qui ont des vignobles ou des vergers, à quelque titre que ce soit, remettront aux agents de Satyros et aux comptables (*eclogistes*) subordonnés à Dionysodoros dans chaque nome, des déclarations écrites. Etablies par eux-mêmes
15 ou par ceux qui gèrent ou qui cultivent leurs biens, ces déclarations indiqueront pour les années 18 à 21 / le relevé de leurs récoltes, le sanctuaire auquel ils versaient le sixième y afférant et le montant annuel de cette redevance. De même, les prêtres déclareront le domaine sur lequel ils percevaient
20 ce revenu et son montant annuel en vin et en argent. De même, les secrétaires royaux et les - - - / remettront à ce sujet des déclarations écrites - - -

Les règlements fiscaux ci-dessus proviennent d'un important document papyrologique connu sous le nom de *Revenue Laws* (lois fiscales) de Ptolémée II Philadelphe. Son médiocre état de conservation est cause d'une lacune de 5 à 7 lignes dans la partie supérieure de chaque colonne. On n'a donc que des extraits partiels du texte original, qui formait un recueil de dispositions législatives relatives à l'affermage de certains revenus de l'Etat lagide, mais il n'est pas probable qu'il s'agisse d'un code à l'usage des fonctionnaires de l'administration des finances. La partie citée ici est relative à la ferme de la redevance (*apomoira*) prélevée sur certaines cultures au profit du culte d'Arsinoè II, sœur-épouse de Ptolémée II, divinisée après sa mort (270) sous le nom de déesse Philadelphe. Elle comprend trois textes législatifs qui ne sont pas placés dans leur ordre chronologique : deux ordonnances relatives à l'attribution de la redevance à la nouvelle déesse (coll. 36-37) et le cahier des charges de la ferme, beaucoup plus long et détaillé, ce qui explique la présence de titres courants écrits en plus gros caractères. L'intérêt de ces textes porte sur trois points : le système de la ferme ; l'économie et l'administration économique ; la politique religieuse de Ptolémée Philadelphe.

I. Définir d'abord l'objet de la ferme : la perception de l'*apomoira*, prélèvement de 1/6 (1/10 seulement dans certains cas) sur la production des vignobles et des vergers. Cette redevance, auparavant perçue par les sanctuaires à leur profit, l'est désormais par le roi au bénéfice de la Philadelphe. Ce n'est donc pas un impôt, mais une dîme ecclésiastique. Elle sera versée en nature pour le vin, en argent pour les fruits. Décrire ensuite la constitution et le fonctionnement de la ferme : responsables et personnel de la société, adjudication, droits et obligations, profits ou pertes. Pour terminer, caractériser le rôle de l'affermage dans le système fiscal, en soulignant que la ferme n'est pas un mode de perception (ce sont les fonctionnaires qui en sont chargés), mais un moyen pour le roi de toucher ses revenus d'avance et de s'assurer contre toute moins-value, puisque ce sont les fermiers qui subissent le déficit éventuel.

II. La ferme n'a pas de rôle dans la vie économique, en effet. Ce sont les fonctionnaires qui la dirigent entièrement. On donnera d'abord un bref tableau de cette administration pour préciser les attributions des divers agents nommés dans le texte, en particulier l'économe et le contrôleur. On dégagera ensuite ses caractères : profusion des effectifs, intrusion constante et tâtillonne dans la production, centralisation, paperasse, et leurs conséquences : tyrannie, abus, paralysie, en soulignant toutefois le souci du gouvernement, dans sa réglementation, de fixer équitablement droits et obligations et de protéger toutes les parties en cause. Car son intérêt est de faire régner la paix et la prospérité, non certes au bénéfice des sujets, mais afin d'assurer au Trésor des revenus abondants et stables, fin ultime à laquelle vise toute sa politique intérieure.

III. L'*apomoira* n'est pas une création de Philadelphe. Il en a simplement enlevé la maîtrise au clergé. Dans quelle intention ? Pour détourner cette ressource à des fins séculières ? On a certes trace que, pour remédier à leurs difficultés financières, ses successeurs se sont parfois permis cette spoliation. Mais il ne semble pas que ç'ait été son intention fondamentale. A l'inverse, sa décision est parfois présentée comme une faveur. Il est probable, en effet, que le rendement de l'*apomoira* a été amélioré quand l'Etat l'a perçue avec des moyens bien plus efficaces que ceux des sanctuaires. Mais là non plus n'était pas le but recherché par le roi, qui est d'ordre politique. On en a un premier indice dans l'affectation désormais obligatoire à la Philadelphe de la redevance, auparavant laissée à la libre disposition du clergé, qui perd ainsi une partie de son autonomie et se trouve contraint de célébrer un culte dynastique. Le roi, d'autre part, devient le maître de ses ressources et, grâce à ce puissant moyen de pression, peut orienter son action à son gré. A n'en pas douter, Philadelphe a voulu ainsi l'assujetir et capter son influence sur les masses pour les maintenir dans la sujétion.

Bibliogr. : B. P. Grenfell, *Revenue Laws of Ptolemy Philadelphus* (Oxford 1896. première édition du texte, commentaire encore très utile malgré sa date).
C. Préaux, *L'économie royale des Lagides* (Bruxelles, 1939), pp. 165-187, 450-459 et *passim*.

LXXIV. La fiscalité séleucide

(Josèphe, *Ant. Jud.*, XII, 138-144)

(138) Le roi Antiochos à Ptolémée, salut ! Attendu que
les Juifs, dès le moment où nous avons pénétré dans leur
pays, ont manifesté leur zèle à notre égard et, lorsque nous
nous sommes présenté dans leur cité, nous ont fait une
réception magnifique et sont venus à notre rencontre avec
le Conseil des Anciens, ont ravitaillé largement nos troupes
et nos éléphants et nous aussi apporté leur appui pour
chasser la garnison égyptienne de la citadelle, (139) nous
avons estimé de notre devoir de répondre de notre côté
aux services qu'ils nous ont rendus, de restaurer leur cité
détruite par les vicissitudes des guerres et de la repeupler
en y rappelant sa population dispersée. (140) Nous avons
décidé, en premier lieu, en raison de leur piété, de leur
fournir pour les sacrifices une contribution d'animaux propres à cette fin, de vin, d'huile et d'encens, pour un montant de vingt mille (pièces) d'argent, et des artabes [1] sacrées
de fleur de farine selon la loi du pays, mille quatre cent
soixante médimnes [1] de blé et trois cent soixante-quinze
médimnes de sel. (141) Je veux que ces produits leur soient
livrés comme je l'ai ordonné, et que l'on achève les travaux du sanctuaire, y compris les portiques et toutes les
constructions nécessaires. Le bois d'œuvre sera apporté de
la Judée elle-même, des autres nations et du Liban en franchise de tout droit. De même, pour tous les autres maté-
riaux qui seront nécessaires pour rendre plus magnifique
la restauration du sanctuaire. (142) Tous les membres de la
nation se gouverneront selon leurs lois ancestrales. Le
Conseil des Anciens, les prêtres, les secrétaires du sanctuaire et les chantres sacrés seront exemptés des taxes qu'ils
acquittent au titre de la capitation, de l'impôt de couronne
et de la gabelle. (143) Afin que la cité se repeuple plus
rapidement, j'ai accordé à ceux qui y résident présentement
ou qui y reviendront d'ici au mois d'Hyperbérétaios, une

---

[1] 1 artabe = 36,4 l. ; 1 médimme = 51,9 l.

exemption de trois ans. (144) Nous leur accordons, en outre, pour l'avenir un dégrèvement d'un tiers du tribut pour leur permettre de réparer le préjudice qu'ils ont subi. Et tous ceux qui ont été enlevés de la cité pour être réduits en esclavage, nous leur rendons la liberté, à eux et aux enfants qui leur sont nés, et nous ordonnons que leurs biens leur soient restitués.

Le principal intérêt du texte réside dans les précisions qu'il apporte sur les finances séleucides. Mais un commentaire complet devrait aussi porter sur les points suivants : — 1) les circonstances : lettre adressée par Antiochos III au gouverneur, nommé Ptolémée, de la province de Coelè-Syrie et Phénicie, constituée avec les territoires qui viennent d'être enlevés aux Lagides à la suite de la bataille du Panion (200). La Judée y est incluse. Les concours que le vainqueur a trouvés à Jérusalem. Les difficultés qu'il pouvait rencontrer en fonction de la situation du judaïsme contemporain. — 2) L'organisation administrative de l'empire séleucide et la place que la Judée pouvait y occuper. Les dispositions prises par Antiochos III pour s'assurer le dévouement de ses nouveaux sujets. Insister particulièrement sur : a) le respect du particularisme juif ; b) les faveurs fiscales consenties à la population, mais surtout à la caste sacerdotale qui détenait le pouvoir (142) ; c) les égards envers la religion (140-1). Mais le roi n'abandonne rien de ses droits de conquérant.

L'étude de l'organisation financière doit porter sur les points suivants : I. La fiscalité. — 1) les impôts directs : a) le tribut (143) : sa nature (marque de la soumission des vaincus envers le conquérant) ; caractère collectif : ce ne sont pas les individus qui le paient, c'est le groupe politique ; la fixité du montant qui ne varie pas ; la perception (liberté de la communauté pour l'établissement de l'assiette ; responsabilité de ses chefs pour le versement) ; b) la capitation (142) : n'est connue que par la présente lettre ; c) la couronne : son origine (hommage spontané au souverain dans certaines circonstances exceptionnelles) ; son évolution (du don gratuit à la taxe obligatoire, de l'irrégularité à la périodicité) ; les abus (dons exceptionnels exigés en plus de l'impôt régulier) ; d) la gabelle : plus probablement une taxe par tête, comme en Egypte, qu'un impôt indirect sur la vente du sel qui est pourtant la forme originale.

— 2) Les impôts indirects : dans le texte n'apparaissent que les droits de circulation (141) : *a)* les droits de douane intérieure : subdivision de l'empire en districts douaniers ; péages au profit du roi à l'entrée comme à la sortie ; *b)* l'octroi : à la porte de chaque ville. Appelé dîme, mais probablement pas égal au 1/10ᵉ de la valeur des marchandises. Terme technique pour désigner un prélèvement *ad valorem*.

La fiscalité séleucide ne se limitait pas aux taxes énumérées ci-dessus. Egalement des taxes sur les opérations commerciales, ventes d'esclaves notamment ; droits de douane et d'enregistrement. S'il n'en apparaît pas autant que dans l'Egypte lagide, cela est dû probablement aux lacunes de la documentation. Et, bien entendu, les ressources des Séleucides ne provenaient pas uniquement de la fiscalité.

II. Les largesses royales. Outre les exemptions partielles ou totales, Antiochos III se charge d'une partie des frais du culte : — 1) Dons en argent : 20 000 pièces d'argent (tétradrachmes sans doute) pour les sacrifices. Pratique courante de l'*adaeratio* (substitution au produit naturel de sa valeur en monnaie) dans la pratique séleucide. — 2) Dons en nature : farine, blé et sel. L'*adaeratio* n'est pas appliquée ici parce que le roi est gros propriétaire et perçoit des revenus en nature sur les récoltes. Il possède aussi des salines et des forêts (le Liban nommé à part, 141).

Budget des dépenses encore plus mal connu que celui des recettes : rien sur le coût de l'armée, de la cour ou de la colonisation. Parmi les chapitres connus, celui des largesses (collectivités ou individus) paraît un des plus importants. Mentionner aussi les subsides diplomatiques, les tributs (Galates) et, à partir de Magnésie (189), les contributions de guerre qui ont fini par ruiner la monarchie, malgré sa fabuleuse richesse.

Bibliogr. : E. Bikerman, ouvr. cité n° LXX, pp. 106-132.
Ed. Will, *H.P.M.H.*, II, pp. 275-280.

LXXV. La bataille de Raphia (217)

(Polybe, V, 82-85)

82 (1) Il y avait cinq jours que les deux rois campaient face à face quand ils se décidèrent l'un et l'autre à remettre leur sort aux armes. (2) Ptolémée fut le premier à faire sortir ses troupes de leurs retranchements. Aussitôt, Antiochos prit position devant lui. Tous deux rangèrent de front leur phalange et leurs troupes d'élite armées à la macédonienne. (3) Aux deux ailes, Ptolémée adopta le dispositif suivant : Polycratès et la cavalerie sous ses ordres occupait l'aile gauche. (4) Entre lui et la phalange se trouvaient les Crétois, à côté des cavaliers, ensuite la garde royale, puis les peltastes de Socratès en liaison avec les Libyens armés à la macédonienne. (5) A l'aile droite, le Thessalien Echécratès et la cavalerie sous ses ordres. Sur son flanc gauche se trouvaient les Galates et les Thraces, (6) ensuite Phoxidas avec les mercenaires de Grèce en liaison avec la phalange égyptienne. (7) Quant aux éléphants, il y en avait quarante à gauche, où Ptolémée avait l'intention de se tenir pendant la bataille. Les trente-trois autres avaient été disposés devant l'aile droite, à la hauteur de la cavalerie mercenaire. (8) Antiochos mit en ligne soixante de ses éléphants, sous les ordres de son frère de lait Philippos, devant son aile droite où il avait l'intention de se battre en personne contre Ptolémée. (9) Derrière eux, il avait déployé deux mille cavaliers, commandés par Antipatros ; il les avait appuyés de deux mille autres en oblique. (10) A la suite de la cavalerie, le front se poursuivait par les Crétois ; puis venaient les mercenaires de Grèce sous les ordres du Macédonien Byttacos, au nombre de cinq mille. (11) A gauche, à l'extrémité de l'aile, il disposa deux mille cavaliers dont le chef était Thémison, à côté d'eux les Cardaques et les Lydiens armés de javelots, ensuite les voltigeurs de Mènédèmos, soit trois mille hommes ; (12) après, les Kissiens, Mèdes et Carmaniens, enfin les Arabes et peuples voisins, en liaison avec la phalange. (13) Quant au reste des éléphants, le roi les plaça devant l'aile gauche et en donna le commandement à un ancien élève de l'école des cadets nommé Myiscos.

83 (1) Après avoir ainsi dressé leur ordre de bataille, les deux souverains passèrent en revue le front de leurs troupes et les haranguèrent, accompagnés des chefs de corps et de leurs amis. (2) Comme ils avaient fait reposer tous deux le meilleur de leurs espoirs sur leurs phalanges, l'essentiel de leur intérêt et de leurs encouragements alla à ces troupes.....

84 (1) Quand, avec sa sœur, Ptolémée fut revenu à l'extrême-gauche de sa ligne de bataille et Antiochos avec l'escadron royal à la droite de la sienne, ils donnèrent le signal du combat et l'engagement commença avec les éléphants. (2) Il y en eut peu du côté de Ptolémée à charger leurs adversaires. On vit de belles actions livrées par les équipages des tourelles : au corps à corps, ils escrimaient à la sarisse et échangeaient des coups. Mais le plus beau fut de voir les bêtes combattre avec vigueur et charger de front les unes contre les autres. ...... (5) Cependant, la plupart des éléphants de Ptolémée se dérobaient au combat, selon l'habitude des éléphants de Libye. (6) Ils ne supportent pas l'odeur et le barrissement de leurs congénères de l'Inde. Ils en redoutent aussi la taille et la puissance, me semble-t-il. En tout cas, ils les fuient d'aussi loin qu'ils les voient venir. C'est ce qui arriva en la circonstance. (7) Complètement affolés, ils se jetèrent en masse dans leurs propres rangs. La garde de Ptolémée, bousculée, lâcha pied. (8) Contre Polycratès et la cavalerie sous ses ordres, Antiochos, débordant par une aile le corps des éléphants, se lança à la charge. (9) En même temps, par l'aile intérieure de ce corps, les mercenaires grecs voisins de la phalange attaquaient les peltastes de Ptolémée et les repoussaient à la faveur du désordre que les animaux avaient déjà jeté dans leurs rangs. (10) La gauche de Ptolémée, ainsi bousculée, lâcha pied sur toute la ligne.

85 (1) Echécratès, qui commandait l'aile droite, avait d'abord suivi avec attention l'affrontement des ailes opposées. Mais, lorsqu'il vit que le nuage de poussière portait de son côté et que ses propres éléphants ne se risquaient décidément pas à marcher contre leurs adversaires, (2) il ordonna à Phoxidas, chef des mercenaires recrutés en Grèce, d'attaquer de front. (3) Lui-même fit dégager latéralement ses cavaliers et les troupes placées derrière les éléphants pour les mettre hors de leur portée. Quant à la cavalerie ennemie, à la fois par débordement et attaque de flanc, il eut vite fait de la mettre en fuite. (4) Phoxidas et ses troupes firent de même : chargeant les Arabes et les Mèdes, ils les mirent en déroute et les contraignirent à une fuite désordonnée. (5) Ainsi donc, sur sa droite, Antiochos tenait la victoire. Mais à sa gauche, il était battu comme je viens de le dire. (6) Les phalanges, toutes deux dégarnies de leurs ailes, demeuraient intactes au milieu du champ de bataille, incertaines du sort que l'avenir leur réservait. (7) Mais, à ce moment, tandis qu'Antiochos poursuivait son avantage à l'aile droite, (8) Ptolémée venait de se replier à l'abri de sa phalange. Il s'avança au milieu des deux armées et s'offrit à leur vue. Ses adversaires en furent atterrés, ses troupes saisies d'un grand mouvement d'élan et d'enthousiasme. (9) Aussitôt, sarisses pointées, les hommes d'Andromachos et de Sosibios partirent à l'assaut. (10) Les troupes d'élite syriennes résistèrent bien pendant un moment, mais la division de Nicarchos, tout de suite, lâcha pied et recula. (11) Antiochos, avec l'inexpérience de la jeunesse, s'imaginait, d'après la situation de son secteur, qu'il en allait ailleurs comme chez lui et qu'il était partout vainqueur, et il s'acharnait sur les fuyards. (12) Un des plus âgés de ses officiers finit par l'arrêter pour lui montrer le nuage de poussière qui s'élevait de la phalange et portait vers leur camp. Il comprit alors ce qui se passait et tenta de se porter au galop avec l'escadron royal vers l'emplacement du combat. (13) Mais, s'étant rendu compte que toute son armée était en déroute, il se replia sur Raphia. Là où il s'était battu, la victoire lui était revenue, il en était convaincu. C'était la lâcheté et la peur des autres qui étaient, à son avis, causes de la défaite du gros de son armée.

La bataille de Raphia a mis fin à la quatrième guerre de Syrie où les Séleucides (Antiochos III) ont une fois de plus tenté d'arracher aux Lagides (Ptolémée IV Philopator) la maîtrise de la Coelè-Syrie. L'échec d'Antiochos fut une surprise car les campagnes des années précédentes laissaient présager son succès. Il est donc nécessaire, dans une première partie, d'exposer les antécédents de la bataille qui a réduit à néant ses espoirs. Le récit qu'en donne Polybe se divise en deux parties bien distinctes : le chapitre 82 est consacré à la description de l'ordre de bataille adopté par les deux chefs d'armée. Les chapitres 83-85 exposent les phases du combat. Chacune fera l'objet d'un développement particulier. Leur intérêt ne repose pas seulement dans la description du combat en lui-même. Elles fournissen des données révélatrices sur les institutions militaires, sur l'art de la guerre et son évolution à l'époque hellénistique.

I. *La quatrième guerre de Syrie.* Dès son avènement, Antiochos III s'était engagé dans un conflit avec l'Egypte pour reconquérir la Coelè-Syrie, éternelle pomme de discorde entre les deux dynasties. Mais sa première cam-

ANTIOCHOS III

1. et 2. Cavalerie, 4 000 h. Antipatros.
3. Crétois, 2 500 h. Eurylochos et Zélis de Gortyne.
4. Mercenaires de Grèce, 5 000 h. Hippolochos de Thessalie.
5. Daens, Carmaniens et Ciliciens, 5 000 h. Byttacos de Macédoine.
6. Argyraspides, 10 000 h. Théodotos d'Etolie.
7. Phalange, 20 000 h. Nicarchos et Théodotos Hémiolios.
8. Arabes, 10 000 h. Zabdibèlos.
9. Kissiens, Mèdes et Carmaniens, 5 000 h. Aspasianos le Mède.
10. Agrianes, Perses, Thraces, 3 000 h. Ménédmos d'Alabanda.
11. Cardaques, Lydiens, 1 500 h. Lysimaque le Galate.
12. Cavaliers, 2 000 h. Thémison.

PTOLÉMÉE IV

I. Cavalerie libyenne et égyptienne, 2 300 h. Polycratès d'Argos.
II. Crétois, 3 000 h. Cnopias d'Allaria.
III. Garde (agêma), 3 000 h. Eurylochos de Magnésie.
IV. Peltastes, 2 000 h. Socratès de Béotie.
V. Libyens, 3 000 h. Ammonios de Barkè.
VI. Phalange macédonienne, 25 000 h. Ptolémée, fils de Thraséas, et Andromachos d'Aspendos.
VII. Phalange égyptienne, 20 000 h. Sosibios.
VIII. Mercenaires de Grèce, 8 000 h. Phoxidas l'Achéen.
IX. Thraces et Galates, 6 000 h. Dionysios le Thrace.
X. Cavalerie, 2 000 h. Echécratès de Thessalie.
XI. Cavaliers auliques, 700 h. Ptolémée IV.

pagne, au printemps de 221, s'acheva par un échec
complet. Des troubles intérieurs le détournèrent, l'année
suivante, d'une seconde tentative. Les ayant surmontés,
il y revint en 219 et, cette fois, avec un plein succès,
grâce à la trahison du général lagide qui l'avait vaincu
en 221, l'Etolien Théodotos. Il put ainsi s'avancer jusqu'aux confins de l'Egypte où, pour l'arrêter, le principal
ministre lagide, Sosibios, dut détruire les digues du Nil
pour inonder la région de Péluse. Devant cet obstacle
infranchissable, Antiochos, qui n'avait d'ailleurs pas achevé
la conquête de la Coelè-Syrie, consentit à ses adversaires
un armistice de quelques mois. Il était persuadé que Ptolémée était incapable de lui résister et que les conférences
de paix lui vaudraient l'acquisition de la province. Sosibios,
au contraire, décidé à ne rien céder, n'y voyait qu'un
moyen de gagner du temps en vue de reconstituer une
armée.

Pendant qu'il faisait traîner les discussions en longueur,
il travaillait avec acharnement et dans le plus grand secret
à recruter et à entraîner des troupes fraîches. Il rapatria
la plupart des garnisons disséminées dans les possessions
extérieures, engagea tous les mercenaires disponibles sur
les marchés de Grèce, recherchant spécialement les officiers qualifiés comme instructeurs. La situation était bonne
de ce point de vue : la fin de la guerre de Cléomène et la
mort de Doson, le calme qui précédait la guerre des
Alliés avaient libéré beaucoup de militaires bien entraînés,
tout disposés à reprendre du service au gré des offres.
Sosibios estima pourtant ces ressources insuffisantes. Il
voulait, d'une part, s'assurer la supériorité numérique et
il était, d'autre part, pressé par le temps. Pour réunir sans
délai de gros effectifs, il lui fallait mobiliser les indigènes.
Il y avait en Egypte, depuis les temps pharaoniques, une
classe de guerriers héréditaires, les *machimoi*. Les premiers Lagides s'étaient bien gardés de les utiliser dans les
unités combattantes. Sosibios en mobilisa 20 000 qu'il fit
armer et entraîner à la macédonienne et dont il constitua
une phalange particulière. Ce serait une surprise pour
Antiochos si le secret pouvait être tenu.

Pourquoi l'Egypte s'est-elle soudain trouvée réduite à
cette extrémité, alors qu'en 221 elle avait été en mesure
de repousser sans peine la première offensive d'Antiochos ?
On a invoqué des causes financières et politiques. L'étude

des émissions monétaires de la fin du règne de Ptolémée Evergète fait apparaître des manipulations qui attestent une diminution des ressources du Trésor. Sa politique étrangère, au même moment, suggère qu'il n'avait plus les moyens financiers de la soutenir. On en conclut que son successeur n'eut plus de quoi payer ses mercenaires au moment décisif. Mais, sans nier que le gouvernement lagide ait pu connaître des difficultés, l'ampleur du recrutement opéré par Sosibios et toutes les dépenses annexes montrent que le Trésor n'était nullement à sec. On a, d'autre part, à la suite de Polybe, accusé la négligence de Philopator dans le domaine militaire. Il ne semble pas que ce soit à bon droit. Les premiers Lagides avaient fait de la Coelè-Syrie le boulevard de l'Egypte et y avaient concentré l'essentiel de leurs forces. La défaite d'Antiochos en 221 montre la justesse de cette conception. C'est la trahison de Théodotos qui explique sa faillite en 219. Elle eut, en outre, pour conséquence d'empêcher le repli sur le Delta des troupes demeurées fidèles. Elle avait, en effet, livré au Séleucide la plupart des ports importants de la Phénicie où une bonne partie de la flotte lagide avait été saisie. Les communications avec l'Egypte en furent rompues. Peu d'évacuations purent avoir lieu par cette voie. La plus forte armée égyptienne se trouvait ainsi perdue. La seule négligence dont on puisse accuser le gouvernement d'Alexandrie est de n'avoir pas fait le nécessaire pour s'assurer la fidélité de Théodotos.

Ayant compris la vanité des négociations de l'hiver 219/8, Antiochos se remit en campagne au printemps. Bien que son adversaire ait reçu de gros renforts (qu'on se garda bien de prélever sur l'armée créée par Sosibios), il réussit à achever la conquête de la Coelè-Syrie, soumit l'intérieur du pays, pénétra même en Transjordanie où il acquit l'alliance de plusieurs cheikhs arabes. A la fin de la campagne, seules quelques places fortes et le Sud de la Judée lui échappaient encore. Au printemps de 217, Ptolémée se décida à la contre-offensive. Partant d'Alexandrie avec 75 000 hommes, il sortit d'Egypte par Péluse, longea la côte jusqu'à Rhinocoloura (El Arich) et vint établir un camp fortifié entre cette ville et Raphia (Tell Rifah). Aussitôt connue l'avance de son adversaire, Antiochos quitta la Phénicie à la tête de 68 000 hommes. Marchant vers le Sud, il dépassa Gaza, puis Raphia et prit

position d'abord à 10 stades (1,800 kilomètre environ),
puis à 5 stades de l'ennemi.

II. *L'ordre de bataille et la composition des armées.*
Cinq jours après, les deux souverains décidèrent d'engager
la bataille. La date exacte a pu être fixée au 22 juin 217
grâce à la Stèle de Pithom. Avant de décrire les péripéties du combat, Polybe expose l'ordre de bataille des
deux armées, précisant leur composition, la nature des
diverses unités, leurs effectifs et même le nom des chefs
de corps. Mais son texte est souvent allusif et parfois
incomplet, car il avait déjà traité le sujet, pour l'armée
égyptienne au chapitre 65, à propos des efforts de Sosibios
pour la reconstituer, pour celle d'Antiochos au chapitre 79, 3-10, au début de la campagne de 217. Il
est donc nécessaire de rapprocher ces développements de
notre chapitre 82 pour décrire aussi exactement que
possible les forces en présence [1]. On notera que les effectifs
sont parmi les plus considérables qui aient jamais été
engagés en bataille rangée à l'époque hellénistique.

Au centre de chaque dispositif se trouvaient les phalanges. La phalange de type macédonien ne se distingue,
pour l'armement, de la phalange grecque classique que
par quelques détails : le bouclier des hoplites était sans
doute plus bombé et de plus petit diamètre, mais leur
lance était beaucoup plus longue : 18 pieds (5, 40 m
environ) à l'époque d'Alexandre (mais le point est contro-
versé) et même 21 (6, 30 m) au IIe siècle. Le principe
d'emploi tactique était le même, mais elle opérait en masse
beaucoup plus profonde (16 rangs au lieu de 8). La
cohésion étant le fondement de son efficacité, l'ensemble
n'était pas fractionné en unités destinées à agir indépendamment au combat. Mais, lorsque le corps devenait trop
nombreux, le commandement ne pouvait plus s'exercer. On
était alors obligé de constituer deux ou plusieurs phalanges dont les mouvements n'étaient plus soumis à la
nécessité d'une rigoureuse coordination. Ce fut le cas à
Raphia.

On en a pourtant douté, tant du côté égyptien que du
côté syrien. Polybe, en effet, dans sa description du dispositif lagide, mentionne une fois la phalange sans la qua-
lifier (§ 4), une autre fois la phalange indigène (6). De son

---

[1] On se reportera au croquis de la p. 393 pour suivre cette
discussion et les opérations.

récit de la bataille paraît résulter qu'il n'y avait qu'un seul corps (85, 9). Or, au chapitre 65, il parle expressément de deux phalanges, l'une gréco-macédonienne, de 25 000 hommes, commandée par Ptolémée, fils de Thraséas, et Andromachos d'Aspendos, l'autre égyptienne, de 20 000 hommes, commandée par Sosibios en personne. Ou bien donc le premier corps n'aurait pas participé à la bataille, ou bien Polybe aurait fait une erreur : il n'y aurait eu qu'une seule phalange de 25 000 hommes dont 20 000 indigènes. Il en résulterait que l'armée égyptienne aurait compté seulement 50 000 ou 55 000 hommes et aurait été très inférieure en nombre à celle d'Antiochos.

Aucune des deux hypothèses ne peut être retenue. Au moment d'affronter un adversaire aux effectifs considérables, Ptolémée ne pouvait se priver d'un de ses corps les plus nombreux. Et d'ailleurs l'un de ses chefs, Andromachos, était présent au combat au moment décisif (85, 9). Donc, s'il y avait deux phalanges dans l'armée lagide, l'une et l'autre ont participé à la bataille. Polybe s'est-il trompé au chapitre 65 en distinguant deux corps différents ? Les précisions qu'il donne à leur sujet en font douter dès l'abord : il avait, de toute évidence, des renseignements précis. D'autre part, l'addition des effectifs détaillés dans ce chapitre donne un total de 70 000 fantassins. On le retrouve en 79, 2. Polybe se montre donc conséquent avec lui-même dans ces deux cas. Ne l'est-il plus au chapitre 82 ? On n'a pas de raison de le croire : on notera l'indication donnée au § 6 : les mercenaires de Phoxidas étaient en liaison avec la phalange *égyptienne*. Pourquoi cette précision s'il n'y avait qu'une phalange ? Elle implique à elle seule la présence du corps gréco-macédonien. On se rappellera, en outre, la mention d'un de ses chefs, Andromachos, en 85, 9. Enfin, le réservoir des indigènes étant inépuisable, pourquoi Sosobios se serait-il contenté d'en mobiliser 20 000, ce qui ne lui assurait pas la supériorité numérique ? La conclusion est qu'il y avait deux phalanges dans l'armée lagide, auxquelles il convient sans doute d'ajouter les 3 000 Libyens armés à la macédonienne et commandés par Ammonios de Barkè.

Le problème de l'infanterie lourde séleucide ne porte pas sur les effectifs mis en ligne. Il concerne la qualification de la division des *argyraspides* (les boucliers d'argent),

commandée par Théodotos l'Etolien. On considère, en
général, que ce sont les héritiers des *hypaspistes* d'Alexandre et qu'il s'agit de fantassins légers. Mais cette dernière
opinion ne s'appuie sur aucune source explicite. Au
contraire, dans toutes les batailles où l'on voit combattre
hypaspistes ou argyraspides, ils jouent le même rôle que
la phalange. On ne peut préciser la différence qui sépare
les deux corps. Elle ne peut porter sur l'équipement que
pour des détails ; encore n'est-il pas sûr qu'il y en ait eu
dans cet ordre d'idées. Elle réside peut-être dans le système de recrutement ou dans leur réputation respective :
les argyraspides de Théodotos sont présentés par Polybe
comme « l'élite de tout le royaume » (79, 4). En tout
cas, il paraît bien que l'infanterie lourde d'Antiochos
était divisée en deux corps : les argyraspides et la phalange ordinaire.

On trouvera au schéma de la p. 393 le dispositif des
différents corps des deux armées, leurs effectifs et le nom
de leurs chefs d'après les chapitres où Polybe en parle.
Il ne s'agit ici que de préciser leur origine et leur armement pour comprendre leur fonction tactique. Des deux
côtés, la cavalerie est disposée à l'extrémité de chaque
aile. Ne disposant que de montures de petite taille, ignorant l'étrier, elle ne pouvait munir ses hommes de cui-
rasses et leur armement était léger : une courte lance, une
épée et un petit bouclier. Ce n'était pas une force de
choc. Elle ne pouvait agir que par enveloppement ou infil-
tration. C'est pourquoi elle est invariablement placée aux
ailes. Celle d'Antiochos était légèrement plus nombreuse
que celle de Ptolémée. Polybe ne nous donne pas d'indication sur son recrutement. Du côté égyptien, la division
de gauche était formée de troupes indigènes. Mais seuls
les Libyens sont des Africains de race ; les Egyptiens sont
des clérouques, c'est-à-dire des Grecs pourvus de tenures
militaires. Une particularité est l'existence du régiment
des « cavaliers auliques », fort de 700 hommes, dont il
est question en 65, 5, qui n'apparaît qu'à l'occasion de la
bataille de Raphia.

L'infanterie lagide apparaît plus homogènes par son
recrutement et son équipement que celle d'Antiochos. En
dehors de la phalange, elle incorporait surtout des Grecs,
clérouques ou mercenaires, équipés en peltastes, c'est-à-
dire munis d'une courte lance et d'un bouclier rond

(*pelta*), moins solides, mais plus maniables que les phalangites. La garde royale (*agèma*) paraît avoir appartenu
à cette catégorie, bien que ce fût un corps d'élite. Les
unités qui n'en relèvent pas sont les Crétois dont la spé-
cialité nationale était le tir à l'arc. Encore y avait-il, dans
la division de Cnopias, 1 000 néo-Crétois qui étaient des
peltastes. Les Thraces et les Galates de Dionysios étaient
pour les deux tiers recrutés parmi les colons militaires
d'Egypte. Les premiers étaient des lanceurs de javelot, les
seconds combattaient à l'épée à l'abri d'un grand bouclier
ovale. On peut les considérer comme des peltastes d'un
genre particulier.

L'infanterie séleucide était beaucoup plus bigarrée dans
son recrutement ethnique. La phalange elle-même devait
comprendre un certain nombre d'indigènes et le corps des
argyraspides est expressément présenté par Polybe comme
recruté dans tout le royaume. Mais il n'est pas sûr qu'elle
ait été aussi composite qu'il y paraît. On s'étonne d'y voir
figurer des Agrianes, peuple du Nord-Ouest des Balkans,
qui n'ont jamais combattu que pour les Antigonides. Il
peut s'agir d'un pseudo-ethnique qui servait à définir un
type particulier d'équipement et non à désigner une origine
géographique. Quoiqu'il en soit, il est certain qu'Antiochos
avait fait un beaucoup plus large appel aux indigènes que
son adversaire. Ayant moins de Grecs sous ses ordres, son
infanterie légère comptait moins de peltastes et plus de
tireurs d'armes de jet. C'est ainsi qu'il disposait de nombreux archers (Daens, Agrianes, Perses, Kissiens, Cardaques, en plus des Crétois), lanceurs de javelots (Carmaniens, Arabes, Thraces, Lydiens) et frondeurs (Agrianes,
Perses). C'était un avantage pour le combat de loin, mais
un handicap pour le corps à corps, ces hommes n'ayant
pas d'armes défensives. Dans l'ensemble, les ailes d'Antiochos, hétérogènes, étaient plus faibles que celles de
Ptolémée. Resterait à parler des éléphants, mais l'étude
des mouvements tactiques de la bataille peut seule permettre de comprendre l'emploi qui en a été fait.

III. *Déroulement de la bataille de Raphia.* L'ordre de
bataille figuré sur le croquis de la p. 394 est fonction de
la tactique que les deux chefs d'armée comptaient adopter,
elle-même déterminée par les capacités des troupes dont
ils disposaient. Depuis Philippe II et surtout Alexandre le
Grand, les combats n'étaient plus seulement un affronte-

ment de phalanges. La victoire résultait d'une combinaison d'emploi de l'infanterie et de la cavalerie. Cette dernière, n'étant pas cuirassée, était incapable de charger la phalange de front, mais elle pouvait la tourner pour l'attaquer en flanc ou de dos. La phalange était une masse trop lourde et trop soudée pour opérer aisément un changement de front. Assaillie latéralement ou par derrière, elle était condamnée à la défaite. Au cours d'un mouvement offensif, d'autre part, le maintien de l'alignement était très difficile. Si le front venait à se rompre, une cavalerie manœuvrière, s'engouffrant dans la brèche, achevait rapidement la dislocation d'une masse trop rigide.

De ces données, qui résultent de la nature des armes incorporées dans les armées hellénistiques, découle leur ordre de bataille habituel : la cavalerie est aux ailes. C'est là seulement qu'elle peut trouver le champ nécessaire à son déploiement et à sa manœuvre. Entre elle et la phalange sont disposées les troupes d'infanterie légère dont la fonction est alternative : dans l'offensive, elles prolongent l'action de la cavalerie et complètent la déroute de la phalange adverse ; dans la défensive, elles protègent les flancs de la phalange amie contre les charges de la cavalerie ennemie. Dans ce schéma, les éléphants ne paraissent pas avoir un grand rôle à jouer et, en effet, ils n'ont jamais été « les chars d'assaut de l'Antiquité », comme on se plaît à le dire. Les stratèges hellénistiques ne les ont jamais lancés en masse pour enfoncer la phalange. Peut-être les risques eussent-ils été trop grands pour un résultat incertain. Ils les ont employés avant tout en défense contre la cavalerie qui n'avait pas les moyens de rompre un rempart de pachydermes et risquait ainsi d'être écartée du champ de bataille sans pouvoir remplir son rôle principal.

Cependant, à Raphia, après les préliminaires traditionnels à toute bataille : revue des troupes par les chefs, harangues qu'il fallait parfois faire traduire par des interprètes aux troupes indigènes, les opérations débutèrent par l'affrontement des éléphants, exemple unique dans toute l'histoire militaire hellénistique. On a proposé d'expliquer cette exception par l'influence de la tactique carthaginoise qui employait ses éléphants contre l'infanterie adverse. Mais, bien qu'il y ait eu des officiers grecs dans les rangs puniques, il n'est pas probable qu'ils aient été assez nombreux pour la faire prévaloir, à supposer qu'ils aient repris du service en Grèce après avoir été à celui de Carthage. Et les relations entre l'Est et l'Ouest de la Méditerranée au IIIe siècle ont été trop épisodiques pour admettre une diffusion spontanée.

Il est plus probable que c'est un déficit en effectifs de cavalerie qui est responsable de cette initiative insolite. La proportion des cavaliers par rapport aux fantassins est, en effet, très faible dans les deux armées, si on la compare à ce qu'elle était au temps d'Alexandre et des Diadoques : Antiochos n'a que 6 000 cavaliers pour 62 000 fantassins, soit moins de 1 pour 10, et le rapport est plus faible encore du côté égyptien : 5 000 contre 70 000, soit 1 pour 14. Or, Alexandre avait une cavalerie de 5 à 7 000 hommes pour une phalange de 12 000, soit 1 pour 2. La proportion, il est vrai, diminue au temps des Diadoques : lors de la bataille de Paraetacène qui opposa Antigonos I et Eumène de Cardia (317), le premier disposait de 28 000 fantassins et 8 500 cavaliers (1 pour 3,5), le second de 35 000 et 6 100 (1 pour 6). A Ipsos (301), Antigonos mena au combat 70 000 fantassins et 10 000 cavaliers (1 pour 7) ; chez ses adversaires, 64 000 et 10 500 (1 pour 6). Il était rare, en Orient du moins et pour une rencontre importante, que la proportion tombât en dessous de 1 pour 10.

Donc, avec une cavalerie aussi faible, ni Antiochos, ni Ptolémée n'avaient de chance d'enfoncer une des ailes de l'adversaire pour envelopper sa phalange. Ils pouvaient espérer y parvenir, au contraire, en combinant l'action de masse des éléphants avec une charge de cavalerie. A vrai dire, c'est à Antiochos seul que cette idée pouvait venir en raison de sa supériorité numérique dans ces deux domaines. C'est ce qui paraît ressortir du dispositif qu'il adopta : les deux tiers de sa cavalerie et de ses éléphants furent massés à son aile droite qui comprenait, en outre, ses deux divisions les plus solides d'infanterie légère : les Crétois d'Eurylochos et, surtout, les mercenaires grecs d'Hippolochos. A son aile gauche, il comptait seulement se défendre : les éléphants de Myiscos n'étaient guère plus nombreux que les lagides, la cavalerie de Thémison équilibrait celle d'Echécratès et l'infanterie, si elle était plus étoffée (19 500 contre 14 000), était bien moins solide, étant formée seulement de barbares. Mais, bien pourvue d'armes de jet, elle pouvait tenir son adversaire à distance.

Tout se déroula conformément au plan d'Antiochos,

du moins à son aile droite. Les éléphants d'Afrique furent
mis en déroute par ceux d'Asie. Est-ce, comme le dit
Polybe, parce qu'ils étaient moins puissants que leurs
congénères, ou seulement parce qu'ils étaient moins nombreux ? Les érudits contemporains en discutent encore.
Mais le résultat est certain : dans leur fuite, ils vinrent
semer le désordre dans l'aile gauche de Ptolémée : la
garde royale, notamment, lâcha pied. C'était sans doute
ce qu'avait prévu Antiochos et c'était le moment qu'il
attendait. A cette fin, il avait adopté un dispositif particulier pour la division de cavalerie d'Antipatros : une
brigade avait été placée à l'extrême-droite en oblique ou
en décrochement (le texte grec dit qu'elle formait « un
angle » avec la ligne de front), pour lui permettre de
déborder et d'attaquer plus vite la division de Polycratès
qui lui faisait face. Se plaçant à la tête de cette brigade,
Antiochos chargea la cavalerie adverse et la mit en fuite,
cependant que les mercenaires grecs d'Hippolochos,
contournant les éléphants par la gauche, abordaient les
peltastes de Socratès et les repoussaient. Toute l'aile
gauche égyptienne alors se débanda selon Polybe. Cette
affirmation, si elle était prise au pied de la lettre, poserait
un problème. On ne s'expliquerait pas pourquoi les
Syriens vainqueurs n'auraient pas incontinent attaqué la
phalange macédonienne de Ptolémée, dont le flanc gauche
était dégarni. Il faut croire que les Libyens d'Ammonios
sont demeurés à leur poste pour le protéger.

Mais, à l'aile gauche, le plan d'Antiochos fut mis en
défaut grâce au sang-froid et au coup d'œil du commandant de la cavalerie lagide, Echécratès. De ce côté, il n'y
avait probablement pas eu d'affrontement général entre
éléphants, ce qui confirme l'intention d'Antiochos de ne
faire jouer à cette aile qu'un rôle défensif. Ses éléphants
n'avaient pas attaqué et leurs congénères lagides n'avaient
pas osé marcher à leur rencontre (85, 1). Voyant que les
choses tournaient mal à l'autre extrémité du champ de
bataille (on remarquera l'absence totale d'un service de
transmissions : Echécratès en est réduit à l'observation
des nuages de poussière), il fit dégager sa cavalerie et la
division de Dionysios vers la droite pour contourner les
éléphants. Il se trouvait ainsi, vis-à-vis de la division de
Thémison, dans la même position relative qu'Antiochos
avait dès le début adoptée face à Polycratès. Sur son

ordre, Phoxidas fit faire à ses mercenaires grecs le même mouvement qu'avait accompli de son côté Hippolochos et le résultat fut identique : Thémison, débordé, fut mis en fuite et les légères troupes séleucides ne résistèrent pas à l'assaut de Phoxidas.

Comme l'écrit Polybe, « les deux phalanges restaient intactes au milieu du champ de bataille, incertaines du sort que l'avenir leur réservait ». Et, en effet, les Egyptiens pouvaient redouter qu'Antiochos, ayant définitivement dispersé leur cavalerie, vînt les prendre à revers, et les Syriens avaient à craindre la supériorité numérique de leurs adversaires. On a calculé, en effet, que le front de la phalange lagide se déployait sur 1,500 km contre 1 km seulement pour les Syriens qui risquaient de se voir débordés aux deux ailes. C'est une erreur d'Antiochos, en même temps qu'un choc psychologique imprévu, qui décida du sort des armes. On a beaucoup reproché au roi de s'être laissé emporter trop loin dans sa poursuite. Mais c'est une décision très difficile que de faire volte-face : le regroupement d'un ennemi qu'on croit en déroute peut transformer une victoire en défaite. Il y faut beaucoup de sang-froid et d'expérience. Antiochos était trop jeune encore pour posséder l'une et l'autre. Toujours est-il que son absence permit à la phalange adverse d'exploiter son avantage.

Ce qui lui en inspira la détermination et abattit le courage de ses adversaires, ce fut la réapparition inopinée de Ptolémée. On avait pu le croire emporté par la charge d'Antiochos. Mais il avait eu la présence d'esprit de se réfugier derrière sa phalange. En s'offrant à la vue des deux armées, il manifestait que la manœuvre dont l'ennemi attendait la victoire avait échoué et qu'Antiochos était battu avant le dernier acte. D'où l'enthousiasme de ses troupes et l'abattement de leurs adversaires. La péripétie fut rapide. La division d'Andromachos se heurta à une certaine résistance des argyraspides de Théodotos, mais Nicarchos céda au premier choc de Sosibios. Si Antiochos s'était rendu compte plus tôt de la situation, peut-être aurait-il pu limiter l'ampleur de sa défaite, en chargeant dans le dos la phalange ennemie, encore que le seul escadron royal eût été un bien faible instrument. Mais, quand il arrêta sa poursuite, il était trop tard et il dut s'avouer vaincu. Les réflexions que lui prête Polybe sont sans doute inutilement désobligeantes.

Cette bataille de Raphia porte la marque de son temps qui est une époque de transition. Plusieurs de ses aspects sont hérités d'une tradition qui remonte aux Diadoques, sinon à Alexandre. Mais elle en présente d'autres qui annoncent, sans peut-être d'ailleurs que les combattants en aient eu conscience, les changements à venir. L'idée de manœuvre, surtout celle d'Antiochos, et le dispositif qui en est la conséquence, dérivent des exemples d'un passé où la cavalerie était l'arme de la décision. L'emploi d'éléphants fait aussi partie de l'héritage antérieur. Mais, quelle qu'en soit la raison, l'insuffisance des effectifs montés a contraint le Séleucide à faire jouer à ses pachydermes un rôle dont ils se sont finalement mal acquittés et qui ne leur sera plus confié, entraînant le déclin de leur utilisation militaire. De ce fait, la première place est revenue à l'infanterie lourde qui, depuis le début du siècle, n'était plus que le soutien de l'arme principale. Mais le plus important sans doute est l'appel fait aux indigènes sur un pied sans précédent, non seulement du point de vue des effectifs, mais surtout de leur emploi. Ici, c'est Ptolémée et son ministre Sosibios qui ont été les novateurs en constituant une phalange complète avec des indigènes égyptiens.

Et c'est ce qui devait donner ses conséquences paradoxales à cette bataille. Tandis, en effet, qu'Antiochos se tirait d'affaire sans autre sacrifice que l'abandon de ses conquêtes en Coelè-Syrie, l'Egypte se vit jetée, par sa victoire même, dans une crise interne qui mit fin à son rôle de grande puissance. Tout fiers du succès dont leur imagination orientale fit d'eux les artisans exclusifs, les phalangites indigènes osèrent pour la première fois se dresser contre leurs maîtres grecs et le système oppressif qu'ils leur imposaient. Il en résulta une guerre civile de vingt ans dont la dynastie ne devait jamais se relever.

Bibliogr. : W. W. Tarn, Hellenistic military and naval developments (Oxford, 1930).
P. Chantraine, Rev. de Philol., 25, 1951, pp. 192-194.
F. E. Adcock, The Greek and Macedonian Art of War (Berkeley, 1957).
Ed. Will, H. P. M. H., II, pp. 23-32.
C. Schneider, Kulturgeschichte des Hellenismus (Munich, 1969), II, pp. 111-147.
P. Lévêque, ouvr. cité n° LXVII.
H. H. Scullard, The Elephant in the Greek and Roman World (Londres, 1974), pp. 137-145, 236-250.

LXXVI. Les difficultés du système clérouchique en Egypte

1. *Dikaiomata* ll.166-179

Le roi Ptolémée à Antiochos, salut ! Au sujet du logement des gens de guerre, il nous est revenu qu'il y a multiplication des voies de fait parce qu'ils n'occupent pas les logements que leur assignent les économes et qu'ils font irruption dans les maisons dont ils chassent / les habitants pour s'y établir par la force. Donne donc des ordres pour qu'à l'avenir ces agissements ne se reproduisent pas. Il est préférable qu'ils se procurent eux-mêmes un toit. En tout cas, s'il faut que les économes leur assignent des logements, ils doivent se borner au strict nécessaire. Lorsqu'ils quittent leurs quartiers, / ils doivent remettre les logements en bon état et ne pas les réserver jusqu'à leur retour comme il nous est revenu que cela leur arrive, lorsqu'ils s'en vont, de les louer et de mettre les scellés sur les pièces avant de partir.

2. J. P. Mahaffy - J. G. Smyly, *The Flinders Petrie Papyri*, II, 12.

Agènor à Théodoros, salut ! Je t'envoie copie de la lettre qui m'a été écrite par Aphthonètos et, ci-après, le rapport d'Andronicos à Aphthonètos --- les autels afin de ne pas loger les gens de guerre --- Réponds-moi. Porte-toi bien. An 6 (241 av. J. C.), 22 Artémisios.

Aphthonètos. Je t'envoie copie du rapport qui m'a été soumis par Andronicos. Fais une enquête pour vérifier l'exactitude des faits et agis en conséquence. An 6, -- Artémisios. / Rapport adressé au stratège Aphthonètos par Andronicos. Nous avons trouvé à Crocodilopolis certaines maisons précédemment utilisées pour le logement des gens de guerre dont le toit avait été détruit par leurs propriétaires qui avaient aussi muré les portes des maisons en y appuyant des autels. Le but de ces actes était d'échapper au logement des gens de guerre. Si donc tu le juges bon, étant donné que nous manquons de logements, écris à Agènor pour qu'il oblige les propriétaires des maisons à transporter les autels / aux emplacements les plus appropriés et les mieux situés des terrasses des maisons et à les reconstruire en meilleur état qu'auparavant afin que nous puissions les donner aux contremaîtres des travaux qui viennent d'arriver.

3. *P. Enteuxeis*, n° 12, p. 33.

Au roi Ptolémée, salut !, Bithys, du corps des vétérans de Cardendos, de Sébennytos dans l'Arsinoïte. Je suis lésé par Hellanicos. Tu nous as concédé, Roi, un logement en même temps que les tenures, afin que nous ne soyons lésés par personne et n'ayons pas de loyer à payer. Or, Hellanicos a fait irruption dans ma maison de vive force, a démoli le mur de la cour et s'est installé chez moi. A ce sujet, je t'ai déjà adressé, Roi, une plainte qui a été transmise au stratège Aphthonètos ; mais, encore maintenant, l'autre ne
5 veut pas / céder la place et, de plus, il ne cesse de m'insulter. Je te prie donc, Roi, si bon te semble, d'ordonner au stratège Aphthonètos d'écrire à - - - qu'il l'envoie devant Aphthonètos afin qu'il soit jugé contradictoirement avec moi et que, après avoir eu recours à toi, Roi, j'obtienne justice. Sois heureux.

Agénor à Timoxénos, salut ! Je t'envoie copie de la plainte qui m'est transmise par Aphthonètos. Si la maison lui a été assignée en logement, assigne à chacun d'eux sa part, selon l'ordonnance. An 4 (243), 23 Panèmos.

4. *P. Enteuxeis*, n° 55, p. 135.

Au roi Ptolémée, salut !, Polémaios, Macédonien, épilarque du détachement de Pythangélos et de Ptolémaios son fils, clérouque. Je suis lésé par Polémon, Macédonien, triacontaroure, et par Aristomachos. Je tiens de toi, Roi, une tenure située au village de l'Ile Sainte, dans l'arrondissement d'Héracleidès, d'une contenance de 82 aroures 1/2[1] ; en l'an 23, vu que je me trouvais à Alexandrie pour un procès
5 et n'avais pas désigné / de fondé de pouvoir sur place, ledit Polémon prit à bail du Trésor la moitié de la tenure et, sans qu'il y ait eu aucun contrat passé entre lui et moi, il l'ensemença tout entière en l'an 23 pour récolter en l'an 24 ; et, en l'an 24, les susnommés, sans avoir pris à bail du Trésor la moitié de la tenure et sans qu'il ait eu aucun contrat passé entre eux et moi, l'ont ensemencé de sésame et de céréales et
10 ont enlevé la récolte, contre tout droit, avec la complicité / de Philon, le garde des récoltes. A mon retour d'Alexandrie je réclamai à chacun d'eux les redevances, au taux où je louais antérieurement la terre, soit un loyer de 4 artabes 1/2[1] de froment par aroure, ce qui fait en artabes de froment pour les deux ans, pour la première année, le loyer de la moitié de la tenure, 185 artabes 5/8 de froment, et pour l'an 24,

---

[1] 1 aroure = 2 244 m² ; 1 artabe = 36,4 l.

avec récolte en l'an 25, le loyer de la tenure entière,
371 artabes 1/4 de froment : ils ne me les paient pas mais,
se disant toujours d'accord pour me les payer, ils me traî-
nent en longueur. Je te prie donc, Roi, d'ordonner / au
stratège Diophanès d'écrire à l'épistate Ménellas qu'il les
envoie pour être jugés ; et si ce que j'écris est exact, que
chacun d'eux me paye, sur la susdite quantité, la part de
loyer qui lui incombe, à raison de 4 drachmes d'argent
par aroure - - -

5. P. Enteuxeis, n° 11, p. 130

Au roi Ptolémée, salut !, Stotoès, fils de Pasis, cultivateur
de Polydeukeia. Je suis lésé par Géroros, hebdomèkonta-
roure. Je possède dans le village une maison d'où il m'a
expulsé ainsi que mes bêtes, qui sont à présent en plein air,
et cela de vive force, alors qu'il a déjà dans le village un - - -
qui lui a été assigné comme logement. Je te prie donc, Roi,
si bon te semble, d'ordonner au stratège Diophanès d'écrire
à l'épistate Sosibios qu'il lui envoie cet individu ; et si les
faits / sont exacts, qu'on ne le laisse pas me chasser de
ma maison, afin que je puisse me consacrer au travail de
la terre et que par toi, Roi, sauveur commun de tous,
j'obtienne justice. Sois heureux.

A Sosibios. De préférence, concilie-les ; sinon, envoie-le
pour qu'ils soient jugés devant le tribunal mixte. An 1 (221),
28 Gorpiaios, 12 Tybi.

L'ensemble de documents papyrologiques ci-dessus a
trait principalement au logement des clérouques (*épistathmeia*) et aux difficultés qui les opposent à la population
à ce sujet. Mais on peut en tirer aussi d'autres renseignements sur certains aspects de l'administration locale, de
l'exercice de la justice, de l'organisation militaire et même
de la vie économique.

Le texte n° 1 est une lettre adressée par un roi, sans
doute Ptolémée II Philadelphe, à un fonctionnaire en
poste dans la Haute-Egypte. Elle précise les droits et
obligations des colons militaires en ce qui concerne les
logements qui peuvent leur être attribués, sans doute en
application d'une ordonnance (*prostagma*) qui fixait les
principes et dont il est question dans le n° 3. Le texte n° 2
est un rapport adressé au stratège du nome Arsinoïte,
Aphthonètos, par un fonctionnaire nommé Andronicos.
Il a été transmis par le stratège à un de ses subordonnés,
Agènor, qui lui-même l'envoie pour exécution à Théodoros,
connu par ailleurs pour être l'ingénieur des travaux publics

du nome. Les trois derniers textes sont des *enteuxeis* ou requêtes adressées en théorie au roi, en fait au stratège, en vue d'obtenir, sans procédure judiciaire, la réalisation d'un vœu particulier. Elles prennent souvent la forme d'une plainte du requérant contre un adversaire dont il se prétend la victime et contre lequel il sollicite l'intervention de l'autorité administrative pour obtenir réparation du préjudice subi. Ce genre de documents se présente en trois parties très inégales. La plus longue est la lettre fictivement adressée au roi où sont exposés les motifs et l'objet de la pétition. En dessous figure l'apostille où le stratège notifie à qui de droit la suite à donner. Au verso, une notice fournit les données utiles au classement de la pièce dans les archives : date, nom des parties, bref résumé de l'affaire, éventuellement adresse.

Pour faire comprendre les difficultés qui résultent du logement des gens de guerre, il faut donner un bref aperçu du système clérouchique : pour s'assurer le recrutement d'une armée nombreuse sans épuiser leur Trésor en soldes à des mercenaires, les deux premiers Lagides ont distribué des terres (*klèroi*) aux soldats qui acceptaient de rester définitivement à leur service, le revenu du fonds fournissant aux attributaires un moyen d'existence en échange du service militaire. Ces tenures étaient de dimension différente selon l'unité à laquelle appartenait le militaire : le plus favorisé recevait cent aroures (une aroure = 2 244 m²), le moins trente seulement. Les officiers étaient plus avantagés, mais on n'a pas de données précises sur la contenance des domaines qui leur étaient accordés.

A l'époque où nous reportent nos documents (en gros, le troisième quart du IIIe siècle), le système conserve encore ses caractères originels : le *klèros* n'est pas considéré par le bénéficiaire comme sa propriété. Le fisc continue à avoir un droit de regard sur l'utilisation qui en est faite. C'est ce que montre le n° 4. Un officier de cavalerie, Polémaios, s'étant absenté pendant deux ans sans prendre soin de faire cultiver sa tenure, le Trésor donne à bail la moitié du lot qu'il possède au village de l'Ile Sainte, de plein droit puisque Polémaios n'élève aucune revendication sur le montant du fermage. En revanche, il exige le paiement du loyer pour la moitié restante que les fermiers ont cultivée sans son accord. On constate, en même temps, que les clérouques ne recouraient pas toujours, pas souvent même sans doute, au faire-valoir direct et qu'ils louaient leurs terres par baux annuels. On notera cependant qu'un des fermiers de la tenure de Polémaios, Polémon, est un clérouque, de la catégorie la moins favorisée, il est vrai, à qui ses trente aroures ne permettaient peut-être pas de vivre.

Le problème du logement de ces colons militaires n'était pas aisé à résoudre. En raison de l'inondation qui, chaque année, recouvre les terres cultivables de la vallée du Nil, le terrain propre à la construction d'habitations est strictement limité aux éminences qui ne sont jamais recouvertes par les eaux. Or, ces emplacements étaient déjà occupés de temps immémorial par les indigènes. La solution adoptée par l'administration lagide a consisté à loger les clérouques chez l'habitant. Le n° 1 (ll.174 sqq.) paraît indiquer qu'elle a d'abord été conçue comme provisoire et qu'en tout cas le *stathmos* n'était pas attribué de manière définitive au bénéficiaire. Il devait le restituer en bon état à son propriétaire lorsqu'il quittait ses quartiers, probablement pour accomplir son temps de service.

Mais des abus se sont nécessairement produits sans tarder. Il semble, d'après le même document, que les économes, représentants locaux du Trésor, se soient montrés parcimonieux ou négligents dans la préparation des cantonnements. Mécontents, les clérouques se sont servis eux-mêmes puisqu'ils avaient la force en main. Ayant eu de la peine à s'installer, il était naturel qu'ils se refusent à abandonner les locaux à leur départ pour retrouver les mêmes ennuis à leur retour. En outre, la location de leur logement pendant leur absence leur fournissait un revenu supplémentaire. Les choses ne se sont pas arrangées lorsque, devenant de plus en plus colons et de moins en moins militaires, ils se sont enracinés dans les terroirs où se trouvaient leurs tenures, puisque les lieux habitables ne pouvaient être agrandis. Les frictions et les querelles entre eux et les anciens habitants n'ont pas cessé de se multiplier.

On les voit évoquées aux n°ˢ 3 et 4. Dans le premier, un clérouque se plaint que le voisin qui partage sa maison ait provoqué des troubles de jouissance et démoli le mur qui séparait les deux logements. Dans le second, un paysan indigène a été chassé de chez lui avec son troupeau par un militaire pourtant déjà pourvu. Contre ces abus, les

premiers occupants, à défaut de pouvoir opposer la violence, tentaient de se défendre par des moyens qui ne
manquent pas d'ingéniosité et même d'humour (n° 2,
ll.10 sqq.) : quoi de mieux que d'appeler les dieux à son
secours et de placer des autels devant les portes pour
écarter les titulaires de billets de logement ? Et n'était-il
pas préférable de démolir le toit de sa maison que d'y
abriter des hôtes indésirables ? Mais ces ruses ne trompaient pas des fonctionnaires grecs, experts en la matière.
On notera que les militaires n'étaient pas les seuls à bénéficier de l'hébergement chez l'habitant (n° 2, ll.16-17).
Le mécontentement provoqué par l'*épistathmeia* devait en
être accru.

Pour résoudre les conflits que faisait naître ce système
et bien d'autres, on voit par les trois *enteuxeis* que les
plaignants s'adressaient au stratège qui disposait donc d'un
pouvoir de juridiction. C'est ce qui ressort sans ambiguïté
des n°ˢ 3 et 4. Cependant, il ne paraît pas qu'il l'ait toujours exercé, et en premier ressort. Il peut même, comme
le montre l'apostille du n° 3, le décliner entièrement. On le
voit, en effet, dans ce document, transmettre la plainte
dont il est saisi à un subordonné, lequel charge un autre
personnage, l'épistate du village sans doute, d'appliquer
aux parties les règles définies en la matière par une ordonnance royale. Dans ce cas, il est vrai, un jugement n'était
pas nécessaire puisque la solution se trouvait dans la réglementation en vigueur.

Mais il n'en allait pas toujours ainsi. Quand il y avait
doute, le stratège devait trancher. Avant d'évoquer la
cause toutefois, il chargeait l'épistate d'une tentative de
conciliation, comme on le voit par l'apostille du n° 5. Si
les parties, grâce à son intervention, s'entendaient à l'amia-
ble, l'affaire n'allait pas plus loin et le stratège s'épargnait
une audience. Mais il n'obtenait pas toujours de ses efforts
un heureux résultat. Les adversaires revenaient alors
devant le stratège. Les expressions dont se servent les
plaignants indiquent qu'ils attendent de ce haut fonctionnaire qu'il rende lui-même la sentence (n° 3, ll.5-7 ;
n° 4, l.15). Cependant, l'apostille du n° 5 prévoit qu'en cas
de non-conciliation, c'est le tribunal mixte (*koinodikion*)
qui rendra la sentence. D'autres *enteuxeis* confirment cette
procédure, bien que ce ne soit pas toujours le même tribunal qui soit saisi. Le *koinodikion* est compétent lorsque

l'un des plaideurs est grec et l'autre indigène. Quand deux Egyptiens sont en présence, on les renvoie devant les laocrites. S'il s'agit de deux Grecs, ce sont les chrèma-tistes qui interviennent (n° LXXII). Pour expliquer cette contradiction apparente, la conjecture la plus vraisemblable est que le stratège ne jugeait personnellement qu'en dehors des sessions des tribunaux réguliers. Lorsque ces derniers siégeaient, il se contentait de déterminer celui qui était compétent en fonction du statut des parties en cause, puisque, en raison de la diversité des races qui se côtoyaient en Egypte, le droit y était personnel.

Enfin, les n°ˢ 2 et 3 permettent de jeter quelque lumière sur l'organisation de l'administration locale. Le représen-tant du roi dans le *nome*, la principale des circonscriptions territoriales, porte le titre de stratège qui, chez les Lagides, a perdu tout caractère militaire. Au début du règne d'Evergète, le stratège de l'Arsinoïte s'appelait Aphtho-nètos. Mais ce n'est pas lui qui rédige l'apostille du n° 3, c'est un autre personnage nommé Agènor. Or, il s'agit là d'une prérogative de la fonction. D'ailleurs, dans un autre document, Agènor porte le titre de stratège. Il y avait donc à ce moment au moins deux stratèges dans l'Arsinoïte. En fait, l'ensemble de la documentation papyrologique fournit les noms de quatre et, peut-être, cinq personnages ayant simultanément exercé la fonction.

Est-ce à dire qu'ils étaient égaux entre eux ? La preuve du contraire est administrée par le n° 2. Dans son rapport à Aphthonètos, Andronicos le prie de donner ordre à Agènor de supprimer les obstacles mis par les habitants de Crocodilopolis au logement des clérouques (ll.14 sqq.), et l'ordre est effectivement donné (l.9). Agènor apparaît donc comme un subordonné d'Aphthonètos et il en va de même pour les autres stratèges connus en même temps que lui. Il faut admettre, par conséquent, qu'il y avait un stratège en chef et des stratèges subordonnés. Mais on ne peut pas dire comment les compétences étaient réparties entre eux. Il est possible, d'ailleurs, que les subalternes n'aient eu droit au titre que par complaisance et que la désignation officielle de leur fonction ait été différente.

Les agents d'exécution de ces grands commis dans les villages étaient les *épistates* avec lesquels ils correspon-daient directement. Il n'y a pas entre eux d'échelon inter-médiaire. Mais cette structure de l'administration lagide n'est peut-être valable que pour le nome Arsinoïte d'où provient la majeure partie des papyri. Or, cette circonscription, de création et de peuplement récents, présente tant de singularités qu'il serait très imprudent d'en faire un modèle pour tout le royaume.

Bibliogr. : J. Lesquier, *Les institutions militaires de l'Egypte sous les Lagides* (Paris, 1911), pp. 162-254.

LXXVII. Menchès, comogrammate de Kerkéosiris

(B. P. Grenfell - A. S. Hunt - J. G. Smyly,
The Tebtunis Papyri, I)

1. n° 10 (119 av. J. C.)

Asclèpiadès à Marrès, salut ! Menchès ayant été nommé
par le ministre des Finances (*dioecète*) secrétaire de mairie
(*comogrammateus*) à Kerkéosiris, sous condition de mettre
en culture à ses frais dix aroures [1] de terre signalée comme
improductive dans le territoire de la commune, moyennant
5   loyer de cinquante artabes [1] qu'il versera / à partir de
l'an 52 en entier annuellement au Trésor, faute de quoi
il paiera la différence sur ses biens, remets-lui le brevet de
sa charge et veille à ce qu'il remplisse ses engagements.
Porte-toi bien. An 51, 3 Mésorè. (Verso) A Marrès, secrétaire cantonal (*topogrammateus*).

2. n° 67 (118/7)

An 53. Dressé par Menchès, comogrammate de Kerkéosiris. Etat sommaire des récoltes de ladite année. On a
ensemencé en l'an 52, avec les pâturages, aroures de terre
5   1139 1/4 dont le loyer est de 4 642 1/2 (artabes) / dont
la répartition d'après estimation est : blé 1 644 2/3, orge
en équivalent-blé 2 877 1/4, épeautre en équivalent-blé 91 3/4,
en bronze 39 5/12, total en blé 4 642 1/2. Pour l'an 53, on a
10 ensemencé / en blé aroures 576 7/8 pour un loyer de
2 567 1/3, dont aroures 21 3/4 à 5, (soit) 108 3/4, 339 7/8
à 4 11/12, (soit) 1 670 11/12, 37 1/2 à 4 1/2, (soit) 168 3/4,
96 1/2 à 4, (soit) 386, 26 1/2 à 3 1/2, (soit) 92 3/4, 7 1/4
15 à 3, (soit) 21 3/4, 47 1/2 à 2 1/2, (soit) 118 3/4. / On
m'écrit aussi qu'il s'y ajoutera, d'après estimation, un sup-
plément, net de semence et autre dépense, de 809 artabes,
dont on a défalqué pour ensemencer la terre destinée à la
20 pâture des animaux de culture / en épeautre (artabes) 38,
en fourrage de même 7. Total pour la semence 45. Reste

---

[1] 1 aroure = 2 244 m² ; 1 artabe = 36,4 l.

pour les loyers 764 (artabes). De ce nombre 432 5/12 en
représentation de lentilles, 107 7/12 en représentation de
l'épeautre utilisé comme pâture, pour le fourrage et plantes
25 fourragères de même 110 1/4, / pour les pâturages 30.
Loyer de la terre non ensemencée 83 3/4. Montant total
des loyers 764. Avec le loyer (des emblavures) 3 331 1/3.
Ensemencées en orge, aroures 178 3/8, pour un loyer de
787 1/3, dont aroures 78 7/8 à 4 11/12.....
(l.33) ensemencées en lentilles, aroures 211, pour un loyer
de 932 6/12, dont aroures 151 à 4 11/12......
(l.41) ensemencées en fourrage vert, dont répartition ci-dessous, nous donnons ici les résultats qui en proviennent : en
épeautre aroures 38 pour un loyer de 147.....
(l.70) A faire rentrer : loyer de la terre irriguée non ensemencée par suite de la négligence des cultivateurs ci-dessous
et du maire (*comarque*) Horos....

3. n° 85 (113)

An 4. Dressé par Menchès, comogrammate de Kerkéosiris.
Etat prévisionnel sommaire des rentrées en céréales pour
ladite année, au vu des reçus collectés jusqu'au 30 Mésoré.
5 / On a ensemencé dans ladite année avec les pâturages
aroures de terre 1 203 3/4 pour un loyer de 4 667 11/12
(artabes). S'y ajoutent, provenant des terres du dioecète, artabes 7 1/2. Total : aroures 1 203 3/4, artabes 4 675 5/12,
dont blé 1 653 1/2, orge en équivalent-blé 2 877 1/4, épeau-
10 tre en équivalent-blé 97 1/4, en bronze 39 11/12. / A rentrer sur la semence pour le blé 3 794 1/3, pour l'orge
756 5/6, en équivalent-blé 334 1/6, en bronze 39 11/12,
pour les lentilles 500, d'après les décomptes exécutés à
Kerkéosiris par les sitologues Ammonios et Héracleidès,
contresignés (par les contrôleurs). Du 1er au 10 Pharmouthi
15 sur la location en blé 202 1/2, en orge 503 3/4, / du
11 au 20 sur la location en blé 704 1/2, en orge 53, du
21 au 30 sur la location en blé - - -, pour le mois, location
en blé 1 172 1/2, en orge 556 3/4. Du 1er au 10 Pachon
sur la location en blé 802 1/2, du 21 au 30 sur la location
20 en blé 900, / pour le mois sur la location en blé 1 702 1/2......

4. n° 75 (112)

Adressé par Menchès, comogrammate de Kerkéosiris. Les
tenures ci-dessous étant classées improductives / d'après l'inventaire des récoltes de l'an 5, je me charge de fournir
l'impôt de l'artabe pour ladite année ou de le payer sur mes
biens. Colons militaires : Polémon, fils d'Ammonios, aroures 10, artabes 10. Asclèpiadès, fils de Ptolémée, aroures 14,
10 artabes 14. / Maron, fils de Dionysios, aroures 15, artabes 15.
Pour les colons, aroures 69, artabes 69. Ephodos : Ptolémée,

fils de Méniscos, aroures 14, artabes 14. Total : aroures 83, artabes 83. An 5, 29 Mécheir.

5. n° 13 (114)

Menchès, comogrammate de Kerkéosiris, arrondissement de Polémon, à Ptolémée, salut ! Le 16 Epeiph, an 3, me trou-
5   vant, avec le maire Horos, Patanis et / d'autres Anciens des cultivateurs, en tournée d'inspection des digues aux alentours du village, lorsque nous sommes arrivés le long du drain --- la digue de clôture du grand dieu Soknebtynis, les terres qui entourent la commune se trouvant dans l'intervalle, nous
10   avons constaté que / des employés de Philonautès, fils de Léon, du corps des colons militaires (*katoikoi*) de cavalerie de Bérénikis Thesmophorou (avaient affouillé) ledit drain (et détruit) ladite digue de clôture, dite de Thémistès, sur une longueur de huit *schoinia*[1] pour transporter le déblai
15   qui en provient sur les / digues de la tenure du susnommé Philonautès. Sur quoi, nous avons arrêté l'un des susdits employés et l'avons livré à Polémon qui remplit les fonc-
tions d'épistate de la commune, (en le chargeant) de traduire (les coupables) devant toi --- En conséquence, je te fais
20   rapport afin que, si tu le juges bon, avant tout ---- / les digues soient consolidées --- et que Philonautès et ses employés --- reçoivent le châtiment qui convient --

6. n° 45 (113)

A Menchès, comogrammate de Kerkéosiris, de la part de
5   Dèmas, fils de Seuthès, cultivateur du roi, / commis des cultivateurs dudit lieu. Le 8 Mésorè, an 4, me trouvant avec les autres cultivateurs occupé à la collecte
10   / des sommes dues pour les loyers de ladite année, sont arrivés dans la commune Pyrrhichos, fils de Dionysios, du
15   corps des colons militaires de la cavalerie / et Héracleios, fils de Poseidippos, de ladite commune, avec de très nombreux autres individus armés d'épées. Ils ont marché sur
20   la maison qui m'appartient / sans montrer la moindre rete-
nue, ont enfoncé la porte donnant sur la rue, ont pénétré à l'intérieur et ont emporté les objets énumérés ci-dessous,
25   / sans que j'aie absolument rien contre eux. En conséquence, je t'adresse la présente pour que tu donnes ton contre-seing
30   à chacun de ces points et que tu envoies / copie de ce mémoire à qui de droit afin que, les accusés ayant comparu,
35   je recouvre mes biens et qu'ils reçoivent le / châtiment approprié. Adieu.
40   Deux portes en tamaris, un tabouret, une pioche, / 700 drachmes de bronze et un --- de bronze.

---

[1] 1 schoinion = 47,37 m.

Les documents proviennent du village de Kerkéosiris dans le nome Arsinoïte. Les papyri qui leur servaient de support matériel ont été remployés comme cartonnage des momies de crocodiles sacrés, le dieu-crocodile Sobk étant la principale divinité du nome, adorée dans chaque village (cf. n° 5, 1.9). Un nombre important provenait des dossiers du secrétaire de la commune, Menchès, qui a occupé ses fonctions de 119 à 110, à la fin du règne de Ptolémée VIII Evergète II (mort en 116) et au début de celui de Ptolémée IX Soter II. Ont été cités ici son arrêté de nomination (n° 1), quatre rapports adressés par lui à ses supérieurs (n°ˢ 2, 3, 4 et 5), une pétition dont il était le destinataire (n° 6). Un commentaire complet devrait débuter par une analyse détaillée de chacun de ces documents. On se contentera de dégager ce qu'ils nous apprennent des tâches d'un fonctionnaire local et d'en tirer quelques conclusions sur les caractères généraux de l'administration lagide à la fin du IIᵉ siècle, en précisant dès l'abord qu'ils ne devront pas être considérés comme valables pour toute la durée de la dynastie, en raison de la crise interne qui a affecté le royaume depuis la fin du IIIᵉ siècle.

On commencera par indiquer le rang du comogrammate dans la hiérarchie administrative et par souligner qu'au niveau inférieur où il se place, mais très fréquemment aussi aux échelons plus élevés, les titulaires sont des indigènes, parce qu'étant en contact constant avec la masse des paysans, il leur fallait parler leur langue, ce qu'on ne pouvait guère attendre des Grecs. Bien que leur nomination dépendît exclusivement du pouvoir central représenté par le dioecète, ministre des Finances et aussi chef du personnel, il semble qu'ils aient été pourtant sujets à renouvellement. Certaines pièces du dossier de Menchès montrent, en tout cas, qu'il se préoccupait du sien. Pour obtenir leur charge, ils devaient prendre des engagements onéreux : Menchès fut ainsi obligé de prendre à bail dix aroures de terre inculte (1, ll.2-6), moyennant un loyer très élevé (à titre de comparaison cf. n° 2, ll.11-14). Mais c'est là sans doute une particularité de l'époque, dont la raison sera indiquée plus loin. Il ne devait pas en être ainsi au IIIᵉ siècle. En dépit de diverses exigences de ce genre, il ne manquait pas de candidats pour ces fonctions qui devaient donc être rémunératrices. C'est que leurs titulaires percevaient un traitement. Et on devine, en outre, qu'ils en tiraient des bénéfices illégaux, plus importants peut-être que leur salaire officiel.

Légitimes ou non, leurs gains étaient justifiés par les tâches multiples et variées qu'ils avaient à accomplir. Le cas de Menchès est éloquent. Sa principale activité consistait à tenir ses supérieurs informés de la situation des terres, des productions et des revenus du roi dans sa commune. A cette fin, il devait chaque année leur adresser des rapports sur la répartition parcellaire des diverses cultures et sur le montant des rentrées du Trésor (n° 2), sur la situation agricole de chaque parcelle (n° 4) et sur tous les autres aspects de l'activité rurale. Il devait aussi établir des états de prévision (n° 3) pour l'assiette du budget de l'Etat. Certains de ces documents sont d'une longueur incroyable : une enquête parcellaire détaillée pour 118/7 n'a pas moins de 650 lignes et le document n'est pas conservé intégralement. En outre, Menchès était tenu à de nombreux déplacements, réguliers ou occasionnels, soit au chef-lieu du nome, soit même à Alexandrie. Il ne volait assurément pas son traitement.

Cet aspect principal de sa fonction lui imposait, en outre, de nombreuses autres obligations. Tout naturellement, la surveillance des cultures l'amenait à s'occuper des travaux publics, hydrauliques en particulier, étant donné l'importance du draînage et de l'irrigation au Fayoum. A cette fin, il disposait d'un certain pouvoir à l'encontre des coupables de dégradations. C'est ce qui ressort du n° 5. Il devait, en outre, être tenu au courant de tous les incidents qui se produisaient dans la commune et en faire rapport. C'est pourquoi Dèmas, victime des violences d'une bande d'énergumènes, le prie d'intervenir auprès de « qui de droit » pour lui faire obtenir justice (n° 6). Et Menchès paraît avoir eu fréquemment à s'occuper d'affaires de ce genre ; à en juger par son dossier, les bagarres n'étaient pas rares à Kerkéosiris. Mais il ne paraît pas avoir disposé de la force publique, ni d'un droit de justice. Il ne pouvait que faire appel aux autorités. On notera que Dèmas, au moment des faits, s'occupait de faire rentrer les fermages (ll.9-10). On peut en conclure que cette opération entrait dans les attributions de Menchès, de même que tout ce qui concernait la protection et la perception des revenus du roi.

Ces analyses mettent en lumière quelques-uns des caractères de l'administration lagide au temps de Menchès. On notera d'abord l'extrême centralisation du pouvoir et son absolutisme. C'est le ministre qui nomme lui-même les plus humbles de ses subordonnés (n° 1) et les degrés successifs de la hiérarchie se contentent de répercuter ses ordres, sans jouir d'aucune autonomie. On fera ensuite ressortir son caractère tâtillon et paperassier. D'après la profusion et la prolixité des documents rédigés par Menchès, on peut imaginer la marée qui recouvrait les échelons superposés de l'administration jusqu'à Alexandrie et le flot inverse qui se répandait sur les provinces. Il n'y a pas lieu d'être surpris que les ordres aient été parfois mal compris, souvent mal exécutés par les agents locaux, en dépit d'inspections fréquentes et redoutées dont ils étaient l'objet.

On insistera surtout sur le principe moteur de cette administration, qui est fondamentalement fiscal. Il s'agit de fournir au roi les moyens de ses fins, quelles qu'elles soient, et de ne rien laisser échapper de la matière imposable. D'où ces agents innombrables qui surveillent en permanence l'activité économique pour percevoir à chaque étape de la production les redevances exigées par le Trésor. Les rapports fréquents et interminables de Menchès répondent à ce premier dessein : faire rentrer le plus d'argent possible dans les caisses de l'Etat. Un second en est le corollaire naturel : assurer la stabilité de ces revenus. A cette fin répond le principe de la responsabilité pécuniaire des fonctionnaires : s'ils ne font pas payer aux contribuables la totalité des sommes dont ils sont redevables, quelle qu'en soit la cause, ils doivent compléter la différence sur leurs propres ressources. L'application de la règle ressort avec clarté du n° 4 : un certain nombre de tenures clérouchiques n'étaient pas cultivées à Kerkéosiris. L'impôt d'une artabe par aroure risquait donc de n'être pas payé par les détenteurs. Menchès s'engage à le percevoir quand même et, s'il n'y parvient pas, à s'acquitter du montant sur ses biens. Mais, dans la crise que traversait l'Egypte au IIe siècle, ce système avait des limites. Bon nombre de terres restaient en friche parce que le régime, affaibli, n'arrivait pas à trouver assez de cultivateurs pour exploiter toute la terre royale à un taux rémunérateur pour lui, et il n'aurait pas comblé le déficit en saisissant tous les biens des fonctionnaires. D'où la pratique d'imposer à tous ceux sur qui l'on avait prise l'obligation de mettre en culture ces exploitations abandonnées. C'est ainsi que Menchès a dû accepter le bail de dix aroures improductives à un loyer léonin pour obtenir sa nomination.

Bibliogr. : B. P. Grenfell, A. S. Hunt, J. G. Smyly, *The Tebtunis Papyri*, I (Londres, 1902), pp. 538-580.
G. M. Harper Jr, « Menches, *komogrammateus* of Kerkeosiris », *Aegyptus* 14, 1934, pp. 14-32.
C. Preaux, ouvr. cité n° LXXIII, pp. 444-450 et *passim*.
D. J. Crawford, *Kerkeosiris* (Cambridge, 1971).

LXXVIII. Les abus du fonctionnarisme lagide

(U. Wilcken, *Urkunden der Ptolemäerzeit*, n° 113)

A Dorion. Le roi et la reine attachent le plus haut prix à ce que tous leurs sujets reçoivent justice. Or, des foules de gens descendent du Nil vers Alexandrie ; ils déposent / plainte contre toi, contre tes subordonnées, mais le plus souvent contre les préposés aux fermes d'impôts. Ils dénoncent des spoliations et des perceptions illégales ; / quelques-uns même rapportent avoir été l'objet de tentatives de chantage. En conséquence, nous désirons que tu ne perdes pas de vue que tout cela n'est pas / compatible avec notre règle de conduite. Et ce l'est encore moins avec ton salut que quelqu'un vienne à être convaincu d'avoir traité mal un des plaignants / en question. C'est pourquoi, afin que rien de pareil n'arrive désormais et que nul ne soit lésé par personne, et spécialement par les fermiers / qui essayent de faire du chantage, prends garde toi-même et avertis sans négligence tous ceux que la chose concerne.

(Trad. C. Préaux, *Economie Royale*, p. 522).

La lettre ci-dessus a été adressée par Dioscoridès, dioecète de Philomètor, en 156, à l'épimélète Dorion, haut fonctionnaire de l'administration des finances du nomme Memphite. Elle lui reproche des abus commis par lui et ses subordonnés, notamment des fermiers d'impôts, contre les contribuables (ll.3-12). Le ministre lui rappelle qu'ils sont en contravention formelle avec la politique du roi (ll.1-2, 14-15). En conséquence, il lui ordonne d'y mettre fin et le menace de châtiments non précisés, mais qui allaient peut-être jusqu'à la peine de mort (« ton salut », l.16). Les problèmes soulevés par le texte sont variés : pourquoi les fonctionnaires étaient-ils amenés à opprimer les indigènes et quels moyens employaient-ils ? Contre ces abus, comment le gouvernement pouvait-il lutter, à quelle fin et avec quel succès ?

Pour expliquer les illégalités auxquelles se livraient les fonctionnaires locaux, on est en droit, d'abord, de songer à la tendance fréquente chez les représentants du pouvoir à user de leur autorité dans leur propre intérêt. Elle était peut-être plus forte dans l'Egypte lagide, parce que le personnel administratif n'était pas, dans sa majeure partie, composé d'indigènes, mais de Grecs installés dans le pays pour y faire fortune. Ensuite, les agents du fisc, et les fonctionnaires l'étaient presque tous, étaient responsables sur leurs propres biens de la rentrée des revenus royaux. Ils étaient donc tentés ou obligés, pour se prémunir de pertes personnelles, de pressurer leurs administrés et d'exiger d'eux plus que leur dû. Enfin, au IIe siècle en particulier, la crise du royaume avait affaibli l'autorité en même temps qu'elle accroissait ses besoins et ses exigences.

Les moyens employés par ces fonctionnaires prévaricateurs ou aux abois sont innombrables. On en évoquera quelques-uns à travers les expressions du texte : spoliations, perceptions illégales, chantage. Mais le dessein du paragraphe est surtout de préciser le principe qui autorise ces actions illégales et qui est que la plupart des agents du roi disposent directement de la force publique et d'un droit de juridiction. Ils sont donc à la fois, sans contrôle, exécutants et juges de leurs propres décisions, sans recours qu'un souverain lointain et mal informé.

Face à ces abus, le gouvernement ne disposait guère d'armes efficaces. Les « admonitions » qu'il adressait à ses représentants locaux pour leur rappeler leurs devoirs n'étaient que des vœux pieux, s'ils ont l'intérêt de faire connaître la politique qu'il aurait souhaité appliquer. Il a eu recours à l'aggravation des châtiments contre les coupables, allant jusqu'à la mort pour des délits mineurs. Le remède le plus employé a consisté à accumuler les pouvoirs entre les mains des fonctionnaires supérieurs pour annihiler les tyranneaux de village.

Les résultats ont été parfois pires que le mal. Accablés de tâches innombrables et hétérogènes, les services centraux ont fini par ne plus pouvoir y faire face, d'où des retards constants ou même la paralysie dans les décisions, et l'inertie des rouages subordonnés, privés de toute initiative. Et les compétences étendues et variées concédées aux chefs de l'administration locale ont fait d'eux des potentats dont l'indépendance à l'égard du pouvoir central tendait à la ruine de l'unité nationale.

Bibliogr. : W. Péremans, « Ptolémée II et les indigènes égyptiens », *Rev. belge de phil. et d'hist.*, 12, 1933, pp. 1 005-1 022.
C. Préaux, ouvr. cité n° LXXIII, pp. 444-450, 514-533.

LXXIX. Condition paysanne, colonisation intérieure et administration locale dans l'empire séleucide au IIIᵉ s. av. J.-C.

(C. B. Welles, *Royal Correspondance in the Hellenistic Period*)

10. Le roi Antiochos à Méléagros, salut ! Nous avons fait don à Aristodikidès d'Assos de deux mille plèthres [1] de terre arable à rattacher à la cité d'Ilion ou à celle de Skepsis. Toi,
5 donc, donne ordre / que l'on assigne à Aristodikidès, sur la terre adjacente à celle de Gergis ou de Skepsis, là où tu le décideras, ces deux mille plèthres de terre et rattache-les au territoire d'Ilion ou de Skepsis. Porte-toi bien.

11. Le roi Antiochos à Méléagros, salut ! Aristodikidès d'Assos est venu nous trouver pour nous demander de lui donner, dans la satrapie de l'Hellespont, Pétra qui appartenait
5 auparavant / à Méléagros et, sur le pays de Pétra, mille cinq cents plèthres de terre arable et deux mille autres plèthres de terre arable sur le territoire adjacent au domaine qui lui a déjà été donné. Nous lui avons fait don de Pétra,
10 à moins / qu'elle n'ait donnée à quelqu'un d'autre auparavant, et la terre adjacente à Pétra et deux mille autres plèthres de terre arable parce que, étant notre ami, il nous a rendu les services qui dépendaient de lui avec tout le dévouement et la bonne volonté possible. Toi donc, après
15 avoir vérifié / que cette Pétra n'a pas été donnée auparavant à quelqu'un d'autre, assigne-la, avec la terre adjacente, à Aristodikidès et, sur la ᵗterre royale adjacente à celle donnée précédemment à Aristodikidès, donne ordre que
20 l'on mesure et qu'on lui assigne / deux mille plèthres et qu'on l'autorise à les rattacher à la cité qu'il voudra parmi celles du Domaine ou de l'Alliance. Si des paysans voisins du lieu où est Pétra désirent résider à Pétra pour leur sécurité, nous avons donné ordre à Aristodikidès / de leur permettre d'y résider. Porte-toi bien.

---

[1] 1 plèthre = 950 m².

12 Le roi Antiochos à Méléagros, salut ! Aristodikidès
est venu nous trouver pour nous dire que le lieu-dit Pétra
et la terre qui en dépend, dont nous avions précédemment
écrit que nous lui faisions don, n'ont pas été mis à sa
disposition encore à ce jour, parce qu'ils avaient été concé-
dés à Athènaios, / commandant la base navale, et il a
demandé qu'en échange de la terre de la contrée de Pétra,
lui soit assigné un même nombre de plèthres, qu'on lui
concède, en outre, deux mille autres plètres et qu'on les
rattache à la cité qu'il voudra parmi celles de notre alliance,
conformément à ce que / nous avons écrit antérieurement.
Constatant que c'est un homme plein de dévouement et de
bonne volonté pour nos affaires, nous voulons lui témoigner
notre considération et lui avons accordé notre consentement
en ces matières aussi. Il dit que les terres de la contrée de
Pétra qui lui avaient été concédées couvraient / mille cinq
cents plèthres. Donne donc ordre qu'on mesure et qu'on
assigne à Aristodikidès deux mille cinq cents plèthres de
terre arable et, en échange de ceux de Pétra, mille cinq
cents autres sur la terre royale / adjacente à celle qui lui
avait été à l'origine donnée par nous. Qu'il soit permis à
Aristodikidès de rattacher cette terre à la cité qu'il voudra
parmi celles de notre alliance, comme nous l'avons écrit
dans notre précédente lettre. / Porte-toi bien.

13 Méléagros au Conseil et au peuple d'Ilion, salut ! Aristodikidès d'Assos nous a remis des lettres du roi Antiochos dont nous vous adressons ci-dessous copie. Il est aussi
venu nous trouver personnellement / pour nous dire que,
bien que beaucoup d'autres le sollicitent et lui donnent des
couronnes, et nous le suivons sur ce point pour avoir reçu
des ambassades de certaines cités, il désire que la terre
qui lui a été donnée par le roi Antiochos, / en raison du
sanctuaire et de son dévouement à votre égard, soit rattachée
à votre cité. Ce qu'il estime devoir lui être accordé par la
cité, il vous l'exposera lui-même. Vous agirez donc sagement
en votant tous les privilèges qui lui sont accordés, / en
faisant transcrire les termes de la concession qu'il vous
fera, en gravant une stèle et en la consacrant dans le sanctuaire afin que la concession vous soit assurée à tout jamais.
Portez-vous bien.

18 Le roi Antiochos à Métrophanès, salut ! Nous avons
vendu à Laodice Pannoukomè, le château et la terre rele-
vant du village, limitrophe du territoire de Zelia, de celui
de Cyzique et de l'ancienne route qui passait au-dessus de
Pannoukomè / mais qui a été mise en culture par les
paysans voisins pour se partager le domaine — car Pannoukomè a été créée par la suite —, tous les hameaux qui
se trouvent sur cette terre, tous les paysans qui y ont leur

domicile avec tout ce qui leur appartient et les revenus
/ de l'an 59, au prix de trente talents d'argent — de même
que tous les paysans dépendant de ce village qui sont allés
se fixer ailleurs —, étant convenu qu'elle n'acquittera aucune
redevance au Trésor royal et qu'elle aura le droit de rattacher ce domaine à la cité qu'elle voudra. De même, / ceux
qui le lui achèteront ou l'acquerront d'elle auront ce droit
et le rattacheront à la cité qu'ils voudront, à moins que
Laodice ne l'ait fait auparavant. Dans ce cas, leur droit
de propriété s'exercera là où la terre aura été rattachée par
Laodice. Nous avons donné ordre que le prix / soit versé
à l'agence du Trésor de Strateian (?) en trois versements,
le premier au mois d'Audnaios de l'an 60, le second en
Xandicos, le troisième au trimestre suivant. Donne ordre
de remettre à Arrhidaios, intendant des biens de Laodice,
/ le village, le château, la terre qui en relève et les paysans qui y habitent avec tout ce qui leur appartient, et
fais transcrire la vente aux archives de Sardes et sur cinq
stèles de pierre. L'une devra être érigée à Ilion, dans le
sanctuaire d'Athèna, / la seconde dans le sanctuaire de
Samothrace, la troisième à Ephèse, dans le sanctuaire d'Artémis, la quatrième à Didyme dans le sanctuaire d'Apollon,
la cinquième à Sardes, dans le sanctuaire d'Artémis. Fais
/ procéder promptement à la délimitation et au bornage
et fais, en outre, transcrire cette délimitation sur les stèles
susdites. Porte-toi bien. An 59, le 5 Dios.

19 (les trois premières lignes sont très mutilées) et d'ériger
les stèles / dans les cités désignées. Toi, donc, te conformant
à la lettre du roi, exécute le contrat et donne ordre que
l'on transcrive la vente et la délimitation sur deux stèles
de pierre, que l'on place l'une à Ephèse, dans le sanctuaire
d'Artémis, la seconde / à Didyme, dans le sanctuaire d'Apollon, et que l'on impute la dépense qui en résultera sur le
Trésor royal. Il t'appartient de faire ériger les stèles le plus
rapidement possible et, lorsque le travail sera accompli,
adresse-nous, en outre, un rapport écrit. / Nous avons
écrit à l'archiviste Timoxénos d'enregistrer la vente et la
délimitation dans les archives royales de Sardes, comme le
roi l'a écrit. An 59, Daisios.

20 --- Pannoukomè, le château, la terre qui en relève et
les paysans qui y habitent, et ont été remis à Arrhidaios,
intendant des biens de Laodice, / par l'hyparque --- cratès, le village, le château et la terre qui en relève, conformément à l'ordre donné par l'intendant Nicomachos auquel
étaient annexés ceux qui lui avaient été adressés par écrit par
Mètrophanès et par le roi, selon lesquels obligation était
faite de procéder à la délimitation : du levant, du territoire de Zelia, limitrophe / de celui de Cyzique, l'ancienne

route royale qui conduit à Pannoukomè au-dessus du village et
du château, qui a été indiquée par Ménécratès, fils de
Bacchios, de Pythokomè, par Daos, fils d'Azarétos, et Médeios,
fils de Mètrodoros, de Pannoukomè. Elle a été mise en
15 culture par les voisins du lieu. De la / route à l'autel de
Zeus qui se trouve au-dessus du château et qui est, comme
le tombeau, à droite de la route. Du tombeau, la route
royale elle-même qui mène à travers l'Eupannèse jusqu'à la
rivière Aisépos. Le domaine a été borné selon les limites
ci-dessus indiquées.

Les textes à commenter constituent les dossiers de
deux opérations foncières réalisées par Antiochos I et
Antiochos II, son successeur, à une vingtaine d'années de
distance. La première consiste en une série de donations
de terres à un personnage nommé Aristodikidès, originaire
d'Assos en Mysie. La seconde porte sur la vente d'un
domaine en Troade à Laodice, épouse répudiée d'Antiochos Théos. Outre l'intérêt que ces documents présentent
par leur objet propre, ils ouvrent de précieuses perspectives sur l'organisation administrative et sociale de l'empire séleucide dans la première moitié du IIIᵉ siècle.

Les quatre inscriptions concernant la donation d'Aristodikidès (nᵒˢ 10 à 13) sont gravées sur une stèle bien
conservée. Ce sont des lettres adressées, les trois premières, par Antiochos Soter à Méléagros, stratège (gouverneur) de la satrapie de Phrygie Hellespontique (nᵒ 11,
ll.2-3), la dernière par ce haut fonctionnaire à la cité
d'Ilion. En réalité, sur le marbre, celle-ci figure en tête
parce que c'est une lettre d'envoi. Mais, ayant été rédigée
en dernier, elle a été rétablie à sa place chronologique
pour la publication de cette correspondance. Aucune indication de date n'y figure, comme l'habitude s'en établira
par la suite (cf. nᵒ 18 à la fin). L'époque de l'affaire ne
peut donc être fixée qu'approximativement grâce à la
prosopographie. Le stratège Méléagros a été en fonction
vers 270. L'amiral Athènaios est connu vers la même date.
C'est ce qui permet de dire que le roi Antiochos dont il
est question est le premier du nom. On est au lendemain
de l'invasion galate en Asie Mineure et des troubles profonds qu'elle a engendrés. Quant au bénéficiaire de la
donation, on ne connaît de lui que ce qu'en disent nos
documents. Ce devait être un grand personnage de la
cour, « ami » du roi, ce qui désigne souvent au début de

l'époque hellénistique un membre de son conseil. On s'explique ainsi l'importance des gratifications dont il a bénéficié.

La première lettre est une simple note de service. Le roi fait connaître au stratège sa décision de donner deux mille plèthres de terre à Aristodikidès. Le gouverneur les prélèvera sur le domaine royal (la chose n'est pas dite, mais elle va de soi) limitrophe des cités de Gergis ou de Skepsis, à son choix, et les « rattachera » au territoire civique de Skepsis ou d'Ilion, selon la volonté du bénéficiaire, comme on le voit par le n° 13. Cette question du rattachement pose un problème juridique qui sera examiné plus loin.

Les deux lettres suivantes sont plus développées, sans doute parce qu'elles étaient destinées à être publiées pour faire honneur à Aristodikidès dont le roi fait à deux reprises l'éloge (n° 11, ll.12-13 ; n° 12, ll.10-12). Dans le n° 11, il expose qu'à la demande de son « ami », il lui a fait don de Pétra avec 1 500 plèthres de terre et de 2 000 autres à ajouter au domaine une première fois concédé. Pétra était sans doute, plutôt qu'un village, un château-fort où les paysans d'alentour pouvaient se réfugier en cas de danger. C'est pourquoi Antiochos a donné ordre au bénéficiaire d'y accueillir les paysans d'alentour « pour leur sécurité » (ll.22-25). Le souvenir des ravages récents des Galates ne s'était pas encore affaibli et ils constituaient toujours un danger. Ce château avait auparavant appartenu à un Méléagros qui n'est évidemment pas la même personne que son homonyme le stratège. Mais le document ne nous dit pas pour quelle raison il avait cessé d'en être le propriétaire et il n'avait pas à le faire : Méléagros n'est nommé que pour préciser l'identité du domaine. Ce qui est tout à fait étonnant, c'est que la chancellerie royale ignore s'il s'agit d'un bien vacant ou s'il a un nouveau possesseur, et elle charge le stratège de s'en enquérir sur place (ll.9-10, 14-15).

Des ordres similaires à ceux du n° 10 sont donnés pour le rattachement à une cité. Mais le choix laissé à Aristodikidès est bien plus large : il porte sur toute cité « du Domaine ou de l'Alliance » (ll.21-22). D'où l'on doit conclure qu'il y avait dans l'empire deux catégories de cités : les unes étaient les alliées du roi, avaient conclu un pacte, explicite ou tacite, avec lui et demeuraient

autonomes dans tous les domaines qui n'étaient pas régis
par lui. Les autres étaient sujettes et soumises en tout
point à la volonté du souverain. Cette distinction était
sans doute plus théorique que réelle, en raison de la
disparité des forces. La principale différence entre sujettes
et alliées résidait sans doute dans le paiement ou l'exemption du tribut. Encore devait-il y avoir des exceptions.

Comme pouvait le faire présager l'ignorance des
bureaux d'Antioche, Aristodikidès ne put entrer en possession de Pétra. Le n° 12 nous apprend que le domaine
avait déjà été attribué à Athènaios, commandant de la base
navale (sans doute celle qui se trouvait près de Sigée, dont
l'existence est connue par Strabon). En échange, il demandait au roi une propriété d'une contenance équivalente et
2 000 plèthres de plus. Le roi accéda à son désir et y
ajouta même 500 plèthres, soit au total 4 000 plèthres :
1 500 pour compenser Pétra, à adjoindre à la donation
initiale (celle du n° 10) et 2 500 dont la localisation n'est
pas précisée. Aristodikidès se trouvait ainsi gratifié de
8 000 plèthres en deux parcelles : celle qui lui avait été
attribuée par le n° 10, d'une contenance de 2 000 plèthres, augmentée d'abord de 2 000 (n° 11, ll.18-22), puis
de 1 500 (n° 12, ll.19-22), au total 5 500, la seconde
concédée par le n° 12 (ll.15-17), d'une contenance de
2 500.

Dans sa lettre enfin, le stratège Méléagros fait parvenir
à la cité d'Ilion la correspondance du roi, qui constitue
les titres de propriété d'Aristodikidès, et lui fait savoir que
ce dernier a décidé de rattacher ses terres au territoire
de la cité, ce malgré les sollicitations dont il est l'objet de
la part de plusieurs autres collectivités et les « couronnes »
qu'elles lui offrent, par quoi il faut entendre, non des
honneurs platoniques, mais des cadeaux matériels. Les
raisons officiellement invoquées par Aristodikidès sont les
sentiments qu'il éprouve à l'égard du sanctuaire d'Athèna
Ilias dont la réputation était universelle. Mais il entendait
que l'avantage ainsi fait à Ilion fût rétribué par des privilèges dont il se proposait de solliciter de vive voix la
concession à l'assemblée ou au conseil de la cité. Si bien
qu'on peut se demander si, en réalité, Aristodikidès n'avait
pas déjà marchandé avec les représentants de la cité, qui
lui auraient offert de meilleures conditions que les autres
villes, et s'il n'était pas sûr d'avance du succès de sa

démarche publique. Le stratège, en tout cas, conseille à Ilion de répondre favorablement à Aristodikidès et de faire graver sur marbre les termes de la convention qu'elle passera avec lui, de manière qu'aucune contestation ne s'élève sur le rattachement de ses domaines au territoire civique.

Dans le second dossier (n°s 18 à 20), il s'agit, non plus d'une donation, mais de la vente d'un domaine appartenant au roi. L'opération est précisément datée de l'an 59 de l'ère séleucide, 254/3 avant Jésus-Christ. Le roi Antiochos, auteur de la première lettre, est donc le deuxième du nom. L'acquéreur est une femme du nom de Laodice. Il est hors de doute que c'est la première épouse du roi. Aucune sujette, quel que fût son rang, ne pourrait être désignée sans que fût ajouté le nom de son père ou de son mari. Aucune non plus ne pourrait passer un acte juridique sans l'assistance de son tuteur légal. Mais le fait qu'elle ne porte pas le titre de reine montre que le divorce a déjà eu lieu.

Comme la stèle sur laquelle sont gravés les documents est brisée dans sa partie supérieure, leur nature doit être précisée et il n'est pas sûr qu'on ait conservé toutes les pièces du dossier. Le n° 18, qui est intact, est la lettre du roi au stratège Mètrophanès lui notifiant sa décision de vendre son domaine de Pannoukomè à Laodice et les conditions de l'opération. Le n° 19, dont le début est perdu, doit être compris comme une lettre du stratège à l'intendant du domaine royal où il lui transmet les ordres du roi pour exécution, comme il ressort de la l.8 du n° 20. Ce dernier document, également mutilé au commencement, comporte la description des limites du domaine vendu. On peut y reconnaître une partie du rapport demandé par le stratège à l'intendant (n° 19, ll.13-14). Mais le n° 20, ll.6-7, fait, en outre, état d'un ordre adressé par l'intendant à un destinataire non précisé qui est probablement l'hyparque, subordonné local du stratège. Cet ordre devait figurer en tête de la stèle et il a complètement disparu dans la cassure.

Le stratège Mètrophanès était le gouverneur de la satrapie de Phrygie hellespontique, comme on peut le déduire de la mention des villes de Cyzique et Zélia qui appartenaient à cette satrapie (l.3). L'objet de la vente est non plus un domaine, mais un village. Laodice devient propriétaire non seulement de biens matériels, château et terres, mais aussi de paysans, ceux qui habitent le village et les hameaux alentour avec tout ce qu'ils possèdent, et ceux qui, en étant originaires, l'ont quitté pour aller s'établir ailleurs (ll.8-9, 11-12, 26-27). Elle acquiert enfin le droit de percevoir les revenus de l'an 59, celui où la transaction a été réalisée, le tout exempt de redevance envers le Trésor.

Afin qu'il n'y ait pas d'erreur sur l'objet, le rédacteur précise sa localisation géographique : le village de Pannoukomè était limitrophe des cités de Cyzique et de Zélia et son territoire était, d'autre part, délimité par une ancienne route royale qui avait disparu, les paysans des villages voisins l'ayant mise en culture. Outre la route, lit-on l.6, ils se sont aussi partagé le domaine. L'interprétation naturelle serait qu'il s'agit du territoire de Pannoukomè, mais ce village, d'après la l.7, a été fondé postérieurement aux empiètements des villageois voisins, ce qui est apparemment en contradiction avec l'affirmation que la route, au temps où elle était utilisée comme telle, passait « au-dessus de Pannoukomè » (l.4). Donc le village existait alors puisqu'il servait de repère.

Cet imbroglio est sans doute le résultat d'une histoire troublée. Le nouveau village de Pannoukomè n'est probablement pas une création *ex nihilo,* mais une re-création, la résurrection d'une agglomération qui s'était dissoute. Pendant la période où elle avait cessé d'exister, les paysans d'alentour avaient mis en culture les terres vacantes et même la route royale qui n'était sans doute plus fréquentée et qui, en tout cas, ne jouait plus son rôle de frontière entre les communautés. Pannoukomè sortie du néant, les villageois voisins furent refoulés hors des terres usurpées, mais la route ne fut pas rendue à sa fonction première et leur resta acquise. Ces péripéties ne devaient pas être anciennes au moment de la vente. Il y avait encore des gens qui connaissaient le tracé de la route (n° 20, ll.13-14). D'autre part, la disparition d'un village ne peut s'expliquer que par des troubles profonds. La même cause rend compte de la désaffectation d'une route, surtout si elle est royale. On est dès lors amené à penser aux invasions galates, dont le début n'était pas même vieux d'un quart de siècle en 254.

Le reste de la lettre expose les clauses de l'acte de vente, dont la rédaction n'est pas un modèle d'ordre et de cohérence. Le prix est fixé en premier : 30 talents, ce qui est très peu pour un village entier. Sans doute Antiochos II voulait-il compenser ainsi pour son ex-épouse la perte de sa situation antérieure sans avoir l'air de lui faire un cadeau. Et Laodice pouvait y trouver un autre avantage : un achat, définitif, lui assurait plus de sécurité qu'une donation, révocable. Le roi lui permettait, d'autre part, de se libérer en trois versements échelonnés sur un an. La caisse où elle devait effectuer ces paiements était nommément désignée. C'était une agence locale du Trésor, mais le nom de son siège est sans doute corrompu. La forme dans laquelle il nous est parvenu : *Strateian*, a fait penser qu'il s'agissait d'une recette des fonds militaires. Mais le texte grec ne permet pas de retenir cette hypothèse.

La clause de « rattachement » au territoire d'une cité, au gré de l'acquéreur, figure ici comme dans les documents relatifs à la donation d'Aristodikidès. Mais Laodice pourra laisser le choix à ceux à qui elle viendrait à vendre ou à faire don du domaine. Le rattachement étant, comme on le verra, un acte essentiel à la jouissance de la propriété de plein droit, on peut conclure de là que Laodice avait, dès l'origine, l'intention de revendre à un tiers tout ou partie de son acquisition. Enfin, des dispositions sont prises pour assurer la « publicité foncière ». Une fois le domaine remis à l'intendant des biens de Laodice, le stratège devra faire transcrire l'acte au « bureau des hypothèques » de Sardes dont le directeur portait le titre d'archiviste (*bybliophylax*, garde des livres, n° 19, l.15), et le faire graver sur cinq stèles à déposer dans autant de grands sanctuaires. La stèle qui nous est parvenue est celle du sanctuaire d'Apollon Didyméen, près de Milet. On notera que Samothrace n'était pas sous l'autorité directe des Séleucides. Une sorte de *post scriptum* donne l'ordre à Mètrophanès de faire procéder sans délai au bornage du domaine dont la description devra figurer sur les stèles, toujours dans un souci de publicité.

Les deux documents suivants sont plus brefs et, en outre, incomplets. Le n° 19 doit être une lettre du stratège à l'intendant du domaine royal de la satrapie qui portait le titre d'*oikonomos* (n° 20, l.7) et s'appelait Nicomachos. Elle lui transmettait les ordres du roi pour exécution. Il

donnera ordre à l'hyparque - - - cratès de procéder à la
délimitation du domaine pour le remettre entre les mains
de l'intendant de Laodice (n° 20, ll.3-8). Il aura également
à faire graver deux des cinq stèles prévues dans la
lettre du roi, celles qui étaient destinées à Ephèse et à
Milet. On ne voit pas qui était chargé de s'occuper des
trois autres, Mètrophanès lui-même peut-être. Enfin,
Nicomachos était invité à rendre compte au stratège par
écrit, ce qui laisse à penser que la paperasse n'était pas
moins en honneur dans la bureaucratie séleucide que
dans l'administration lagide.

Le n° 20 est sans doute une partie de ce compte rendu,
bien que Nicomachos y soit mentionné à la troisième
personne, parce qu'il transcrivait sans doute le rapport de
l'*hyparque,* si l'on en juge par la maladresse et l'incorrection
grammaticale du procès-verbal de bornage qui constitue
l'essentiel du document. On a ici la seule mention
épigraphique de ce fonctionnaire dont d'autres textes nous
font connaître le ressort territorial, l'*hyparchia,* certainement
une subdivision de la satrapie. Notre hyparque est
parvenu à retrouver le tracé de l'ancienne route royale
grâce au témoignage de trois paysans, dont deux portent
des noms grecs sans paraître d'une condition sociale supérieure
au troisième dont le nom est indigène. Etait-ce d'ailleurs
vraiment des Grecs ou des indigènes ayant cherché à
s'helléniser ? Quant aux précisions topographiques, il n'est
pas toujours possible de les matérialiser et elles ne présentent
pas d'intérêt pour nous.

Les dossiers de ces deux opérations donnent de précieux
renseignements sur l'administration séleucide dans la première
moitié du IIIe siècle, le régime de la propriété et la
condition paysanne, et même sur l'évolution de certaines
de ces institutions. Le dossier de Laodice fait apparaître
une bureaucratie déjà nombreuse et diversifiée. Les affaires
générales de chaque satrapie, en particulier les rapports
avec les cités de l'Alliance, dépendent d'un gouverneur
ou stratège auquel le roi s'adresse directement pour l'exécution
de ses ordres. Pour le seconder, le stratège dispose,
dans chaque circonscription locale ou hyparchie, d'un
sous-gouverneur, l'hyparchos. Mais la documentation, trop
rare, ne permet pas de préciser la compétence de ce fonctionnaire,
l'étendue de sa circonscription, ni ses rapports
avec les échelons supérieurs de l'administration. Celle-ci,

au niveau de la satrapie, comportait des services spécialisés. On ne les voit pas tous apparaître dans nos documents. Mais ils nous montrent que le domaine royal avait un administrateur propre, l'*oikonomos*. Ils permettent de conclure à l'existence d'une organisation financière qui, par le canal de ses agences locales, collectait les revenus monétaires de l'Etat. Enfin, il y avait des services dont la compétence s'étendait sur plusieurs satrapies, sans doute parce que leur activité ne justifiait pas qu'ils eussent un représentant pour chacune d'elles. Ainsi en allait-il pour les archives : elles n'avaient pas de bureau en Phrygie hellespontique et le stratège dut faire enregistrer la vente de Pannoukomè à Sardes, chef-lieu de la satrapie de Lydie, qui joue à l'occasion le rôle de capitale de l'Asie Mineure séleucide. On peut ainsi supposer qu'il y avait là certains services administratifs dont le ressort débordait le cadre de la satrapie et qui formaient les organes d'un gouvernement général, comme il en existait un à Séleucie du Tigre pour les provinces orientales.

Cette organisation complexe, hiérarchisée et diversifiée, paraît représenter un grand progrès par rapport à l'état de l'administration royale qui transparaît à travers le dossier d'Aristodikidès, vingt ans plus tôt environ. Il semblerait qu'alors le roi n'eût qu'un représentant unique dans la satrapie, le stratège, qui s'occupait de tout. Ainsi, Méléagros est chargé de vérifier si le domaine de Pétra n'a pas été attribué à quelqu'un d'autre qu'Aristodikidès, de faire arpenter les terres qui lui sont données, de les lui « assigner », donc de dresser l'acte de donation, toutes opérations qui devraient être accomplies soit par l'intendant, soit par l'archiviste. D'autre part, l'ignorance des bureaux d'Antioche est incroyable : le roi ne sait pas ce qui lui appartient, il ne tient pas registre de ses largesses. On retire de là l'impression d'une administration embryonnaire et débordée et, par conséquent, d'améliorations considérables et remarquables d'un règne à l'autre. Mais il serait imprudent de s'y fier. D'une part, ce qui est peut-être vrai en Phrygie ne l'est pas nécessairement dans les autres provinces d'un empire immense et hétérogène. D'autre part, l'Asie Mineure vers 270 sortait à peine de l'invasion galate et il serait naturel qu'il en fût résulté une sensible désorganisation administrative dans les satrapies qui en ont été victimes. Tout ce qu'il est permis d'affirmer, c'est que, s'il en a été ainsi, un redressement vigoureux a eu lieu et l'on peut admettre qu'à cette occasion, certains perfectionnements ont été apportés à la machine gouvernementale, mais on ne saurait préciser lesquels.

Du point de vue de la propriété foncière, le territoire séleucide en Asie Mineure se divisait en deux parties : le Domaine ou terre royale, et les biens particuliers : ceux des sanctuaires et surtout le territoire des cités, à son tour subdivisé en propriétés individuelles. C'est ce dernier qui, seul, apparaît dans nos textes, en face de la terre royale. De cette dernière, le roi était seul maître et il n'y avait pas d'autre propriété de plein droit que la sienne sur le Domaine. Il pouvait certes attribuer un lot de terres ou *doréa* à un particulier, mais une telle concession était personnelle et toujours révocable à son gré. Au contraire, sur le territoire des cités, la propriété était régie par le droit grec ; elle était irrévocable et héréditaire. C'est ce qui explique l'importance du « rattachement » d'une donation royale à une cité. Une fois cette opération accomplie, le bénéficiaire était soustrait à l'arbitraire et ne pouvait plus être dépouillé. En l'ordonnant, le roi s'interdisait à lui-même de revenir sur ses largesses. Et c'est pour en garantir la tranquille jouissance qu'une large « publicité foncière » est prescrite.

On a douté qu'il en aille bien ainsi et qu'il n'y ait jamais eu de propriété privée de plein droit sur le Domaine, en s'appuyant précisément sur un passage de la lettre d'Antiochos II (n° 18, ll.15 sqq.). Si Laodice peut céder à un tiers le domaine qu'elle vient d'acquérir sans le « rattacher » à aucune cité et lui abandonner ce droit de rattachement, c'est bien, dit-on, qu'elle en a la propriété de plein droit dès avant l'accomplissement de cette formalité qui serait, de ce fait, facultative. Cette dernière conclusion ne ressort nullement du texte. Au contraire, le rattachement y est prescrit sans option, de même que dans la donation d'Aristodikidès. Assurément, le bénéficiaire pouvait y renoncer, mais en renonçant aussi à acquérir un titre de propriété irrévocable. Quant à la faculté accordée à Laodice de revendre dès l'achat tout ou partie du domaine que le roi lui vend, il doit s'agir d'une disposition exorbitante du contrat, qui tient à la personne de l'acheteuse. L'acte, d'ailleurs, présente plus d'une clause exceptionnelle, ne serait-ce que le prix consenti.

Le domaine qui lui était cédé comportait non seulement des terres, mais des « âmes », les paysans qui le cultivaient et aussi ceux qui l'avaient quitté « pour aller se fixer ailleurs ». Ainsi, les indigènes du domaine, les « paysans royaux » (*basilikoi laoi*) n'étaient pas des hommes libres. Ils étaient attachés à la communauté rurale où ils vivaient, où leurs ancêtres avaient sans doute vécu depuis un temps immémorial et ils ne pouvaient rompre les liens qui les unissaient à elle en la quittant pour gagner une ville, par exemple, plutôt qu'un autre village, où ils n'auraient pas trouvé de terres à cultiver. Ce n'est pas à dire qu'ils étaient attachés à la glèbe, comme on le prétend parfois. La lettre d'Antiochos II ne suggère pas qu'on a contraint ou contraindra les gens de Pannoukomè qui ont émigré à revenir au village. Elle affirme seulement qu'ils continuent à faire partie de la communauté, en dépit de leur absence physique. La raison de cette continuité des liens est certainement fiscale. Le tribut étant collectif, la charge des contribuables augmentait quand leur nombre diminuait. Le roi risquait d'éprouver des difficultés à la perception si l'assiette de l'impôt se restreignait. Tout villageois émigré restait donc tenu de payer sa quote-part. A l'impôt s'ajoutaient des redevances en nature : prestations de travail, « rentes » en produits agricoles. Ces redevances, dues au propriétaire et non au souverain, passaient au donataire quand le village devenait propriété privée. Il était donc naturel que le roi en garantît le bénéfice complet et c'est ce qu'Antiochos II fit pour Laodice.

Reste à se demander quels avantages le roi pouvait trouver à aliéner des parcelles de son domaine comme il paraît l'avoir fait fréquemment, soit par donation, soit par vente. On peut les découvrir sur de multiples plans. Financier, d'abord. La richesse des Séleucides reposait davantage sur leur fortune foncière que sur leurs revenus monétaires. On a même plusieurs exemples de crises de trésorerie où ils se sont trouvés temporairement en état de cessation de paiement. Au contraire, leurs disponibilités foncières étaient quasiment illimitées. Dès lors, il leur était plus aisé, quand c'était possible, de faire face à leurs obligations en biens-fonds, en particulier de rétribuer ainsi les services qu'on leur rendait. Et les ventes, qui n'étaient pas toujours à perte comme dans le cas de

Laodice, leur rapportaient des sommes importantes en numéraire qui leur faisait souvent défaut. L'intérêt économique n'était pas négligeable non plus. Dans un empire démesuré, il leur était difficile de surveiller efficacement l'exploitation du Domaine. La transmission à un particulier les dispensait de cette tâche, améliorait le rendement et, par la voie fiscale, les faisait participer à cette amélioration.

Mais le bénéfice était surtout politique. Il présente à lui seul plusieurs aspects. Sur le plan de l'hellénisation, les donations foncières constituaient une aristocratie terrienne d'origine grecque qui prolongeait l'action de l'administration royale. Celle-ci n'aurait pas été capable de déléguer dans chaque village un fonctionnaire pour y faire appliquer ses ordres. Les « landlords » investis par le roi détenaient à la fois la richesse et l'autorité politique, comme le montre le dossier de Laodice. Ils implantaient jusque dans les villages la domination du roi grec dont ils étaient étroitement solidaires. On sait aussi avec quelle persévérance les Séleucides ont poursuivi l'hellénisation de leur empire. Cet effort n'a pas consisté seulement à fonder des colonies, mais à consolider les cités anciennes. La clause de « rattachement » leur était favorable. Par là, les ventes ou donations royales venaient agrandir leur territoire, accroître leurs ressources par l'impôt et d'autres formes de contribution (liturgies), augmenter leur population. C'est pourquoi elles s'efforçaient d'attirer la faveur des donataires par des « couronnes » et leur consentaient, en échange du « rattachement », les privilèges qu'ils réclamaient et qui devaient porter surtout sur la fiscalité.

Bibliogr. : P. Briant, « Remarques sur les *Laoi* et esclaves ruraux en Asie Mineure hellénistique », *Actes du colloque 1971 sur l'esclavage* (Paris, 1973), pp. 93-133.

LXXX. La ligue et la cité
(Confédération acarnanienne. Vers 216)

(*I. G.*, IX, 1 ², 2, 583)

A la Bonne Fortune. (L'année où) étaient stratège des
Acarnaniens Diogénès, fils de Léon, hipparque Echédamos,
fils de Mnasilochos, navarque Athènogénès, fils de Diogénès,
citoyens de Leucade ; secrétaires du conseil Simon, fils
d'Euarchos, de Phocréa, et des magistrats Phaiax, / fils
d'Echéménès, de Leucade ; promnamon Nicias, fils de Mna-
son, de Coronta, attendu que le stratège Diogénès et ses
collègues s'étant présentés et ayant rendu compte qu'il se
trouve, d'une part, que la cité d'Anactorion n'a plus les
moyens d'organiser les cérémonies d'Actium du fait qu'elle
est tombée, ces derniers temps, / dans une situation difficile
du fait des grandes guerres qui ont éprouvé l'Acarnanie et
que, d'autre part, il est avantageux et tout à fait glorieux
pour la nation, maintenant que ses affaires sont rétablies
dans leur état le plus prospère, de manifester bien davantage
sa piété envers la divinité et d'examiner par quel moyen,
une fois que la confédération se sera chargée du sanctuaire
/ d'Apollon d'Actium, on rendra au dieu tous les honneurs
qui lui sont dus, il a paru bon aux Acarnaniens d'envoyer
comme ambassadeurs à la cité d'Anactorion au sujet d'Actium les magistrats fédéraux et avec eux (suit une liste de
11 noms dont 5 citoyens de Thyrrheion, 2 de Leucade, 3 de
Médion, 1 d'Alyzia) ; et attendu que, après qu'ils eurent
invité les citoyens d'Anactorion, selon les instructions qu'on
leur avait données, à consentir que le sanctuaire devînt
commun à tous les Acarnaniens afin qu'il reçoive / un
entretien convenable et que l'on célèbre les concours et la
panègyrie selon les coutumes ancestrales, les citoyens d'Anactorion ont donné leur accord aux conditions suivantes : les
Acarnaniens assureront les réparations du sanctuaire et feront
les dépenses nécessaires pour les concours, les sacrifices et
la panègyrie sans qu'elles soient inférieures à celles qui
étaient précédemment assumées par la cité ; / l'engagement
des joueurs de flûte sera laissé à la décision des Acarnaniens ; le droit du cinquantième et tous autres perçus lors

de la panègyrie ainsi que les autres revenus provenant de
la vente des esclaves [1] seront partagés à raison d'une moitié pour les Acarnaniens, une moitié pour la cité d'Anactorion ; chaque partie désignera quatre percepteurs du cin-
35 quantième / et autant de secrétaires, un agoranome acar-
nanien et un de la cité ; tous les fonds consacrés à Apollon
d'Actium et toutes les offrandes dont sont propriétaires les
citoyens d'Anactorion au moment de la rédaction de la
convention demeureront leur propriété, les consécrations qui
auront lieu par la suite reviendront aux Acarnaniens ; l'Hé-
léneion et le --- qui sont construits dans le bois sacré
40 resteront à la cité / d'Anactorion et les installations de
campement des cités et des peuples demeureront dans leur
état initial ; la procession commencera par le conseil puis --
puis --- comme le hiérapolos l'ordonnera, et l'on portera ---
et on laissera pousser ses cheveux ; les citoyens seront maîtres des ports et de tous les autres revenus, à l'exception
45 / des droits perçus lors de la panègyrie des cérémonies
d'Actium ; la confédération des Acarnaniens organisera les
concours d'Actium chaque année, à moins qu'une guerre ou
la présence d'une armée amie ne se produisent ; si un
tel cas se présente ou que, d'une manière ou d'une autre,
la célébration soit déclarée impossible par une délibération
commune des Acarnaniens et de la cité d'Anactorion, on tien-
50 dra la panègyrie à Anactorion comme / les citoyens d'Anactorion l'ont fait ; si les Acarnaniens ne remplissent pas leurs
obligations de la manière prescrite ci-dessus, la cité d'Anactorion recouvrera le sanctuaire dans les conditions initiales et
les sommes consacrées demeureront acquises au dieu ; il a
plu au conseil et à la confédération des Acarnaniens : de
décerner l'éloge à la cité d'Anactorion et de favoriser le
sanctuaire d'Apollon d'Actium selon l'invite des magistrats
55 / et le consentement de la cité, en rendant grâces pour les
succès remportés par la nation, afin qu'il soit évident que
le peuple des Acarnaniens s'est, de tout temps, conduit
avec piété envers les dieux et mène une politique noble et
digne des ancêtres envers ses parents et ses amis ; / d'interdire que les sommes que les Acarnaniens consacreront
à la restauration du sanctuaire soient dépensées par les
60 trésoriers / et les magistrats pour aucun autre objet que
la réparation du sanctuaire et des offrandes au dieu ; de
transcrire sur des stèles le décret et les accords ci-inclus
en y ajoutant les noms des ambassadeurs acarnaniens (11 noms
propres) et de consacrer l'une de ces stèles à Actium et
l'autre à Olympie ; d'imputer la dépense à cette fin sur

---

[1] Ou peut-être de leur affranchissement sous forme de vente
au dieu.

le trésor fédéral ; en vue des concours, de la panègyrie et, en général, tout ce qui concerne les cérémonies d'Actium, d'appliquer en Acarnanie les lois sacrées établies par la 70 / cité d'Anactorion, comme l'ont décidé les délégués des deux parties ; de donner force de loi aux dispositions incluses dans la stèle et d'interdire que ni loi ni décret n'abroge les conventions transcrites sur aucun point ; si l'on tente de proposer un décret ou une loi, ou d'enfreindre de quelque manière que ce soit les conventions, si le coupable est une cité, qu'elle paie cinq cents mines, si c'est un parti- 75 culier, qu'il soit exécuté après jugement au / tribunal, et que la loi et le décret soient frappés de nullité ; qu'il soit loisible de réformer les lois sacrées lors d'une révision du code, sous réserve de ne rien prescrire de contraire aux dispositions de la stèle.

Inscription trouvée à Olympie (l.67), brisée en deux fragments dont le raccord imparfait cause les lacunes des ll.39-43, où figuraient sans doute des dispositions religieuses et non politiques. Composition habituelle des décrets : l'intitulé avec ses indications administratives (ll.1-6) ; les considérants (ll.6-52) destinés à motiver les décisions (ll.52-77). Il y a ici deux considérants : les raisons qui justifient le transfert de l'administration du sanctuaire d'Apollon à Actium de la cité d'Anactorion à la confédération acarnanienne (ll.6-22) ; les clauses de la convention entre les deux parties. Le commentaire pourrait se calquer sur la structure du texte. Mais le titre indique qu'il s'agit de faire ressortir la nature des rapports entre les pouvoirs fédéraux et les cités constitutives dans le cadre d'une confédération. Par conséquent, il convient de regrouper les données que l'inscription fournit sur cette question, ainsi que sur les institutions fédérales et, éventuellement, civiques. Il sera bon, pour commencer, de donner des précisions sur les circonstances historiques de l'élaboration du décret et sur l'histoire de la confédération acarnanienne.

I. Une date approximative est donnée par la prosopographie (ll.18-22). On est au lendemain de la guerre des Alliés (n° XXXIII). L'Acarnanie y a pris part du côté macédonien contre les Etoliens, ce qui s'explique en partie par les ambitions territoriales de ces derniers (à préciser en fonction de la géographie. Montrer en particulier l'importance de la position d'Actium), et aussi par les rapports antérieurs des deux peuples : en 250, les Etoliens s'étaient partagé l'Acarnanie avec l'Epire. La confédération avait alors disparu, pour renaître en 230. Cette histoire éclaire un certain nombre d'expressions du texte : ll.9-11, la situation difficile d'Anactorion provient des ravages de la guerre ; ll.12, 55-56, l'issue du conflit justifie la satisfaction des Acarnaniens quant à leur situation, encore qu'ils n'aient pas réussi à récupérer tous les territoires saisis en 250 par leurs adversaires. Le sanctuaire d'Apollon à Actium, bien que propriété d'Anactotion, était vénéré par tous les Acarnaniens. C'est la raison pour laquelle la confédération en prit la charge quand la cité ne fut plus capable de l'assumer.

II. L'inscription n'apprend à peu près rien sur les institutions de la cité, en dehors de ses ressources financières (ll.31-33, 43-45). En revanche, elle est très riche en ce qui concerne les institutions fédérales. On étudiera successivement : l'extension géographique (noter l'importance de Leucade, alors sans doute capitale) ; les magistratures (définition de chacune) ; les corps délibératifs et la législation (en particulier, la procédure de révision, l.78) ; les finances (nature des ressources à préciser) ; la justice enfin (ll.73-75). Un rapprochement avec les institutions d'autres fédérations (achéenne, étolienne) montrera des différences de détail, mais une grande similitude d'ensemble.

III. Le caractère fondamental des rapports entre la ligue et la cité, c'est la volonté de cette dernière de céder le moins possible de ses attributions à la première. Nul doute qu'Anactorion eût conservé l'administration du sanctuaire si elle en avait eu les moyens. Il est vrai que l'esprit religieux imposait un respect scrupuleux de la tradition, auquel s'engage d'ailleurs la confédération (l.26), et justifiait que la cité conservât le premier rôle dans le culte. Mais celui-ci présentait aussi des aspects fiscaux et économiques où elle n'a pas défendu ses intérêts avec moins d'âpreté.

Cette tendance à ne consentir qu'un minimum de concessions au pouvoir fédéral se marque : dans les formes de la négociation (échange d'ambassadeurs comme des puissances étrangères, l.16 ; affichage à Olympie comme un traité international, l.67) ; dans les garanties accordées par la confédération à la cité (clause de résolution, ll.50-52 ; insertion de la convention et des lois sacrées dans le code fédéral, ll.68-75) ; dans les stipulations financières (partage des revenus de la panègyrie, ll.31-34 ; propriété des biens sacrés, ll.36-41 ; protection des revenus de la cité, ll.43-46). Ces clauses mettent en lumière la fonction économique des grandes fêtes religieuses et la nature des ressources du budget fédéral ; dans les dispositions administratives (partage égal des fonctions, ll.34-36 ; appréciation des circonstances exceptionnelles, ll.46-50) ; dans l'ordre religieux enfin (le hiérapolos, magistrat d'Anactorion, l.42 ; les lois sacrées, l.69). Toutes ces prérogatives sont conservées par la cité, bien que la confédération se charge de toutes les dépenses. Mais, à défaut, elle eût refusé la convention.

Bibliogr. : J. A. O. Larsen, *Greek Federal States. Their Institutions and History* (Oxford, 1968).

LXXXI. Cité et monarque :
le diagramma de Cyrène (321)

(*S. E. G.*, IX, 1, n° 1)

Bonne Fortune (?). Seront citoyens les hommes nés d'un Cyrénéen et d'une Cyrénéenne, les fils des Libyennes entre Catabathmos et Authamalax, les descendants des colons des cités au-delà de Thinitis que les Cyrénéens ont fondées, les personnes / que Ptolémée nommera, celles que le corps civi- que admettra, conformément aux lois ci-après. Le corps civique (*politeuma*) sera constitué par les Dix Mille. En feront partie les exilés réfugiés en Egypte que Ptolémée désignera ; ceux dont l'estimation des biens impérissables avec ceux de leur femme sera de vingt mines d'Alexandre que les estimateurs (*timètéres*) auront estimés libres de charge ; tous ceux qui sont créanciers de vingt mines d'Alexandre / avec les biens impérissables de leur femme ayant fait l'objet d'une estimation qui ne soit pas inférieure à la valeur de la créance et de l'intérêt — que les débiteurs prêtent serment contradictoirement, même si les voisins ne possèdent pas le cens —, ceux-là aussi feront partie des Dix Mille à l'âge de trente ans révolus. Comme estimateurs, les gérontes choisiront parmi les Dix Mille soixante citoyens âgés de trente ans révolus, après avoir prêté le serment légal. Ceux qui auront été choisis établiront les estimations comme il est prescrit / dans les lois. Pour la première année, ils dresseront les listes civiques d'après les recensements précé- dents. Le conseil comprendra cinq cents membres qui seront tirés au sort parmi les citoyens âgés de cinquante ans révo- lus. Ils seront conseillers pendant deux ans. On tirera au sort les sortants la troisième année à raison d'une moitié, puis ils laisseront passer deux ans. Si l'on n'atteint pas l'effectif voulu, on tirera au sort les autres parmi les citoyens âgés de quarante ans révolus. / Les gérontes seront au nombre de cent un, ceux que Ptolémée désignera. En cas de mort ou de révocation, pour compléter l'effectif à cent un, les Dix Mille en choisiront un autre parmi les citoyens âgés de cinquante ans révolus. Les gérontes n'auront pas le droit d'être choisis pour aucune autre magistrature que pour la stratégie en cas de guerre. On choisira les prêtres d'Apollon parmi les gérontes qui n'ont pas exercé / la prêtrise et qui sont âgés de cinquante ans révolus. Ptolémée sera stratège à perpétuité. En outre, on choisira cinq stratèges parmi les citoyens qui n'ont pas encore été stratèges et qui sont âgés de cinquante ans révolus. En cas de guerre, (on les choisira) dans l'ensemble du corps civique. S'il se produit, en outre, une autre guerre et en dehors de la Libye, les Dix Mille décideront si / les mêmes seront stratèges ou non. Si l'on décrète que ce ne seront pas les mêmes, on les choisira dans l'ensemble du corps civique. Il y aura neuf nomophylaques parmi ceux qui n'ont pas été nomophylaques, cinq éphores parmi ceux qui n'ont pas été éphores, âgés de cinquante ans révolus. Les compétences des gérontes seront celles qu'exerçaient les gérontes à l'époque de la paix, celles du conseil, / celles du conseil, celles des Dix Mille, celles des Mille. Toutes les causes entraînant la peine de mort seront jugées par les gérontes, le conseil et mille cinq cents jurés qui seront tirés au sort parmi les Dix Mille. On appliquera les lois antérieures dans la mesure où elles ne seront pas contraires à la présente ordonnance (*diagramma*). Les magistratures seront soumises à reddition de comptes conformément aux lois en vigueur. Tout accusé arrêté par les stratèges à qui les gérontes et le conseil / intenteront un procès capital aura le droit, à son choix, d'être jugé selon les lois ou bien par Ptolémée pendant trois ans. A l'avenir, on le jugera selon les lois. On ne condamnera pas un exilé sans l'assentiment de Ptolémée. Tout membre du corps civique qui exercera aux frais de l'Etat la profession de médecin, de professeur de gymnastique, de tir à l'arc, d'équitation, de maître d'armes, de héraut au Prytanée, sera exclu des magistratures réservées aux Dix Mille. Celui qui, appartenant à ces catégories, aura été tiré au sort, devra se démettre de sa fonction.

(La suite du texte est trop mutilée pour qu'il soit possible d'en donner une traduction. Les questions traitées successivement paraissent être les suivantes :

ll.46-50 : autres motifs d'exclusion du corps civique et de la stratégie (?)

ll.50-51 : peine de mort contre ceux qui enfreindront les décisions de Ptolémée

ll.51-55 : dispositions relatives à ceux qui auront donné asile à des exilés (?)

ll.55-71 : dispositions relatives à l'annulation de certaines transactions

ll.71-72 : peine de mort contre les déserteurs de la garnison

ll.72-89 : liste de magistrats, un prêtre pour la troisième année, 12 stratèges, 9 nomophylaques, 5 éphores, 5 nomothètes).

La constitution de Cyrène conservée grâce à l'inscription ci-dessus, malheureusement très mutilée, paraît avoir été rédigée selon les instructions d'un Ptolémée d'Egypte et imposée à la cité par ordonnance (ll.37/8, *diagramma*). Elle détermine, dans la partie du texte que l'on peut encore lire, la composition du corps civique, le nombre et le mode de désignation des magistrats, mais pas leurs compétences qui ne changent pas par rapport à la constitution antérieure (l.34), la procédure judiciaire, les incompatibilités entre l'exercice de certaines professions et l'accès aux magistratures. La partie corrompue paraît poursuivre l'énumération précédente et contenir certaines dispositions transitoires destinées à liquider les conséquences des troubles passés. Le texte se termine par une liste de magistrats, sans doute les premiers de ceux qui ont été désignés en application de la nouvelle constitution.

Les dispositions n'en sont pas toujours claires à première lecture et il importe d'en préciser d'abord le sens. Mais il n'est pas possible d'en apprécier la véritable nature et les intentions sans savoir dans quelles conditions historiques elle a été établie. Or, le texte lui-même fournit très peu d'indications à ce sujet. Néanmoins, elles constituent autant de conditions impératives à respecter pour choisir, parmi les crises nombreuses qui ont marqué les rapports entre les Lagides et Cyrène, celle qui paraît la plus appropriée à la rédaction du *diagramma*. Le résultat de cet examen critique devra permettre de dégager la signification des dispositions contenues dans le document en ce qui concerne les rapports entre la cité et les nouvelles formes politiques nées de la conquête d'Alexandre.

Le texte commence par énumérer les catégories qui jouiront des droits de citoyen : les fils de père et mère cyrénéens, les fils des Libyennes, c'est-à-dire d'un Cyrénéen et d'une indigène, mais à condition que la mère soit originaire d'une tribu de Cyrénaïque : ce sont, en effet, les limites de la contrée qui sont à ce propos précisées : Catabathmos correspond à Sollum à l'Est, et Authamalax au ras Lindouf, près d'Euespéridai, à l'Ouest. La troisième catégorie est constituée par les colons cyrénéens dont les ascendants se sont établis au-delà de Thinitis qui sans doute marquait la frontière du territoire au Sud, sans qu'on puisse localiser cette agglomération. Enfin, d'autres citoyens pourront être créés sans condition limitative par Ptolémée,

dont on voit ici une première intervention dans la vie politique de Cyrène, et par le corps civique (*politeuma*), sans
qu'on puisse dire s'ils pourront l'un et l'autre exercer ce
droit une seule fois ou à tout moment.

La constitution définit ensuite la composition du *politeuma*. L'effectif en est limité à dix mille membres, ce qui
implique qu'il y a deux catégories de citoyens, de statut
inégal, ceux qui ne jouissent que des droits civils et ceux
qui, en outre, participent au pouvoir politique, les
« citoyens actifs ». Ce régime est donc oligarchique et le
critère de sélection est la fortune, mobilière ou immobi-
lière. On pourrait songer à une exception en faveur des
exilés que Ptolémée peut désigner pour en faire partie, à
son gré semble-t-il. Mais, outre que la construction de la
phrase, non dépourvue d'ambiguïté en grec, peut s'interpréter comme leur imposant des conditions de cens immobilier (ceux que Ptolémée désignera et dont l'estimation
des biens impérissables...), il est peu probable que le maître
de l'Egypte aurait choisi ses favoris parmi les exilés dému-
nis.

Le texte distingue ensuite les citoyens dont la fortune
consiste en biens immobiliers [1] et ceux dont la richesse est
mobilière, et leur position par rapport au cens n'est pas
la même. Les propriétaires immobiliers (terres, maisons...,
« biens impérissables ») doivent posséder en capital au
moins vingt mines, soit 2 000 drachmes [2] et leurs biens
doivent être « libres de charge », c'est-à-dire d'hypothèque.
On pourrait se demander si les biens de la femme sont
compris dans cette somme ou s'ils s'y ajoutent pour porter,
en réalité, le cens au double, donc à 40 mines. Le sens
naturel porterait vers la première interprétation, mais les
dispositions relatives à la fortune mobilière ne permettent
pas d'exclure la seconde. En effet, les détenteurs de capitaux mobiliers doivent garantir le montant de ceux-ci sur

---

[1] Si la proposition se rapportait aux exilés désignés par Ptolémée, comme l'hypothèse a été suggérée plus haut, il faudrait
en conclure ou bien qu'aucun Cyrénéen ne possédait de biens
immobiliers d'une valeur égale au montant du cens, ou bien
que les propriétaires fonciers étaient exclus du *politeuma,* affirmations aussi absurdes l'une que l'autre.

[2] D'Alexandre, c'est-à-dire de poids attique, plutôt que
d'Alexandrie, si le texte date de 321, comme j'essaierai de le
montrer plus loin.

la fortune impérissable de leur femme, qui doit être au moins égale au capital qu'ils possèdent, augmenté des intérêts échus, ce qui revient bien à dire que, pour eux, le cens est de 40 mines en comptant les propres du mari et de la femme. Cependant un doute subsiste en dépit du parallélisme de l'expression. Pourquoi dire, en effet, que le cens est de 20 mines, si la fortune familiale doit être de 40 ? Pourquoi, d'autre part, exiger du possédant mobilier une garantie en biens immobiliers de la part de sa femme, sinon pour lui permettre de conserver le cens de 20 mines pour le cas où ses créances seraient irrécupérables ? Il faut donc penser à une distinction entre deux catégories de censitaires, les détenteurs de capitaux mobiliers devant fournir plus de garanties que les propriétaires fonciers.

Les dispositions qui suivent sont évidemment destinées à établir la réalité et le montant des créances. Les débiteurs doivent confirmer leurs dettes par serment en réponse au serment du créancier qui affirme sa qualité. Mais on ne comprend pas le rôle joué par les voisins. Sont-ils présents à titre de témoins ? Ou bien, comme la cité sort d'une période troublée, les dettes correspondent-elles à des ventes sur parole qui n'ont pas pu être parfaites par défaut de versement du montant convenu ? Dans ce cas, les voisins auraient été pris comme témoins d'une transaction irrégulière dont ils seraient appelés à confirmer la réalité, leur parole faisant foi quelle que soit leur situation au regard du cens. Dans cette hypothèse, seuls les biens immobiliers entreraient en ligne de compte pour la fixation du cens, les créances n'étant que la représentation transitoire d'une propriété foncière. Il est difficile de trancher. Outre les conditions de fortune, le cens imposait une limite d'âge élevée : trente ans. C'est le premier indice du caractère gérontocratique affirmé de la constitution.

L'estimation de la valeur des biens de chaque citoyen étant une opération de longue haleine, un collège spécial de *timètéres,* composé de 60 membres, devra à cette fin être désigné par la gérousia. Comme ils n'auront pas le temps d'achever leur tâche pour permettre l'entrée en vigueur immédiate de la constitution, on formera le *politeuma* en se servant des recensements antérieurs. Ils disposeront d'un an pour aboutir.

Le texte fixe ensuite la composition et le mode de recrutement des organismes constitutionnels. Le conseil comprendra cinq cents membres tirés au sort parmi les Dix Mille âgés d'au moins cinquante ans. Pour le cas, sans doute probable, où ils ne seraient pas assez nombreux, la limite d'âge est abaissée de dix ans, d'où l'on peut conclure que tous les Cyrénéens quinquagénaires étaient certains d'entrer au conseil. Les modalités de renouvellement ne sont pas exemptes d'ambiguïté. Le premier conseil sera renouvelé par moitié au bout de deux ans. Le restant demeurera-t-il en fonction encore un ou deux ans, la durée du mandat était-elle de deux ou de quatre ans ? Le fait qu'un conseiller sortant puisse être de nouveau désigné au bout de deux ans pourrait incliner vers la première solution.

Les membres du second corps délibératif, le conseil des Anciens, sont désignés à titre viager. Les premiers seront nommés par Ptolémée, mais c'est le *politeuma* qui pourvoira à leur remplacement, par voie d'élection sans doute, et non par tirage au sort, au fur et à mesure de leur disparition. Eux aussi devront naturellement avoir cinquante ans révolus. La disposition qui les exclut de toute magistrature, à l'exception de la stratégie en temps de guerre, où toutes les compétences doivent être utilisées, et de la prêtrise d'Apollon (encore l'itération est-elle interdite), paraît montrer que leurs pouvoirs étaient considérables et qu'on voulait les empêcher de les accroître. Mais on ne peut les préciser, sauf en matière judiciaire (ll.36 et 39).

Les magistratures, les principales seulement, peut-on présumer, sont ensuite énumérées. La plus importante est la stratégie. Le collège comprendra six membres en temps normal ; l'un en fera partie à titre extraordinaire et permanent, c'est Ptolémée, qui exercera ainsi dans la cité un pouvoir direct et constitutionnel. En réalité, il ne remplira pas personnellement les fonctions de sa magistrature ; il se fera représenter par un délégué. C'est ce que montre la composition des deux collèges de stratèges donnée ll.74-78 : on a les noms de 12 magistrats. Celui de Ptolémée n'y figure pas. Les cinq autres stratèges seront élus, toujours parmi les citoyens de plus de cinquante ans, et ils ne seront pas rééligibles. Mais des exceptions sont prévues : — 1) en cas de guerre contre les indigènes (la seconde exception prévoit une guerre en dehors de la

Libye, donc la première concerne une guerre en Libye), tout citoyen actif pourra être élu sans condition d'âge ni d'exercice antérieur de la fonction. Il ne s'agissait pas alors de se priver des services d'une personne compétente pour un motif formel ; — 2) au cas où Cyrène se trouverait, en outre, impliquée dans un conflit international, les Dix Mille seraient appelés à décider si « les mêmes seront stratèges ou non ». Contrairement aux apparences, il ne s'agit sans doute pas de maintenir ou de destituer les magistrats en fonction, mais de savoir si l'on confiera la conduite des opérations nouvelles aux stratèges déjà élus, absorbés par la lutte contre les indigènes, ou à un collège extraordinaire qui aurait ainsi toute liberté d'esprit. C'est ce que paraît montrer l'existence déjà signalée de deux collèges aux ll.74-78.

Les deux dernières magistratures sont celles des neuf nomophylaques et des cinq éphores sur les compétences desquels le texte ne dit rien. On ne peut même préciser s'ils seront élus ou tirés au sort, la première hypothèse étant la plus vraisemblable. En tout cas, ils ne seront pas susceptibles d'itération.

En ce qui concerne les pouvoirs des corps constitués, la nouvelle constitution n'innove pas et renvoie aux institutions antérieures. Mais elle apprend que le corps civique ne comprenait alors que mille membres.

Il est ensuite question de la procédure judiciaire, mais uniquement pour les causes capitales. Les arrestations étaient du ressort des stratèges, qui avaient donc la haute main sur la police. L'acte d'accusation était dressé conjointement par les gérontes et le conseil, sans qu'on puisse préciser si chacun des deux corps avait un rôle particulier. Le verdict était rendu par un jury de 1 500 membres tirés au sort. Mais deux exceptions sont prévues à ces dispositions générales : — 1) l'une est temporaire et n'aura d'effet que pendant trois ans : tout accusé pourra choisir de se présenter devant le jury ou de faire évoquer son affaire devant Ptolémée. Après une période de troubles, on a sans doute voulu, en attendant que les passions s'apaisent, permettre au défendeur de faire jouer la « suspicion légitime » et de s'adresser à un juge supposé impartial. D'où la limitation de cette faculté dans le temps ; — 2) on ne pourra condamner un exilé, ou plutôt exécuter la sentence, sans l'autorisation de Ptolémée. Mais on ne saurait

dire si cette exception est, comme la précédente, transitoire.

La dernière disposition générale dont le texte puisse
être restitué concerne certaines incompatibilités à l'exercice des magistratures. Il s'agit d'agents appointés de
l'Etat, sans doute parce qu'on a estimé qu'ils n'auraient
pas une indépendance suffisante. Il ne faut donc pas voir
là du mépris pour les professions qu'ils exercent. La
preuve en est qu'ils appartiennent aux Dix Mille. En
revanche, il semble bien que ce soit le cas dans les dispositions suivantes où il est question de commerçants de
détail et d'artisans qui sont exclus des « honneurs »,
c'est-à-dire des droits politiques. Mais le texte est beaucoup
trop mutilé à partir de la l.46 pour permettre aucune affirmation.

L'inscription ne comporte aucune indication de date et
fournit peu d'éléments qui permettent d'évoquer les circonstances historiques. Si l'on veut déterminer ces dernières, il faut pourtant tenir compte des indications qu'elle
contient. On constate, en effet, que Cyrène venait de sortir
d'une grave crise où elle avait eu à supporter une guerre
(l.34 : « au temps de la paix »), en même temps que des
luttes intestines qui avaient contraint un certain nombre
de citoyens à se réfugier en Egypte (l.6), d'où ils étaient
rentrés grâce, sans aucun doute, à l'intervention d'un
Lagide qui continuait à les protéger (ll.42-43 : aucun banni
ne peut être exécuté sans son autorisation). Ce Ptolémée
ne portait pas le titre royal, mais il était déjà assez puissant
pour intervenir en tant qu'arbitre entre les partis (cf. les
dispositions relatives à la justice criminelle) et pour s'attribuer une partie de l'autorité politique à titre permanent
ou temporaire. On ne saurait affirmer que le *diagramma*
a été rédigé selon ses instructions et imposé à la cité par
son ordre, mais il y a apparence que c'est bien ce qui
s'est passé. On notera encore que les nouvelles institutions
sont oligarchiques, mais qu'elles sont sensiblement plus
libérales que celles qu'elles remplacent puisque le corps
civique y est dix fois plus nombreux (l.35).

Dans l'histoire de Cyrène hellénistique, on ne peut envisager que deux périodes : les vingt premières années du
règne de Ptolémée I Soter et les dernières de son successeur
Philadelphe. A ce moment, vers 250, après la mort du
roi Magas, ancien gouverneur égyptien émancipé, Cyrène

avait connu une période très agitée. Magas avait promis sa
fille unique, Bérénice, à l'héritier du trône égyptien, le
futur Evergète. Mais sa veuve Apama, princesse séleucide,
avait rompu les fiançailles et fait appel à un prétendant
antigonide, Dèmètrios le Beau, lequel, en attendant d'épouser la fille, devint l'amant de la mère. La jeune princesse,
offensée, le fit tuer, écarta Apama et fut reconnue reine
par toutes les cités de Cyrénaïque, qui n'en conservèrent
pas moins leur pleine indépendance. Les Cyrénéens firent
appel aux philosophes arcadiens Ecdèlos et Dèmophanès,
qui leur donnèrent une constitution remarquable à en
croire Polybe et Plutarque. A la mort de Philadelphe,
Evergète épousa Bérénice et replaça la Cyrénaïque sous
son autorité.

C'est dans ces circonstances qu'aurait été élaboré le
diagramma. Il serait l'œuvre des législateurs arcadiens.
On en aurait la preuve dans l'effectif du corps civique,
dix mille membres comme celui de leur confédération
nationale. Il aurait été modifié après l'intervention d'Evergète pour rendre à celui-ci une influence qu'il ne pouvait
abdiquer. Mais, du fait qu'il ne porte pas le titre royal, il
faut admettre qu'il est intervenu à Cyrène avant la mort
de Philadelphe et que son mariage est, par conséquent,
antérieur à son avènement.

Cette reconstitution des événements n'est pas soutenable.
Il est à peu près certain, d'une part, que Bérénice n'a
épousé Ptolémée III qu'après son avènement. Dire, d'autre
part, que l'effectif du corps civique suffit à montrer l'inspiration arcadienne de la nouvelle constitution est un bien
faible argument, au reste controuvé. Car c'est le *diagramma*
qui fixe à dix mille le nombre des citoyens actifs. Dans
l'organisation antérieure, il n'était que de mille, et c'est
elle nécessairement qui aurait été l'œuvre d'Ecdèlos et
Dèmophanès, ainsi infidèles à l'exemple de leur patrie. Il
semble enfin, à en juger par la numismatique, que les
cinq cités grecques de Cyrénaïque aient formé une confédération au milieu du IIIe siècle. La constitution des Arcadiens aurait dû tenir compte de cette situation. Or, quoi
qu'on en ait dit, le *diagramma* s'applique à Cyrène et à
elle seule.

Ces raisons et d'autres obligent donc à reporter la
rédaction du document à la première moitié du règne de
Soter. Mais ce n'est pas supprimer, c'est seulement res-

treindre dans le temps la difficulté du choix. Car ce diadoque est intervenu à plusieurs reprises dans les affaires de Cyrène. Une première, dès le début de son gouvernement en Egypte. Avant même la mort d'Alexandre, la cité, en proie à des luttes de factions et à l'hostilité de ses voisines, avait dû se défendre contre les entreprises d'un condottiere spartiate, Thibron, dont les succès avaient été tels qu'une révolution avait porté les démocrates au pouvoir et provoqué de nombreux exils. Les victimes s'étaient réfugiées en partie auprès de Ptolémée et le décidèrent à prendre militairement leur parti. Thibron et les démocrates cyrénéens furent vaincus (322). Le satrape se rendit lui-même sur place pour y rétablir l'ordre et y laissa un gouverneur, Ophellas. Mais celui-ci ne sut pas réduire la volonté d'indépendance de ses administrés : une révolte éclata en 313/2 et il fallut une nouvelle expédition pour la mater.

Une dernière intervention eut encore lieu, mais dans des circonstances et à une date discutées. On sait, d'une part, qu'Ophellas s'allia à Agathoclès de Syracuse contre Carthage. Mal lui en prit, car son complice le fit assassiner (n° VIII). D'autre part, Ptolémée « quatre ans après la sécession de la cité » y installa comme gouverneur Magas qui devait en rester le maître pendant cinquante ans. Y a-t-il un lien entre les deux événements ? En se fondant sur une donnée d'Eusèbe, qui invite à placer la mort de Magas en 259/8, on fait remonter le début de son gouvernement à 309/8, en conséquence de la mort d'Ophellas, qui aurait donc entraîné Cyrène dans la sécession aussitôt que Ptolémée eut réduit sa première révolte. Mais aucune source ne parle d'une rupture ouverte entre Ophellas et Ptolémée et l'offensive du premier contre Carthage n'exige nullement son indépendance à l'égard de l'Egypte. D'autre part, la notice d'Eusèbe ne dit pas clairement ce qu'on lui fait dire et elle est entachée d'erreurs qui la discréditent. Enfin, il ressort de Pausanias, notre principale source sur ces événements, que l'installation de Magas à Cyrène est postérieure à la bataille d'Ipsos (301). Il semble donc qu'il n'y ait pas de rapport de cause à effet entre la fin de la carrière d'Ophellas et la dernière intervention de Ptolémée. On ne peut rien dire de la sécession qui s'était produite quatre ans avant elle.

Des occasions qui se sont offertes à Soter de fixer le statut constitutionnel de Cyrène, la dernière est exclue. Vers 300, il porte depuis plusieurs années le titre de roi qui ne lui est pas attribué dans le texte. Les lendemains de la révolte de 313 ne sont pas impossibles, mais la vraisemblance ne plaide pas en leur faveur. Bien que nous soyons mal renseignés sur ce soulèvement, il paraît présenter un caractère national qui n'a pas dû donner lieu à des luttes civiles. On ne s'expliquerait donc pas qu'il ait contraint un nombre important de citoyens à se réfugier auprès de Ptolémée. Et ce dernier, dont une ambassade avait été massacrée par les rebelles comme réponse à ses démarches conciliantes, ne devait pas être enclin à se présenter en arbitre après sa victoire et à manifester beaucoup de libéralisme dans la charte qu'il aurait à ce moment octroyée à la cité. Il n'y a pas lieu enfin d'examiner la date de 308/7, parfois avancée, si, comme il a été dit précédemment, il n'y a sans doute pas eu d'intervention égyptienne à ce moment.

La date la plus ancienne est aussi la plus appropriée. En 322/1, Cyrène sort d'une longue période de guerres et de troubles qui explique le nombre apparemment élevé des bannis, surtout après la révolution démocratique qui a suivi les succès de Thibron. Elle avait renversé un régime d'oligarchie accentuée où le pouvoir reposait entre les mains d'un *politeuma* de mille citoyens seulement. C'étaient eux qui avaient dû se réfugier auprès de Ptolémée et solliciter son intervention. Celui-ci, qui venait à peine de s'installer dans son gouvernement, n'était pas encore roi. Il soutient la cause des bannis et la nouvelle constitution fait de lui leur protecteur attitré. Mais son intention n'est pas de leur rendre leur monopole politique : il se présente en médiateur. C'est dans ce sens qu'il faut interpréter l'élargissement du corps civique, le droit de nommer les premiers gérontes, certaines dispositions juridiques, peut-être aussi la stratégie perpétuelle. Il est incontestable, toutefois, qu'il s'acquiert par là aussi une influence légale dans le gouvernement de la cité, directe en tant que magistrat militaire, indirecte par la désignation d'un certain nombre de citoyens actifs et passifs et des gérontes dont les fonctions paraissent avoir été très importantes.

Cette influence cependant est loin de rendre Ptolémée maître absolu de la cité, non seulement de droit, mais même de fait. On notera d'abord que les tâches qui lui sont confiées sont liées à sa personne. S'il venait à disparaître, aucun successeur n'aurait qualité pour les recueillir à sa suite. Toute idée d'hérédité est écartée. Le contraire eût été surprenant à la date où le *diagramma* a été rédigé. Ensuite, elles ne sont pas destinées à se perpétuer : le Lagide reçoit bien le droit de désigner une partie des citoyens du *politeuma,* de nommer les membres de la gérousia. Mais il ne peut l'exercer qu'une fois. Ses privilèges judiciaires sont limités à trois ans, après quoi le droit commun sera seul applicable. Sa seule fonction viagère est la stratégie. Encore sera-t-il flanqué de cinq collèges élus parmi les Dix Mille. Pour avoir une idée exacte de la puissance qui lui était ainsi conférée, il faudrait connaître les compétences du collège et la manière dont il les exerçait, ce dont le texte ne nous dit pratiquement rien. On ne risque pas, toutefois, de commettre une grave erreur en pensant que Soter avait là le moyen de jouer un rôle primordial. Magistrat permanent en face de collègues renouvelés chaque année, il ne pouvait manquer de les dominer de son expérience et du poids de la puissance qu'il possédait par ailleurs, même s'il ne les faisait sentir que par personne interposée. Il était ainsi maître effectif des forces armées et de la diplomatie, d'autres domaines aussi sans doute, d'autant plus que la partie mutilée de l'inscription laisse deviner l'existence d'une garnison égyptienne (ll.71-72).

Il n'en reste pas moins qu'en droit, ce n'est pas lui qui est la source de l'autorité, c'est le *politeuma.* C'est à ce dernier que reviendront les pouvoirs temporaires du satrape à leur expiration. Et ceux auxquels il n'a pas part relèvent dès l'origine de la compétence des Dix Mille. Rien dans le texte ne nous permet d'affirmer qu'ils étaient sans importance. En tout cas, la désignation des magistrats et du conseil par le *politeuma* assurait à celui-ci la maîtrise de l'administration municipale. Le caractère mixte de la constitution empêchait d'ailleurs qu'elle fût réduite à une vaine apparence. Sans doute, des institutions de nature aristocratique caractérisée : gérontes, éphores, avaient-elles été conservées, pour satisfaire apparemment le conservatisme des protégés de Ptolémée, qui étaient après tout des réactionnaires. Sans doute, une magistrature comme celle des nomophylaques est-elle inspirée par les spéculations oligarchiques de l'école d'Aristote. Mais les éléments démocratiques contre-balancent ces tendances. Il n'était pas négligeable que le conseil fût tiré au sort, même avec une restriction gérontocratique, que les jurys le fussent aussi et comprissent un nombre élevé de membres. C'était là une garantie sérieuse de leur indépendance et un frein efficace à l'influence directe ou occulte du satrape. En résumé, le régime institué par le *diagramma* n'est qu'une première étape, et modeste, sur le chemin qui mènera à la subordination à peu près totale de la cité à la monarchie dans les royaumes hellénistiques.

On a la chance de pouvoir mesurer, à Cyrène même, le pas franchi par Ptolémée, grâce à un certain nombre de textes épigraphiques du IIᵉ siècle, époque où la cité est définitivement intégrée au royaume lagide. Les organismes constitutionnels continuent bien à fonctionner, mais sous la surveillance d'un « préfet » nommé par le souverain alexandrin, qui fait appliquer les ordres de son maître, même s'ils doivent modifier les institutions existantes. C'est ainsi que les Cyrénéens sont invités à introduire dans leur code municipal des articles nouveaux qui en changent la teneur. On veut bien leur adresser une lettre pour leur expliquer en termes courtois les avantages qu'ils en retireront, mais on les invite en même temps à se « conformer diligemment » aux ordonnances royales. Bien avant ce moment, dès le début du IIIᵉ siècle, la cité avait perdu le droit de battre monnaie, non que son atelier fût fermé, mais il ne travaillait plus que pour le roi. Dans ces conditions, non seulement l'indépendance n'était plus qu'un souvenir, mais l'autonomie interne elle-même paraît n'avoir plus de consistance. On pourrait aller plus loin encore et dire que les Lagides avaient fini par considérer la ville comme leur propriété personnelle. Ne voit-on pas, en effet, l'un des derniers d'entre eux à avoir régné sur elle la léguer aux Romains en arguant des droits de souveraineté qu'il possède (nᵒ LVIII). Mais il serait peut-être excessif d'interpréter un texte qui n'est pas dépourvu d'ambiguïté comme un acte de disposition patrimoniale, d'autant que, lorsque lorsque le Sénat a rédigé la Cyrénaïque en province, il a maintenu l'autonomie municipale.

Quoi qu'il en soit, il est aisé de mesurer la distance qui sépare les deux moments envisagés ici. Par rapport à la subordination de l'époque royale, le premier essai de Soter

pour faire accepter aux citoyens de Cyrène, encore jaloux
de leur indépendance, un état de relations rendu inéluctable
par la conquête d'Alexandre apparaît d'une extrême prudence, ce qui ne saurait surprendre de sa part, et d'un
libéralisme assez remarquable. Il n'en indique pas moins
la direction dans laquelle s'engagera dans la suite l'évolution du pouvoir royal.

Bibliogr. : Ed. Will, *H. P. M. H.*, I, pp. 34-35, 53, 56, 218.
A. Laronde, « La date du *diagramma* de Ptolémée à
Cyrène », *Rev. Et. Gr.*, 85, 1972, pp. 13-14.

TABLE DES MATIERES

TROISIÈME PARTIE

LA PENETRATION DE ROME EN ORIENT (200-133)

QUATRIÈME PARTIE

LES INSTITUTIONS

Achevé d'imprimer
sous les presses de l'Imprimerie
Corbière et Jugain à Alençon (Orne)

N° d'éditeur : 702

Dépôt légal : 4e trimestre 1975

Imprimé en France